Arbeitsbuch
Motivierende Gesprächsführung
Trainingsmanual

Eine ausführliche Präsentation sämtlicher lieferbaren und geplanten Titel unseres Verlages finden Sie im Internet unter *www.gp-probst.de*

TITELAUSWAHL

Band 2 – Emerson & Hopper: Trauma-Yoga (3. Aufl.)
Band 3 – Williams & Poijula: *Das PTBS-Arbeitsbuch* (3. Aufl.)
Band 7 – Rollnick, Miller & Butler: *Motivierende Gesprächsführung in den Heilberufen* (2. Aufl.)
Band 10 – Hyman & Pedrick: *Arbeitsbuch Zwangsstörungen* (2. Aufl.)
Band 12 – Putnam: *Handbuch Dissoziative Identitätsstörung*
Band 13 – Scaer: *Das Trauma-Spektrum*
Band 17 – Paulsen: *Trauma und Dissoziation mit neuen Augen sehen* (2. Aufl.)
Band 18 – NurrieStearns: *Trauma-Heilung durch Yoga und Meditation*
Band 21 – Powell, Cooper, Hoffman & Marvin: *Der Kreis der Sicherheit*
Band 22 – Wallin: *Bindung und Veränderung in der psychotherapeutischen Beziehung*
Band 23 – van der Kolk: *Verkörperter Schrecken* (6. Aufl.)
Band 24 – Emerson: *Trauma-Yoga in der Therapie*
Band 27 – Bentzen & Hart: *Neuroaffektive Therapie mit Kindern & Jugendlichen*
Band 28 – Shapiro: *Ego-State-Interventionen – leicht gemacht* (2. Aufl.)
Band 29 – Porges: *Die Polyvagal-Theorie und die Suche nach Sicherheit* (3. Aufl.)
Band 30 – Burns: *Feeling Good in zehn Schritten*
Band 31 – Scaer: *Acht Schlüssel zur Gehirn-Körper-Balance*
Band 32 – Steele, Boon & van der Hart: *Die Behandlung traumabasierter Dissoziation*
Band 33 – Manning: *Ich liebe einen Borderliner*
Band 34 – Schwartz: *Arbeitsbuch Komplexe PTBS*
Band 35 – Najavits: *Trauma, Sucht und die Suche nach Sicherheit*
Band 36 – Dana: *Die Polyvagal-Theorie in der Therapie* (2. Aufl.)
Band 37 – Anderson, Sweezy & Schwartz: *Therapeutische Arbeit im System der Inneren Familie*
Band 38 – Porges & Dana: *Klinische Anwendungen der Polyvagal-Theorie*
Band 39 – Rahm & Meggyesy: *Somatische Erfahrungen in der psychotherapeutischen und körpertherapeutischen Traumabehandlung*
Band 40 – Mischke-Reeds: *Somatische Psychotherapie. Ein Werkzeugkasten*
Band 42 – Schwartz & Maiberger: *EMDR-Therapie & Somatische Psychologie*

David B. Rosengren

Arbeitsbuch Motivierende Gesprächsführung

Trainingsmanual

Aus dem Amerikanischen von
Theo Kierdorf und Hildegard Höhr

G. P. PROBST VERLAG
Lichtenau/Westfalen

Für die Inhalte der im Buch angegebenen externen Webseiten übernehmen wir trotz sorgfältiger inhaltlicher Prüfung keinerlei Haftung. Für die Inhalte dieser Seiten sind ausschließlich deren Betreiber verantwortlich.

3. Auflage 2020

Erschienen bei: The Guilford Press, New York, NY/USA
Titel der amerikanischen Originalausgabe: *Building Motivational Interviewing Skills: A Practitioner Workbook*
Übersetzung aus dem Amerikanischen: Theo Kierdorf & Hildegard Höhr, Köln
Umschlaggestaltung: Mareile Gropengießer, Paderborn
Frontcoverfoto: © Konstiantyn Zapylaie – stock.adobe.com
Satz: SpaceType, Köln
Druck & Bindung: mediaprint solutions, Paderborn
Printed in Germany

ISBN 978–3–9813389–3–5

Bibliographische Information der Deutschen Nationalbibliothek
Die Deutsche Nationalbibliothek verzeichnet diese Publikation in der Deutschen Nationalbibliografie; detaillierte bibliografische Daten sind im Internet über *http://dnb.d-nb.de* abrufbar.

Inhalt

Vorwort von William R. Miller und Stephen Rollnick 7
Vorwort des Autors 9
Dank 11

1 | Einleitung 13
2 | Grundlagen des MI 21
3 | OARS-Fertigkeiten: Reflektierendes Zuhören 52
4 | Die Nutzung von OARS: Offene Fragen, Affirmationen und Zusammenfassungen 86
5 | Erkennen, Verstärken und Hervorrufen von Change-talk .. 124
6 | Umgang mit Widerstand 184
7 | Eine Sitzung beginnen oder ein Thema zur Sprache bringen 221
8 | Über den Umgang mit Ambivalenz 257
9 | Informationen übermitteln, eine Sorge äußern und Rat geben 287
10 | Die Schlüsselfrage 333
11 | Aushandeln eines Behandlungsplans 367
12 | Motivierende Gesprächsführung erlernen 391

Anhang: Der Aufbau einer MI-Lerngruppe 405
Über den Autor 411
Literatur und weitere Quellen 412
Stichwortverzeichnis 419

Für Nancy Ann

Vorwort

von William R. Miller, PhD, und Stephen Rollnick, PhD

Im Laufe des vergangenen Jahrzehnts ist die Motivierende Gesprächsführung (*Motivational Interviewing* – MI) erstaunlich schnell auf der ganzen Welt bekannt geworden. Sie wurde bei der Arbeit mit vielen verschiedenen Populationen in den Bereichen der Gesundheitspflege, des Strafvollzugs, der Suchtbehandlung, der Psychiatrie sowie im Bereich der Sozialarbeit genutzt. Die mittlerweile in die Hunderte gehende Zahl der MI-Trainer, die diese neue Methode in mindestens 38 Sprachen unterrichten, vermag die Nachfrage mittlerweile nicht mehr zu befriedigen.

Eine bedauerliche Folge einer so raschen Verbreitung ist die Möglichkeit von Mißverständnissen bezüglich der Anwendung der Methode, worunter die Qualität der MI-Arbeit leiden kann. In mancher Hinsicht ist MI einfach anzuwenden, doch die Methode wirklich zu meistern, ist weder schnell möglich noch leicht. Wir haben diesen Prozeß mit dem Erlernen eines Musikinstruments oder einer schwierigen Sportart verglichen. MI mit Hilfe von Literatur und Vorträgen kennenzulernen bringt natürlich ein Stück weiter, aber entscheidend ist letztlich die Praxis, wenn man MI erlernen und die Anwendung perfektionieren will. Wie in der Musik und im Sport ist auch hier qualifiziertes Feedback und Coaching von entscheidender Bedeutung. Im übrigen ist uns klar, daß in vielen Regionen und Ländern bisher keine adäquate Supervision für MI verfügbar ist.

Wie aber könnte man in Anbetracht dieser Umstände denjenigen, die MI erlernen wollen, helfen? Genau deshalb wurde des vorliegende Buch geschrieben. Das *Motivational Interviewing Network of Trainers* (MINT) hat im Laufe der Jahre eine große Zahl nützlicher Trainingsmethoden entwickelt, um all jenen, die MI erlernen wollen, zu helfen (siehe hierzu *www.motivationalinterviewing.org*). David Rosengren ist einer der kreativsten und großzügigsten Mitarbeiter von MINT und dieses Buch eine Art Resümee seiner Erfahrungen bei der Ausbildung Tausender MI-Anwender. Es ist ihm sehr gut gelungen, inhaltliche Erklärungen und praktische Anleitung miteinander zu verbinden. Einerseits erläutert er die zentralen MI-Konzepte sehr anschaulich, und andererseits gibt er dem Leser wichtige Hilfen für das Erlernen der Methode an die Hand.

Das vorliegende Buch ist nicht als Ersatz für gutes persönliches Feedback und Coaching durch einen Supervisor zu verstehen – sofern ein solcher überhaupt verfügbar ist. Vielmehr enthält es eine Fülle von Material, das im Rahmen eines Trainings, einer Supervision und ganz generell beim Erlernen von MI nützlich ist. Allen, denen kein entsprechend ausgebildeter Experte zur Verfügung steht, erläutert es praktische Möglichkeiten, als Einzelne oder im Rahmen einer Arbeitsgruppe die sachgemäße Anwendung der Methode zu üben. Und alle, die das Glück haben, eine gute MI-Supervision zu erhalten, können natürlich ebenfalls von der klaren Darstellung und den beschriebenen Übungsmethoden profitieren.

Deshalb sind wir über die Veröffentlichung dieses Buches im Rahmen der bei Guilford Press verlegten Reihe *Applications of Motivational Interviewing* hocherfreut. Es leistet einen sehr wichtigen Beitrag zur Verbreitung von MI, und wir hoffen, daß es auch Ihnen helfen und Sie dazu ermutigen wird, diese in vielen Bereichen nützliche Methode zur Aktivierung der Veränderungsmotivation zu erlernen.

William R. Miller, PhD, und Stephen Rollnick, PhD

Vorwort
von David B. Rosengren

Das Interesse am *Motivational Interviewing* (MI – Motivierende Gesprächsführung), einer empirisch gestützten klinischen Methode (Project MATCH 1997a, 1998a), ist in den letzten Jahren geradezu explosionsartig angestiegen und hat die Bereiche der Behandlung, der Interventionsentwicklung und der Forschung erfaßt. Dieser gewaltige Anstieg des Interesses an der Methode hat eine ebensogroße Zunahme des Bedürfnisses nach Möglichkeiten, MI zu erlernen, zur Folge gehabt. Zur Abdeckung dieses Bedarfs stehen zahlreiche Angebote zur Verfügung. Eine Ausbildung bei einem qualifizierten MI-Trainer ist natürlich eine wichtige Voraussetzung; aber häufig ist nach einem solchen Training keine anschließende Supervision möglich, weshalb der angehende MI-Anwender kein laufendes Feedback über seine bereits erworbenen Fertigkeiten erhält. Bisherige Bücher über MI enthalten zwar viel Material über die verschiedenen Möglichkeiten, die Methode anzuwenden, aber sie ermöglichen es ihren Lesern nicht, sich in der Anwendung des Erlernten zu üben. Mit Hilfe der erhältlichen Videos kann man die Anwendung der Methode zwar anhand von Vorbildern studieren, doch ist dies eben in erster Linie ein Lernen durch passives Beobachten. Mittlerweile existieren auch erste Hilfsmittel im Internet und auf DVD, aber diese Entwicklung befindet sich noch in ihren ersten Anfängen. Was neben den genannten Angeboten bisher völlig fehlte, war ein Buch, mit dessen Hilfe Lernende grundlegende MI-Konzepte rekapitulieren und konkrete MI-Fertigkeiten üben können – allein, mit anderen zusammen und mit Klienten.

Das vorliegende Buch füllt diese Lücke. Es gibt einen Überblick über verschiedene wichtige MI-Konzepte und -Fertigkeiten und gibt im übrigen viel Raum für aktives Experimentieren. Durch aktives Üben können die Leser ihr Wissen testen, Fertigkeiten erlernen und bereits erlernte Techniken verfeinern. Allen, die MI noch nicht kennen, gibt das Buch die Möglichkeit, sich mit den wichtigsten MI-Konzepten vertraut zu machen. Denjenigen, die kürzlich an einem MI-Einführungskurs teilgenommen haben, ermöglicht es, die dort neu erlernten Fertigkeiten zu verfeinern, ihr Verständnis der Methode zu vertiefen und ihre Fortschritte zu überprüfen. Einem erfahrenen MI-Praktiker bietet es die Möglichkeit, weitere Techniken zu erlernen und im Umgang mit dem bereits Erlernten größeres Geschick zu entwickeln. Außerdem enthält das vorliegende Buch Anregungen für den Aufbau einer MI-Lerngruppe.

Das *Arbeitsbuch Motivierende Gesprächsführung* ist als Ergänzung zu Millers und Rollnicks 2002 erschienener zweiten Ausgabe des Buches *Motivational Interviewing* (dt.: *Motivierende Gesprächsführung*) gedacht. Es basiert auf meiner 16-jährigen Erfahrung in der Ausbildung von MI-Praktikern und MI-Trainern und auf meinen Untersuchungen über die Aneignung von MI-Fertigkeiten. Es beantwortet die bekannte Frage vieler Kursteilnehmer: »Wo kann ich mehr lernen?« auf benutzerfreundliche Art.

Dank

Man könnte das Schreiben von Büchern für eine ziemlich einsame Tätigkeit halten. Doch diese Sichtweise ignoriert, wie viele Hände und Köpfe daran beteiligt sind, daß eine Idee sich zu einem Manuskript und schließlich zu einem Buch entwickelt. Vielen Menschen schulde ich Dank. Terri Moyers hat mir dieses Projekt nahegebracht, als es erst ein Samenkorn war, und sie hat mir liebenswürdigerweise gestattet, es weiterzuentwickeln, als ihr Weg sie anderswohin führte. Die Zusammenarbeit mit Lektoren war für das Resultat meiner Arbeit entscheidend. Kitty Moore von Guilford Press begann diesen mäandernden Prozeß mit mir, und Jim Nageotte brachte ihn zum Abschluß. Kitty hat mich sehr inspiriert, und auch Jim hat mich großartig begleitet und angeleitet. Mein Dank gilt auch den vielen anderen im Verlag Guilford, die zum Gelingen des Buches beigetragen haben. Bill Miller und Steve Rollnick haben die Entwicklung von MI entscheidend vorangetrieben und auch mir persönlich besonders viel gegeben. Steve gab mir den sehr nützlichen Rat, das Schreiben zu einer sakralen Tätigkeit zu machen, statt darin eine zusätzliche Last zu sehen, die in einen ohnehin schon zu ausgefüllten Terminplan noch mehr hineinpackt. Bill hat das Manuskript in verschiedenen Stadien seiner Entstehung gelesen und so den Prozeß des Schreibens auf sachkundige Weise begleitet. Der Vorgang ähnelte einem privaten Promotionsseminar bei Bill Miller. Warum ich das so wunderbar finde? Weil das Ergebnis ein wesentlich besseres Buch ist, dessen Weisheit von Bill stammt und dessen Mängel voll und ganz mir selbst zuzuschreiben sind.

Und dann sind da natürlich die vielen MINT-Mitglieder, die so vieles zur MI-Methode, -Ausbildung und -Forschung beigetragen haben. Obwohl die Namen dieser vielen Menschen dem Lektorat zum Opfer gefallen sind, ist mir nach wie vor bewußt, daß meine Arbeit auf der Euren basiert. Wegen Eurer vielen Ideen, Eurer geistigen Großzügigkeit und Eures enthusiastischen Engagements für unsere gemeinsame Arbeit ist es mir eine große Freude, mit Euch verbunden zu sein, und dies hat mir ganz sicher sehr geholfen. Euer Wissen und Eure Freundschaft sind mir ungeheuer wichtig.

Abgesehen von all den bereits genannten Helfern und Unterstützern haben meine Familie und meine Freunde die Arbeit an diesem Buch erst möglich gemacht. Meine Freunde geben mir im Leben eine Orientierung, und ich fühle mich reich gesegnet mit Ed, Rhonda, Catherine, David, Colleen, Stuart, Dudley und Candace; sie erhalten mich aufrecht und achten darauf, daß ich nicht die Orientierung verliere. Im Gegensatz zu anderen macht es mir persönlich auch Freude, Zeit mit meinen Schwiegereltern zu verbringen. Andy und Ida unterstützen mich in großen und kleinen Dingen, und es ist für mich sehr angenehm, in ihrer Gesellschaft zu sein. Mein Bruder Todd und meine Schwester Nancy haben mir zwar den unter Geschwistern üblichen Kummer bereitet, mich aber andererseits mit viel mehr Zuwendung und Mitgefühl beschenkt, als ein Bruder verdientermaßen erwarten kann. Ich habe viel zuviel Zeit ohne ihre gute und ehrliche Gesellschaft verbracht. Meine Eltern waren die ersten, die mir beigebracht haben zuzuhören und zu schätzen, wenn andere *mir* wirklich zuhören. Sie haben mir so viel geschenkt, daß ich gar nicht weiß, wie ich ihnen all dies danken soll. Dagegen haben meine Kinder leider mit einer schwachen Imitation dieser Rollenmodelle Vorlieb nehmen müssen. Kate, Michael und Sophia erlaubten mir, mich früh morgens und spät abends in meinem Büro zu verkriechen, sie haben meine Nörgeleien ertragen, und sie haben mich trotzdem geliebt. Ihr seid meine Freude. Und schließlich danke ich meiner Frau Stephanie, die mich gefragt hat, wovon ich träume, und die, als ich diese Frage nicht beantworten konnte, erklärte, dies sei ein Problem, und ich müsse daran etwas ändern. Obwohl all die anderen sehr wichtig waren, waren deine Liebe, dein Esprit und deine Unterstützung die entscheidenden Faktoren, die alles ermöglicht haben. Ich danke dir!

[1] Einleitung

Die *Motivierende Gesprächsführung* (MI – *Motivational Interviewing*) wird allmählich erwachsen. Eine von den *National Institutes of Health* im Oktober 2008 zusammengestellte Liste dokumentierte 180 Forschungsprojekte, die sich entweder mit MI oder mit *Motivational Enhancement Therapy* (einer manualisierten MI-Form, die ursprünglich im Rahmen des Projekts MATCH [*Matching Alcohol Treatment to Client Heterogeneity* – Miller, Zweben, DiClemente & Rychtarik 1992] benutzt wurde) beschäftigten. Empirische Belege für die Wirksamkeit von MI liegen mittlerweile für viele Problembereiche vor (siehe Burke, Arkowitz & Dunn 2002; Hettema, Steele & Miller 2005) und reichen weit über den ursprünglich anvisierten Einsatzbereich, die Behandlung von Suchtverhalten, hinaus. Es liegen klare Spezifikationen bezüglich der Interventionselemente vor (Miller & Rollnick 1991/2002/dt. 2004); es wurden Anwendungen für Bereiche, die nichts mit Suchtproblemen zu tun haben, entwickelt (Arkowitz, Westra, Miller & Rollnick 2008/2010); es gibt Manuale für bestimmte Interventionen (Project MATCH, Project COMBINE [*Combining Medication and Behavioral Intervention*]) sowie Supervisionsmanuale (MIA-Step [*Motivational Interviewing Assessment: Supervisory Tools for Enhancing Proficiency*]; Martino *et al.* 2006). Außerdem wurden einige interessante Hinweise darauf gefunden, was die entscheidenden Elemente einer effektiven MI-Sitzung sein könnten (Amrhein, Miller, Yahne, Palmer & Fulcher 2003; Moyers *et al.* 2007). Miller (2005) hat eine Theorie der MI entwickelt, und das Buch *Motivational Interviewing* wurde anläßlich seiner zweiten Auflage* völlig umgeschrieben, so daß es nun die mittlerweile vorliegenden tiefer reichenden und umfassenderen Untersuchungen einbezieht. Und schließlich haben inzwischen Forscher – zu denen ich zähle – angefangen, sich mit der Frage zu beschäftigen, wie man sich die für MI erforderlichen Fähigkeiten am besten aneignen kann.

Mehrere Autoren beschreiben Untersuchungen, aus denen hervorgeht, daß ein zwei Tage dauernder MI-Workshop sehr gut geeignet ist, in die MI-Konzepte einzuführen (Baer *et al.* 2009; Miller, Yahne, Moyers, Martinez & Pirritano 2004; Miller *et al.* 2008). Tatsächlich können die Teilnehmer eines solchen Trainings danach wesentlich besser mit MI umgehen. Doch wirklich kompetente Anwender können sie nur werden und

---

* Die aktuelle deutsche Ausgabe dieses Buches, *Motivierende Gesprächsführung*, erschienen bei Lambertus im Jahre 2004, basiert auf dieser überarbeiteten Neuauflage. Sie umfaßt aber nur die Hälfte des amerikanischen Originals. Anm. d. Übers.

bleiben, wenn sie außerdem Praxiserfahrung sammeln, eine Betreuung in Form von Coaching genießen und Feedback zu ihrer MI-Praxis erhalten.

Es gibt viele Möglichkeiten, sich diese zusätzliche Praxiserfahrung anzueignen. Beispielsweise kann man an einem Aufbaukurs teilnehmen und sich um das Feedback von Supervisoren und Beratern bemühen. Miller *et al.* (2004) weisen darauf hin, daß sich ihr Modell für die MI-Ausbildung von der Vermittlung konkreter Techniken auf das »Lernen, wie man lernt« (S. 1059) verschoben hat. Demnach stand in MI-Ausbildungen anfangs die Vermittlung bestimmter Fertigkeiten und das Feedback während des Erlernens der Grundlagen im Vordergrund. Nach neuesten Erkenntnissen benötigen Lernende jedoch ständig Feedback, und die meisten Kliniker haben keinen unmittelbaren Zugang zu dieser Form von Beratung. Nach Miller und Moyers (2006) ähnelt diese Situation dem Schlagen von Golfbällen bei Dunkelheit: Man mag zwar wissen, wie sich der richtige Schlag anfühlen muß, doch man erhält keinerlei Informationen darüber, was tatsächlich passiert ist und wie man das eigene Verhalten verändern muß, um das Resultat zu verbessern. Zum Glück gibt es eine leicht zugängliche Feedbackquelle: unsere Klienten. Die Reaktion der Klienten auf das Verhalten der MI-Anwender (beispielsweise in Form von vermehrtem *Change-talk* oder erhöhtem Widerstand) signalisiert uns, ob wir MI adäquat oder inadäquat praktizieren. So wird der Klient zu einer ständig sprudelnden Quelle von Feedback (d. h., zum Lehrer), während er eine mehr oder weniger gute MI-Anwendung erlebt.

Man kann MI auch noch auf andere Weisen erlernen. Beispielsweise gibt es Videoaufnahmen von MI-Demonstrationen, und einige Forscher entwickeln im Augenblick Video-, DVD-, Computer- und Web-basierte Einschätzungs- und Trainingsmöglichkeiten. Ich habe zusammen mit Kollegen die MI-Arbeit für *Video Assessment of Simulated Encounters – Revised* (VASE-R; Rosengren, Baer, Hartzler, Dunn & Wells 2005; Rosengren, Hartzler, Baer, Wells & Dunn 2008) begutachtet, ein System, das die Bewertung der MI-Fertigkeiten Lernender in fünf Bereichen mißt. Was unter den heute verfügbaren Ressourcen nach wie vor fehlt, ist ein Handbuch, das Lernenden hilft, MI-Fertigkeiten zu entwickeln und anzuwenden, ohne dabei auf Hilfe von außen angewiesen zu sein und ohne schon vorher Erfahrungen in der Einschätzung von Fertigkeiten gesammelt zu haben. So wurde ich zur Entwicklung dieses Arbeitsbuches inspiriert.

Zweck

Das vorliegende Buch ist für MI-Anwender aus den verschiedensten Anwendungsbereichen gedacht. Obwohl ich der Einfachheit halber meist von einerseits »Therapeuten« und »Helfern« (manchmal auch »Anwendern«) und andererseits von »Klienten« spreche, eignet sich dieses Buch durchaus auch für Sozialarbeiter im Strafvollzug, Supervisoren, Ärzte, Zahnpfleger, Diabetesberater, Betreuer von Süchtigen, Berater und noch viele andere, die in Helferberufen arbeiten. Die Gemeinsamkeit all dieser Gruppen ist: *Sie betreuen Menschen, die mit der Möglichkeit, sich zu verändern, ringen.*

Das Buch ist als Ergänzung zum Grundlagenwerk *Motivierende Gesprächsführung* von Miller und Rollnick (2004, basierend auf der 2., überarbeiteten Auflage des Originals – MI-2) sowie zu den neueren Büchern der MI-Serie, *Motivierende Gesprächsführung bei der Behandlung psychischer Störungen* (Arkowitz *et al.* 2008/2010) sowie *Motivational Interviewing in Health Care: Helping Patients Change Behavior* (Rollnick *et al.* 2008)* gedacht. In den genannten Büchern stellen die Autoren den MI-Kontext, die praktische Anwendung der Methode sowie verschiedene konkrete Anwendungsbereiche und andere konzeptionelle Aspekte dar. Ihnen allen fehlt jedoch eine Anleitung zum praktischen Üben der Methode. Diese steht im vorliegenden Buch im Mittelpunkt.

Leser dieses Buches brauchen jedoch nicht unbedingt MI-2 gelesen zu haben, um die beschriebenen Übungen ausführen zu können. Jedes Kapitel gibt einen Überblick über die Konzepte, die ein angehender MI-Anwender im Rahmen eines meiner üblichen zwei- oder dreitägigen Workshops kennenlernt. Alle, die MI bereits gut kennen, können diese Basisinformationen nutzen, um ihre Kenntnisse aufzufrischen; und diejenigen, denen MI völlig neu ist, lernen mit Hilfe dieses Buches die wichtigsten MI-Konzepte kennen. In jedem Fall kommt die Lektüre von MI-2 Ihrem Verständnis des MI und Ihrer Arbeit auf der Grundlage des vorliegenden Buches zugute.

Der Aufbau des Buches orientiert sich nicht am Aufbau von MI-2, sondern an der Reihenfolge, in der ich die wichtigsten MI-Konzepte in meinen Workshops vorstelle. Die aufeinanderfolgenden Kapitel knüpfen jeweils logisch an den bereits erläuterten Konzepten an, um Lesern, denen die Thematik völlig neu ist, den Einstieg zu erleichtern. Da die einzelnen Kapitel aber jeweils eigenständig sind, können alle, die MI bereits kennen oder die lieber ihren individuellen Bedürfnissen entsprechend an bestimmten Themenbereichen arbeiten wollen, das Buch wie ein »à la Carte«-Menü benutzen.

Miller und Rollnick (2002/2004) beschreiben den MI-Prozeß als in zwei Phasen gegliedert. In Phase I geht es darum, die Bedeutung einer Veränderung herauszustreichen, das Selbstvertrauen zu stärken und bestehende Ambivalenzen aufzulösen. In Phase II versuchen MI-Therapeuten, das Engagement ihrer Klienten für die Veränderung zu festigen und mit ihnen einen Veränderungsplan auszuhandeln. In den Kapiteln 3–9 des vorliegenden Buches werden die in Phase I benötigten Fertigkeiten geübt, in den Kapiteln 10 und 11 die Fertigkeiten für Phase II.

Zu erwähnen ist noch, daß das Buch zwar einerseits zweifellos ein Produkt einer verbalen bzw. sprachlichen Bemühung ist, andererseits aber so konzipiert wurde, daß

---

* Die deutsche Ausgabe erscheint 2012 im G. P. Probst Verlag. Anm. d. Übers.

es potentiell verschiedene Intelligenzarten und Lernstile anspricht (Silver, Strong & Perini 2000). Es nutzt unterschiedliche Lernaktivitäten, die jeweils andere Lerntypen besonders ansprechen. Grundsätzlich empfehle ich Ihnen, alle Übungen auszuprobieren, aber andererseits brauchen Sie sich nicht gezwungen zu fühlen, wirklich alle auszuführen.

Spezifische Ziele

Das Buch verfolgt drei Zwecke. *Erstens* bietet es dem Leser die Möglichkeit, MI-Konzepte in den vielen klinischen Beispielen und Trainingsbeispielen, die im gesamten Text verteilt sind, in ihrer Anwendung zu »sehen«. Die Beispiele basieren auf meiner zwanzigjährigen Arbeit als Psychologe und meiner fünfzehnjährigen Tätigkeit als MI-Trainer. Obwohl der geschriebene Text die visuelle Wirkung der dargestellten Fallgeschichten und den Reichtum des verbalen Austauschs darin nicht völlig zu erfassen vermag, hat die schriftliche Darstellung den Vorteil, daß der Leser die Dialoge in einem ihm gemäßen Tempo aufnehmen und die Gedanken der MI-Anwender quasi »hören« kann. Häufig muß man mehrmals genau hinhören, um die Feinheiten der Dialoge genau erfassen zu können, und die Schriftform ermöglicht die wiederholte Beschäftigung mit bestimmten Dialogen zu jedem beliebigen Zeitpunkt und mit geringstem Aufwand.

Zweitens ermöglicht dieses Arbeitsbuch Ihnen selbst und anderen, die beschriebenen Fertigkeiten zu üben. Mit Hilfe der ausführlich erläuterten Übungen können Sie sich die erforderlichen Fertigkeiten aneignen und sie verfeinern. Einige der beschriebenen Aktivitäten können Sie allein ausführen, andere erfordern die Mitwirkung weiterer Interessenten, und schließlich gibt es auch spezielle Partnerübungen. Man kann die Übungen auch im Rahmen einer MI-Studiengruppe benutzen. Zu allen Übungen sind jeweils am Ende der Kapitel Arbeitsblätter zu finden. Ich empfehle Ihnen, die ausgefüllten Arbeitsblätter aufzubewahren, denn einige davon brauchen Sie für spätere Übungen erneut. Fertigen Sie so viele Kopien der Arbeitsblätter an, wie Sie für die Entwicklung Ihrer Fertigkeiten benötigen.

Drittens werden in diesem Buch einige Aktivitäten beschrieben, die zur Nutzung im Rahmen der Arbeit mit Klienten gedacht sind. Die Übungen werden zwar jeweils in einem bestimmten Kapitel vorgestellt, sie können aber unterschiedliche Funktionen erfüllen und zu verschiedenen Zeitpunkten der Arbeit mit einem Klienten benutzt werden. Allerdings erscheint es mir ratsam, darauf hinzuweisen, daß diese Übungen nicht »MI sind«. Obwohl sie von ihrer Anlage her mit den MI-Prinzipien übereinstimmen, entscheidet die Art ihrer Nutzung über ihre Vereinbarkeit mit MI. Deshalb müssen all jene, die sie bei ihrer Arbeit mit Klienten benutzen wollen, eine gewisse Erfahrung mit den Grundformen der Übungen gesammelt haben und sie den konkreten Erfordernissen der betreffenden Situation anpassen können.

Der Aufbau der Kapitel

Das erste und das letzte Kapitel haben einen von den übrigen etwas abweichenden Aufbau. Das Kapitel, das Sie im Moment lesen, dient der Einführung in das gesamte Buch, wohingegen das letzte Kapitel einen kurzen Überblick über den aktuellen Forschungsstand gibt und außerdem Empfehlungen für die Aneignung der MI-Methode enthält. Für die Kapitel 2–11 gelten die folgenden Erläuterungen zum Kapitelaufbau.

- *Auftakt* Ein klinisches Beispiel veranschaulicht die konkreten Probleme, die in diesem Kapitel untersucht werden. Der Leser erlebt in einer Kombination von Dialog und laufendem Kommentar eine klinische Situation oder Lebenssituation; so wird das, was gelernt werden soll, mit einem real möglichen Austausch verbunden; anschließend wird er mit der Frage »Was würden Sie als nächstes tun?« konfrontiert.
- *Ein tieferer Einblick* In diesem Abschnitt werden die dem betreffenden Kapitel zugrundeliegenden Konzepte vorgestellt. Beispielsweise wird in Kapitel 3 das reflektierende Zuhören beschrieben – seine Funktionsweise und die Feinheiten seiner Anwendung. Ein Leser, der MI noch nicht kennt, erhält hier die Basisinformationen für die anschließende praktische (experientielle) Arbeit. Für bereits erfahrene MI-Anwender hingegen ist dies eine Art Repetitorium, das die Nuancen veranschaulicht, die ich mir im Laufe meiner langen Praxis der Anwendung, Erforschung und Ausbildung im MI-Bereich erschlossen habe.
- *Konzept-Quiz – Testen Sie sich!* Mit Hilfe dieses kurzen Tests können Sie sich einen Überblick darüber verschaffen, inwieweit Sie die soeben aufgenommenen theoretischen Informationen begriffen haben. Erfahrene MI-Anwender können sich mit Hilfe des Quiz vergewissern, ob sie sich den Abschnitt *Ein tieferer Einblick* noch einmal genau anschauen sollten. Im Anschluß an das Quiz sind jeweils die richtigen Antworten in Verbindung mit entsprechenden Erläuterungen angegeben.
- *Praxisbeispiel* Dieser Abschnitt integriert die erläuterten theoretischen Aspekte in klinische Dialoge. Sie können MI hier in der praktischen Anwendung beobachten, wobei die Darstellung in erster Linie Möglichkeiten der Anwendung der jeweiligen Fertigkeiten aufzuzeigen versucht.
- *Probieren Sie dies aus!* In diesem Abschnitt werden Übungsmöglichkeiten beschrieben. Deren Art und Zahl variiert von Kapitel zu Kapitel, doch in den meisten Fällen ist für ihre Ausführung kein ständig verfügbarer Übungspartner erforderlich. Allerdings müssen bei einigen Übungen bestimmte Fertigkeiten zusammen mit anderen Men-

schen (z. B. Freunden, Familienmitgliedern, Arbeitskollegen, dem Barista aus der nächsten Espressobar) geübt werden. – Keine Sorge, niemand wird Sie auffordern, mit Ihrem Schwager eine Therapie durchzuführen; allerdings könnte es sein, daß Sie *versuchen* sollen, im Rahmen einer Empathie-Übung die merkwürdige Denkweise dieses Menschen zu verstehen.

Auch wenn einige der beschriebenen Übungen Ihnen als simpel erscheinen mögen, sind sie nicht unbedingt leicht. Oft erschließt ein fortgeschritteneres Entwicklungsstadium einer bestimmten Fertigkeit einen höheren Komplexitätsgrad. Reflektierendes Zuhören ist ein ausgezeichnetes Beispiel dafür, wie man durch Übung Tiefe, Zielrichtung und Vielfalt der Nutzung einer Fertigkeit verbessern kann. Das einmalige Ausführen einer Übung macht Sie nicht schon erfahren. Wahrscheinlich wollen (oder müssen) Sie eine Fertigkeit mehrmals üben, um eine gewisse Kompetenz in ihrer Anwendung zu entwickeln. Am besten kopieren Sie die Arbeitsblätter, bevor Sie sie ausprobieren; dann haben Sie bei wiederholter Arbeit an der betreffenden Übung ein unbeschriebenes Arbeitsblatt zur Verfügung. Meine Erfahrungen aus meinen eigenen MI-Trainingskursen zeigen mir, daß es für MI-Anwender kaum eine zu einfache Übungsmöglichkeit gibt. Möglichkeiten, eine bestimmte Fertigkeit zu verfeinern, sind so gut wie immer gegeben. Bill Miller führt hierzu einen Vergleich aus dem Karate an: Man kann eine *Kata* immer verbessern, ganz gleich, welchen Gürtel man bereits erworben hat.

- *Arbeit mit einem Partner* Obwohl man die in diesem Buch beschriebenen Übungen allein ausführen kann, ist es in den meisten Fällen nützlich, zusammen mit einem Freund oder Kollegen daran zu arbeiten oder sie im Rahmen einer MI-Studien- oder -Übungsgruppe zu benutzen. Wenn Sie mit anderen gemeinsam etwas lernen, können Sie zusammen üben, darüber sprechen und einander direkt Feedback geben. Darauf müssen Sie verzichten, wenn Sie immer nur allein arbeiten. Jedes Kapitel enthält aber auch Übungen, die speziell für die Arbeit mit einem Partner gedacht sind. Diese Übungen vermitteln oft einen Eindruck davon, was die Arbeit mit Klienten zu bewirken vermag. Somit können die Partnerübungen als eine Art Generalprobe – inklusive Feedback – verstanden werden, die stattfindet, bevor sich der Vorhang öffnet.

- *Ergänzende Gedanken* Dieser Abschnitt enthält alle möglichen Details, die MI-Trainer und -Praktiker im Laufe der Jahre zusammentragen, die sich aber nicht immer problemlos einer der übrigen Kategorien zuordnen lassen. Ein Beispiel:

  »Bei doppelseitigen Reflexionen sollten Sie versuchen, mit der Seite zu enden, welche die Veränderung in den Vordergrund stellt. Dies ermöglicht Ihnen, ganz natürlich in den Bereich zu gelangen, auf den Sie sich zubewegen wollen.«

Solche Dinge schreibe ich mir auf, wenn ich von anderen lerne – als etwas, das ich mir merken will, das aber nicht unbedingt in eine der herkömmlichen Kategorien paßt. Außerdem werden in diesem Abschnitt Aspekte beschrieben, über die MI-Trainer und -Experten zur Zeit noch diskutieren. Dies gibt den Lesern Gelegenheit, einige Nuancen kennenzulernen, um die es in solchen Gesprächen geht.

Weitere Informationen

Der nun folgende Abschnitt enthält Informationen, die für die in diesem Buch beschriebene Arbeit nützlich sein und Ihnen helfen können, mehr über MI zu lernen.

Aufbau einer MI-Lerngruppe Abgesehen von der Möglichkeit, mit einem Partner zusammenzuarbeiten, können Sie auch eine MI-Lerngruppe gründen. Der Anhang enthält konkrete Empfehlungen für den Aufbau einer solchen Gruppe. Sie brauchen kein MI-Experte zu sein, um eine solche Gruppe zu leiten; entscheidend ist, daß Sie den festen Willen haben, eine solche Gruppe ins Leben zu rufen. Der Anhang enthält Empfehlungen für potentielle Leiter von MI-Gruppen, einschließlich praktischer Anregungen für die Durchführung von Organisationsbesprechungen und die Strukturierung der Gruppe. Ich empfehle Ihnen, sich diesen Anhang genau anzuschauen.

Literatur und Stichwortverzeichnis Hier finden Sie die im Text erwähnten Quellen sowie eine Zusammenstellung der wichtigsten in diesem Buch verwendeten Begriffe und wo diese zu finden sind.

Eine Anmerkung zu Bezeichnungen

In einem Buch wie dem vorliegenden muß man sich überlegen, wie man die Person, die eine Veränderung vollzieht, und die Person, die ersterer dabei hilft, bezeichnet. Weil sich die Darstellung auf eine Vielzahl von Hilfsszenarien bezieht, ist es nicht möglich, auf alle in Frage kommenden Situationen passende Bezeichnungen zu finden. Deshalb habe ich mich entschlossen, einerseits den Begriff *Klient* und andererseits die Begriffe *Therapeut* und *Helfer* (sowie gelegentlich *MI-Anwender*) zu benutzen, und ich hoffe, daß Sie mit diesen Bezeichnungen in Ihrer konkreten Situation etwas anfangen können. Außerdem werde ich mich bemühen, wann immer möglich die Pluralformen von Pronomen zu verwenden, um ein ständiges Wechseln zwischen den beiden Geschlechtern überflüssig zu machen.

Ach ja, und wer bin ich eigentlich?

Ich bin klinischer Psychologe, und rückblickend wird mir klar, daß ich mich mit der Motivation von Klienten schon seit meiner Promotion im Jahre 1988 beschäftige. Damals wurde mir klar, daß ich so viele Fallkonzepte und Behandlungspläne entwickeln und so viele empirisch gestützte Behandlungen durchführen konnte, wie ich wollte, ohne bei den Klienten auch nur die geringste Reaktion und Kooperation hervorzurufen, solange ich nicht wußte, was dazu erforderlich war. Deshalb fing ich an, nach Antworten auf diese Frage und nach Möglichkeiten zur Lösung dieses Problems zu suchen. So stieß ich 1990 auf MI.

Seither hat sich meine Arbeit als Forscher auf die Nutzung von Kurzzeitinterventionen für die Kontaktaufnahme *(outreach)* sowie zur Förderung des Engagements der Klienten und der Veränderungsarbeit konzentriert. Im Laufe der Jahre habe ich an Forschungsprojekten mitgearbeitet, in denen es um Alkohol- und Drogenmißbrauch, HIV-Risikoverhalten, Fahren unter Alkohol- und Drogeneinfluß sowie mit Präventionsmaßnahmen gegen den Einfluß von Alkohol auf die Entwicklung des Fötus ging. Ich habe in diesem Rahmen in Zentren für aufsuchende Sozialarbeit, Entgiftungseinrichtungen, Diagnosezentren, in Behandlungsprogrammen, in Privathaushalten von Klienten und im Rahmen der Telefonberatung gearbeitet. In neuester Zeit hat sich mein Interesse auf Modelle für ein effektives MI-Training sowie auf Methoden zur Einschätzung des Erwerbs von Fertigkeiten konzentriert. Meine Rolle im Rahmen dieser Projekte bestand – abgesehen von meiner Forschungsarbeit – häufig in der Arbeit als MI-Trainer, Supervisor und Berater.

Im Jahre 1993 nahm ich an einem Einführungskurs für angehende Trainer (*Training for New Trainers* – TNT) teil, den Miller und Rollnick in Albuquerque in New Mexico veranstalteten. Im Laufe dieses Kurses erbot ich mich, einen Newsletter zu publizieren. Aus diesen bescheidenen Anfängen ist mittlerweile dank der Unterstützung vieler anderer eine internationale Vereinigung der MI-Trainer entstanden, das *Motivational International Network of Trainers* (MINT). Diese Organisation hat Hunderte von Mitgliedern auf sechs Kontinenten, und sie organisiert jedes Jahr einen internationalen Kongreß.

In den letzten 15 Jahren habe ich eine große Zahl von Interessentengruppen in der Anwendung von MI ausgebildet. Im Rahmen dieser Arbeit habe ich immer wieder gehört: »Wo kann ich mehr über diesen Ansatz lernen?« Nun bin ich endlich in der Lage, auf diese Frage eine konkrete Antwort zu geben: Versuchen Sie es doch einmal mit diesem Buch.

[2] Grundlagen des MI

Auftakt

»Ich glaube ja gern, daß dieses MI bei verbal sehr ausdrucksfähigen Klienten in einer relativ stabilen Lebenssituation nützlich sein kann, aber das sind nicht die Leute, mit denen ich zu tun habe. Das sind Methadon-Abhängige, und bei dieser Droge ist alles anders, als man es von normalen Klienten kennt. Solche Leute werden antisozial. Sie lügen und stehlen. Sie führen einen an der Nase herum, wenn man sich nicht entschieden dagegen wehrt. Ihre Methode würde bei denen überhaupt nicht funktionieren.« Rick war mittlerweile in Fahrt gekommen.

Mehrere Anwesende nickten beifällig. Wäre dies ein Baptistengottesdienst und keine MI-Trainingssitzung gewesen, hätte in diesem Moment die Gemeinde sicherlich im Chor »Amen!« intoniert. Dann regte sich das Gegenargument in meinem Geist. Die vorliegenden Untersuchungen über Methamphetamin-Konsumenten und die Auswirkungen einer MI-Behandlung sprachen eine andere Sprache. Den obigen Einwand höre ich in ähnlicher Form in meinen Trainings immer wieder. Außerdem dachte ich über Menschen nach, von denen ich weiß, daß sie gegen ihren Alkohol- und Drogenkonsum (inklusive Methamphetamin) ankämpfen. Die Menschen, auf die sich der Kritiker bezogen hatte, waren nicht diejenigen, die ich aufgrund meiner eigenen Arbeit mit Angehörigen solcher Gruppen kannte. Der Mann, der den Einwand vorgebracht hatte, hatte mir während des Trainings immer wieder Schwierigkeiten gemacht – ein ziemlich geschwätziger und starrsinniger Zeitgenosse. Rick fiel es offenbar sehr schwer, MI zu verstehen und die entsprechenden Fertigkeiten anzuwenden; er brachte ständig Einwände vor und zeigte sich zutiefst besorgt um seine Klienten. Doch weil er mich ziemlich nervte, wollte ich ihn konfrontieren – und damit meine ich, daß ich ihn *wirklich* konfrontieren und ihm zeigen wollte, daß er falsch lag! Ich öffnete den Mund und sagte: ...

> »Wir befinden uns jetzt an einer Wegkreuzung, in einer Situation, die in Behandlungs-, Beratungs- und Trainingszusammenhängen häufig vorkommt, wenn Beteiligte Einwände erheben und wir uns mit diesen lieber nicht auseinandersetzen möchten. Es kann sein, daß wir in solchen Situationen verärgert, gereizt oder frustriert sind, so wie es bei mir im Augenblick der Fall war. Wir können wählen, wie wir auf solch eine Situation reagieren. Präsentieren wir Fakten? Tragen wir Gegen-

argumente vor? Ignorieren wir die Einwände? Tun wir die Besorgnis ab, weil wir den Überbringer der Botschaft nicht ernst nehmen? Spannen wir die Gruppe ein, um Ricks Einwand etwas entgegenzusetzen? Werfen wir unsere Erfahrung in die Waagschale? Oder nehmen wir in unserer Reaktion die Gründe für seine Besorgnis ernst? Versuchen wir zu verstehen, was ihn dazu bringt, sich auf diese Weise zu verhalten? Unsere Entscheidung berührt die philosophische Basis und die Prinzipien des MI.«

In diesem Kapitel werden die wichtigsten MI-Elemente vorgestellt, der MI-Spirit wird beschrieben, und Sie können beobachten, wie der MI-Spirit mit den konkreten MI-Elementen zusammenwirkt.

Ein tieferer Einblick

Veränderungsbereitschaft

Klienten sind in unterschiedlichem Maße bereit, sich zu verändern. Dies ist wohl den meisten Lesern nicht völlig neu. Wahrscheinlich hat Ihr Wunsch, die Veränderungsbereitschaft Ihrer Klienten zu beeinflussen, Sie sogar dazu gebracht, dieses Buch zu kaufen. Bevor wir uns mit den verschiedenen Elementen des MI beschäftigen, sollten wir uns mit einigen grundlegenden Gedanken über Bereitschaft und Veränderung befassen. Viele dieser Gedanken entstammen den Schriften von Prochaska und DiClemente (1984, 1998) über das transtheoretische Modell, waren dort allerdings nicht auf das Zustandekommen von Veränderungen bezogen.

- *Ambivalenz ist normal, wenn es um Veränderung geht.* Wenn Veränderungen offensichtlich notwendig und so leicht herbeizuführen wären, wären sie längst eingetreten, und die Klienten bräuchten keine Hilfe, um sich zu verändern. Da Veränderungen jedoch schwierig zu erreichen sind, stehen die Betroffenen ihnen ambivalent und mit gemischten Gefühlen gegenüber. Doch diese Ungewißheit wird nicht als Problem angesehen, sondern als ein normaler Bestandteil des (Veränderungs-)Prozesses und als etwas, an dessen Lösung wir mit unseren Klienten zusammen arbeiten müssen.
- *Veränderungen verlaufen oft nicht-linear.* Klienten bewegen sich häufig nicht in gerader Linie von Nicht-Veränderung zu Veränderung. Manchmal gibt es nach ersten Schritten Rückschläge und Rückfälle in alte Gewohnheiten, bevor sich eine Veränderung wirklich durchsetzt. Bevor sich unsere Klienten an uns wenden, haben sie häufig schon mehr oder weniger erfolgreich versucht, Veränderungen zu erreichen.
- *Bereitschaft ist nicht statisch.* Auf diesen Gedanken werden wir im Laufe dieses Buches immer wieder zurückkommen. Ungeachtet der unterschiedlichen Ausgangspunkte von Klienten ist im Laufe der Zeit immer klarer geworden, daß wir ihre Verände-

rungsbereitschaft im positiven wie negativen Sinne beeinflussen können. Rick aus der zu Beginn des Kapitels beschriebenen Szene könnte viele verschiedene Richtungen einschlagen, je nachdem, was ich im Anschluß daran getan hätte.

- *Achten Sie bei Ihrer Arbeit auf die Stärke der Bereitschaft.* Einige MI-Trainer gehen mit der Bereitschaft um, als handle es sich um ein lebenswichtiges Körpersignal, wie es Blutdruck, Körpertemperatur und Puls für die körperliche Gesundheit sind. Wenn ein MI-Therapeut auf den Bereitschaftsgrad seiner Klienten achtet, kann er die Sitzungen gezielter lenken. Sind Klienten beispielsweise sehr zuversichtlich, daß ihnen eine Veränderung gelingen wird, sehen es aber nicht als besonders wichtig an, diese auch tatsächlich zu erreichen, dann sollte der Therapeut/Helfer seine (und ihre) Aufmerksamkeit und Energie auf die Untersuchung der Wichtigkeit der Veränderung konzentrieren.

MI-Elemente

Die Motivierende Gesprächsführung umfaßt mehrere wichtige Elemente. Um einer möglichst klaren Darstellung willen werden wir uns im folgenden auf vier dieser Elemente konzentrieren: die MI-Prinzipien, die OARS-Fertigkeiten (sie werden ein wenig später erklärt), *Change-talk* und *MI-Spirit*. Abbildung 2.1 zeigt, wie man sich das Zusammenwirken dieser Komponenten und ihre Bedeutung für die Motivierende Gesprächsführung vorstellen könnte. Bevor wir uns diese Elemente einzeln genauer anschauen,

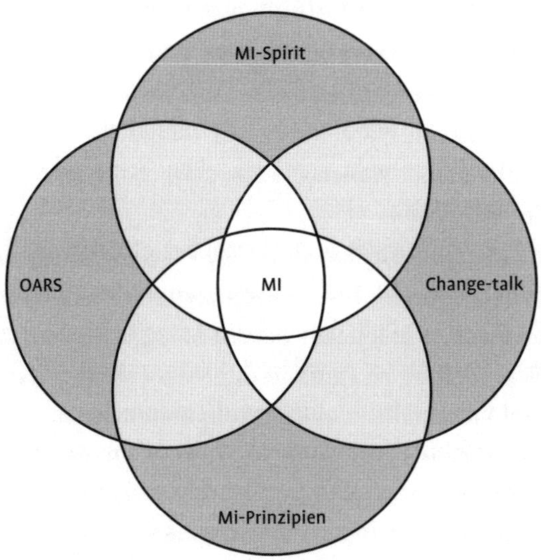

ABBILDUNG 2.1 MI-Elemente

möchte ich Sie darauf hinweisen, daß viele MI-Bestandteile auch in anderen Therapiesystemen zu finden sind und darüber hinaus im religiösen und philosophischen Denken aller Zeiten eine Rolle gespielt haben. Das Besondere an der MI ist die spezielle Kombination dieser Elemente, das zeitliche Arrangement ihres Einsatzes und ihre Anwendung im Rahmen der Bemühungen, *Change-talk* zu evozieren. Als *Change-talk* werden Äußerungen von Klienten bezeichnet, die darauf hindeuten, daß die Betreffenden zur Zeit über positive Veränderungen eines bestimmten problematischen Verhaltens nachdenken – wobei solche Äußerungen als wichtige Anzeichen für das tatsächliche Bevorstehen solcher Veränderung anzusehen sind. Diese Thematik wird in Kapitel 5 ausführlicher behandelt.

MI-Prinzipien

Einer der Kreise in diesem Diagramm steht für die Prinzipien, auf denen MI basiert. Im Jahre 2002 beschrieben Miller und Rollnick diese Prinzipien als Ausdruck von Empathie, Unterstützung von Selbstwirksamkeit, Entwickeln einer Diskrepanz und Mitgehen mit dem Widerstand. In einer neueren Publikation haben Rollnick *et al.* (2008) diese Prinzipien im Akronym RULE zusammengefaßt:

- R *(resist)* – Widerstehe dem Reflex, deinen Klienten zu korrigieren.
- U *(understand)* – Verstehe die Motivation deines Klienten.
- L *(listen)* – Höre deinem Klienten zu.
- E *(empower)* – Befähige deinen Klienten.

Diese Prinzipien, die im folgenden ausführlicher erläutert werden, entstammen anderen Therapieansätzen. Beispielsweise spielt die Maxime *Höre deinem Klienten zu* in den Schriften von Carl Rogers eine wichtige Rolle. Die Prinzipien sind nicht als Grundlage einer detaillierten Strategie für die MI-Arbeit zu verstehen, sondern sie fungieren als Leitlinien für die Auswahl der konkreten Techniken, Strategien und Fertigkeiten, die bei der MI-Arbeit genutzt werden.

Widerstehe dem Reflex, deinen Klienten zu korrigieren bezieht sich auf die Tendenz von Helfern, die Probleme ihrer Klienten durch aktives Eingreifen in deren Leben zu lösen – wodurch sie die Wahrscheinlichkeit, daß sich die betreffenden Klienten selbst wirklich verändern, verringern. Deshalb ist es wichtig, Helfern diese weit verbreitete Tendenz und die durch sie entstehenden Probleme bewußt zu machen.

Der Korrekturreflex macht sich schon bemerkbar, wenn wir den Wunsch verspüren, anderen zu helfen. Die Motivation dahinter ist durchaus positiv, denn sie bringt uns dazu, Probleme zur Sprache zu bringen, sobald wir sie bemerken. Wir wollen unseren Klienten helfen, eine Situation zu verändern, damit sie ein glücklicheres, gesünderes und produktiveres Leben führen können. Dagegen, daß man anderen Menschen dies alles wünscht, ist nicht das Geringste einzuwenden. Problematisch am Korrekturreflex ist, daß er die Möglichkeit des Vorliegens von Ambivalenz außer Acht läßt.

Weil Klienten von Natur aus ambivalent sind, gibt es Situationen, in denen sie Veränderung als nicht notwendig oder möglich ansehen. Dies ist bei der Veränderung ganz einfach die Rückseite der Medaille. Mit einer Veränderung können Kosten verbunden sein, beispielsweise in Form von Furcht/Angst und Unsicherheit, einem Wandel in wichtigen Beziehungen sowie finanziellen und zeitlichen Belastungen – Gründe, aus denen die Aufrechterhaltung des Status quo als wünschenswert erscheinen kann. Solche potentiellen Kosten oder Faktoren bringen Klienten dazu, an ihrem augenblicklichen Verhalten festzuhalten.

Widerstand ist aktives Sich-Widersetzen gegen die Gründe für eine Veränderung. Es wurde nachgewiesen, daß sich dieser aktive Prozeß unmittelbar – positiv wie negativ – durch das Verhalten des Helfers beeinflussen läßt (Patterson & Forgatch 1985; Miller & Sovereign 1989; Moyers *et al.* 2007). Verhaltensweisen von Helfern, die Widerstand verstärken können, sind unter anderem (1) der Versuch, Klienten davon zu überzeugen, daß sie ein Problem haben, (2) Räsonieren über die Vorteile einer Veränderung, (3) dezidierte Erläuterungen darüber, wie sich Klienten verändern sollten, und (4) Warnungen vor den Konsequenzen des Versäumens einer Veränderung. Das Vortragen von Gründen, die für eine Veränderung sprechen (Räsonieren), verstärkt den Widerstand, und dieser verringert die Wahrscheinlichkeit des Eintretens einer Veränderung. In diesem Sinne ist Widerstand einer Form von Energie, die Helfer durch ihr Verhalten intensivieren oder abschwächen können. Wird der Widerstand eines Klienten stärker, signalisiert das dem Helfer, daß er selbst sein Verhalten ändern muß. Ziel der Arbeit des Helfers ist, den Widerstand des Klienten zu minimieren. Dies erfordert, daß er nicht aktiv dagegen ankämpft und es vermeidet, ihn hervorzurufen, was durch Versuche, bestehende Probleme durch eigene Aktivität zu lösen, geschehen kann.

Die Motivation des Klienten zu verstehen ist die logische Ergänzung zu den vorherigen Erläuterungen bezüglich der Ambivalenz. Nach MI-Auffassung muß die Motivation vom Klienten selbst ausgehen. Deshalb versuchen wir *nicht*, Klienten unsererseits zu motivieren oder ihnen auf irgendeine andere Weise eine Motivation zu entlocken. Vielmehr bemühen wir uns, die Motivation in ihnen selbst zu finden. Wir geleiten sie zum Erkennen der Diskrepanzen, die schon jetzt zwischen dem, was sie wollen, und den Auswirkungen ihres momentanen Verhaltens auf ihre Ziele bestehen. Wir achten darauf, ob sie uns über ihre Ziele, Überzeugungen und Bestrebungen informieren, und suchen oft auch aktiv nach solchen Hinweisen, und wenn wir Anhaltspunkte dieser Art gefunden haben, untersuchen wir, in welcher Beziehung sie zur aktuellen Situation stehen. Dieses direktive Element ist charakteristisch für MI und unterscheidet diesen Ansatz von der klientzentrierten Arbeit.

Die Haltung bei dieser Exploration ist von Neugier gegenüber dem Klienten und seiner Situation geprägt. Wenn die Helfer sich um diese Informationen bemühen, können sie sie nutzen, um den Klienten ihre Irrtümer vor Augen zu führen. Sie widmen sich auf diese Weise einer subtileren Form des Verhandelns über Veränderung. Unsere Ziel ist – wie später ausführlicher erläutert wird –, eine Umgebung zu schaffen, in der unsere Klienten uns sagen, warum und wie es zu einer Veränderung kommen könnte.

Höre deinem Klienten zu mag Ihnen als Banalität erscheinen, doch in der Praxis wird dieses grundlegende Erfordernis häufig durch andere Notwendigkeiten behindert. Wenn wir einen Augenblick vom aktuellen Geschehen zurücktreten, wird klarer, weshalb dieses MI-Element so wichtig ist.

Klienten suchen uns (manchmal widerwillig) wegen unserer Sachkenntnis auf. Trotzdem verbleibt die Verantwortung dafür, in ihrem Leben Veränderungen zu erreichen, bei ihnen. Um ihnen dabei helfen zu können, müssen wir eine Atmosphäre schaffen, in der sie gefahrlos Konflikte erforschen und sich mit schwierigen Tatsachen auseinandersetzen können. Dies können wir erreichen, indem wir Empathie entwikkeln und diese kommunizieren.

Miller und Rollnick (2002/2004, dt. S. 58) haben einen klientenzentrierten und empathischen Therapiestil als »das grundlegende und definierende Merkmal« von MI bezeichnet. Therapeuten bringen dieses Prinzip durch kunstfertigen Gebrauch reflektierenden Zuhörens und durch eine akzeptierende Haltung gegenüber den Gefühlen und Sichtweisen des Klienten zum Ausdruck. Ein Indiz dafür, daß man sich in dieser empathischen Haltung befindet, ist, daß man die Welt aus der Sicht des Klienten betrachten und ehrlich sagen kann: »Das verstehe ich. Ich kann nachvollziehen, daß Sie die Situation so sehen.« In dieser Äußerung ist ein subtiles und sehr wichtiges Detail enthalten: Etwas zu akzeptieren bedeutet nicht, daß man sich diese Sichtweise zu eigen macht oder daß man damit einverstanden ist. Helfer und Therapeuten können und sollten mit den Äußerungen ihrer Klienten manchmal nicht einverstanden sein. Entscheidend ist, daß sie der Auffassung des Klienten gegenüber respektvoll bleiben, indem sie sich bemühen, seine Sicht zu verstehen. Diese Einstellung kommt in dem Grundsatz zum Ausdruck, daß Akzeptieren die Veränderung fördert, wohingegen Versuche, Veränderungen zu erzwingen, Widerstand hervorrufen – eine durch wissenschaftliche Untersuchungen belegte Auffassung (Miller, Benefield & Tonigan 1993; Moyers *et al.* 2007).

Befähige deinen Klienten ist das letzte unserer Prinzipien. Rollnick und Kollegen (2008)* haben festgestellt, daß sich bessere Resultate erzielen lassen, wenn es gelingt, die Klienten zu engagieren. Diese Feststellung entspricht der Erklärung DiClementes (2003), daß jede Veränderung letztlich vom Betroffenen selbst herbeigeführt wird. Un-

* Die deutsche Ausgabe erscheint 2012 im G. P. Probst Verlag. Anm. d. Übers.

sere Klienten müssen sich also selbst aktiv beteiligen, damit es zu einer Veränderung kommen kann.

Im Einklang mit den hier beschriebenen Prinzipien unterstützen wir Überzeugungen unserer Klienten, denen zufolge sie kompetent sind, Ideen für Lösungen haben und Veränderungen erreichen können, sofern sie sich dazu entschließen. Miller und Rollnick (2002/2004) haben diese Qualitäten Selbstwirksamkeit *(self-efficacy)* genannt – was im Grunde bedeutet, daß ein Klient eine »Ich kann«-Haltung hat. Ist er davon nicht überzeugt, wird durch das Gewahrsein, daß Probleme bestehen, Defensivität aktiviert, weil der betreffende Klient Veränderung als unmöglich ansieht.

Ich möchte an dieser Stelle ausdrücklich darauf hinweisen, daß Selbstwirksamkeit und Selbstachtung nicht das gleiche sind. *Selbstachtung*, ein sehr umfassender Begriff, beinhaltet Einstellungen, Überzeugungen und Verhaltensweisen, die den Klienten selbst und seine Werte betreffen. Die Selbstachtung ist bei Menschen, die sehr schwierige Situationen durchlebt haben, nicht selten schwach. *Selbstwirksamkeit* hingegen ist eine fokussiertere Wahrnehmung der eigenen Fähigkeit, angestrebte Resultate auch tatsächlich zu erreichen. Eine starke Selbstachtung ist zwar wichtig, aber keine Voraussetzung dafür, daß ein Klient über eine gut funktionierende Selbstwirksamkeit oder bezüglich einer bestimmten Handlung über eine »Ich kann«-Einstellung verfügt (beispielsweise wenn es darum geht, ein angebotenes alkoholisches Getränk abzulehnen; den Wecker 30 Minuten früher zu stellen, um morgens noch Zeit für einen Spaziergang zu haben; ein Büro anzurufen, um sich detailliertere Informationen zu beschaffen). Allerdings wird die Selbstachtung gestärkt, wenn Klienten erleben, daß ihnen Vorhaben wie prognostiziert gelingen.

DiClemente (1991, 2003) hat die Menschen, mit denen wir arbeiten, als »gescheiterte Selbstveränderer« *(failed self-changers)* bezeichnet. Dies bedeutet: Die Betreffenden haben versucht, ihr Verhalten in irgendeiner Hinsicht zu verändern, bevor sie zu uns gekommen sind. Wir müssen also davon ausgehen, daß unsere Klienten infolge des Fehlschlagens ihrer eigenen Bemühungen sich in einem mehr oder weniger stark demoralisierten Zustand an uns wenden. Deshalb ist es sehr wichtig, daß Helfer der grundsätzlichen Möglichkeit, daß ihre Klienten sich verändern können, zuversichtlich gegenüberstehen. Wir verfügen über fundierte Belege dafür, daß die Überzeugungen und Erwartungen eines Therapeuten die Veränderung seiner Klienten definitiv fördern – oder behindern – (Leake & King 1977) und daß es wichtig ist, *wie* diese Überzeugungen und Erwartungen – oft unter der Bewußtseinsschwelle – den Klienten mitgeteilt werden. Deshalb sollten Helfer eine hoffnungsvolle Einstellung kultivieren und diese ihren Klienten mitteilen, denn möglicherweise müssen sich Letztere im Laufe des Veränderungsprozesses ein wenig Hoffnung »borgen«. Eine Möglichkeit, die Einstellung zu übermitteln, besteht darin, daß man über die Erfolge anderer Klienten berichtet.

Es wurde bereits darauf hingewiesen, daß wir unseren Klienten keineswegs schlicht zustimmen. Das ist nämlich nicht immer der Fall. Wir bieten ihnen vielmehr unsere Sichtweisen und Perspektiven an, ohne diese nachdrücklich zu verfechten. Die Klienten selbst müssen entscheiden, ob ihnen diese Ansichten genehm sind und ob bzw. wie sie sie nutzen könnten. Auch hier gilt, daß die Klienten die Experten für ihre Situation sind und daß wir sie als Lieferanten nützlicher Informationen über eventuelle Lösungsmöglichkeiten ansehen sollten, die wir selbst nur noch durch ein paar zusätzliche Informationen und Ideen ergänzen.

Grundlegende Fertigkeiten

Ein anderer Kreis im obigen Diagramm repräsentiert die Beratungskompetenzen, die viele Therapieansätze propagieren. In dieser Hinsicht gibt es Überschneidungen zwischen MI und vielen anderen Beratungsmethoden. In diesem Kreis finden wir die Werkzeuge, die uns helfen, zu Klienten Rapport aufzubauen, zu erforschen, was sie bewegt, und ihnen unsere Empathie zu übermitteln. Diese grundlegenden Fertigkeiten werden in dem amerikanischen Akronym OARS zusammengefaßt: offene Fragen (*open-ended questions*), Affirmationen, reflektierendes Zuhören (*reflective listening*) und Zusammenfassungen (*summaries*). Das Wort *grundlegend* sollte hier nicht im Sinne von »leicht« oder »einfach« verstanden werden. Jede der genannten Fertigkeiten kann man gut und schlecht anwenden, und es erfordert in jedem Fall Übung, echte klinische Kompetenz in ihrer Anwendung zu entwickeln. Einige Beratungsmethoden nutzen ausschließlich diese vier Fertigkeiten, die in den Kapiteln 3 und 4 ausführlicher erläutert werden.

Beim Klienten Change-talk fördern

Ein dritter Kreis repräsentiert eine einzigartige MI-Spezialität: die Kunst, Klienten zu bestimmten Arten verbaler Äußerungen zu veranlassen – zu dem, was wir *Change-talk* (»Veränderungssprech«) nennen. Viele typische MI-Interventionen zielen darauf, diese Art sprachlicher Reaktion hervorzurufen und zu verstärken, nachdem sie zutage getreten ist. Dem liegt die Idee zugrunde, daß Klienten mit höherer Wahrscheinlichkeit tun werden, worüber sie sich im Laufe der Sitzung aufrichtig positiv geäußert haben. Untersuchungen von Amrhein (2003) deuten daraufhin, daß Zielrichtung und Stärke des *Change-talk* zuverlässige Angaben über das zu erwartende Engagement eines Klienten zulassen, was wiederum Rückschlüsse auf sein Verhalten ermöglicht. Ein wichtiges MI-Anliegen ist, Klienten zu helfen, ihre Gründe für eine Veränderung, die sie anstreben, zu benennen und dadurch ihre Absicht, sich zu verändern, zu stärken.

Daß Ihr Klient (also nicht Sie selbst) die Argumente vorbringt, die für eine bestimmte Veränderung sprechen, ist *entscheidend*, wenn der betreffende Klient ambivalent ist. Die Ambivalenz eines Klienten erzeugt ein Dilemma: Alles, was der Therapeut *befürwor-*

tet, wird vom Klienten *abgelehnt*. Die bedauerliche Folge dieses Dilemmas ist, daß wohlmeinende Berater Klienten häufig davon zu überzeugen versuchen, daß es gut und sinnvoll wäre, eine bestimmte Veränderung vorzunehmen (dies ist der Korrekturreflex in Aktion), und dadurch nichts weiter als eine »Ja, aber«-Reaktion auslösen. Nimmt diese Dynamik lange genug ihren Lauf, kann es sogar dazu kommen, daß die Klienten selbst den Sinn einer Veränderung, die sie ursprünglich angesteuert hatten, *in Abrede stellen* und den Therapeuten oder Helfer (oder wen auch immer, der davon überzeugt war, daß der Klient sich ohnehin verändern wolle) ratlos und entmutigt zurücklassen. Kapitel 5 enthält ausführlichere Informationen über Change-talk sowie Übungen, die helfen, *Change-talk* zu erkennen, darauf zu reagieren und zu elizitieren.

Der MI-Spirit

Der letzte Kreis unseres obigen Diagramms repräsentiert die Philosophie, die den MI-Prinzipien, dem Gebrauch der »Mikro-Fertigkeiten«, der Anwendung anderer Interventionen und Techniken sowie der Aktivierung von Change-talk zugrunde liegt. Ohne diesen speziellen MI-Charakter oder MI-Spirit ist das, was Sie praktizieren, nicht MI, so erfahren Sie auch in der Nutzung von OARS-Fertigkeiten sein mögen. Ist der MI-Spirit jedoch vorhanden, lassen sich die unterschiedlichsten Interventionen in den MI-Rahmen einpassen. Somit ist MI nicht *primär* eine Kollektion von Techniken oder Interventionen, sondern ein Konglomerat spezifischer Helfer-Verhaltensweisen, die der MI-Philosophie entsprechen.

Diese Philosophie ist aber nicht nur für MI charakteristisch, sondern Elemente des typischen MI-Spirits sind in verschiedenen Zusammenhängen zu finden (z. B. in religiösen Lehren und psychologischen Abhandlungen). Neueren Untersuchungen (Moyers, Miller & Hendrickson 2005) zufolge ist der MI-Spirit ein wichtiger Anhaltspunkt für die Kompetenz von Helfern im Umgang mit MI und läßt seinerseits Rückschlüsse auf das wahrscheinliche Klientenverhalten während der Behandlung und das zu erwartende Behandlungsergebnis zu. Miller und Moyers (2006) messen diesem Kontext so große Bedeutung bei, daß sie ihn im Rahmen ihres Acht-Stufen-Modells des Erlernens der MI-Methode als erste Stufe beschreiben.

Miller und Rollnick (2002/2004) benutzen die Metapher des Liedes, um den MI-Spirit zu veranschaulichen. Bei einem Lied gibt es Verse, die eindeutig wichtig dafür sind, ob das Lied als interessant, attraktiv und bedeutungsvoll empfunden wird. Im MI-Rahmen könnte man den »Text« mit den OARS-Fertigkeiten und anderen Strategien sowie mit *Change-talk* gleichsetzen – mit dem Inhalt einer MI-Sitzung. Die Struktur des Liedes – der Refrain, die wichtigsten Akkordwechsel – entsprächen den Prinzipien: Diese Dinge entscheiden über Form und Text des Liedes. Doch die Melodie – der MI-Spirit – ist der für die Musik ausschlaggebende Faktor. Zur Melodie klatschen wir in die Hände und tippen mit den Füßen auf den Boden, auch wenn wir den Text nicht kennen. Die »Melodie« ist das, was wir zu unseren Begegnungen mit Klienten mitbringen – wobei uns klar ist, daß auch die übrigen Elemente wichtig sind.

Der MI-Spirit umfaßt drei Komponenten: Kollaboration, Evokation und Autonomie. *Kollaboration* beinhaltet, daß der Helfer/Therapeut mit dem Klienten partnerschaftlich zusammenarbeitet. Obwohl der Helfer wichtige Kenntnisse in die Beziehung mitbringt, zollt seine kollaborative Haltung der Tatsache Anerkennung, daß Klienten die wichtigsten Experten für ihre eigene Situation, ihre Geschichte, ihre Lebensumstände und ihre bisherigen Bemühungen um eine Veränderung sind. Der Helfer respektiert also die besonderen Kenntnisse des Klienten, versucht weiterhin, Bestrebungen und Ziele des Klienten (und natürlich auch seine eigenen) zu verstehen, und er schafft eine positive Umgebung, in der Veränderung möglich ist. Beispielsweise vermeidet er, dem Klienten Vorschriften zu machen und ihn in seiner Entscheidungsfreiheit einzuschränken, auch wenn er wegen bestimmter Entscheidungen des Klienten Bedenken hat und äußert.

Evokation beinhaltet – im Einklang mit dem bisher Gesagten –, daß man versucht, Klienten ihre eigenen Ideen und Lösungsansätze zu entlocken. Weil sie die besten Experten für ihre Situation sind, wissen sie am besten, wo ihre Schwächen liegen und was ihnen hilft oder sie hindert, eine Veränderung zu versuchen. Als Experten in unserem Wirkungsbereich haben wir einige allgemeine Kenntnisse über Klienten mit dieser Art von Problemen, aber wir wissen *nicht*, was dieser spezielle Klient braucht oder will. Wir versuchen, von den Klienten zu erfahren, warum sie sich verändern wollen und wie sie dies zu erreichen hoffen, und ihnen dann, sofern es als sinnvoll erscheint, Ideen anzubieten, über die sie vielleicht einmal nachdenken sollten. Außerdem erkennen wir an, daß es viele verschiedene Möglichkeiten der Veränderung gibt und daß die Motivation, sich zu verändern, aus dem Klienten selbst kommen muß.

In neuerer Zeit haben Rollnick *et al.* (2008) MI-Helfer als »Wegweiser« (*guides*) bezeichnet, als Menschen, die nicht für andere einen Zielort auswählen, sondern die anderen Informationen über die Wege liefern, die zu begehen der betreffende Klient sich entscheiden kann. Die *Autonomie* bezüglich der Entscheidungsfindung bleibt also beim Klienten selbst. Wir mögen unsere eigenen Meinungen haben oder sogar zu bestimmten Zwangshandlungen neigen, wenn Klienten bestimmte negative Verhaltensweisen zeigen (indem sie z. B. permanent betrunken sind oder ihre elterlichen Pflichten unzureichend erfüllen), doch MI erkennt an, daß Klienten letztlich selbst entscheiden müssen, welchen Weg sie einschlagen wollen. Diese Komponente des MI-Spirits kann für Helfer besonders schwer zu akzeptieren sein, wenn Klienten sich für etwas entscheiden, das sich auf andere Menschen, die weniger Möglichkeiten haben (beispielsweise weil sie sich um kleine Kinder kümmern müssen), negativ auswirkt. MI-Helfer nehmen sich diese Sorge zu Herzen, aber gleichzeitig ist ihnen klar, daß sie ihre Klienten nicht zu Veränderungen zwingen können. Selbst unter Zwang, wenn wir die Kontrolle über die Freiheit unserer Klienten und über die Verstärker haben, müssen sich letztere selbständig für Veränderungen entscheiden. MI betont unablässig die Notwendigkeit, Klienten Informationen darüber zu entlocken, was ihre Ziele, Werte und Bestrebungen sind, damit sie selbst sich vor Augen führen können, warum eine Veränderung unbedingt erforderlich ist.

Konzept-Quiz – Testen Sie sich!

Richtig oder falsch

1. R F Im Grunde ist MI ein aufgepeppter Carl Rogers.
2. R F Viele MI-Konzepte stammen aus anderen Theorien, Schriften und Untersuchungen.
3. R F Beim MI vermeiden es die Helfer, mit ihren Klienten zu debattieren.
4. R F Reflektierendes Zuhören ist MI.
5. R F Evokation bedeutet, Motivation und Ressourcen aus dem Klienten selbst hervorzulocken.
6. R F Beim MI ist es ebenso wichtig, *wie* man etwas sagt, wie *was* man sagt.
7. R F Ambivalenz ist ein Anzeichen für Leugnen.
8. R F Widerstand ist ein interpersonaler Prozeß.
9. R F Direktivität ist ein zentrales MI-Konzept.
10. R F Autonomie bedeutet, daß wir keine Ziele für das Verhalten des Klienten festlegen.

Antworten

1. F Einer meiner Kollegen charakterisiert MI gern scherzhaft auf diese Weise. MI basiert zwar tatsächlich auf Ideen von Rogers, aber diesen wird mehr als nur ein wenig »Pepp« hinzugefügt. MI ist eine Kombination aus Direktivität, Motivationsentwicklung, Tanzen mit dem Widerstand, Förderung von Change-talk und Präsenz mit dem MI-Spirit.
2. R Konzepte und Techniken des MI stammen aus vielen Quellen. Dennoch ist MI nicht nur eine Neuauflage eines alten Konzepts, sondern enthält auch eigenständige Elemente.
3. R Wir führen mit unseren Klienten keine Streitgespräche, weil das Widerstand erzeugt. Andererseits stimmen wir auch nicht allem, was ein Klient sagt, grundsätzlich zu. MI benutzt viele Methoden (die in diesem Buch beschrieben werden), Klienten mit Sichtweisen, die sie noch nicht kennen, bekannt zu machen. Am Anfang steht jedoch eine Grundhaltung der Neugierde, mit deren Hilfe wir die Weltsicht des Klienten zu verstehen versuchen.
4. F Reflektierendes Zuhören ist zwar eine für MI wichtige Fertigkeit, aber *nicht gleichbedeutend* mit MI. Ich selbst habe miterlebt, daß Helfer Aussagen im Sinne des reflektierenden Zuhörens sehr akkurat, aber nicht im MI-Sinne formulierten. Doch wie in Kapitel 4 näher

erläutert wird, glaube ich nicht, daß man ein guter MI-Therapeut sein kann, wenn man das reflektierende Zuhören nicht gut beherrscht.

5. R Evokation, eine Komponente des MI-Spirits, bezeichnet das ständige Bemühen, Klienten Informationen, Erkenntnisse, Lösungen usw. zu entlocken. Außerdem dient die Evokation dazu, die Motivation der Klienten zutage zu fördern und die so gewonnenen Informationen dann zu benutzen, um die Überlegungen der Klienten zu spiegeln.

6. R Einstellung und Absicht des Helfers entscheiden darüber, wie der Klient das Mitgeteilte aufnimmt und nutzt. So wirkt z. B. eine sarkastische Frage wie »Und wohin bringt Sie das?« völlig anders als eine Frage aus der Neugier heraus mit dem gleichen Wortlaut.

7. F Ambivalenz kann Menschen in einer auswegslosen Situation verharren lassen, und sie aufzulösen ist für MI ausschlaggebend, doch ist sie nicht identisch mit Leugnen. Ambivalenz ist auch kein Problem. Es handelt sich dabei um einen normalen Bestandteil jedes Veränderungsprozesses, dem man respektvoll begegnen sollte.

8. R Widerstand ist kein Symptom einer bestimmten Krankheit oder Störung, sondern ein Bestandteil eines interpersonalen Prozesses, den Helfer – zum Guten wie zum Schlechten – beeinflussen können. Außerdem kann man ihn als Signal verstehen, das dem Helfer die Notwendigkeit anzeigt, seine Strategie zu verändern.

9. R Direktivität, ein Schlüsselkonzept des MI, umfaßt zwei Elemente: (1) die Aufmerksamkeit auf jene Aspekte eines Gesprächs zu richten, die beim Klienten Veränderungen unterstützen, und (2) das Gespräch in eine produktive Richtung zu lenken. Gewöhnlich achten wir auf einige Dinge, auf andere hingegen nicht. Der Helfer bemüht sich, die Motivation des Klienten zu stärken, seinen Widerstand zu verringern und *Change-talk* zu fördern, indem er ihm Aufmerksamkeit schenkt und das Gespräch lenkt.

10. F Die Anerkennung der Autonomie des Klienten steht nicht in Widerspruch zu den Zielen des Helfers. Beim MI geht es um Zielverhalten, das verändert werden soll. Gibt es keine derartigen Ziele, ist das, was geschieht, wahrscheinlich nicht MI (W. R. Miller, persönliche Mittelung am 16. Juni 2008), sondern eher eine klientzentrierte Beratung. Im MI-Rahmen können wir (als Helfer) ein Ziel verfolgen, das wir für wichtig halten, beispielsweise die Stärkung der Sicherheit im Bereich der Sexualität, die Verringerung einer Rückfallsgefahr, die Verbesserung der Ernährung oder des Körpertrainings, die Verringerung des autoritären elterlichen Einflusses und die Stärkung verläßlich-verbindlichen elterlichen Einflusses oder die Unterbindung von Drogenkonsum. Da auch die Klienten Ziele haben, bemühen wir uns aktiv darum, ihre und unsere Zielvorstellungen in Einklang zu bringen. (Steve Rollnick bezeichnet diesen Prozeß als *»agenda matching«*, als »Auf-einander-Abstimmen der verschiedenen Zielvorstellungen«.) Dabei ist und bleibt natürlich oberstes Gebot, daß die Klienten selbst entscheiden müssen, in welche Richtung sie sich verändern wollen.

Praxisbeispiel

Wir kehren nun zu Rick zurück. Als wir uns von ihm abwendeten, war ich verärgert und stand kurz davor, mit ihm zu streiten. Vielleicht erinnern Sie sich noch, daß ich ihn über die bekannten Tatsachen informieren und ihm so im Grunde erklären wollte, warum er falsch (und ich richtig) lag. Ich hätte mich nach einem solchen Vorgehen vielleicht gut gefühlt, aber das Vorgehen hätte nichts mit MI zu tun gehabt. Und auch Rick und die übrigen Teilnehmer jener Ausbildung, die ähnlich wie er empfanden, hätten nicht davon profitiert. Seine Äußerungen waren eine Manifestation von Widerstand. Ich mußte also auf eine MI-konsistentere Form zu antworten versuchen und »mit dem Widerstand tanzen«. Wie in vielen Fällen, bestand auch hier eine MI-gemäßere Art des Vorgehens in kollaborativerem Agieren in Form echten Zuhörens und Reflektierens. In diesem Sinne ist der folgende kommentierte Dialog zu verstehen.

	Äußerung	*Kommentar*
D.R.:	Es regt Sie auf, daß ich Ihnen etwas empfehle, das Ihre Klienten verletzen könnte. Offensichtlich sind diese Ihnen sehr wichtig.	*Widersetzt sich dem Korrekturreflex und versucht, durch Reflexion zu kommunizieren, daß er die Motivation des Helfers versteht.*
RICK:	Da haben Sie verdammt recht. Wenn ich zulassen würde, daß sie mich betrügen, genesen sie nicht.	*Rick reagiert positiv und bestätigt sein Ziel.*
D.R.:	Es kommt Ihnen nicht zugute, naiv zu sein.	*Zuhören.*
RICK:	Dann übervorteilen sie einen.	*Der Widerstand löst sich ein wenig.*
D.R.:	Deshalb haben Sie manchmal das Gefühl, Sie müßten ihnen ziemlich drastisch klarmachen, daß Sie sich nicht an der Nase herumführen lassen.	*Nichturteilende Haltung; Versuch, ihm Verständnis für seine Motivation zu übermitteln.*
RICK:	Ja, das ist wohl so. Ich meine, ich weiß, daß das funktioniert. Ich werde für eine Arbeit bezahlt, und die erledige ich dann.	*Ricks Antwort deutet auf eine Öffnung und einen anschließenden leichten Anstieg des Widerstandes hin.*

D.R.:	So gut, wie Sie können.	*Versuch, die Motivation ein wenig zu stärken.*
RICK:	... mit dem, was meines Wissens funktioniert.	*Rick signalisiert, daß ihm meine Bemerkung zu weit gegangen ist; sein Widerstand wird ein wenig stärker.*
D.R.:	Weil Sie gesehen haben, daß es wirkt. Manchmal funktioniert es sehr gut.	*Bestätigt die Sicht des Ausbildungsteilnehmers und öffnet erneut die Tür, um die Entwicklung einer Diskrepanz zu ermöglichen.*
RICK:	Ja, genau.	*Der Widerstand nimmt ab.*
D.R.:	... aber nicht immer ...	*Auch hier geht der Helfer ein Risiko ein, um durch den Hinweis auf eine Diskrepanz die Motivation zu stärken, obwohl Äußerungen, die vor dem hier wiedergegebenen Dialog gefallen sind, darauf hindeuten, daß der beschriebene Sachverhalt zutrifft.*
RICK:	Nein. Nicht immer ... Das ist eine ziemlich hartnäckige Krankheit.	*Der Widerstand wird schwächer. Die Beziehung wird kollaborativer, und die feindselige Atmosphäre in ihr nimmt ab.*
D.R.:	Und das macht Ihnen Sorgen. Sie könnten über etwas anderes nachdenken, wenn – und zwar *nur* wenn – Sie glauben würden, daß es bei Ihren Klienten wirken könnte – und das ist der Punkt, an dem Sie sich momentan befinden.	*Hört dem Klienten/Ausbildungsteilnehmer zu und fördert bei ihm die Fähigkeit, etwas anders als bisher zu machen. Die Beziehung ist kollaborativ, und ich respektiere diese Wahlfreiheit des Klienten.*
RICK:	Genau. Ich bin mir einfach nicht sicher.	*Rick fühlt sich verstanden und bringt seine Besorgnis zum Ausdruck, wenn auch weniger verabsolutierend als bisher.*
D.R.:	Ich werde nicht versuchen, Sie davon zu überzeugen, daß dies die einzig richtige oder mögliche Art ist, mit Menschen zu arbeiten. Nun klingt es so, als ob Sie dafür offen sein könnten, wenn Sie glauben würden, diese neue Sache könnte nützlich sein.	*Verstärkt die Autonomie und arbeitet weiter an der Stärkung der Motivation.*

RICK:	Ich werde alles nutzen, was wirkt.	*Rick bekräftigt, daß es für ihn ein wichtiger Wert ist, Klienten zu helfen.*
D.R.:	Sie fühlen sich Ihren Klienten und guter Arbeit für sie verpflichtet. Nur benötigen Sie im Moment andere Informationen als das, was ich gesagt habe, um sich überzeugen zu lassen.	*Verstärkt Ricks Wert und sein Bedürfnis nach zusätzlicher Information. Versucht, ihm zu helfen, sich über seine Bedürfnisse klarzuwerden.*
RICK:	Ich müßte die Wirkung in der Praxis sehen. Ich muß beobachten, wie diese Methode bei einem der Methamphetamin-Abhängigen wirkt.	*Rick weiß, was er braucht, und das sind keine Resultate wissenschaftlicher Untersuchungen, und es ist auch nicht meine Expertenmeinung.*
D.R.:	Sie wollen sich also Ihr Urteil aufsparen, bis Sie ausprobiert und gesehen haben, wie die Methode wirkt.	*Respektiert Ricks Autonomie und geleitet ihn zu einer logischen Folgerung aus seinen Äußerungen.*
RICK:	Ich muß es zuerst ausprobieren. Ich bin einer von denen, die alles mit eigenen Augen sehen müssen.	*Change-talk beginnt.*
D.R.:	Ich frage mich, was Sie tun würden, um es auszuprobieren.	*Verstärkt Change-talk und Autonomie des Klienten und nutzt gleichzeitig die Evokation.*
RICK:	Ich habe heute Abend eine Nachsorgesitzung mit einem Klienten, dessen Urin-Analyse nicht in Ordnung war [d. h., er war nicht mehr »clean«]. Ich könnte die Methode bei ihm ausprobieren.	*Zeigt eine Möglichkeit auf, ohne auch schon eine verbindliche Selbstverpflichtung, diese Möglichkeit in die Tat umzusetzen, zu formulieren.*
D.R.:	Wenn Sie es tatsächlich ausprobieren, würde es mich sehr interessieren zu hören, was daraus wird. Was genau würden Sie tun?	*Verstärkt den kollaborativen Charakter der Beziehung. Geleitet Rick zu mehr Spezifizität.*
RICK:	Statt wegen des Ergebnisses der Urinanalyse zu streiten, was normalerweise passiert, würde ich versuchen, die Sicht des Klienten zu verstehen. Ich würde Reflexionen und offene Fragen benutzen.	*Beschreibt ein klares Ziel und konkrete Möglichkeiten. Zwar wäre eine noch spezifischere Aussage möglich und nützlich, aber dies ist zumindest ein guter Anfang.*

D.R.:	Sie äußern sich ziemlich klar über Ihr Ziel und darüber, wie Sie ihm näherkommen wollen. Was meinen Sie: Werden Sie es heute Abend wagen?	*Bestärkt den Kliniker. Fordert ihn (implizit) zur Selbstverpflichtung auf, verwickelt ihn aber deswegen nicht in einen Disput.*
RICK:	Ich werde es versuchen. Schaun wir mal, was passiert.	*Rick verpflichtet sich, die Methode auszuprobieren.*

Der obige Dialog veranschaulicht die zuvor erläuterten Komponenten, auch wenn es sich nicht um eine perfekte Interaktion handelt. Am Anfang äußert der Ausbildungsteilnehmer seine Verärgerung, doch im weiteren Verlauf wird das Gespräch respektvoller und kollaborativer. Statt zu versuchen, Rick zu überzeugen, erweisen meine kollaborativen Bemühungen der Grundhaltung des Teilnehmers Respekt, seinen Klienten zu helfen. Außerdem ist das Gespräch durch eine klare Direktivität gekennzeichnet. Vorherige Informationen hatten erkennen lassen, daß Ricks Gewohnheit, mit Methamphetamin-Süchtigen konfrontativ zu arbeiten, nicht immer effektiv gewesen war; deshalb wurde dieser Aspekt als Kontrast einbezogen. Aufgrund dieser Diskrepanz konnte Rick über andere Möglichkeiten nachdenken, und schließlich beschrieb er eine Möglichkeit herauszufinden, ob MI für ihn geeignet ist. Während des gesamten Dialogs waren Äußerungen im Sinne reflektierenden Zuhörens das wichtigste Werkzeug.

Probieren Sie dies aus!

Was den MI-Spirit wirklich ausmacht – also das, was für MI entscheidend ist –, läßt sich besser praktisch veranschaulichen, als verbal beschreiben. Glücklicherweise haben die meisten von uns in ihrem Leben ein Beispiel für diesen Spirit entweder durch einen Lehrer oder durch einen Supervisor erlebt. Die im folgenden beschriebene Aktivität basiert auf der von MI-Trainern häufig benutzten *Favorite Teacher Exercise**, welche die Art von Spirit, um die es hier geht, veranschaulicht. Die folgenden Übungen sollen Ihnen helfen, den MI-Spirit zu erkennen und Ihren »Empathie-Muskel« zu stärken. Die Partnerarbeit schließlich soll Ihre Fähigkeit, sich auf Ihre Stärken und Fähigkeiten zu konzentrieren, verbessern – was Sie nutzen können, um Ihren Klienten zu helfen.

* Ich danke Carolina Yahne für diese Übung.

Übung 2.1 Lieblingslehrer oder Lieblingssupervisor

Wer war der Mensch, der Sie zum Lernen motiviert und Sie dazu inspiriert hat, sich mehr Mühe zu geben, als Sie andernfalls aufgewandt hätten? An diese Person sollen Sie denken und dann einige Fragen beantworten. Es geht darum, wichtige Eigenschaften des Betreffenden herauszufiltern und sich darüber klar zu werden, wie Sie sich gefühlt und wie Sie reagiert haben, als Sie mit ihm zusammen waren. Wenn es Ihnen nicht möglich ist, sich für einen bestimmten Favoriten zu entscheiden, dann treffen Sie einfach eine provisorische Auswahl nur für diese Übung (und schätzen Sie sich glücklich, daß Sie dieses »Problem« haben!).

Übung 2.2 Ist dies MI-Spirit?

Sich Dialoge zwischen Klienten und Helfern daraufhin anzuschauen, ob der MI-Spirit darin zu erkennen ist, kann nützlich sein. Das Arbeitsblatt zu Übung 2.2 enthält Beispiele für kurze Äußerungen von Klienten und die Antworten der Helfer darauf. Sie werden sich diese Dialoge anschauen und sich eine Meinung darüber bilden, ob die Reaktion des Helfers dem MI-Spirit entspricht (Daumen nach oben) oder nicht (Daumen nach unten). Notieren Sie anschließend die Gründe für Ihre Einschätzung, damit Sie diese mit der anschließend wiedergegebenen Analyse vergleichen können.

Übung 2.3 Autofahren

Manchmal ist es leicht, gegenüber Klienten Empathie und Verständnis zu entwickeln, in anderen Fällen nicht. Im folgenden werden einige Methoden* des Übens von Empathie beim Autofahren beschrieben. In dieser Übung geht es um Dinge, die häufig während der Fahrt zur Arbeit und zurück vorkommen. Diese Ereignisse werden Sie nutzen, um Empathie zu entwickeln. In einer der Übungen sollen Sie für jemanden, der beim Autofahren eine dumme oder riskante Entscheidung getroffen hat, eine »Hintergrundgeschichte« entwickeln. Falls Sie selbst nicht autofahren, können Sie auch eine erklärende Geschichte zu anderen Situationen entwickeln, in denen ähnliche Arten von Verhaltensweisen vorkommen. Bei der zweiten Aktivität sollen Sie sich Radiosendungen anhören und darüber reflektieren.

Übung 2.4 Ein schwieriger Klient

Wir alle haben schwierige Klienten, derentwegen wir uns bei unserer Arbeit unwohl fühlen und deren nächstem Besuch wir mit Unbehagen entgegensehen. Denken Sie

---

* Für diese Übungen danke ich Dee Dee Stout und Chris Dunn.

über Ihre Arbeitssituation nach, und überlegen Sie, bei welchem Ihrer Klienten dies der Fall ist. Füllen Sie anschließend das Arbeitsblatt zu Übung 2.4 aus.

Arbeit mit einem Partner

Die Übungen 2.1, 2.2 und 2.4 können Sie mit einem Partner zusammen ausführen. Übung 2.3 eignet sich auch für eine Gruppe. Außerdem bietet sich Übung 2.5 für die Arbeit mit einem Partner an.

Übung 2.5 Eine bevorzugte Erinnerung

Diese Aktivität basiert auf einer Übung mit Namen »Verläßliche Stärken« (engl.: *reliable strengths*).* Tauschen Sie mit einem Partner Kindheitserinnerungen aus, wobei jeweils einer eine Erinnerung beschreibt und der andere Stärken herausarbeitet, die in der Geschichte zum Ausdruck kommen.

Ergänzende Gedanken

Viele MI-Trainer benutzen das Tanzen von Standardtänzen als Metapher für MI. Standardtänze richtig auszuführen ist nur dann möglich, wenn beide Beteiligte sich im Einklang miteinander bewegen. Gelingt dies, entfaltet sich die Tanzbewegung in Form einer Folge subtiler Annäherungen. Völlig anders verhält es sich beim Ringen, bei dem ein Kämpfer versucht, dem Gegner seinen Willen aufzuzwingen. Sie könnten sich also in Situationen, in denen Sie sich frustriert fühlen und der Klient Widerstand entwickelt, fragen, ob Sie tanzen oder ringen.

Sehr verbreitet ist das Mißverständnis, daß es sich beim MI um eine Methode handelt, die Klienten durch Manipulation zu Veränderungen zu verleiten versucht, die diese eigentlich nicht vornehmen wollen. Eine weitere Fehleinschätzung ist, daß MI in klinischen Situationen nutzlos sei, weil die Methode nur wirke, wenn Klienten sich ohnehin verändern wollen. Ich hoffe, in diesem Kapitel gezeigt zu haben, daß es weder um das eine noch um das andere geht. MI beinhaltet eine Anzahl spezifischer Strategien, die von Respekt gegenüber der Autonomie und den Wertvorstellungen des Klienten geprägt sind. Ihr Sinn und Zweck ist es, die Chancen zu vergrößern, daß der Klient sich für adaptive Verhaltensveränderungen entscheidet. MI nutzt die natürliche Neigung von Menschen, sich für etwas zu entscheiden, das auf längere Sicht für sie am be-

---

* Für diese Übung danke ich Elaine Christensen.

sten ist. Dies erreichen Therapeuten mit Hilfe dieser Methode, indem sie gemeinsam mit den Klienten in scheinbar destruktiven Verhaltensweisen die Veränderungswünsche der Klienten zu entdecken versuchen.

Die Tatsache, daß dieses Kapitel über die Grundlagen des MI nur einen einzigen kurzen Hinweis auf das transtheoretische Modell (TTM) von Prochaska und DiClemente (1984, 1998) enthält, könnte einige Leser überraschen. In der ersten Auflage des Buches von Miller und Rollnick (1991) und in früheren Texten spielte TTM eine wichtigere Rolle, wohingegen die Auseinandersetzung mit TTM in der zweiten, stark überarbeiteten Auflage auf die zweite Hälfte des Buches beschränkt wurde.* Das TTM und insbesondere das Element der »Stufen der Veränderung« dieses Modells sind im Laufe der Zeit mit MI verschmolzen worden. TTM ist nicht identisch mit MI, wie Miller und Rollnick (2009) festgestellt haben, obwohl beide gemeinsame Wurzeln haben. Deshalb werden diese Elemente in einem Buch, das helfen soll, das MI zu erlernen, nicht besonders hervorgehoben.

---

* Diese wichtige zweite Hälfte ist in der aktuellen deutschen Ausgabe leider nicht enthalten. Anm. d. Übers.

ÜBUNG 2.1 DER LIEBLINGSLEHRER ODER LIEBLINGSSUPERVISOR

In dieser Übung sollen Sie sich schriftlich über die Menschen äußern, die in Ihrem Leben eine wichtige Rolle gespielt haben. Speziell geht es um Ihren Lieblingslehrer oder Lieblingssupervisor. Psychotherapeuten und psychologische Berater werden während ihrer Ausbildung gewöhnlich von erfahrenen Kollegen begleitet; dies kann auch zu Beginn ihrer Karriere der Fall sein. Diese Arbeit ist sehr wichtig, denn die wichtigste Aufgabe der Supervision ist, den Klienten zu schützen und dafür zu sorgen, daß er eine sachgerechte Betreuung erhält. Supervisoren sind dafür verantwortlich, daß junge und noch unerfahrene Therapeuten keinen Schaden anrichten. Aber Supervision hat auch noch einen anderen Zweck: die klinischen Fertigkeiten des Supervidierten zu vervollkommnen. Diese gezielte praxisorientierte Förderung beinhaltet gewöhnlich, daß der angehende Therapeut Hinweise erhält, worauf er bei der Behandlung eines bestimmten Klienten besonders achten sollte; sie umfaßt aber auch allgemeinere Erläuterungen zur Psychotherapie und zum persönlichen Stil des Neulings. Gute Psychotherapeuten und Berater hatten gewöhnlich mehr als einen einflußreichen Supervisor.

Falls es Ihnen schwerfällt, sich für einen Lieblingssupervisor zu entscheiden, können Sie auch etwas über einen *Lieblingslehrer* schreiben. Das kann ein Lehrer aus der Grundschule gewesen sein, der Ihnen geholfen hat, Ihren Geist zu entwickeln. Oder es war ein High-school-Lehrer, der Sie zu besseren Leistungen inspiriert hat. Es kann aber auch ein Professor aus der College-Zeit oder aus der Graduate- oder Medical-School gewesen sein, der Ihnen eine Sicht der Welt nahegebracht hat, die Sie vorher noch nicht kannten. Doch ob Lehrer oder Supervisor, wählen Sie in jedem Fall jemanden, der Sie inspiriert und Ihnen geholfen hat, sich zu entwickeln.

Wer genau war dieser Mensch, der Sie zum Lernen motiviert oder dazu inspiriert hat, sich mehr Mühe zu geben, als Sie es aus eigenem Antrieb getan hätten? Nehmen Sie sich einen Moment Zeit, um den Namen dieses Lehrers oder Supervisors aufzuschreiben, fügen Sie Eigenschaften des Betreffenden, an die Sie sich noch erinnern, hinzu, und beschreiben Sie, wie Sie sich in seiner Gegenwart gefühlt und auf ihn reagiert haben. Sollten Sie sich nicht in der Lage fühlen, einen bestimmten Lehrer oder Supervisor als Ihren Favoriten auszuwählen, können Sie unter denjenigen, die für Sie besonders wichtig waren, zumindest für diese Übung einen auswählen (und seien Sie glücklich, diese Qual der Wahl zu haben!). Es folgt die Beschreibung meines Lieblingssupervisors.

Al

Eigenschaften: Al erwartete viel von mir, schien mich trotz meiner geringen Erfahrung als vielversprechenden künftigen Therapeuten anzusehen; er ermutigte mich, meine Marotten eher zu zeigen, als zu verbergen; nötigenfalls konnte er großväterlich und warmherzig wirken; andererseits war er manchmal sehr direkt, wenn eine Situation dies erforderte. In seinen Reaktionen auf mich wie auch auf Klienten war er bedächtig; er dokumentierte seine Arbeit in Form von Bandaufnahmen und gab uns viele praktische Tips, indem er uns ermahnte, bestimmte Dinge wichtig zu nehmen. Meine Lieblingslektion aus der Graduate-School-Zeit stammt von Al, und sie trug den Namen »Was ist zu tun, wenn der Anwalt anruft?«. Von ihm stammt auch ein Satz, den ich in meinen Ausbildungen häufig zitiere: »Unsere Klienten profitieren weder von unserer Naivität noch von unserer Kritik.«

Wie ich reagierte: Trotz meiner vielen Fehler gab ich nicht auf, denn mir war klar, daß es ihm darum ging, mich zu einem besseren Therapeuten und einem guten Psychologen zu machen. Allmählich lernte ich, meinem eigenen Urteil und meinen Fertigkeiten zu vertrauen, weil ich wußte, daß sie auf einem soliden Fundament ruhten. Als Rogerianer hatte er mir beigebracht, was einen guten Therapeuten ausmacht, und mir auch die erforderlichen Behandlungstechniken vermittelt. Konkret lernte ich von ihm, daß ich kein guter Therapeut werden konnte, ohne im Therapieraum wirklich präsent zu sein; dies bedeutete, daß ich bei diesen sehr ernsten Begegnungen unter anderem meinen Humor einbeziehen mußte.

Es folgt die Beschreibung eines meiner Lieblingslehrer.

Doc

Eigenschaften: Docs Lieblingsfach in der High-school war der Kunstunterricht. Sein Kurs war eine willkommene Erholung von der Reglementierung, der wir in anderen Kursen ausgesetzt waren. Im Kunstunterricht hörten wir Musik, wir konnten arbeiten, woran wir wollten, und die Atmosphäre war generell sehr zwanglos. Doc respektierte die Ideen und Entscheidungen seiner Schüler und ermutigte uns dazu, unserer Kreativität freien Lauf zu lassen, statt uns an den Rändern des Normalen herumzudrücken. Er zeigte echtes Interesse an meiner Arbeit und schaute sich jeden Tag genau an, was ich machte. Wenn man ihn darum bat, gab er Feedback und machte Vorschläge. Er hat mir aber nie vorgeschrieben, was ich tun sollte. Die Verantwortung dafür, daß ich meine Arbeit erledigte, lag allein bei mir, und er wußte zwischen dem Austausch von Ideen mit anderen Schülern und inhaltslosem Herumblödeln mit Freunden wohl zu unterscheiden. Die Atmosphäre in seinem Unterricht war immer sehr entspannt, und wir konnten in dieser Zeit unsere Kreativität und unsere Fertigkeiten erforschen. Allerdings erwartete er andererseits, daß wir arbeiteten. Ganz offensichtlich war er nicht der Auffassung, daß es nur eine einzig richtige Art zu malen, zu zeichnen, zu bildhauern oder ganz generell kreativ zu sein, gab. Beispielsweise beschloß ich in meinem Senior-Jahr, zusammen mit einem anderen Studenten einen Animationsfilm zu produzieren – etwas, das noch kein anderer Student getan hatte und wovon wir beide nicht die geringste Vorstellung hatten. Doc kommentierte den Vorschlag: »Cool, wie wollt ihr an die Sache herangehen?« Wir brauchten das ganze Schuljahr, um den Film fertigzustellen. Wir schrieben Skripte, entwickelten Animationstechniken, lernten, einen Schneidetisch zu benutzen, und verbrauchten unzählige Rollen Filmmaterial. Doc sah immer wieder nach, welche Fortschritte wir machten, bedauerte uns, wenn uns etwas nicht gelang, und brachte seine Besorgnis zum Ausdruck, wenn wir Aufgaben nicht so zum Abschluß brachten, wie wir es versprochen hatten. Er ermutigte uns, den Film im Rahmen einer »Premiere« vorzustellen, zu der wir viele Gäste einluden, eine Lautsprecheranlage aufbauten und Popcorn verteilten, das Doc persönlich gemacht hatte.

Wie ich reagierte: Ich probierte unter Docs Aufsicht Dinge aus, an die ich mich andernfalls nie herangewagt hätte. Ich machte Fehler, mir gelangen aber auch wichtige Entdeckungen, und ich fürchtete mich nicht davor, mich zu blamieren, weil ich nicht wußte, wie man bestimmte Dinge »richtig« machte. Wenn Probleme auftauchten, verbarg ich meine Schwierigkeiten nicht. Ich lernte zu erkennen, über welche Schwierigkeiten ich hinwegkommen konnte und über welche nicht. Und was vielleicht am wichtigsten war: Ich freute mich jedesmal auf den Kurs bei ihm und fühlte mich dort immer willkommen geheißen.

Nun sind Sie an der Reihe. Denken Sie darüber nach, wer Ihr Lieblingslehrer und wer Ihr Lieblingssupervisor war. Machen Sie sich vor allem klar, welche Eigenschaften dieser Mensch hatte oder welche seiner Aktivitäten Sie dazu anspornte, zu lernen und sich weiterzuentwickeln. Beantworten Sie anschließend folgende Fragen:

Wie heißt die Person?

Was war für diesen Menschen typisch?

Wie hat er Sie dazu inspiriert, das Bestmögliche zu tun oder sich bestmöglich zu verhalten?

Wie haben Sie auf die Bemühungen dieses Menschen reagiert?

Nachdem Sie diese Übung ausgeführt haben, untersuchen Sie die Eigenschaften dieses für Sie wichtigen Menschen und setzen sie zu den drei Charakteristika des MI-Spirit in Beziehung: *Kollaboration*, *Autonomie* und *Evokation*. *Kollaboration* ist die Tendenz, mit anderen Menschen zusammen harmonisch an der Lösung eines Problems zu arbeiten, sich mit einer bestimmten Thematik zu befassen oder eine Idee weiterzuverfolgen. Dabei können beide Beteiligten unterschiedliche Rollen spielen, wobei sie einander unterstützen. *Autonomie* erkennt an, daß der andere seinen eigenen Weg verfolgen kann und will, spiegelt aber gleichzeitig Vertrauen zu seiner Fähigkeit, weise Entscheidungen zu treffen. *Evokation* beinhaltet, daß der eine Partner bestrebt ist, aus dem anderen das Beste hervorzulocken. Dieser wird nicht einfach zappeln gelassen, sondern er erhält gerade so viel Anleitung, daß seine Bestrebungen erfolgreich sein können. Noch einmal sei darauf hingewiesen, daß diese drei Elemente die zentralen Komponenten des MI-Spirits sind.

Übung 2.2 Beispiele für den MI-Spirit einschätzen

Im folgenden werden einige kurze Äußerungen von Klienten zusammen mit den Reaktionen von Helfern oder Therapeuten darauf wiedergegeben. Denken Sie über diese Dialoge nach, und beurteilen Sie, ob die Reaktionen dem MI-Spirit entsprechen (»Daumen rauf«) oder nicht (»Daumen runter«). Wenn Sie wollen, können Sie außerdem aufschreiben, warum Sie ein Beispiel so und nicht anders beurteilt haben. Schauen Sie sich nach Abschluß der Übung die anschließend wiedergegebenen Erläuterungen zu den einzelnen Kurzdialogen an.

1. Sarahs Mann (Richard): Ich bin wütend, weil sie mich angelogen und hinter meinem Rücken eine Affäre angefangen hat. Ich glaub's einfach nicht, daß ich das nicht gemerkt habe. Ich fühle mich wie der letzte Idiot.

   Helfer: *Welche Anzeichen haben Sie, rückblickend betrachtet, übersehen?*

   Daumen rauf _____ *Daumen runter* _____

   Warum?

2. Arthur: Ich weiß, daß mein Vater Ihnen gesagt hat, ich sei depressiv; aber das stimmt nicht. Daß ich keine Lust habe, Football zu spielen, bedeutet noch lange nicht, daß ich depressiv bin.

   Helfer: *Ihr Vater macht sich unnötige Sorgen. Was meinen Sie, was er sieht, das ihm so große Sorgen macht?*

   Daumen rauf _____ *Daumen runter* _____

   Warum?

3. Tanya: Ich muß irgendeine Art von Plan entwickeln, um wieder auf Kurs zu kommen. Diese gesundheitliche Krise hat mich völlig aus dem Konzept gebracht. Ich kann an nichts anderes denken. Was meinen Sie, was ich tun sollte?

   Helfer: *Ich habe ein paar Ideen, was Ihnen helfen könnte; aber vielleicht sollten Sie mir zuerst einmal berichten, worüber Sie selbst schon nachgedacht haben.*

   Daumen rauf _____ *Daumen runter* _____

   Warum?

4. ARTHUR: Ich werde einen Teufel tun, dieses dämliche Gedankentagebuch zu führen. Wie soll mir das denn helfen, mein »Verlierer«-Denken zu beobachten? Schließlich bin ich hierher gekommen, weil ich mich besser fühlen möchte, und wenn ich mich auf diese Dinge konzentriere, geht es mir doch noch viel schlechter.

   HELFER: *Okay, Arthur, Sie könnten recht haben. Diese Methode hilft zwar vielen, aber nicht allen. Vielleicht müssen wir uns dem Problem anders nähern. Wir haben ja schon über andere Möglichkeiten gesprochen. Was meinen Sie selbst, was Ihnen helfen könnte?*

   Daumen rauf _____ *Daumen runter* _____

   Warum?

5. TANYA: Sie haben gesagt, diese Operation müßte sofort durchgeführt werden. Aber ich traue diesen Leuten nicht und habe mir deshalb noch keinen Termin geben lassen.

   HELFER: *Warum gehen Sie dieses Risiko ein? Das sind doch Experten, die wissen müssen, was notwendig ist. Am besten rufen wir sie gleich von hier aus an – vielleicht bekommen Sie ja noch diese Woche einen Termin.*

   Daumen rauf _____ *Daumen runter* _____

   Warum?

6. SARAH: Ich habe genug von Richards Beschuldigungen. Gut, ich hatte eine Affäre. Ich bin bereit, sie zu beenden und an unserer Ehe zu arbeiten; aber ich glaube nicht, daß er mir das jemals vergessen wird. Vielleicht sollten wir uns besser scheiden lassen.

   HELFER: *Sarah, es ist allein Ihre Entscheidung, ob Sie diese Ehe weiterführen oder beenden wollen. Ich frage mich, welche Zeichen Sie dazu veranlassen würden, der Arbeit an Ihrer Beziehung zusammen mit Richard optimistisch entgegenzusehen.*

   Daumen rauf _____ *Daumen runter* _____

   Warum?

7. ARTHURS MUTTER (PEGGY): Sie haben für mich eine kleine »Überraschungsparty« veranstaltet. Alle tauchten völlig unerwartet auf und erzählten mir zwei Stunden lang, wie sie unter meinem Alkoholkonsum litten. Sie halten mich für eine Alkoholikerin! Vielleicht habe ich ja tatsächlich ein Problem mit dem Trinken, aber ich bin mir ziemlich sicher, daß ich keine Alkoholikerin bin.

HELFER: *(sanft) Peggy, wenn etwas wie eine Ente geht und wie eine Ente quakt, ist es wahrscheinlich auch eine Ente. Ich nehme an, wenn all diese Leute Ihnen sagen, daß Sie Alkoholikerin sind, liegen sie damit wahrscheinlich richtig. Meinen Sie nicht auch, daß Sie dies schlicht leugnen?*

Daumen rauf _____ *Daumen runter* _____

Warum?

8. ARTHURS VATER (LLOYD): Ich glaube, daß Arthur zu viele Pflichten im Haushalt übernimmt. Ein Junge in seinem Alter sollte Sport machen und hinter Mädchen her sein. Statt dessen macht er sich Sorgen wegen seines jüngeren Bruders und darüber, wie es im Haus aussieht. Er wäscht sogar die Wäsche. So etwas habe *ich* in seinem Alter *nie* gemacht. Aber wenn ich ihn auffordere, normalere Dinge zu tun, wie Football zu spielen, wird er wütend auf mich und sagt, daß ich ihn nicht verstehe. Was soll ich denn nur machen?

   HELFER: *Das ist in Familien, in denen es ein Alkoholproblem gibt, oft so. Wie wäre es, wenn Sie ihn nicht zum Football-Spiel animieren, sondern statt dessen zur Mitarbeit bei der Schülerzeitung oder zum Eintritt in den Schach-Club? Wahrscheinlich wäre er dafür eher ansprechbar. Ihnen ist vermutlich nicht klar, wie klug Arthur ist. Vielleicht ist er an Football einfach nicht besonders interessiert.*

   Daumen rauf _____ *Daumen runter* _____

   Warum?

9. TANYA: Mein Arzt hat mir eine lange Liste von Dingen gegeben, die ich tun soll, um meinen Gesundheitszustand zu verbessern. Das ist einfach nicht zu machen. Ich muß dreimal täglich Medikamente einnehmen. Ich kann mir nicht einmal merken, daß ich meinen Hund jeden Tag füttern muß. Ich schaffe das einfach nicht. Andererseits habe ich Angst zu sterben, wenn ich all das *nicht* tue.

   HELFER: *(ermutigend) Sie werden das schon schaffen. Sie müssen es einfach.*

   Daumen rauf _____ *Daumen runter* _____

   Warum?

Lösungen zu Übung 2.2

Beachten Sie, daß der MI-Spirit gewöhnlich aufgrund eines Spektrums beurteilt wird, wohingegen wir die Beurteilungsmöglichkeiten in dieser Übung auf ein simples Ja (»Daumen rauf«) oder Nein (»Daumen runter«) beschränken. Weil dies die Gefahr unterschiedlicher Einschätzungen vergrößert, gewinnen die Detailüberlegungen an Bedeutung. Es folgen meine persönlichen Gedanken zu den neun Kurzdialogen.

1. *Daumen runter.* In diesem Fall können Evokation und Kollaboration den Helfer in unterschiedliche Richtungen führen. Möglicherweise ist es sinnvoller, zunächst auf die unterstützenden Aspekte der Kollaboration zu fokussieren. Konkreter gesagt: Der Helfer hat es versäumt, Empathie auszudrücken. Statt dessen ist er in das bloße Sammeln von Informationen abgeglitten.
2. *Daumen rauf.* Auch hier spielen Kollaboration und Evokation eine Rolle, aber der Helfer kümmert sich zunächst um die Beziehungsproblematik. Er bietet eine Reflexion an, der eine offene Frage folgt, die zur Exploration im Hinblick auf eine Veränderung ermutigt.
3. *Daumen rauf.* Der Helfer vermeidet es, die Rolle des Experten zu spielen, und bemüht sich aktiv um Zusammenarbeit mit dem Klienten. Der Bitte des Klienten um Rat entzieht er sich nicht, sondern versichert ihm, daß er diesen Rat im geeigneten Kontext geben wird. Dieser Helfer wird sich Tanyas Ideen über Möglichkeiten, ihre Situation zu verbessern, mit Sicherheit anhören.
4. *Daumen rauf.* Auch die besten Behandlungen führen zu nichts, wenn Klienten keine praktischen Konsequenzen daraus ziehen. Der Helfer vermeidet einen Machtkampf und sucht statt dessen nach Möglichkeiten der Zusammenarbeit.
5. *Daumen runter.* Dieser Helfer vergibt eine Chance, die Autonomie des Klienten hinsichtlich einer schwierigen, mit Ambivalenz belasteten Entscheidung zu unterstützen. Indem er eine Veränderung zu erzwingen versucht, und seien die Gründe dafür noch so plausibel, ruft er bei seinem Klienten wahrscheinlich eine »Ja, aber«-Reaktion hervor.
6. *Daumen rauf.* Der Helfer erkennt Sarahs Autonomie bezüglich ihrer Entscheidung über den Fortbestand ihrer Ehe an, hat das Gespräch aber andererseits in Richtung Selbsterforschung und Optimismus verlagert.
7. *Daumen runter.* Eine Konfrontation verstärkt in der Regel den Widerstand. Dieser Helfer hat ein wichtiges MI-Konzept mißachtet: Man muß es Klienten ermöglichen, Schlüsse über ihr eigenes Verhalten zu ziehen. Dies zu ignorieren steht sowohl zum Element Autonomie als auch zu dem der Kooperation in Widerspruch.
8. *Daumen runter.* Selbst gut gemeinter (und kompetenter) Rat sollte im Rahmen von MI äußerst sparsam gegeben werden, weil das Ratgeben in vielen Fällen dem Geist der Evokation, Kollaboration und Autonomie widerspricht. Hier wird im Sinne einer ganz bestimmten Zielsetzung argumentiert, was mit ziemlicher Sicherheit Widerstand hervorruft.
9. *Daumen runter.* Beruhigung, Ermutigung und Unterstützung sind wichtige Ziele therapeutischen Handelns, aber der Bedeutung des MI-Spirits in jedem Fall nachgeordnet. Hier mißachtet die Reaktion des Helfers die Autonomie des Klienten, weil sie den Anschein erweckt, dieser habe keine Wahl. Außerdem verkennt diese Reaktion, daß das Dilemma des Klienten den Impuls, der für eine Veränderung notwendig ist, selbst liefert.

ÜBUNG 2.3 AUTOFAHREN

Die folgenden Übungen dienen der Entwicklung von Empathie beim Autofahren.

Stellen Sie sich vor, Sie fahren im Rush-hour-Verkehr einer Großstadt. Die folgende Übung hilft Ihnen, in dieser Situation Empathie zu entwickeln und gleichzeitig Ihren Streß zu verringern. Die Übung besteht im Grunde darin, daß Sie darauf warten, daß irgend etwas im Straßenverkehr Sie auf die Palme bringt (z. B. daß jemand Ihnen den Weg abschneidet), worüber Sie sich in der Regel aufregen, und daß Sie dann eine »Hintergrundgeschichte« über diese Person entwickeln.

Beispiel

Wally hat mir gerade den Weg abgeschnitten. Er hat einen ziemlich schwierigen Tag hinter sich. Heute Morgen auf dem Weg zur Arbeit hat er sich Kaffee über die Hose gegossen. Das tat weh. Dann mußte er mit der nassen Hose eine große Präsentation durchführen, derentwegen er am Tag vorher sehr lange auf geblieben war, um seinen Auftritt perfekt vorzubereiten. Später an diesem Unglückstag rief ihn seine Partnerin an, um ihm mitzuteilen, Cecil, sein Hund, habe schon wieder auf den Teppich gekotzt, und vielleicht sei es nun an der Zeit, über seine Zukunft zu reden. Als Wally sich dann auf den Feierabend vorbereitete, legte sein neuer Chef ihm noch ein paar Aufgaben hin, die er unbedingt vor Feierabend erledigen müsse. Wegen dieses kleinen Projekts verspätete er sich zu einem Konzert seiner Tochter. Sie spielte als dritte, und er hatte ihr versprochen, an diesem Tag unter den Zuhörern zu sein; deshalb glaubte er, wenn er sich beeile, könnte er dort sein, bevor ihr Vortrag zu Ende wäre.

Setzen Sie diese Geschichte fort, bis an die Stelle Ihrer Gefühle der Antipathie oder Frustration Mitgefühl gegenüber der mißlichen Lage des anderen Fahrers getreten sind. Falls Sie nicht autofahren, können Sie die Übung auch benutzen, um sich mit unerfreulichen Zeitgenossen oder frustrierenden Situationen in Ihrem Leben zu beschäftigen.

Die zweite Möglichkeit, die ich hier beschreiben will, beansprucht die Phantasie etwas weniger stark, erfordert aber in durchaus vergleichbarem Maße Kreativität. Stellen Sie Ihr Radio zu Hause oder im Auto auf einen Sender ein, den Sie sich normalerweise nicht anhören würden und der auch nicht Ihren Überzeugungen oder Grundsätzen praktischen Handelns entspricht. Sie sollen sich die Äußerung eines Kommentators oder Anrufers anhören, dann das Radio ausschalten oder leiser stellen und Ihre Gedanken zu dem Gehörten mitteilen – und zwar hörbar. Wiederholen Sie dies so lange, bis Sie das Gefühl haben, daß Sie die Auffassung des Anrufers oder Kommentators verstehen (was nicht heißt, daß Sie ihr zustimmen müssen). Sie können auch erneut Hintergrundgeschichten entwickeln, diesmal für den Kommentator oder Anrufer.

Übung 2.4 Ein schwieriger Klient

Wir alle haben schwierige Klienten. Solche Menschen machen uns unsere Arbeit zur Hölle und bewirken, daß wir der nächsten Begegnung mit ihnen mit Unbehagen entgegensehen. Denken Sie einmal über Ihre berufliche Situation nach, und überlegen Sie, wer aus Ihrem Umfeld solch ein Mensch sein könnte.

Denken Sie nun über drei Fragen nach, die diese Person betreffen.

Wie ist der Stand Ihrer Arbeit mit diesem Menschen?

Wo wären Sie lieber damit angelangt?

Was verhindert, daß es dazu kommt?

Stellen Sie sich nun vor, Sie selbst sind dieser Klient. Versetzen Sie sich so intensiv wie möglich in seine Situation.

An welchem Punkt befindet sich Ihre Arbeit mit Ihrem Helfer?

Wo wären Sie lieber?

Was verhindert, daß es dazu kommt?

Nachdem Sie sich mit beiden Gruppen von Fragen beschäftigt haben, ordnen Sie diese den drei Aspekten des MI-Spirit zu. Schätzen Sie ein, wo diese Beziehung hinsichtlich der drei Aspekte oder Dimensionen des MI-Spirit anzusiedeln ist.

Kollaboration

Wir arbeiten gegeneinander (Ringen)		Wir arbeiten partnerschaftlich zusammen (Tanzen)		Wir sind im gleichen Raum, es findet aber nicht viel Kommunikation statt (Stehen)

1 2 3 4 5 6 7

Autonomie

Ich ringe mit den Wahlmöglichkeiten meines Klienten und/oder dränge ihn, sich zu verändern (Lenken)	Ich erkenne an, daß der Klient selbst entscheiden muß, was mangelnde Bereitschaft, sich zu verändern, einschließt (Geleiten)	Ich wirke gleichgültig gegenüber den Wünschen oder Entscheidungen des Klienten (Beobachten)

1 2 3 4 5 6 7

Evokation

Ich beschreibe die Gründe für eine Veränderung (Befürworten)	Ich bringe den Klienten dazu, seine eigenen Ansichten über eine Veränderung zu äußern (Befragen)	Ich lasse zu, daß sich die Sitzung nach ihren eigenen Gesetzmäßigkeiten entwickelt (Folgen)

1 2 3 4 5 6 7

Was müßte dieser Einschätzung gemäß geschehen, damit sich die Beziehung veränderte?

Was könnten Sie anders als bisher machen, um diese Veränderung herbeizuführen?

Wenn Sie bei diesem Klienten ein neues Verfahren ausprobieren wollten, welches könnte es sein?

Übung 2.5 Eine bevorzugte Erinnerung

Denken Sie an die Zeit vor Ihrem zehnten Lebensjahr zurück, und beschreiben Sie eine Erinnerung aus dieser Periode, die Ihnen besonders gut gefällt:

- Berichten Sie über viele Einzelheiten, damit sich Ihr Zuhörer wirklich in die geschilderte Situation hineinversetzen kann.
- Als Zuhörer besteht Ihre Aufgabe ausschließlich darin zuzuhören.
- Nachdem Sie und Ihr Übungspartner sowohl mit dem Erzählen als auch mit dem Zuhören an der Reihe waren, nehmen Sie sich zwei Minuten Zeit, um einige für diese Erinnerung wichtige Elemente zu notieren. Schreiben Sie die Elemente auf, aber teilen Sie sie Ihrem Übungspartner noch nicht mit.

Als nächste Aufgabe sollen Sie beide ein Bild von einem Ereignis zeichnen, auf das Sie stolz sind – von einer Situation, in der Sie eine wichtige Rolle gespielt haben.

- Machen Sie sich keine Sorgen wegen unzureichender künstlerischer Fähigkeiten. Strichmännchen sind okay. Aber versuchen Sie, möglichst viele wichtige Details darzustellen.
- Wer war in der Situation zugegen? Was ist darin passiert?

Zeichnen Sie hier:

- Wenn Sie beide mit dem Zeichnen fertig sind, zeigen und erklären Sie das Resultat Ihrem Partner.
- Nachdem Sie beide an der Reihe waren, können Sie ein paar Minuten damit verbringen, zwei bis drei wichtige Eigenschaften aufzuschreiben, die Sie während dieser Interaktion gehört haben. Notieren Sie diese hier:

Sobald Sie beide fertig sind, können Sie fünf Stärken identifizieren, die Sie dem Berichteten entnommen haben. Notieren Sie diese im folgenden in Verbindung mit konkreten Beispielen.

1. Stärke:

2. Stärke:

3. Stärke:

4. Stärke:

5. Stärke:

Teilen Sie einander zum Abschluß mit, welche fünf Stärken Sie – explizit oder implizit – in den beiden Aktivitäten entdeckt haben. Beziehen Sie sich auch in diesem Fall auf konkrete Beispiele.

[3] OARS-Fertigkeiten
Reflektierendes Zuhören

Auftakt

Karl ist zehn Jahre alt. Er hat in diesem Jahr angefangen, Baseball zu spielen. Er kennt das Spiel zwar noch nicht gut, aber was ihm an Kenntnissen fehlt, gleicht er durch Enthusiasmus aus. Eine Aufmerksamkeitsdefizit-/Hyperaktivitätsstörung (ADHS), unter der er leidet, erschwert es ihm, beim Training und während der Spiele seine Energie zu konzentrieren. Obwohl es ihm schwerfällt, den Ball zu fangen und verläßlich in Richtung eines Ziels zu werfen, will er unbedingt für sein Team pitchen. Sein Coach versichert ihm, daß er die Chance zum Wurf bekommen wird, obwohl er an Karls Wurffähigkeiten zweifelt. Allerdings erklärt er ihm auch, daß er Strikes üben müsse. Natürlich bringt Interesse am Pitchen Karl nicht dazu, regelmäßig zu Hause zu üben; deshalb wird seine Zielgenauigkeit nicht besser. Trotzdem steht der Coach zu seinem Versprechen, und eines schönen Tages kommt der Augenblick, in dem Karl für sein Team in einem Inning pitcht. Karl hat in dieser Situation Probleme, seine Würfe zu kontrollieren, und geht in vier Runs, die Maximalzahl pro Inning, die in dieser Liga erlaubt ist. Ungerührt geht er nach seinem Einsatz strahlend in den Dugout und sagt: »Ganz gut, Coach, was? Ich habe sogar einen Spieler rausgeworfen.« Der Coach, der am Eingang des Dugout steht, während das Team eintrudelt, antwortet daraufhin: ...

Der Coach hat viele Möglichkeiten zu reagieren, je nachdem, was er erreichen will. Wenn er meint, das Wichtigste für die Kinder sei, daß sie ihren Spaß haben, kann er sagen: »Das war ziemlich cool, Karl.« Und wenn er meint, Kinder bräuchten Ermutigungen und Erfolge, weil dadurch ihr Interesse verstärkt wird und sie angespornt werden, kann er sagen: »Das war gut, daß du den Mann da rausgeholt hast. Es erfordert ziemlich viel Mut, zu pitchen, aber du hast es geschafft.« Vielleicht ist der Coach auch der Meinung, es sei wichtig, Ziele zu setzen und auf sie hinzuarbeiten; in diesem Fall könnte er sagen: »Ja, das ist dir gut gelungen. Wenn du noch mehr erreichen wolltest, woran müßtest du dann beim nächsten Mal arbeiten?« Wenn der Coach daran interessiert wäre, Karl zu einer realistischeren Einschätzung seiner Fähigkeiten im Pitchen zu bringen, könnte er sagen: »Karl, du hast ein paar Dinge sehr gut gemacht, und ich meine, daß du an einigen anderen noch ein bißchen arbeiten könntest. Was meinst du dazu?« Natürlich könnte der Coach auch der Meinung sein, das Wichtigste sei zu gewinnen – was ihn zu einer konfrontativeren Reaktion wie der folgenden veranlassen könnte: »Karl, du hast diesen Kerl rausgeworfen, und wir brauchen drei Outs pro Inning; erst wenn du das erreichst, bist du ein guter Pitcher. Deshalb werde ich dein Interesse am Pitchen unterstützen, und ich will dich Strikes üben sehen, bevor du noch einmal pitchst.« Diese Beispiele veranschaulichen, daß das Ziel des Coachs über die Wahl seiner Reaktion entscheidet, was wiederum jeweils bei Karl sehr unterschiedliche Reaktionen hervorrufen kann. Wir erkennen leicht, daß Karls Motivation zu pitchen und die Richtung dieser Motivation je nach Reaktion des Coachs sehr unterschiedlich sein können.

Im MI bezeichnen wir solche kleinen Reaktionen als »Mikro-Fertigkeiten«. Es handelt sich um sehr grundlegende Werkzeuge, die therapeutische Berater manchmal bereits in ihrem klinischen Repertoire haben, die sie aber leicht übersehen, weil ihr Augenmerk auf größere, wohlüberlegte Interventionen gerichtet ist. Die strategische Nutzung der Mikro-Fertigkeiten kann jedoch tiefreichende Auswirkungen auf das Geschehen im Laufe einer Interaktion haben.

Das Akronym OARS wird zur Bezeichnung dieser Mikro-Fertigkeiten benutzt. OARS steht für ***o**pen-ended questions* (offene Fragen), ***a**ffirmations* (Affirmationen), ***r**eflective listening* (reflektierendes Zuhören) und ***s**ummaries* (Zusammenfassungen). Helfer benutzen die OARS-Fertigkeiten im Laufe einer Sitzung für absichtliche Interventionen. Man kann sie im Rahmen umfassenderer Interventionen aber auch als primäre Interventionstechniken benutzen. Außerdem werden die OARS-Fertigkeiten strategisch und absichtlich eingesetzt, um bestimmte Aspekte (z. B. *Change-talk*) zu erforschen, wohingegen dies bei anderen nicht geschieht (z. B. *Sustain-talk* = »auf Zustandserhaltung zielende Äußerungen«). Aufgrund der großen Bedeutung des reflektierenden Zuhörens für die MI-Qualität befaßt sich das vorliegende Kapitel ausschließlich damit. In Kapitel 4 werden die übrigen drei Mikro-Fertigkeiten behandelt.

Reflektierendes Zuhören ist die *primäre Fertigkeit*, auf der MI basiert. Mit seiner Hilfe bringen Helfer gegenüber ihren Klienten Interesse, Empathie und Verständnis zum Ausdruck. Außerdem können Sie so zum Ausdruck bringen, daß sie die Klienten akzeptieren, und sie können vorsichtig deren Ansichten hinterfragen; weiterhin können sie die Klienten zur intensiveren Erforschung einer problematischen Äußerung oder zur Abwendung von dieser bewegen. Reflektierendes Zuhören wird gewöhnlich genutzt, um einen Anstoß zu geben. Die so aktivierte Energie kann anschließend in eine produktive Richtung gelenkt werden.

Reflektierendes Zuhören wirkt auf den ersten Blick täuschend einfach, es erfordert aber harte Arbeit und viel Erfahrung, es zu einer hohen Qualität zu entwickeln. Als Trainer weiß ich, daß angehende Helfer an diesem Bereich oft am intensivsten arbeiten müßten, dazu aber am wenigsten Lust haben. Doch ohne diese Fertigkeit ist es praktisch unmöglich, im MI-Sinne zu arbeiten. Außerdem haben die Teilnehmer meiner Ausbildungen und meine Klienten mich hinsichtlich des reflektierenden Zuhörens Demut gelehrt. Auch als erfahrener MI-Trainer erlebe ich immer wieder Situationen, in denen mein größtes Problem ist, daß ich nicht darauf achte, was mein Klient sagt. Deshalb profitiere ich von Möglichkeiten, diese Fertigkeiten weiterzuentwickeln, und ich möchte auch Sie dazu anregen, genügend Zeit auf diese Weiterentwicklung zu verwenden, auch wenn Sie diese Fertigkeit schon gut beherrschen.

Ein tieferer Einblick

Wir werden uns nun zunächst damit befassen, was reflektierendes Zuhören *nicht* ist. Viele Fertigkeiten, die häufig in der klinischen Arbeit benutzt werden, sind *kein* reflektierendes Zuhören. Thomas Gordon (1970) erfaßte viele dieser Aktivitäten in zwölf Kategorien, die er *roadblocks* (»Kommunikationshürden«) nannte (siehe Abbildung 3.1). Gordon hat diese Interventionen deshalb als Hürden bezeichnet, weil er den Eindruck hatte, daß sie die Vorwärtsbewegung seiner Klienten hemmten oder beeinträchtigten und damit die Bewegung in Richtung einer Veränderung störten. Fragen sind – wie das nächste Kapitel zeigen wird – eine wichtige Mikro-Fertigkeit, doch sie bringen Klienten dazu, innezuhalten und über die fragliche Angelegenheit zu reflektieren, und somit hemmen sie die Vorwärtsbewegung. Reflexionen hingegen behindern die Vorwärtsbewegung im allgemeinen nicht, selbst wenn sie nicht korrekt sind.

Einige der auf Seite 55 genannten Hürden können bei der Arbeit mit Klienten recht nützlich sein. Sie eignen sich sogar als Interventionen. Man sollte nur nie vergessen, daß sie nicht das gleiche sind wie Zuhören. Lob ist hierfür ein gutes Beispiel. Fast jeder von uns würde wohl bestätigen, daß es Situationen gibt, in denen es wichtig ist, Klienten zu loben. Beispielsweise fordern wir Eltern oft auf, ihre Kinder zu loben, wenn sie etwas gut gemacht haben. Andere Hürden von der nachfolgenden Liste mögen auf den ersten Blick als weniger einleuchtend erscheinen. Vermutlich wird kaum ein Helfer oder Therapeut seine Klienten lächerlich machen; allerdings teilen wir ihnen manchmal unsere Überzeugung mit, daß ihre Entscheidungen schlecht sind, was einer subtilen Mißbilligung gleichkommt. Aus MI-Sicht besteht das Problem nicht darin, daß Helfer solche Dinge tun (obwohl einige davon zweifellos weniger nützlich sind als andere), sondern daß sie zu viele Hürden aufbauen und dem reflektierenden Zuhören zu wenig Aufmerksamkeit schenken.

THOMAS GORDONS ZWÖLF KOMMUNIKATIONSHÜRDEN

1. **Befehlen, Anweisen, Kommandieren:** basiert auf Autorität.
2. **Warnen/Drohen:** ähnlich wie 1; bei Nichtbefolgung drohen Konsequenzen.
3. **Rat geben, Empfehlen, Lösungen beschreiben:** basiert auf der Kompetenz des Therapeuten.
4. **Überzeugen durch Logik, Argumente und Vortrag:** nach Ansicht des Therapeuten benötigt der Klient Verständnishilfen.
5. **Moralisieren, Predigen, Hinweis auf Pflichten:** Belehrung hinsichtlich »moralischen« Verhaltens.
6. **Verurteilen, Kritisieren, Widersprechen, Beschuldigen:** die betreffende Person steht in »negativem Licht«; betrifft auch simple Meinungsverschiedenheiten.
7. **Zustimmen, Anerkennen, Loben:** Bestätigen des Gesagten und Unterbrechung der Kommunikation; Hinweis auf Ungleichheit in der Kommunikation.
8. **Beschämen, Verhöhnen, Beschimpfen:** offene oder verdeckte Mißbilligung; zielt meist auf Korrektur von Verhalten oder Einstellung.
9. **Deuten/Analysieren:** sehr verbreitet als Suche nach dem »wahren« Problem bzw. »verborgenen« Sinn; Basis zum Entwickeln einer Deutung.
10. **Beruhigen, Mitfühlen, Trösten:** Wohlfühl-Botschaft; unterbricht spontane Kommunikation.
11. **Befragen/Sondieren:** Befragen steht irrigerweise oft für gutes Zuhören und die implizite Botschaft, auf diese Weise Lösungen zu finden; unterbricht spontane Kommunikation; nur bedingt im Interesse des Antwortenden.
12. **Rückzug, Ablenkung, Nach-dem-Mund-Reden, Themenwechsel:** Kommunikation geht in andere Richtung; impliziert Geringschätzung der Aussagen der anderen Person.

ABBILDUNG 3.1 Die zwölf Kommunikationshürden nach Thomas Gordon (s. *Parent Effectiveness Training, 1970*)

Doch wenn all dies kein reflektierendes Zuhören ist, was ist dann unter reflektierendem Zuhören zu verstehen? Zunächst handelt es sich dabei um eine Denkweise, die Interesse an den Äußerungen der anderen Person und Respekt vor ihrem Wissen beinhaltet. Wir gehen von der wohl sehr plausiblen Überzeugung aus, daß jeder Klient mehr über sich selbst weiß, als wir jemals über ihn wissen werden. Natürlich sind wir in der Lage, blinde Flecken zu erkennen, die der Klient selbst niemals sehen wird; andererseits weiß er aber selbst wesentlich mehr über die Faktoren, die seine Persönlichkeitsentwicklung, wichtige Entscheidungen in seinem Leben, Verhaltensweisen, Einstellungen und Überzeugungen betreffen, als wir jemals wissen werden. Wenn wir diese Dinge wissen wollen, muß der Klient selbst uns darüber informieren – und wir müssen ihm zuhören.

Aber auch wenn ein Klient uns darüber informiert und wir ihm zuhören, verstehen wir nicht zwangsläufig, was der Betreffende erlebt hat und aktuell erlebt. Damit kommen wir zu einem zentralen Element reflektierenden Zuhörens: dem Testen von Hypothesen. Vereinfacht könnte man sagen: Was wir glauben, das ein anderer Mensch meint, ist nicht identisch mit dem, was der Betreffende wirklich meint. Das Verfahren des Überprüfens von Hypothesen entspricht Gordons (1970) Kommunikationsmodell (siehe Abbildung 3.2).

An Punkt A hat der Sprecher vor, etwas zu sagen. An Punkt B sagt er es tatsächlich. An Punkt C hört der Zuhörer die Botschaft und nimmt sie auf. An Punkt D schließlich wird dem Zuhörer die Bedeutung dessen, was der Sprecher gesagt hat, klar. Schauen wir uns das Beispiel Arthurs an, eines unglücklichen jungen Mannes, der von seinen Eltern zur Therapie gebracht worden war. Nehmen wir einmal an, der Therapeut würde Arthur fragen, wie er sich dabei fühlte, zur Therapie zu kommen.

- An Punkt A könnte Arthur denken: »Ich bin mir nicht sicher, ob ich wirklich in eine Therapie will. Es ist mir ein bißchen unheimlich, mit jemandem zu sprechen, den ich nicht kenne, insbesondere über *diese* Dinge. Und außerdem: Wie soll ich darauf vertrauen, daß er nicht meinen Eltern weitererzählt, was ich ihm mitteile? Aber wenn ich mich weigere, zur Therapie zu gehen, werden meine Eltern mich noch mehr nerven, als sie es sowieso schon tun. Es ist richtig zum Kotzen.«
- An Punkt B könnte Arthur sagen: »Ich bin mir nicht sicher, ob ich mich auf diesen Therapiescheiß einlassen soll.«
- An Punkt C könnte der Therapeut hören: »Ich bin mir nicht sicher, aber das alles könnte Mist sein.«
- An Punkt D könnte der Therapeut dies auf verschiedene Arten verstehen, nämlich als »Ich will keine Zeit vergeuden«, »Ich bin mir nicht sicher, ob ich wirklich hier sein will«, »Ich finde es nicht gut, daß meine Eltern mich gezwungen haben, hierher zu kommen« oder als »Ich bin mir nicht sicher, ob ich Ihnen vertrauen kann« – wobei jede dieser Bedeutungen mehr oder weniger zutreffen könnte.

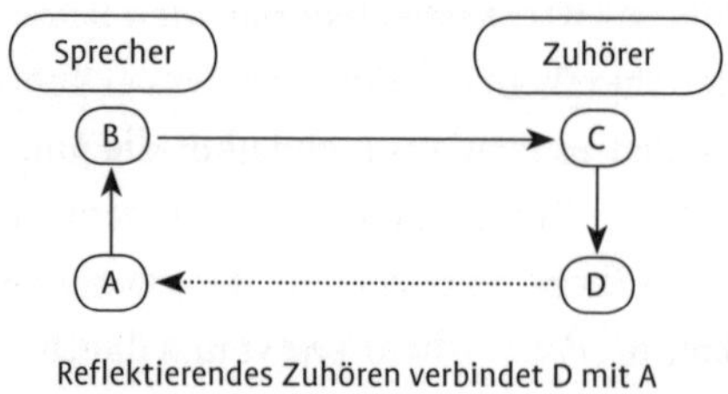

ABBILDUNG 3.2 Thomas Gordons Kommunikationsmodell (siehe auch *Parent Effectiveness Training*)

Wie Arthurs Beispiel veranschaulicht, kann die Kommunikation an jedem Punkt dieses Prozesses unterbrochen werden.

- An Punkt A könnte Arthur Schwierigkeiten haben, seine Gedanken verständlich auszudrücken. Vielleicht versteht er nicht alle seine Gedanken und Gefühle richtig; oder er ist sich nicht über alle Elemente klar, die dieselben beeinflussen. Vielleicht hatte er in der Schule Schwierigkeiten, und nach dem Unterricht hat sein Vater ihm auf dem Weg zum Therapeuten Vorwürfe wegen seiner Zukunft gemacht, und er will über nichts anderes nachdenken als darüber, anderswo zu sein.
- An Punkt B verfügt Arthur möglicherweise nicht über die für diese Art von Kommunikation erforderlichen verbalen Fertigkeiten. Vielleicht ist er es nicht gewöhnt, mit Erwachsenen zu reden. Oder er ist ein typischer Teenager, der wann immer möglich die Achseln zuckt und sich den bohrenden Fragen von Erwachsenen durch ein »Ich weiß nicht« zu entziehen versucht. Vielleicht ist ihm klar, daß er viele verschiedene Dinge sagen könnte, doch kann er sie nicht zu einem einzigen Gedanken zusammenfassen. Oder er kann alle diese Dinge zwar ausdrücken, ist aber noch nicht bereit, sie einer fremden Person mitzuteilen. Eine weitere Möglichkeit ist, daß er so starken Groll empfindet, weil man ihn gezwungen hat, zur Therapie zu gehen, daß er Dinge sagt, die er nicht voll und ganz empfindet (z. B.: »Ich halte nichts von diesem Therapiescheiß.«).
- An Punkt C zeigt sich, daß der Therapeut einen Teil der Botschaft Arthurs überhört hat. Dieser Teil kann wichtig sein oder auch nicht. Vielleicht ist es im Tanzstudio in der Etage unter dem Therapieraum etwas lauter geworden, und rein akustisch wird die Verständigung erschwert. Vielleicht hat der Klient auch sehr leise gesprochen oder versucht, nach einer Konferenz einen klaren Kopf zu bekommen. Vielleicht war die vorherige Therapiesitzung sehr lang und der Therapeut mußte danach rasch seine eMails durchsehen, sich Notizen machen und seine Aufzeichnungen über den nächsten Klienten studieren, so daß ihm keine Zeit mehr blieb, zur Toilette zu gehen – und dies hat er sich mittlerweile schon zwei Therapiesitzungen lang verkneifen müssen. Vielleicht hat er auch Rückenschmerzen, weil er den ganzen Tag gesessen hat. Man könnte die Liste der Möglichkeiten noch lange fortsetzen.
- An Punkt D versucht der Therapeut zu verstehen, was er gehört hat. Aufgrund seiner Erfahrungen mit Heranwachsenden weiß er, daß dieser junge Mann wahrscheinlich bestimmte Dinge denkt und fühlt. Einige dieser vermuteten Gedanken oder Gefühle hat er wahrscheinlich wirklich, andere nicht. Möglicherweise erwartet der Therapeut, daß der junge Mann gar nicht anwesend sein will, da seine Eltern ihn gebracht haben. Vielleicht versteht er die körpersprachlichen Signale des Jungen und seinen Gefühlston richtig, bewertet aber deren Bedeutung übertrieben. Vielleicht erinnert

der Klient den Therapeuten auch an einen anderen Klienten, den zu behandeln für ihn schwierig war und den er nicht besonders mochte. Diese Annahmen könnten ihn zu einer bestimmten Sicht dessen, was der Klient mit seiner Äußerung meinen könnte, veranlassen.

Gemäß Gordons Modell besteht der Sinn und Zweck reflektierenden Zuhörens darin, auf all die verschiedenen Kommunikationsweisen, die scheitern können, einzugehen, indem man Punkt D mit Punkt A verbindet. Die Verbindung zwischen D und A ist das Hypothesentesten. Dies bedeutet: »Ich nehme an, daß Arthur dies meint, aber ich werde jetzt überprüfen, ob das zutrifft.« Somit dient gutes reflektierendes Zuhören dazu, die Kreisbewegung, die Gordons Modell beinhaltet, zum Abschluß zu bringen.

Reflektierendes Zuhören macht Aussagen, statt Fragen zu stellen. Bei beidem mögen die gleichen Wörter verwendet werden, doch *wie* sie geäußert werden (und wie sie wirken) unterscheidet sich. Sprechen Sie einmal nacheinander folgende Sätze aus:

»Sie sind nicht sicher, ob Sie hier sein wollen?«
»Sie sind nicht sicher, ob Sie hier sein wollen.«

Haben Sie gemerkt, daß Ihre Stimme am Ende des ersten Satzes gestiegen und am Ende des zweiten Satzes gesunken ist? Der zweite Satz mag ein wenig anmaßend klingen, aber genau das macht reflektierendes Zuhören aus. Der Zuhörer formuliert eine Art Hypothese, um den Sinn dessen, was der Sprecher gesagt hat, zu verifizieren oder zu erkennen, daß er ihn falsch verstanden hat. Falls die reflektierende Äußerung nicht völlig »daneben« ist, führt sie zu einer Klärung durch den Sprecher und zur Intensivierung der Exploration. Das Gespräch kommt auf diese Weise in Bewegung. Fragen hingegen unterbrechen beim Klienten den »inneren Fluß«. Denken Sie darüber nach, was Sie dazu veranlaßt hat, das vorliegende Buch zu kaufen und zu lesen, und reagieren Sie dann auf die folgenden beiden Sätze:

»Wollen Sie sich über MI informieren?«
»Sie wollen mehr über MI erfahren.«

Wie haben Sie auf die beiden Sätze reagiert? Welche Gedanken und Gefühle haben sie in Ihnen hervorgerufen?

Einige halten es bei der Anwendung reflektierenden Zuhörens für sinnvoll, Standardformulierungen wie die folgenden zu benutzen:

»Sie haben also das Gefühl ...«
»Das klingt so, als ob Sie ...«
»Sie fragen sich wohl, ...«
»Sie ...«

Solche Formulierungen sind von großem Wert, wenn man sich daran gewöhnen will, Reflexionen zu benutzen. Allerdings sollte man solche Hilfsmittel nicht zu mechanisch verwenden. Klienten werden ihrer schnell müde und entwickeln das Gefühl, von Ihnen »therapiert« zu werden, wenn Sie derartige Klischees nicht variieren. Die Formeln degenerieren dann zu einer Art Trick, der an die Stelle ernsthafter Bemühungen, den Klienten zu verstehen, tritt.

Beim Variieren formelhafter Versatzstücke ist auch die Reflexionstiefe zu berücksichtigen. Es gibt verschiedene Ebenen der Reflexion, beginnend mit Äußerungen, die dem, was der Klient tatsächlich selbst mitgeteilt hat, sehr nahe bleiben, bis hin zu Informationen, die signifikant darüber hinausreichen. Durch Variieren der Tiefe dessen, was kommuniziert wird, vertiefen Sie die Intimität in einer Sitzung. Dies wirkt sich auch auf den Gefühlston einer Interaktion aus. Verstehen Sie die verschiedenen Arten von Reflexionen als Elemente ihres therapeutischen Werkzeugkastens, wobei bestimmte Werkzeuge nicht unbedingt besser sind als andere, sondern einfach für eine bestimmte Art von Arbeit genau das richtige.

Grundsätzlich sollte die Reflexionstiefe der Situation entsprechen. Am Anfang und Ende einer Sitzung sind Oberflächenreflexionen typisch. In der Mitte empfiehlt es sich, die Reflexionstiefe zu steigern. Hat ein Klient Schwierigkeiten, seine Emotionen unter Kontrolle zu halten, können oberflächlichere Reflexionen geeigneter sein. Generell kann gelten: Je weniger Sie darüber wissen, was ein Klient tatsächlich meint, um so weniger sollten Sie die Reflexionsebene wechseln.

Das am häufigsten herangezogene Kriterium zur Unterscheidung von Reflexionsarten ist zur Zeit die zwischen einfachen und komplexen Reflexionen. Moyers, Martin, Manuel und Miller (2003) berichten, daß Kodierer (Menschen, die Audio- und Videoaufnahmen von Therapiesitzungen nach bestimmten Kriterien auswerten) zuverlässig zwischen diesen beiden Arten von Reflexion unterscheiden können.

Die *einfache Reflexion* bleibt sehr nahe an dem, was der Klient gesagt hat. Solche Äußerungen fügen dem bereits Gesagten kaum etwas hinzu, sondern kommunizieren lediglich Aufmerksamkeit und Interesse. Der Helfer benutzt entweder die gleichen oder sehr ähnliche Worte wie der Klient. Von Arthurs Äußerung »Ich bin mir nicht sicher, ob ich mich auf diesen Therapiescheiß einlassen soll« ausgehend, könnte eine einfache Reflexion lauten: »Sie sind sich nicht sicher.« Moyers *et al.* (2003) weisen darauf hin, daß eine einfache Reflexion »sehr wichtige oder intensive Emotionen des Klienten markieren kann, aber nicht weit über die ursprünglich von ihm intendierte Aussage hinausgeht« (S. 10). Ähnlich können auch Zusammenfassungen als einfache Reflexionen kodiert werden, wenn der Zuhörer »keinen zusätzlichen Sinn und keine Richtungsinformation hinzufügt«. Somit scheinen einfache Reflexionen den Klienten und die Kommunikation zu stabilisieren und das Gespräch lebendig zu halten.

Komplexe Reflexionen können über das, was der Klient gesagt hat, hinausgehen. Sie leiten aus dem Gesagten einen weiter reichenden Sinn ab und deuten die Information häufig kognitiv um. Reflexionen dieser Art können sich auch auf den Affekt beziehen, sie müssen aber auch Aufschluß über (Reflexions-)Tiefe, Bewegung oder eine Orientierung übermitteln. Eine komplexe Reflexion bereichert das Verständnis des Klienten, indem sie Elemente kontrastiert, die der Klient möglicherweise übersehen hat. Auf Arthurs bereits erwähnte Äußerung bezogen könnte eine komplexe Reflexion lauten: »Sie sind frustriert darüber, daß andere für Sie Entscheidungen fällen.« Obwohl diese Äußerung sehr kurz ist, geht sie über das hinaus, was der Klient berichtet hat, und ermöglicht es, die Exploration in andere Richtungen fortzusetzen. Somit können gut aufgebaute komplexe Reflexionen das Gespräch anregen und weiterbringen.

So wichtig beim reflektierenden Zuhören das Variieren der Reflexionstiefe ist, so nützlich ist auch das *Über- oder Untertreiben einer Reflexion*. Eine *übertriebene* oder *verstärkte Reflexion* kann einen Klienten von einer Position, die er sich zu eigen machen will, zurückscheuen lassen. Dieses Werkzeug kann nützlich sein, wenn ein Klient eine verabsolutierende Position vertritt. Der Helfer insistiert dann sanft, aber nachdrücklich auf dem verabsolutierten oder hartnäckig vertretenen Element, um herauszufinden, ob es sich dabei um eine adäquate Haltung handelt. Distanziert sich der Klient daraufhin von dieser Position, hat der Helfer ein wenig Raum geschaffen, den der Klient nutzen kann, um über Alternativen nachzudenken, und er hat die Situation subtil neugerahmt. Bewegt sich der Klient hingegen nicht von der Stelle, handelt es sich offenbar um eine zutreffende Reflexion. Im Beispielfall Arthurs könnte eine verstärkte Reflexion lauten: »Aus Ihrer Sicht läuft also alles bestens.« Dieses Beispiel zeigt klar, weshalb Aufrichtigkeit wichtig ist. Arthur würde jeden Anflug von Sarkasmus sofort bemerken und darauf mit Wut oder mit dem Besetzen einer Gegenposition reagieren. Deshalb ziehen Helfer es häufig vor, in ihren Äußerungen eher zu untertreiben.

Untertreibungen beinhalten, daß Äußerungen der Klienten in der gleichen Intensität oder in leicht verringerter Intensität reflektiert werden. Häufig führen Untertreibungen zur Verstetigung und Vertiefung. Diese Begriffe sind sehr eng mit Führen und Folgen verwandt, beinhalten aber nicht genau das gleiche. Beim *Folgen* bleibt der Helfer hinsichtlich der Gesprächsführung knapp hinter dem Klienten. Diese Technik beinhaltet in der Regel sowohl Untertreibung als auch eine direktive Intention (die sich darauf bezieht, was reflektiert und was ignoriert wird), doch sie versucht nicht, den Klienten zum nächsten Schritt zu geleiten. *Führen* beinhaltet in diesem Fall, daß man dem Klienten ein wenig voran geht und ihm das präsentiert, was im Gespräch zwar nicht ausgesprochen, aber impliziert wird. Diese Technik wird »den Absatz fortsetzen« *(continuing the paragraph)* genannt. Ihr Sinn und Zweck ist es, den Klienten in eine neue Richtung zu orientieren, die er bisher vielleicht noch gar nicht bemerkt hat. Bezogen auf Arthur könnte eine Reaktion im Sinne des *Folgens* lauten: »Sie sind verärgert, weil Ihre Eltern Sie hierher gebracht haben«, und eine Antwort im Sinne des *Führens* könnte sein: »Sie sind verwirrt, weil Sie nicht wissen, weshalb Ihre Eltern Sie hierher bringen wollten, und vielleicht interessiert es Sie, dies herauszufinden.« In der ersten Reaktion folgt der Helfer der Orientierung des Klienten, wobei die Interaktion durch Fokussieren auf die nicht benannte Emotion des Klienten vertieft wird. In der zweiten Reaktion führt der Helfer das Gespräch aktiv in eine neue Richtung, die der Klient selbst noch nicht erwähnt hat. Gewöhnlich folgen Helfer zunächst und gehen erst später zum Führen über.

Eine *doppelseitige Reflexion* hebt die Ambivalenz der Äußerung des Klienten hervor. Dabei kann es um etwas gehen, das in der nahen Vergangenheit gesagt wurde, oder es können Dinge betroffen sein, die zu einem früheren Zeitpunkt oder in vorherigen Gesprächen angesprochen wurden. Eine solche Reflexion kann Formulierungen wie »Einerseits fühlen Sie ..., und andererseits ...« enthalten. Wenn ich eine doppelseitige Reflexion benutze, erhebe ich unvermeidlich beide Hände, als wollte ich eine Waage versinnbildlichen, und ich benutze sie, um die beiden Seiten meiner Äußerung visuell zu repräsentieren. Im übrigen bringe ich Helfern bei, jeweils mit dem Element zu beginnen, das den Status quo bestärkt, und mit dem zu enden, das einer Veränderung zustrebt, weil dies als natürlicher Ausgangspunkt für die gründlichere Erforschung einer Veränderung fungieren kann – sofern eine solche Untersuchung angebracht ist. Außerdem sollte man genau darauf achten, welche Konjunktion man in solch einem Fall benutzt. »Aber« drückt tendenziell eine Abqualifikation von allem Vorangegangenen aus, wohingegen ein »und« anerkennt, daß beide Seiten am Verdienst ihren Anteil haben. Bezogen auf Arthurs Fall könnte eine doppelseitige Reflexion lauten: »Dann wären Sie einerseits lieber nicht hier, und andererseits ist Ihnen klar, daß Sie vielleicht erst aufhören können, hierhin zu kommen, wenn sich etwas verändert hat.«

Eine letzter Aspekt der Nutzung des reflektierenden Zuhörens ist der Gebrauch von Metaphern. Diese gelten als eine komplexere Form der Reflexion, weil sie typischerweise weit über das hinausgehen, was der Klient gesagt hat, aber trotzdem die Essenz seiner Äußerung enthalten. Metaphern scheinen es Klienten zu ermöglichen, ihre Situation auf neuartige Weise zu verstehen, und gleichzeitig fungieren sie als Organisationsschema für die Einbeziehung neuer Informationen. Eine Metapher könnte bezogen auf Arthurs Fall lauten: »Es ist also für Sie so, als würde man Sie zwingen, an einem Spiel teilzunehmen, dessen Regeln Ihnen niemand erklärt hat, ganz zu schweigen von seinem Sinn.« Die Metapher des Spiels beschreibt eine alltägliche Situation, die Arthur verstehen kann (das organisierende Element). Dieser neue Rahmen ermöglicht es dann Arthur oder dem Helfer, Ideen darüber zu entwickeln, wie sich die Situation verändern müßte (Einbeziehung neuer Informationen), damit Arthur sich wohlfühlen kann. Die Metapher erschließt neue Möglichkeiten, eine Situation zu verstehen und (eventuell) auf sie zu reagieren.

Ausbildungsteilnehmer äußern häufig die Sorge, sie könnten »ihren Klienten Worte in den Mund legen«. Sie empfinden dies als vermessen und meinen, es sollte, wenn überhaupt, nur äußerst behutsam geschehen. Nach meiner Auffassung basiert MI darauf, daß wir raten in dem Bemühen, unsere Klienten zu verstehen, und daß dieses Raten insofern absolut notwendig ist. Falls die Ergebnisse dieses Ratens nicht völlig fehlgehen, reagieren Klienten auf eine leicht verfehlte Reflexion gewöhnlich mit einer Klärung und mit dem Offenbaren zusätzlicher Informationen. Deshalb sollten sich Helfer nach meiner Auffassung nicht scheuen, Sachverhalte zu erraten und damit »daneben« zu liegen, statt Worte hinzuzufügen, die ihre Klienten nicht benutzen. Auf diese Weise können sie ihre »Trefferquote« beim Raten verbessern, und die Klienten scheinen auf diese Weise zu einem besseren Verständnis ihrer eigenen Situation, ihrer Bedürfnisse und ihres Verhaltens zu gelangen.

Die Ausnahme zu diesem sprachlichen Substituieren ist der Gebrauch »heißer« Wörter. Deren Wesen variiert je nach Art und Schauplatz der Arbeit. Allerdings sind einige Wörter generell »heiß« (z. B. »manipuliert«) und wecken ungeachtet der konkreten Situation den Zorn von Klienten. Am besten wählt man in solchen Fällen ein anderes Wort oder einen anderen Ausdruck, weil »heiße« Wörter in der Regel augenblicklich Widerstand entfachen.

Konzept-Quiz – Testen Sie sich!

Richtig oder falsch

1. R F OARS-Fertigkeiten sind grundlegende MI-Fertigkeiten.
2. R F OARS-Fertigkeiten werden ausschließlich bei MI eingesetzt.
3. R F Reflektierendes Zuhören ist für MI entscheidend.
4. R F Reflektierendes Zuhören ist eine Methode, mit deren Hilfe man überprüfen kann, ob man etwas richtig verstanden hat.
5. R F Gutes reflektierendes Zuhören wiederholt nur das, was die Klienten sagen.
6. R F Es ist wichtig, verschiedene Formen des Reflektierens zu benutzen.
7. R F Verstärkte Reflexionen stellen die kategorischen Überzeugungen von Klienten sanft in Frage.
8. R F Man sollte möglichst schnell dazu übergehen, Klienten zu führen.
9. R F Akkurate Reflexionen können Elemente enthalten, die der Klient nicht geäußert hat.
10. R F Man sollte vorsichtig damit sein, zu erraten, was Klienten meinen.

Antworten

1. R OARS werden als Mikro-Fertigkeiten des MI bezeichnet, und sie sind für eine gute MI-Praxis unverzichtbar.
2. F Trotz ihrer Bedeutung für das MI werden diese Fertigkeiten *nicht nur* in diesem Zusammenhang verwendet. Viele angehende Therapeuten erlernen sie im Rahmen von Einführungskursen zur Gesprächstherapie. Charakteristisch für ihre Verwendung im MI-Zusammenhang ist ihr direktiver Einsatz.
3. R Obwohl das reflektierende Zuhören eines von vielen MI-Werkzeugen ist, ist es gleichzeitig dessen Rückgrat. Viele Trainer sind der Auffassung, man müsse im reflektierenden Zuhören sehr erfahren sein, um im MI-Sinne arbeiten zu können. Die Ergebnisse vorläufiger Untersuchungen legen nahe, daß nicht nur die Häufigkeit von Reflexionen, sondern auch die Reflexionstiefe MI-Experten von -Neulingen unterscheidet.
4. R Dieses Überprüfen ist der primäre Sinn und Zweck der Nutzung von Reflexionen und der Grund, weshalb dieses Verfahren als Hypothesen testender Ansatz bezeichnet wird.
5. F Obwohl einfache Reflexionen dem, was die Klienten selbst sagen, oft sehr nahe bleiben, gibt es für Klienten nichts Ärgerlicheres, als wenn ein Therapeut nichts weiter tut, als ihre eigenen Äußerungen schlicht zu wiederholen.
6. R Man sollte die Reflexionstiefe variieren, außerdem in den Reflexionen unter- und übertreiben und schließlich führen und folgen.
7. R Der Schlüssel zur Nutzung effektiv verstärkter Reflexionen ist ein sanftes und authentisches Vorgehen; andernfalls ruft man Widerstand hervor.
8. F Zu schnell zum Führen überzugehen ist eine Form ungenauen Zuhörens – der Helfer versucht dann, dem Klienten seine Sichtweise aufzuzwingen, statt sich zu bemühen, ihn zu verstehen.
9. R Ganz bestimmt! Reflexionen *sollten* Informationen enthalten, die über das, was der Klient selbst gesagt hat, hinausgehen – diese Zusätze vertiefen die Reflexionen.
10. F Obwohl man keine unbedachten oder groben Bemerkungen machen sollte, kann man ohne weiteres Vermutungen äußern. Dies ermöglicht es dem Helfer und dem Klienten, einander besser zu verstehen.

Praxisbeispiel

Studieren Sie den folgenden Dialog mit einem jugendlichen Klienten. Der junge Mann wurde zur Behandlung gebracht, weil er einen starken Konflikt mit seinem Vater hatte. Der Vater wollte ihn »in Ordnung bringen« lassen, und er erklärte, der Junge sei sehr angriffslustig und benehme sich generell schlecht. Der junge Mann selbst erklärte zunächst, er wolle nichts weiter, als in Ruhe gelassen zu werden.

Man achte auf die Verhaltensweisen des Therapeuten und die Reaktionen des Klienten. Das Beispiel wird hier nicht wegen verblüffender Offenbarungen wiedergegeben, sondern weil es zeigt, wie durch subtile Verhaltensweisen des Therapeuten Öffnungen entstehen, welche die Durchführung weiterer Interventionen erst ermöglichen. Auch einige der im nächsten Kapitel ausführlicher behandelten Mikro-Fertigkeiten sind hier zu erkennen.

	Äußerung	*Kommentar*
T.:	Wie war die vergangene Woche für Sie?	*offene Frage*
K:	Ganz gut.	*minimale Reaktion*
T.:	Erzählen Sie mir ein wenig darüber.	*erneute offene Frage*
K.:	Eigentlich ist nichts Besonderes passiert. Ich habe mich herumgetrieben und mich mit Freunden getroffen. Da war diese Sache zwischen mir und meinem Vater. Eigentlich nichts Besonderes. Wissen Sie, ich verstehe ihn einfach nicht.	*Weitere Informationen; spricht beiläufig über eine Situation mit seinem Vater.*
T.:	Es war also keine große Sache, aber es ist etwas passiert.	*einfache Reflexion*
K.:	Ja, genau. Er hat gesagt, ich dürfte am Abend nicht raus. Ich hatte aber schon Pläne. Das war einfach sein Machttrip. Wir haben uns gestritten, und dann hat er mich in mein Zimmer geschickt. Daraufhin bin ich wütend geworden und abgehauen. Als ich nach Hause zurückkam, war er mit meinen Brüdern über das Wochenende zu unserer Hütte gefahren. Seither ist das Klima besser geworden.	*Der Klient gibt weitere Informationen.*
T.:	Dann hat sich die Situation also im Grunde verbessert.	*verstärkte Reflexion*
K.:	Ich denke schon. Aber ich weiß es nicht genau. Eigentlich beschimpft und verspottet er mich immer noch, und ich mache es genauso – was sicher nicht optimal ist. Aber er macht mich nun einmal stinkwütend. Natürlich war das kindisch.	*Er nimmt von der Äußerung, die Situation sei besser geworden, Abstand und gesteht seine Ambivalenz bezüglich der Tatsache ein, daß sein Vater ihn nicht zum Wochenendausflug mitgenommen hat.*

T.: Vielleicht war es das, vielleicht auch nicht, aber das Beschimpfen und der Spott machen Sie nun einmal ziemlich wütend.

Eine Umformulierung lenkt die Aufmerksamkeit auf das entscheidende Element.

K.: Ja, es ist wirklich kindisch – etwa wenn er uns Chaoten oder Looser nennt und sarkastisch wird. Ich kann Scheinheilige nun einmal nicht ausstehen – mir ist klar, daß das ziemlich hart klingt, aber so empfinde ich es nun einmal.

Er antwortet mit stärkerem Affekt.

T.: Jemand sagt das eine und tut etwas völlig anderes.

Eine weitere Umformulierung

K.: Genau. Versprochen ist versprochen, finde ich. Wenn ich sage, daß ich etwas tun werde, dann tue ich es auch. Zum Beispiel habe ich im Sommer mit meinem Roller eine Beule in die Tür eines Autos gefahren. Das erzählen Sie doch jetzt nicht meinen Eltern, ja?

Er vertieft den Dialog, indem er über Werte und über ein problematisches Verhalten spricht.

T.: In Ordnung, solange weder Sie noch jemand anders in Gefahr gerät.

Klärung

K.: Ich habe ihm gesagt, daß ich den Schaden bezahle. Er mußte die Tür reparieren und neu lackieren lassen. In der Zwischenzeit hatte ich meinen Roller demoliert, und ich glaube, seine Eltern hatten Mitleid mit mir und sagten, ich bräuchte die Reparatur nicht zu bezahlen. Aber da ich es versprochen hatte, wollte ich das Versprechen auch halten. Ich muß mir eine Arbeit suchen und anfangen, das Geld zurückzuzahlen. Es handelt sich um zirka 500 Dollar. Das ist ziemlich viel Geld.

Er informiert über die Bedeutung dieses Wertes für ihn. Dies weist darauf hin, wo eine motivierende Diskrepanz zu finden sein könnte.

T.: Sie sind bereit, Ihr Wort zu halten, auch wenn andere Sie nicht dazu zwingen und wenn es Sie etwas kostet. Das ist für Sie ein wichtiger Wert. Ich frage mich, woher Sie das haben. ...

Affirmation, die gleichzeitig der Erforschung einer potentiellen Verbindung zu den Eltern dient.

K.: Ich weiß nicht. Wahrscheinlich von meiner Mutter, obwohl mein Vater auch okay sein kann.	*Seine Haltung seinem Vater gegenüber wird etwas verständnisvoller.*
T.: Okay, wahrscheinlich kommt es von Ihrer Mutter, obwohl Sie auch mit Ihrem Vater nicht immer im Streit sind.	*eine subtile Umformulierung*
K.: Ja.	
T.: Jetzt will ich einmal schauen, ob ich das Ganze richtig verstanden habe.	*Beginn einer Zusammenfassung*

Am Ende dieses Dialogs ist die Atmosphäre hoffnungsvoller als zu Beginn. Der junge Mann, der von seinem Vater als streitsüchtig bezeichnet und schlechten Benehmens bezichtigt worden war, läßt ein klares Wertgefühl und ein seinen Werten entsprechendes Verhalten erkennen, auch wenn andere ihn nicht zwingen, seiner Verantwortung gerecht zu werden. Dies in Verbindung mit der Entdeckung seiner Ambivalenz bezüglich des unerwarteten Aufbruchs seines Vaters ins Wochenende deutet auf eventuell vorhandene motivierende Diskrepanzen hin. Wenn Sie die Zusammenfassung schreiben sollten, welche Frage würden Sie dann anschließend stellen?

Probieren Sie dies aus!

In den folgenden Übungen werden Sie mit verschiedenen Hörerlebnissen konfrontiert, zunächst mit sehr einfachen, später mit eher subtilen. Jede dieser Aktivitäten baut auf der vorherigen auf. Trotzdem brauchen Sie die Übungen nicht in der angegebenen Reihenfolge auszuführen. In der ersten Übung geht es darum, herauszufinden, was Zuhören ist und was nicht. Wie bereits in den Kapiteln 1 und 2 erläutert wurde, fokussiert das MI-Training nun darauf, den Klienten als Trainer zu nutzen. Doch um dies zu können, muß man in der Lage sein, das eigene Verhalten und das Verhalten des Klienten gut zu beobachten. Wir arbeiten zunächst an der Entwicklung dieser Beobachtungsfähigkeit, indem wir anderen Menschen bei der Arbeit zuschauen – und zwar ganz konkret populären Gastgebern von Fernseh-Talkshows. Sie können sich dazu entweder eine Life-Sendung oder eine Studio-Aufnahme anschauen; allerdings empfehle ich grundsätzlich, mit einer Aufnahme zu arbeiten, weil Sie den Prozeß dann beschleunigen können. Als Nächstes üben Sie das Testen von Hypothesen, indem Sie Alternativhypothesen zu Klientenäußerungen entwickeln und diese in die Form einer Reflexion kleiden. Die Übung zwingt Sie, die Worte eines Klienten auf verschiedene

Arten zu deuten und zu verstehen. In der nächsten Übung werden Sie aufgefordert, noch einen Schritt weiter zu gehen, indem Sie Reflexionen mit direktivem Charakter entwickeln. Diese heben unterschiedliche Aspekte der gleichen Aussage hervor und beeinflussen dadurch den Gesprächsverlauf. Als nächstes werden Sie komplexere reflektierende Reaktionen entwickeln. Charakteristisch für solche Äußerungen ist eine größere Tiefe, oder sie heben verschiedene Aspekte der Kommunikation hervor. Alle diese schriftlichen Experimente führen zu einer Übung, bei der Sie ein reales Gespräch führen, in dem Sie daran arbeiten, sich bewußt auf das Zuhören zu konzentrieren. Wie im Falle der Übungen in den vorangegangenen Kapiteln finden Sie auch hier am Ende des Kapitels spezielle Übungsformulare. Zwar sind diese Übungen nicht für die Arbeit mit Klienten gedacht, aber die Fertigkeiten, die Sie dadurch trainieren, werden Ihnen ganz sicher zugute kommen.

Übung 3.1 Nach Hindernissen Ausschau halten

Wenn es Ihnen gelingt, Ihre Rezeptoren so einzustellen, daß Sie Hindernisse oder Hürden erkennen können, so ist das im Rahmen von Interaktionen sehr nützlich. Allerdings wäre es unhöflich, in einem Gespräch mit Freunden, Nachbarn oder Familienmitgliedern einen Fragebogen zu zücken, um den Verlauf des Gesprächs nach Ihren Kategorien zu erfassen. Dies ist leichter möglich, wenn Sie Fernseh- oder Radio-Talkshows auswerten, in denen Gäste von ihren Gastgebern interviewt werden. Wählen Sie zu diesem Zweck am besten ein Programm aus, dessen Gastgeber in dem Ruf steht, ein unnachgiebiger Interviewer zu sein. Wahrscheinlich werden Sie in solchen Interviews sowohl ausgezeichnetes Zuhören als auch Gordons Kommunikationshindernisse registrieren. Lesen Sie das Arbeitsblatt zu Übung 3.1 am Ende dieses Kapitels, und schauen Sie sich anschließend eine Episode einer Talkshow an, wobei Sie notieren, wann und wie oft eine Bemerkung des Gastgebers dem reflektierenden Zuhören entspricht und wann er eine von Gordons Hürden benutzt. Diese Hürden sind ja nicht grundsätzlich schlecht, und sie können den Gastgebern in ihren Gesprächen mit Gästen sehr gute Dienste leisten. Natürlich unterbrechen Sie die Vorwärtsbewegung und können Widerstand hervorrufen. Wählen Sie möglichst eine Sendung, in der ein Gastgeber mit einem Gast an einem Problem arbeitet. Da die Kommunikation in solchen Sendungen oft sehr schnell vonstatten geht, empfiehlt es sich, sie zunächst aufzunehmen, damit Sie später die Wiedergabe unterbrechen und über Ihre Antworten nachdenken können. Falls Sie das Gefühl haben, daß Ihnen auch diese Möglichkeiten nicht weiterhelfen (beispielsweise weil Sie auditiv nicht gut lernen), können Sie sich um ein Transkript einer solchen Show bemühen und sich dann in visueller Form damit auseinandersetzen.

Übung 3.2 Beobachten, um zuzuhören

Dies ist der zweite Teil der Einstimmung Ihres Ohrs auf das Zuhören. Wählen Sie erneut eine Fernseh- oder Radiosendung aus, in der ein Gastgeber einen Gast interviewt. Diesmal geht es um das Beobachten und Zuhören. Schauen Sie sich die Sendung einige Minuten lang ohne Ton an, um festzustellen, wie der Gastgeber Interesse und Empathie kommuniziert. Anschließend schalten Sie den Ton ein und zählen die Reflexionen. Auch bei dieser Übung empfiehlt es sich, die Sendung aufzunehmen, damit Sie die Möglichkeit haben, sich einzelne Passagen in einem langsameren Tempo anzuhören. Auch Transkripte können sehr nützlich sein, wenn Ihnen die Interaktion zu schnell ist.

Übung 3.3 Testen von Hypothesen und Entwickeln von Reflexionen

Reflektierendes Zuhören beinhaltet die vollständige Ausführung von Gordons (1970) ABCD-Kommunikationsmuster. Die Zuhörer versuchen, sich durch Testen einer Hypothese zu vergewissern, daß sie richtig verstanden haben, was der Klient ihnen mitzuteilen versucht. Hypothesen können mehr oder weniger zutreffen und dem Kern der Äußerung des Klienten mehr oder weniger nahe kommen. Auf dem Arbeitsblatt zu Übung 3.3 finden Sie Äußerungen von Klienten, über deren Bedeutung Sie Vermutungen entwickeln sollen. Dabei ist es wichtig, sehr »großzügig« zu denken. Die Übung veranschaulicht einen Prozeß, der implizit initiiert wird, wenn Sie verfeinerte Reflexionen zu formulieren beginnen.

Übung 3.4 Direktives Reflektieren

MI ist eine direktive Methode. Deshalb beinhaltet eine Reflexion (im MI-Rahmen) nicht nur eine Vermutung darüber, was der Klient gesagt hat, sondern auch eine Stellungnahme zu bestimmten Aspekten seiner Äußerung unter Ausschluß anderer. Mit Hilfe dieses Prozesses kann sich der Therapeut auf die motivationalen Aspekte des Austauschs konzentrieren. Doch um direktiv wirken zu können, müssen Sie diese Aspekte zunächst erkennen und auf sie reagieren können. In der vorliegenden Übung beantworten Sie Klientenäußerungen mit Reflexionen, die auf verschiedene Elemente des Gesagten eingehen. Sie sollen zu jeder Klientenäußerung drei Reflexionen entwickeln – bei denen jeweils ein anderer Aspekt des Mitgeteilten im Mittelpunkt steht. Beachten Sie, daß das, worauf Sie Ihre Aufmerksamkeit richten, dem Gespräch eine völlig andere Richtung geben kann als das, worauf Sie nicht fokussieren.

Übung 3.5 Vertiefende Reflexionen

Während es in der vorigen Übung um verschiedene Aspekte der Äußerung des Klienten ging, sollen Sie bei dieser Übung über den unmittelbaren Inhalt des Gesagten hinaus die Kommunikation hinsichtlich ihrer Tiefe und Komplexität anreichern. Auch hier müssen Sie fundierte Vermutungen darüber anstellen, was die Worte des Klienten implizieren.

Übung 3.6 Bewußtes Zuhören in einem Gespräch

Diese Übung dient der Erprobung der neu erworbenen Fertigkeiten im Zuhören, die Sie durch die vorherigen schriftlichen Übungen entwickelt haben. Vereinfacht gesagt, hören Sie zu, statt andere Dinge zu tun, und anschließend beobachten Sie, wie dieses Zuhören sich auf die Interaktion auswirkt. Um die Übung so effektiv wie möglich zu gestalten, sollten Sie eine Situation wählen, in der Sie normalerweise Ratschläge geben würden. Dieser Drang, Ratschläge zu geben, ist wahrscheinlich kaum zu ignorieren; doch schauen Sie sich einmal an, was Sie durch bloßes Zuhören erreichen können. Oft ist es von Nutzen, das zu untersuchende Gespräch vorher auszuwählen (z. B. »Wenn ich heute Abend mit meinem Partner rede«, »Wenn mein Arbeitskollege sich über unseren Chef beklagt«, »Wenn mein Kind rechtfertigt, warum es seine Hausaufgaben nicht gemacht hat«). Benutzen Sie anschließend das Arbeitsblatt zur Anregung Ihres Denkens. In Workshops, in denen ich diese Übung benutzte, erhielt ich von Teilnehmern immer wieder die Rückmeldung, sie hätten mit Hilfe dieser Technik Dinge herausgefunden, die ihnen in zwanzig Ehejahren entgangen seien. Zuhören kann sehr weitreichende Auswirkungen haben! Sollte sich die Übung als nicht so erfolgreich erweisen, wie es Ihnen lieb wäre, brauchen Sie sich deswegen keine Sorgen zu machen. Letztlich ist dies nur eine Übung, die man jederzeit wiederholen kann.

Arbeit mit einem Partner

Viele der im Teil »Probieren Sie dies aus!« beschriebenen Übungen eignen sich auch für die Arbeit mit einem Partner. Beispielsweise könnten Sie eine Fernsehshow aufnehmen und das Gespräch dann mit Ihrem Partner gemeinsam kodieren. Sobald Sie auf einen schwer zu kodierenden Kommentar stoßen, können Sie die Aufnahme anhalten und sich über das Problematische daran verständigen. Im Falle der Übungen 3.3 und 3.4 können Sie und Ihr Partner die Arbeitsblätter jeweils separat ausfüllen und anschließend Ihre Reaktion notieren und erklären, was Sie sich dabei gedacht haben. Sie können die Aufnahme aber auch gemeinsam anschauen oder anhören, die Vorführung nach jeder »Klienten«-Äußerung unterbrechen und gemeinsam eine reflektierende Reaktion entwickeln, die Sie in der betreffenden Situation benutzen könnten. Um Ihren Variationsspielraum zu erweitern, können Sie auch mehrere tiefere und komplexere Reflexionen entwickeln.

In einer Alternative zu Übung 3.3, in der es um das Testen von Hypothesen geht, beschreibt Ihr Partner eine ihn betreffende Qualität, und Sie fragen ihn dann immer wieder: »Du meinst also ...«, um herauszufinden, was die Äußerung für Ihren Partner bedeutet. Wichtig ist dabei, daß Ihr Partner nur mit ja oder nein antworten kann. Fahren Sie so lange mit dieser Frage fort, bis Ihnen entweder keine Hypothesen mehr einfallen oder Ihr Partner der Meinung ist, daß Sie ihn verstanden haben. Ihr Partner kann auch mit »wärmer« oder »kälter« antworten, je nachdem, ob Ihre Äußerungen der zentralen Idee, um die es ihm geht, näher kommen (»wärmer«) oder sich weiter davon entfernen (»kälter«).

Sie können mit Ihrem Partner auch bewußtes Zuhören üben. Fordern Sie ihn auf, ein noch nicht lange zurückliegendes Wochenende zu beschreiben und dabei nur Äußerungen zu benutzen, die dem reflektierenden Zuhören entsprechen. Versuchen Sie, damit fünf Minuten lang fortzufahren, ohne eine Frage zu stellen. Sie können Ihren Partner auffordern, auch etwas zu beschreiben, das er gern verändern möchte. Benutzen Sie aber nur Material, bei dem sich Ihr Partner wohl fühlt.

Sobald Sie sich mit dieser Art bewußten Zuhörens vertraut gemacht haben, können Sie es in der Arbeit mit Ihren Klienten erproben. Wenn Sie sonst völlig anders arbeiten, werden Ihre Klienten die Änderung wahrscheinlich bemerken und Sie darauf ansprechen. Sie können ihnen dann erklären, daß Sie im Rahmen Ihrer beruflichen Fortbildung an der Verbesserung Ihrer Behandlungsmethoden arbeiten und daß dies ein Ergebnis dieser Bemühungen ist. So stellen Sie sicher, daß Sie wirklich auf das, was der Klient zu Ihnen sagt, achten. Wenn Sie über die erforderlichen technischen Hilfsmittel und die Zustimmung sowohl des Klienten als auch der Krankenkasse verfügen, können Sie die Behandlungssitzungen auch aufnehmen und später studieren. Benutzen Sie die Beurteilungsblätter für Übung 3.2, um zu kodieren, was Sie tun. Sie können auch Ihren Partner in diesen Prozeß einbeziehen. Bedenken Sie, daß Menschen, wenn sie eine Aufnahme von ihrer eigenen Arbeit anhören, sich leicht auf das Negative konzentrieren. Richten Sie Ihre Aufmerksamkeit beim Anschauen und Anhören von Aufnahmen deshalb auf das, was Sie gut machen und was Sie in der nächsten Sitzung intensiver benutzen wollen. Bitten Sie Ihren Partner um Tips, wenn Sie irgendwo »hängenbleiben«.

Ergänzende Gedanken

Die Mikro-Fertigkeit des reflektierenden Zuhörens wirkt auf den ersten Blick leichter, als sie ist. Man könnte auch sagen: Reflektierendes Zuhören ist zwar simpel, aber keineswegs leicht. Wenn Sie das Gefühl haben, daß die Nutzung des Zuhörens Ihnen nichts bringt, bleiben Sie wahrscheinlich zu nah an dem, was die andere Person sagt. Geben Sie in diesem Fall Vermutungen mehr Raum. Es gibt in diesem Bereich keine Alternative zum möglichst ausgiebigen Üben.

Vor einigen Jahren wurde in einem eMail-Forum für MI-Trainer folgende Frage gestellt: »Was ist eigentlich so nützlich am Zuhören?« Die Antworten der Trainerkollegen reichten von empirisch gestützten über theoretische bis hin zu phänomenologischen Äußerungen, und sie gehen weit über den Rahmen dieses Buches hinaus. Ein Aspekt meiner Antwort auf diese Frage lautet, daß wir Klienten helfen, ihre Erlebnisse zu organisieren und zu verstehen. Unsere Aufgabe erschöpft sich nicht darin, zu wiederholen, was wir gehört haben, sondern wir versuchen, das Gehörte auch in einer Struktur zu erfassen, die unsere Klienten nutzen können, um Probleme zu lösen und ihren Weg fortzusetzen. Einige Therapeuten würden diesen Vorgang als *Entwickeln einer kohärenten Erzählung* bezeichnen.

Es gibt aber auch noch andere wichtige Aspekte des Zuhörens. Carl Rogers (1980/1981) hat sich darüber geäußert, wie positiv es sich auswirkt, wenn wir erleben, daß uns jemand intensiv zuhört. Denken Sie einmal darüber nach, ob es Ihnen in Ihrem eigenen Leben geholfen hat, daß jemand Ihnen gut zuhörte. Wenn ja, was genau hat dann die positive Wirkung verursacht?

ÜBUNG 3.1 NACH HINDERNISSEN AUSSCHAU HALTEN

Die Ausrichtung Ihrer Rezeptoren auf das Erkennen von Hindernissen kann ein sehr nützlicher erster Schritt sein, wenn Sie bewußter registrieren wollen, wann Sie solche Hürden im Rahmen Ihrer Interaktionen benutzen. In der vorliegenden Übung werden Sie Radio- oder Fernseh-Talkshows, in denen Gastgeber ihre Gäste interviewen, als Rohmaterial benutzen. Wählen Sie am besten eine Sendung, deren Leiter als »harter« Interviewer bekannt ist. Wahrscheinlich werden Sie in einer solchen Sendung sowohl ausgezeichnetes Zuhören als auch Gordons Kommunikationshürden *(roadblocks)* beobachten können. Denken Sie daran, daß derartige Hindernisse nicht grundsätzlich schlecht sind und daß die Gastgeber sie in ihrer Interaktion mit Gästen sehr effizient nutzen. Das ändert allerdings nichts daran, daß sie die Vorwärtsbewegung unterbinden und Widerstand hervorrufen können. Die Übung umfaßt folgende Schritte:

- Schauen Sie sich die folgenden Kommunikationshürden noch einmal genau an.
- Schauen Sie sich eine Sendung einer Talkshow-Serie an, oder hören Sie eine entsprechende Radiosendung. Wählen Sie möglichst eine Sendung, in der ein Gastgeber mit einem Gast an einem Problem arbeitet.
- Notieren Sie sich jede Situation, die der Gastgeber im Sinne reflektierenden Zuhörens kommentiert, und jede, in der er eine Kommunikationshürde benutzt.
- Weil sich in solchen Sendungen vieles sehr schnell abspielt, können Sie eine Aufnahme davon machen, die Sie beim späteren Abhören jederzeit anhalten können, um in Ruhe über Ihre Reaktion nachdenken zu können.
- Wenn Sie trotz all dieser Möglichkeiten weiterhin überzeugt sind, daß diese Methoden in Ihrem Fall nichts bringen (z. B. weil Sie nicht besonders gut auditiv lernen), können Sie versuchen, sich ein Transkript von einer Talkshow zu besorgen und sich visuell damit auseinandersetzen.
- Addieren Sie Ihre Werte, und beantworten Sie anschließend die nachfolgenden Fragen.

Thomas Gordons 12 Kommunikationshürden	*Zahl*
Befehlen, Anweisen, Kommandieren: basiert auf Autorität.	
Warnen/Drohen: ähnlich wie 1; bei Nichtbefolgung drohen Konsequenzen.	
Rat geben, Empfehlen, Lösungen beschreiben: basiert auf der Kompetenz des Therapeuten.	
Überzeugen durch Logik, Argumente und Vortrag: nach Ansicht des Therapeuten benötigt der Klient Verständnishilfen.	
Moralisieren, Predigen, Hinweis auf Pflichten: Belehrung hinsichtlich »moralischen« Verhaltens.	
Verurteilen, Kritisieren, Widersprechen, Beschuldigen: die betreffende Person steht in »negativem Licht«; betrifft auch simple Meinungsverschiedenheiten.	

Zustimmen, Anerkennen, Loben: Bestätigen des Gesagten und Unterbrechung der Kommunikation; Hinweis auf Ungleichheit in der Kommunikation.	
Beschämen, Verhöhnen, Beschimpfen: offene oder verdeckte Mißbilligung; zielt meist auf Korrektur von Verhalten oder Einstellung.	
Deuten/Analysieren: sehr verbreitet als Suche nach dem »wahren« Problem bzw. »verborgenen« Sinn; Basis zum Entwickeln einer Deutung.	
Beruhigen, Mitfühlen, Trösten: Wohlfühl-Botschaft; unterbricht spontane Kommunikation.	
Befragen/Sondieren: Befragen steht irrigerweise oft für gutes Zuhören und die implizite Botschaft, auf diese Weise Lösungen zu finden; unterbricht spontane Kommunikation; nur bedingt im Interesse des Antwortenden.	
Rückzug, Ablenkung, Nach-dem-Mund-Reden, Themenwechsel: Kommunikation geht in andere Richtung; impliziert Geringschätzung der Aussagen der anderen Person.	
Kommunikationshürden insgesamt	
Reflexionen	

Denken Sie in diesem Zusammenhang über folgende Fragen nach:

Wie viele Kommunikationshürden und Reflexionen hat der Gastgeber insgesamt benutzt? Sind die beiden Werte unterschiedlich? Welche Bedeutung messen Sie dieser Differenz bei?

In welchen Zusammenhängen hatten Sie Schwierigkeiten, Reflexionen von Kommunikationshürden zu unterscheiden?

Wann waren Sie mit der Art, wie der Gastgeber die Kommunikationshürden eingesetzt hat, einverstanden?

An welchen Punkten haben Sie beobachtet, daß Gäste dem Gastgeber gegenüber Widerstand entwickelten? Was hat der Gastgeber getan, bevor der Widerstand auftrat?

Übung 3.2 Beobachten, um zuzuhören

Dies ist der zweite der Schritte, die Ihr Ohr auf das Zuhören hin orientieren sollen. Wählen Sie erneut eine Fernseh- oder Radiosendung aus, in der ein Gastgeber seine Gäste interviewt. Diesmal geht es um beobachtendes Zuhören.

- Schauen Sie sich die ersten drei bis fünf Minuten der Interaktion des Gastgebers mit einem Gast an, ohne den Ton einzuschalten. Achten Sie darauf, wie der Gastgeber Interesse und Empathie ausdrückt.
- Schalten Sie dann den Ton ein, und zählen Sie die Reflexionen. Dazu können Sie das Formular benutzen, das Ihnen schon in der vorigen Übung gute Dienste geleistet hat. Sie können aber auch das Formular zu Übung 3.2 benutzen, das verschiedene Arten von Reflexionen unterscheidet.
- Auch hier empfiehlt es sich, die Sendung aufzunehmen, damit Sie sich den Ablauf in verlangsamtem Tempo anschauen oder anhören können. Auch Transkripte können nützlich sein, falls Ihnen die Interaktion generell zu schnell verläuft.

	Verschiedene Arten von Reflexionen und ihre Häufigkeit	
Art	**Beschreibung**	**Anzahl**
einfach	Bleibt sehr nah an dem, was der Gast (Klient) gesagt hat; kommuniziert Interesse und stabilisiert den Klienten.	
komplex	Geht über das, was der Gast gesagt hat, weit hinaus, und benutzt nicht immer die gleichen Worte wie er; rahmt das Material häufig kognitiv neu, schreibt ihm eine umfassendere Bedeutung zu, und kann Affekt beinhalten.	
verstärkt	Drängt auf eine absolute Aussage des Gastes; kann ihn von seinem Standpunkt zurückdrängen.	
doppelseitig	Erkennt beide Aspekte einer ambivalenten Haltung an.	
metaphorisch	Geht weit über den Inhalt der ursprünglichen Äußerung hinaus, um ein Verständnismodell darzulegen.	
Kommunikationshürden		

Fragen zum Überdenken:

Welche Arten von Reflexionen benutzt der Gastgeber meist?

Waren einige Reflexionen wirksamer als andere? Wenn ja, warum? Wenn nein, was, glauben Sie, hat ihre Wirkung verringert?

Wenn der Gastgeber keine Reflexionen benutzt, wie ergeht es dann den Gästen meist?

Wenn Sie sich für die Übungen 3.1 und 3.2 zwei unterschiedliche Sendungen angeschaut haben, inwieweit ähnelten die Gastgeber einander dann in der Nutzung von Reflexionen und Kommunikationshürden?

Übung 3.3 Testen von Hypothesen und Entwickeln von Reflexionen

Entwickeln Sie für die folgenden Klientenäußerungen jeweils mindestens fünf alternative Hypothesen. Beginnen Sie jeden Satz mit den Worten »Sie meinen, daß ...«. Diese Formulierung ist einer der Standardanfänge für Äußerungen im Sinne reflektierenden Zuhörens. Es folgt ein Beispiel. Falls Sie mehr Beispiele brauchen, können Sie sich die weiter unten wiedergegebenen Antworten anschauen.

Ich bin ein gut organisierter Mensch.

Sie meinen, daß ... Sie Ordnung lieben.
Sie meinen, daß ... Sie dazu neigen, sich auf bestimmte Gewohnheiten zu verlassen.
Sie meinen, daß ... es Ihnen nicht gefällt, wenn sich Dinge unerwartet verändern.
Sie meinen, daß ... Ihr Schreibtisch gut aufgeräumt ist.
Sie meinen, daß ... Sie logisch denken.

Beachten Sie, daß einige dieser Äußerungen/Hypothesen deutlich über das hinausgehen, was das Wort »organisiert« beinhalten kann. Möglicherweise sind einige der Vorschläge unzutreffend, doch alle beziehen sich auf einen Aspekt dessen, was man als »organisiert« bezeichnen könnte. Mit Hilfe dieses Prozesses können wir herausfinden, wo die Grenzen liegen und was das Zentrum ist. Probieren Sie das Testen von Hypothesen nun mit den folgenden Sätzen aus.

Ich mag Konflikte nicht.

Sie meinen, daß ...

Sie meinen, daß ...

Sie meinen, daß ...

Sie meinen, daß ...

Sie meinen, daß ...

Ich habe Sinn für Humor.

Sie meinen, daß ...

Sie meinen, daß ...

Sie meinen, daß ...

Sie meinen, daß ...

Sie meinen, daß ...

Ich lasse zu, daß Dinge mir mehr als nötig zu schaffen machen.

Sie meinen, daß ...

Sie meinen, daß ...

Sie meinen, daß ...

Sie meinen, daß ...

Sie meinen, daß ...

Ich bin loyal.

Sie meinen, daß ...

Sie meinen, daß ...

Sie meinen, daß ...

Sie meinen, daß ...

Sie meinen, daß ...

BEISPIELANTWORTEN ZU ÜBUNG 3.3

Ich mag Konflikte nicht.

Sie meinen, daß ... Sie sich unwohl fühlen, wenn andere nicht Ihrer Auffassung sind?
Sie meinen, daß ... Sie sich große Mühe geben, Differenzen beizulegen?
Sie meinen, daß ... Sie Konfrontationen vermeiden?
Sie meinen, daß ... Sie nach Möglichkeiten der Zusammenarbeit Ausschau halten?
Sie meinen, daß ... Wut Sie ängstigt?

Ich habe Sinn für Humor.

Sie meinen, daß ... Sie gern lachen?
Sie meinen, daß ... Sie im Alltag humorvolle Situationen entdecken?
Sie meinen, daß ... Humor Ihnen hilft, belastende Situationen zu ertragen?
Sie meinen, daß ... Lachen etwas ist, daß Ihnen leicht fällt?
Sie meinen, daß ... Sie sich nicht zu ernst nehmen?

Ich lasse zu, daß Dinge mir mehr als nötig zu schaffen machen.

Sie meinen, daß ... Sie jemand sind, der Wert auf Details legt?
Sie meinen, daß ... Sie manchmal Energie vergeuden?
Sie meinen, daß ... Sie sensibel sind?
Sie meinen, daß ... Sie *zu* sensibel sind?
Sie meinen, daß ... Sie sich wünschen, Sie würden sich nicht darum kümmern, was andere denken?

Ich bin loyal.

Sie meinen, daß ... Sie anderen Menschen zur Seite stehen?
Sie meinen, daß ... Sie anderen Menschen manchmal zur Seite stehen, wenn Sie das eigentlich nicht tun sollten?
Sie meinen, daß ... Sie jemandem, der einen Fehler macht, vergeben?
Sie meinen, daß ... Sie Ihre Loyalität anderen Menschen gegenüber ernst nehmen?
Sie meinen, daß ... es Sie wütend macht, wenn andere ihre Verbündeten wechseln?

Übung 3.4 Direktives Reflektieren

Lesen Sie den Ausgangssatz, und formulieren Sie drei unterschiedliche Reaktionen auf ihn. Dabei sollte jeweils ein anderer Aspekt der ursprünglichen Aussage hervorgehoben werden. Hier ein Beispiel:

Es hat Spaß gemacht, aber irgendwann muß es ja einmal aufhören. Ich kann einfach nicht ewig so weitermachen.

1. Sie haben Ihren Spaß gehabt.
2. Sie sorgen sich, was passieren könnte.
3. Es wird Zeit für eine Veränderung.

Ich weiß, daß ich einige Dinge ändern könnte, aber wenn sie einfach ein wenig zurückstecken würde, wäre die Situation viel entspannter, und diese Dinge würden erst gar nicht passieren.

1.

2.

3.

Ich war in letzter Zeit ziemlich depressiv. Ich versuche zwar immer wieder, das Trinken durch andere Dinge zu ersetzen, damit ich mich besser fühle, aber bisher hat nichts davon funktioniert; letztlich bin ich doch immer wieder bei ein paar Drinks gelandet.

1.

2.

3.

Ich mache mir keine besonders großen Sorgen, aber mein letzter HIV-Test liegt schon über ein Jahr zurück.

1.

2.

3.

Ich weiß, daß ich nicht perfekt bin, aber warum müssen sie mir ständig sagen, was ich tun soll? Ich bin doch kein Dreijähriger!

1.

2.

3.

Meine Tochter findet, ihr Körper gehöre ihr, und deshalb könne sie damit tun, was sie wolle. Sex ist für sie keine große Sache. Sie versteht nicht, weshalb ich sie nicht in Ruhe lasse.

1.

2.

3.

Beispielantworten zu Übung 3.4

Ich weiß, daß ich einige Dinge ändern könnte, aber wenn sie einfach ein wenig zurückstecken würde, wäre die Situation viel entspannter, und diese Dinge würden erst gar nicht passieren.

1. Sie wünschten sich, daß sie Ihnen ein wenig Raum zugestände.
2. Sie wünschten sich eine entspanntere Situation.
3. Sie könnten einige Dinge ändern.

Ich war in letzter Zeit ziemlich depressiv. Ich versuche zwar immer wieder, das Trinken durch andere Dinge zu ersetzen, damit ich mich besser fühle, aber nichts davon hat bisher funktioniert; letztlich bin ich doch immer wieder bei ein paar Drinks gelandet.

1. Sie haben sich nicht gut gefühlt.
2. Alkohol hilft nur für kurze Zeit.
3. Es wäre Ihnen recht, wenn Ihnen etwas anderes als Alkohol helfen würde.

Ich mache mir keine besonders großen Sorgen, aber mein letzter HIV-Test liegt schon über ein Jahr zurück.

1. Das ist ja schon einige Zeit her.
2. Sie machen sich Gedanken über Ihren HIV-Status.
3. Sie sind ein wenig besorgt.

Ich weiß ja, daß ich nicht perfekt bin, aber warum müssen sie mir ständig sagen, was ich tun soll? Ich bin doch keine Dreijähriger!

1. Natürlich machen Sie manchmal Fehler.
2. Es geht Ihnen auf die Nerven, wenn andere Ihnen sagen, was Sie tun sollen.
3. Sie haben das Gefühl, wie ein Kind behandelt zu werden.

Meine Tochter findet, ihr Körper gehöre ihr, und deshalb könne sie damit tun, was sie wolle. Sex ist für sie keine große Sache. Sie versteht nicht, weshalb ich sie nicht in Ruhe lasse.

1. Sie hat also mit Ihnen gestritten.
2. Ihr sexuelles Verhalten macht Ihnen Sorgen.
3. Sie sieht nicht, wie wichtig sie Ihnen ist.

Übung 3.5 Vertiefende Reflexionen

Lesen Sie die Ausgangssätze, und schreiben Sie dazu jeweils ein Beispiel für die aufgeführten Reaktionsarten. Wenn bestimmte Reflexionen in einigen Fällen nicht besonders gut passen (z. B. verstärkte Reflexionen), sollten Sie trotzdem versuchen, diese zu entwickeln. Zunächst noch einmal kurze Beschreibungen der verschiedenen Reflexionsarten:

Paraphrasierende Reflexion: Geht deutlich über die Worte des Klienten hinaus und stellt die Informationen in einem neuen Licht dar.

Verstärkende Reflexion: Übertreibt, was der Klient gesagt hat, und verstärkt häufig die Intensität der Aussage, indem sie auf deren Absolutheitsanspruch oder den darin zum Ausdruck kommenden Widerstand eingeht.

Doppelseitige Reflexion: Spiegelt beide Seiten der ambivalenten Haltung des Klienten.

Affektive Reflexion: Geht auf die ausgedrückte oder implizierte Emotion ein.

Es folgt ein Beispiel.

Es hat Spaß gemacht, aber irgendwann muß das mal aufhören. Ich kann einfach nicht immer so weitermachen.

Paraphrase: Der Spaß hatte also seinen Preis.
Verstärkung: Sie hatten eine wundervolle Zeit.
Doppelseitig: Einerseits waren Sie glücklich, aber andererseits ist Ihnen klar, daß das nicht ewig so weitergehen konnte.
Affektiv: Sie sorgen sich ein wenig, wohin das alles führen wird.

Ich weiß, daß ich einige Dinge ändern könnte, aber wenn sie einfach ein wenig zurückstecken würde, wäre die Situation viel entspannter, und diese Dinge würden erst gar nicht passieren.

Paraphrase:

Verstärkung:

Doppelseitig:

Affektiv:

Ich war in letzter Zeit ziemlich depressiv. Ich versuche zwar immer wieder, das Trinken durch andere Dinge zu ersetzen, damit ich mich besser fühle, aber nichts davon hat bisher funktioniert; letztlich bin ich doch immer wieder bei ein paar Drinks gelandet.

Paraphrase:

Verstärkung:

Doppelseitig:

Affektiv:

Ich mache mir keine besonders großen Sorgen, aber mein letzter HIV-Test liegt schon über ein Jahr zurück.

Paraphrase:

Verstärkung:

Doppelseitig:

Affektiv:

Ich weiß ja, daß ich nicht perfekt bin, aber warum müssen sie mir ständig sagen, was ich tun soll. Ich bin doch kein Dreijähriger!

Paraphrase:

Verstärkung:

Doppelseitig:

Affektiv:

Meine Tochter findet, ihr Körper gehöre ihr, und deshalb könne sie damit tun, was sie wolle. Sex ist für sie keine große Sache. Sie versteht nicht, warum ich sie nicht in Ruhe lasse.

Paraphrase:

Verstärkung:

Doppelseitig:

Affektiv:

Beispielantworten zu Übung 3.5

Ich weiß, daß ich einige Dinge ändern könnte, aber wenn sie einfach ein wenig zurückstecken würde, wäre die Situation viel entspannter, und diese Dinge würden erst gar nicht passieren.

Paraphrase: Sie wünschten sich, Ihre Situation wäre anders.

Verstärkung: Sie haben das Gefühl, daß sie allein dafür verantwortlich ist, daß es in Wirklichkeit ihr zuzuschreiben ist.

Doppelseitig: Sie hat also an dem, was passiert ist, einen Anteil gehabt, und Sie wissen andererseits, daß es Aspekte gibt, die Sie selbst sich anders wünschen.

Affektiv: Sie sind wegen dieser Situation aufgebracht.

Ich war in letzter Zeit ziemlich depressiv. Ich versuche zwar immer wieder, das Trinken durch andere Dinge zu ersetzen, damit ich mich besser fühle, aber nichts davon hat bisher funktioniert; letztlich bin ich doch immer wieder bei ein paar Drinks gelandet.

Paraphrase: Obwohl Sie bisher noch keine anderen Möglichkeiten als zu trinken gefunden haben, sind Sie weiterhin auf der Suche danach.

Verstärkung: Zu trinken ist die einzige Möglichkeit.

Doppelseitig: Alkohol hilft kurzfristig, und ein Teil von Ihnen erkennt, daß dies längerfristig keine besonders gute Lösung ist.

Affektiv: Sie sind frustriert, weil Ihre Bemühungen so wenig Früchte tragen.

Ich mache mir keine besonders großen Sorgen, aber mein letzter HIV-Test liegt schon über ein Jahr zurück.

Paraphrase: Sie sind ein Risiko eingegangen.

Verstärkung: Sie machen sich deswegen keine Sorgen.

Doppelseitig: Sie fühlen sich relativ sicher, und andererseits ist Ihnen klar, daß ein gewisses Risiko besteht.

Affektiv: Sie meinen, da Sie sich nun einmal entschieden haben, sexuell aktiv zu sein, gebe es immer ein wenig Unsicherheit – es sei immer ein wenig Angst im Spiel.

Ich weiß ja, daß ich nicht perfekt bin, aber warum müssen sie mir ständig sagen, was ich tun soll. Ich bin doch kein Dreijähriger!

Paraphrase: Sie haben Eltern, die Sie niemals haben wollten.

Verstärkung: Ihre Eltern lassen Ihnen keine Entscheidungsfreiheit.

Doppelseitig: Sie haben das Gefühl, daß Ihre Eltern ziemlich rechthaberisch sind, und gleichzeitig wissen Sie, daß Sie tatsächlich einige Dinge besser machen könnten.

Affektiv: Und wenn Ihre Wut noch stärker würde, könnten Sie sich irgendwann wie ein gereizter Dreijähriger fühlen, der schmollen und »nein« sagen will.

Meine Tochter findet, ihr Körper gehöre ihr, und deshalb könne sie damit tun, was sie wolle. Sex ist für sie keine große Sache. Sie versteht nicht, warum ich sie nicht in Ruhe lasse.

Paraphrase: Ihre Tochter sieht nicht, daß Sie besorgt sind, sondern nur, daß Sie sich »einmischen«.

Verstärkung: Sie haben nicht das Gefühl, daß Ihre Tochter in der Lage ist, Entscheidungen dieser Art zu treffen.

Doppelseitig: Einerseits möchten Sie Ihrer Tochter helfen, und andererseits merken Sie, daß Ihr Handeln Konflikte hervorruft.

Affektiv: Sie ängstigen sich zu Tode, weil Sie sich sorgen, was mit ihr passieren könnte.

Übung 3.6 Bewusstes Zuhören in einem Gespräch

Beschließen Sie, Ihre Fertigkeiten im Zuhören in einem Gespräch zu üben. Dies gelingt in der Regel am besten, wenn Sie die Entscheidung im voraus treffen, obwohl sich eine solche Gelegenheit auch natürlich ergeben kann. Wählen Sie möglichst eine Interaktion, in der Sie normalerweise Ratschläge geben würden, und versuchen Sie dann im Gespräch, diesem Bedürfnis zu widerstehen. Beantworten Sie anschließend folgende Fragen.

Wie war es für Sie, ganz bewußt zuzuhören, statt andere Fertigkeiten zu nutzen (z. B. Fragen zu stellen)?

Wie hat Ihr Kommunikationspartner reagiert?

Wie können Sie die Art Ihrer Spiegelungen (Reflexionen) variieren?

Was war für Sie bei dieser Art des Zuhörens schwierig?

Was haben Sie durch die Interaktion über Ihre eigene bevorzugte Herangehensweise gelernt?

[4] Die Nutzung von OARS

Offene Fragen, Affirmationen und Zusammenfassungen

Auftakt

Barbara setzte sich hin und rieb sich die Hände. Die Anspannung war auf ihrem Gesicht deutlich zu erkennen. Sie war wegen eines Tests zur Einschätzung ihrer beruflichen Eignung gekommen. Die zuständige Behörde hatte um eine Beurteilung ihrer kognitiven und akademischen Fähigkeiten gebeten und um eine Stellungnahme zu der Frage, ob sie realistische Chancen hätte, ein College-Studium abzuschließen. Ihre Entwicklung war bis zum Alter von 14 Jahren normal verlaufen. Dann hatte sie eines Tages in der Schule einen Krampfanfall erlitten. Die Ärzte entdeckten in ihrem Gehirn Tumoren. Diese konnten zwar entfernt werden, aber unter diesem Eingriff litten ihre kognitiven Fähigkeiten. Vor dem Eingriff war sie eine sehr fleißige Schülerin gewesen und hatte immer gute Noten gehabt, doch danach benötigte sie eine spezielle Betreuung, um den High-school-Abschluß zu schaffen. Unter anderem erhielt sie intensive Nachhilfe, um bestimmte Konzepte zu verstehen.

Aufgrund der Befunde hielt die Behörde Barbaras Ziel für unrealistisch. Doch sie war mittlerweile 32 Jahre alt, und ihre Situation hatte sich seit der High-school-Zeit verändert. Nachdem sie sich im Wartezimmer über Sinn und Zweck der Beurteilung informiert hatte und ihre Fragen beantwortet worden waren, hatte sie eine Einverständniserklärung unterschrieben.

»Sie sehen besorgt aus«, stellte der Untersuchungsleiter fest.

»Ich möchte wirklich diese Schule besuchen, und ich fürchte, daß Sie mir sagen werden, ich könne das nicht.«

»Weil das schon einmal jemand zu Ihnen gesagt hat. ...«

»Nun, ja und nein. Es geht mehr darum, daß ich nach der Tumoroperation in der Schule Schwierigkeiten hatte. Aber mit ein bißchen Hilfe kann ich es schaffen. Außerdem fühle ich mich jetzt reifer.«

»Es geht Ihnen darum, erfolgreich zu sein, und Sie meinen, das College sei für Sie der richtige Ort, um zum Erfolg zu gelangen. Außerdem fühlen Sie selbst sich in der Lage, ein College zu besuchen.«

Wir könnten nun verschiedene Dinge tun. Bisher haben wir noch nicht viel ausprobiert, aber mit Hilfe von ein paar Reflexionen haben wir einige wichtige Informationen zusammengetragen. Welche Richtung würden Sie von diesem Punkt aus einschlagen, und wie würden Sie zu Ihrem Ziel gelangen?

Wie bereits in Kapitel 3 erwähnt, nutzt das MI ausgiebig Mikro-Fertigkeiten, um die Arbeit in den Sitzungen voranzubringen. Mikro-Fertigkeiten sind jene grundlegenden Werkzeuge, die viele Therapeuten und Helfer ohnehin schon in ihrem klinischen Repertoire haben. Man kann sich diese Fertigkeiten mit Hilfe des Akronyms OARS merken; dieses steht für: offene Fragen *(**o**pen-ended questions)*, Affirmationen *(**a**ffirmations)*, reflektierendes Zuhören *(**r**eflective listening)* und Zusammenfassungen *(**s**ummaries)*. Nachdem es in Kapitel 3 ausschließlich um das reflektierende Zuhören ging, wird Kapitel 4 die übrigen drei Mikro-Fertigkeiten behandeln.

Ein tieferer Einblick

Offene Fragen

Obwohl auch kurz beantwortbare Fragen, die dem Sammeln von Informationen dienen, in Sitzungen mit Klienten wichtig sind, bilden offene Fragen das Rückgrat des Informationssammlungsprozesses des MI. Sie prägen die Atmosphäre einer nichturteilenden Umgebung, in der die Klienten ihre Probleme erforschen können. Offene Fragen fordern den Klienten mehr ab, als einfach nur mit »ja« oder »nein« oder »dreimal pro Woche« zu antworten. Statt einen Klienten zu fragen: »Wie oft und wie viel trinken Sie?«, könnten Sie ihn auch fragen: »Wie sieht es mit Ihren Trinkgewohnheiten aus?« Manchmal ist es ungünstig, eine so vage oder allgemeine Formulierung zu wählen. Wenn ich so frage, stellen mir die Klienten häufig die Gegenfrage, was ich damit meine, und ich antworte daraufhin mit einer Klarstellung: »Wann trinken Sie gewöhnlich? Können Sie mir genauer schildern, unter welchen Umständen Sie dies tun?« Die Frage erzeugt Bewegung, die dann durch den Einsatz reflektierenden Zuhörens gelenkt wird.

Gewöhnlich sind die Fragen, die zu Beginn einer Sitzung gestellt werden, sehr weit gefaßt, und manchmal sind sie, so wie im obigen Beispiel, zu vage formuliert. Wir können unsere Fragen aber jederzeit stärker konkretisieren. Wir hoffen jedoch, so viel Raum zu schaffen, daß unsere Klienten uns mitteilen können, was für sie persönlich wichtig ist.

Natürlich haben die Fragen oft einen bestimmten Zweck und eine Zielrichtung. Bei Klienten, die bereit sind, mit der Arbeit zu beginnen, genügt manchmal eine einfache Aufforderung, sich zu äußern – beispielsweise: »Weshalb sind Sie hierher gekommen?« Doch Klienten sind bezüglich erforderlicher Veränderungen häufig ambivalent. Sie benötigen oft mehr Hilfe, um aktiv zu werden. Man sollte sich aber trotzdem nicht in Small-talk ergehen, damit sie sich wohler fühlen. Small-talk kann vom eigentlichen Thema einer Sitzung ablenken und das, was auf das Wohlgefühl der Klienten in der Regel am positivsten wirkt, in weitere Ferne rücken: die Wahrnehmung, daß ihr Therapeut ihre Situation versteht und sie nicht verurteilt. Deshalb ist es oft nützlich, einige unspezifische Fragen vorbereitet zu haben und mit ihrer Hilfe die Arbeit in Gang zu bringen. Zu einem Jugendlichen, der auf den Wunsch seiner Eltern hin zur Therapie gekommen ist, könnten Sie sagen: »Ihr Vater macht sich Sorgen, wie es um Sie steht. Was meinen Sie, weshalb ihm das so wichtig ist?« Ist bereits ein zentrales Problem benannt worden, können Sie natürlich gleich nach diesem fragen: »Sie haben sich also ein wenig depressiv gefühlt. Was ist denn passiert?« Bei Klienten mit starkem Widerstand kann es natürlich nützlich sein, ein Gespräch über das konkrete Problem zu meiden, sich zunächst ganz allgemein nach dem Leben des Betreffenden zu erkundigen und sich erst später dem konkret interessanten Bereich zuzuwenden.

Es gibt noch eine andere Kategorie von Verhaltensweisen, die mit MI in Einklang steht, sich aber nicht ohne weiteres den OARS-Kategorien zuordnen läßt. *Offene Äußerungen (open-ended statements)* sind eine Mischform aus Reflexion und Frage. Ein Beispiel dafür ist: »Ich frage mich, wie es wäre, wenn Sie sich entschließen würden aufzuhören.« Das ist zwar keine richtige Frage, wirkt aber andererseits wie eine solche. Es geht darum, daß der Klient daraufhin weitere Informationen mitteilt. Im Rahmen der MI-Forschung gelten solche Äußerungen als Fragen, und im allgemeinen nennen MI-Trainer sie so.

> »Dann sind Sie also nicht hier, weil Sie selbst ein bestimmtes Bedürfnis haben, sondern weil Ihr Bewährungshelfer (oder Mann/Frau/Partner/Lehrer/Arzt/Vorgesetzter usw.) wollte, daß Sie herkommen. Darauf möchte ich gleich noch einmal zurückkommen, aber vorher würde ich gern ein wenig mehr über Sie herausfinden. Berichten Sie mir ein wenig darüber, wer Sie sind und wie Ihr Leben aussieht.«

In Verbindung mit solchen Eröffnungsfragen ist oft eine kleine Einleitung nützlich, die hilft, den Kontext zu definieren und einen ersten Rapport aufzubauen. In dieser Einleitung erfährt der Klient, was Sie schon wissen und welche Einstellung Sie zu dieser Begegnung haben. Insbesondere wird auf diese Weise jene nicht-urteilende Haltung übermittelt, die in Kapitel 2 als wichtige Komponente des Ausdrucks von Empathie bezeichnet wurde.

Vermeiden Sie rhetorische Fragen, zu denen es nur eine einzige wünschenswerte Antwort gibt. Gewöhnlich markieren solche Fragen nur den Ausdruck von Besorgnis.

Benutzen Sie eventuell die Frage »Wäre es nicht leichter, wenn Sie sich bereiterklären würden, zu …«. Sorgen sollte man möglichst direkt ausdrücken und sie als Informationen kennzeichnen, über die nachzudenken man den Klienten auffordert. In Kapitel 9 wird ausführlicher erläutert, wie man dies am besten erreichen kann.

Es gibt ein Zahlenverhältnis, das als Kennzeichen für gute MI-Arbeit angesehen wird. MI-Forscher bezeichnen gewöhnlich das Verhältnis 2:1 zwischen Äußerungen reflektierenden Zuhörens und Fragen als charakteristisch für ausgezeichnete MI-Arbeit (Moyers, Miller & Hendrickson 2005). Die meisten MI-Therapeuten erreichen dieses Verhältnis zu Beginn ihrer MI-Arbeit bei weitem nicht, denn sie stellen in der Regel pro Reflexion zwei Fragen. Unsere Untersuchungen haben ergeben, daß dieses Verhältnis nach einem zweitägigen Workshop auf etwas mehr als eine Reflexion pro Frage ansteigen kann, doch damit bleibt offensichtlich immer noch viel Raum zum Üben (Baer *et al.* 2004, 2009).

Vielleicht fragen Sie sich nun, warum das Verhältnis zwischen reflektierenden Antworten und Fragen so wichtig ist. Dies läßt sich nur in mehreren Teilen beantworten. Es wurde bereits erwähnt, daß MI-Therapeuten im Rahmen ihrer Arbeit einen Impuls zu erzeugen und diesen dann zu lenken versuchen. Fragen stoppen kurzfristig den Fluß des Geschehens – weshalb Gordon (1970) sie den Hürden oder Kommunikationshindernissen zuordnet. Doch so nützlich es manchmal sein kann, Fragen zu stellen, ist es andererseits auch so, daß wir nur zu leicht in das Fragenstellen verfallen. Therapeuten sind häufig sehr versiert im Stellen von Fragen, und zwar insbesondere von geschlossenen Fragen, die auf sehr präzise, aber auch begrenzte Informationen zielen (z. B.: »Wie lange sind Sie schon verheiratet?«). Leider macht der ständige Gebrauch von Fragen Therapeuten anfällig für zwei Fallen, die Miller und Rollnick (2002/2004) in ihrem Standardwerk benennen: die *Frage-und-Antwort-Falle* und die *Expertenfalle*.

In der *Frage-und-Antwort-Falle* ist die Beziehung nicht mehr kollaborativ, sondern wird zu einem Untersuchungsprozeß, an dessen Ende der Fragesteller unserer Erwartung gemäß die korrekten Antworten kennt. Diese Falle spielt in medizinischen Zusammenhängen häufig eine Rolle, in denen sich Patienten mit bestimmten Symptomen einfinden, vom Arzt oder vom Behandlungspersonal erwarten, daß sie die richtigen Fragen stellen und ihnen anschließend eine Lösung des Problems anbieten können. Doch diese Falle ist nicht nur in diesem Rahmen von Bedeutung. Sie hat vielmehr außerdem die bedauerliche Nebenwirkung, den Klienten zur Passivität zu zwingen und dem Therapeuten die gesamte Arbeit aufzubürden.

Mit dieser Falle verbunden ist die Erwartung, daß der Fragende der Experte ist und mehr als der Klient über das Problem weiß. Die Beziehung zwischen beiden ist nicht mehr kollaborativ und wirkt nicht evozierend, sondern ist hierarchisch geprägt, weshalb es »Sache des Therapeuten« ist, die Heilung herbeizuführen. Auch wenn der Therapeut über die erforderlichen Kenntnisse verfügt, um die Art des Problems erkennen zu können, erfordert die Heilung oft eine aktive Beteiligung des Klienten – und da liegt das Problem. Offensichtlich stehen die beiden genannten Fallen im Widerspruch zum MI-Spirit. Um sie zu meiden, legen MI-Trainer angehenden MI-Therapeuten häufig nahe, zunächst eine Reflexion pro Frage zu entwickeln und es erst dann, wenn ihnen dies problemlos gelingt, mit zwei oder mehr Reflexionen pro Frage zu versuchen.

Ein dritter Aspekt, der Fragen betrifft, ist die Unterscheidung zwischen offenen und geschlossenen Fragen. Sowohl in Ausbildungen als auch in der Forschung wird klar zwischen offenen und geschlossenen Fragen unterschieden – einerseits aus den soeben erwähnten Gründen und andererseits, weil geschlossene Fragen den Fluß des Geschehens noch stärker blockieren als offene Fragen. Allerdings ist diese Unterscheidung in der Praxis nicht immer sinnvoll. Eine offene Frage kann eine aus einem oder zwei Wörtern bestehende Antwort nach sich ziehen. Jugendliche beantworten eine wohldurchdachte offene Frage manchmal mit einem Schulterzucken oder einem »Weiß ich nicht«. Und eine geschlossene Frage kann eine lange Antwort nach sich ziehen, als handelte es sich um eine offene Frage. Das Fazit lautet, daß solche Unterscheidungen manchmal weniger wichtig sind, als es scheinen mag. Obwohl wir in der MI-Forschung das Verhältnis zwischen offenen und geschlossenen Fragen als Marker für MI-Kompetenz ansehen, ist keineswegs klar, daß dies ein ebenso zuverlässiger Prädiktor für Klientenverhalten ist wie das Verhältnis zwischen Reflexionen und Fragen. Grundsätzlich wirken diese Fragen jedoch auf die beschriebene Weise – was bei der Arbeit mit Klienten, die aktiv Widerstand leisten, am deutlichsten wird. Das Risiko in solchen Situationen liegt darin, daß wir in die Frage-und-Antwort-Falle tappen können. Deshalb wird im MI-Training weiterhin darauf gedrungen, daß die Teilnehmer mehr offene als geschlossene Fragen stellen.

Schließlich gibt es im MI noch eine besondere Art des Fragens, die *Schlüsselfrage*. Miller und Rollnick (2002/2004) unterteilen – wie bereits erwähnt – die MI-Arbeit in zwei Phasen. In der ersten Phase wird die Veränderungsmotivation aufgebaut. Die zweite Phase dient der Entwicklung, Umsetzung und längerfristigen Durchführung eines Veränderungsplans. Die Schlüsselfrage markiert die Grenze zwischen den beiden Phasen und ist aufgrund des Zeitpunktes, zu dem sie gestellt wird, von zentraler Bedeutung. In Phase I gibt es einen Moment, in dem sich der Therapiefokus vom Aufbau der Veränderungsmotivation zur Aufforderung zum Engagement oder zu dessen Konsolidierung hin verlagert. Der Widerstand ist schwächer geworden, und der Klient befürwortet die anvisierte Veränderung verbal, auch wenn bei ihm noch ein gewisses Maß an Ambivalenz verbleibt. Möglicherweise fängt er auch an, danach zu fragen, wie er eine Veränderung erreichen könnte. In diesem wichtigen Augenblick versucht der Therapeut die bereits realisierte Situationsveränderung zu festigen, indem er den Klienten zur Selbstverpflichtung auffordert. Oft wird in dieser Situation eine Zusammenfassung entwickelt und anschließend die Schlüsselfrage gestellt. In der Schlüsselfrage geht es darum, worin der nächste Schritt besteht. Die konkrete Form der Frage kann variieren. Beispiele für Schlüsselfragen sind:

»Was meinen Sie, was Sie jetzt tun werden?«
»Wie werden Sie vorgehen?«
»Was haben Sie heute Abend vor?«

Die Antwort des Klienten entscheidet über den weiteren Verlauf der Arbeit. Die typische und meist beste Art zu reagieren sind für Therapeuten gewöhnlich Reflexionen. Wenn der Klient schon am Rande einer Veränderung steht und dann zurückscheut, ist für den Therapeuten die Versuchung sehr groß, die Gelegenheit zu nutzen und zugunsten einer Veränderung zu argumentieren. Im Sinne der MI-Theorie ist es jedoch wichtig, dieser Neigung, den Klienten zu überreden, eine »falsche« Entscheidung rückgängig zu machen, nicht nachzugeben. Kapitel 10 beschäftigt sich eingehender mit Schlüsselfragen, Kapitel 11 mit dem Aushandeln von Veränderungsplänen.

Affirmationen

Wie bereits in Kapitel 2 erwähnt wurde, versucht MI, beim Klienten die Selbstwirksamkeit und das Bewußtsein der eigenen Fähigkeiten zu stärken. Wir vermitteln ihm das Gefühl, daß er fähig ist, Dinge zu tun, die für ihn wichtig sind. Nach DiClemente (1991, 2003) sind die meisten Menschen, die bei Therapeuten Hilfe suchen, »erfolglose Selbstveränderer«. Sie haben versucht, aus eigener Kraft Veränderungen herbeizuführen, doch ihre Bemühungen haben entweder sie selbst oder andere nicht zufriedengestellt. Aufgrund dieser »Fehlschläge« sind die Bemühungen von Klienten, sich selbst zu helfen, häufig mit Gefühlen der Entmutigung verbunden. Deshalb hat der Therapeut unter anderem die Aufgabe, Hoffnung zu wecken und beim Klienten die Überzeugung zu stärken, daß er tatsächlich in der Lage ist, sich zu verändern. Unter anderem mit Hilfe von Affirmationen kann man Klienten wieder mit den für Veränderungen erforderlichen Ressourcen in Kontakt bringen.

Affirmationen sind Äußerungen, in denen eine Wertschätzung des Klienten und seiner Stärken zum Ausdruck gelangt. Obwohl schon der Prozeß des reflektierenden Zuhörens sehr bestärkend wirken kann – insbesondere wenn ein Klient sich zutiefst verstanden und akzeptiert fühlt –, geht die Wirkung von Affirmationen über die des reflektierenden Zuhörens hinaus. Solche Äußerungen werden bewußt so formuliert, daß sie den Klienten mit seinen Stärken und Ressourcen in Kontakt bringen, während er sich mit seinen problematischen Verhaltensweisen beschäftigt.

Affirmationen haben gewöhnlich die Form klarer und authentischer Äußerungen des Verstehens und der Wertschätzung. Wird beispielsweise eine Mutter vom Jugendamt kontaktiert, und fürchtet sie, daß man ihr das Kind wegnehmen wird, könnte der Therapeut sagen: »Sie sind eine Frau, der sehr viel an ihrem Kind liegt und die bereit ist, dafür zu kämpfen, daß sie es behalten kann.« Und wenn jemand schon mehrfach wegen einer Drogentherapie gekommen ist, könnten Sie sagen: »Trotz erlittener Rückschläge zeigen Sie sich erstaunlich entschlossen, Ihr Leben zu verändern.«

MI-Trainer haben festgestellt, daß es schwierig sein kann, Affirmationen einzusetzen, weil Klienten, wenn sie sich verurteilt oder bevormundet fühlen, negativ reagieren können. Zur Vermeidung dieses Problems wurden verschiedene Möglichkeiten vorgeschlagen:

- Konzentrieren Sie sich auf spezifische Verhaltensweisen statt auf Einstellungen, Entscheidungen und Ziele.
- Vermeiden Sie, das Wort »ich« zu benutzen.
- Bevorzugen Sie Beschreibungen anstelle von Beurteilungen.
- Fokussieren Sie auf unproblematische statt auf problematische Bereiche.
- Nutzen Sie Affirmationen, um Klienten interessante Qualitäten zuzuschreiben.
- Verstärken Sie bei Ihren Klienten eine Sicht ihrer selbst und der Welt als kompetent, statt als defizitär.

Aus all diesen Gründen halte ich Komplimente im Rahmen von Affirmationen nicht für nützlich. In der Regel enthalten Komplimente implizit ein Werturteil. Häufig, wenn auch nicht immer, beginnen sie mit einer »Ich«-Aussage: »Ich glaube, daß Ihre Kinder Ihnen sehr wichtig sind.« Mein Ansatz hingegen – der mit der Art, wie psychologische Berater gewöhnlich zu arbeiten lernen oder wie sie andere zu reden lehren, wenig gemein hat –, besteht darin, »Sie«-Aussagen zu benutzen: »Sie sind ...«, »Sie fühlen sich ...« oder »Sie glauben ...«. Durch diese Nutzung anderer Pronomen wird die Affirmation aus der äußeren Umgebung in ein inneres Attribut des Klienten verlagert – was Klienten wesentlich schwerer abtun können. Eine Affirmation kommuniziert die Wertschätzung dessen, wer die Klienten *sind*. Was ich nun sagen werde, ist noch nicht empirisch gestützt, aber ich bin trotzdem fest davon überzeugt, daß diese Methode wirksamer ist, wenn es darum geht, Klienten auf ihre inneren Stärken und Ressourcen hin zu orientieren, als wenn man zu diesem Zweck Komplimente oder »Ich«-Aussagen nutzt.

Bisher sind Affirmationen die am wenigsten genutzte Mikro-Fertigkeit. Das ist bedauerlich, weil Klienten häufig von ihren Erlebnissen so mitgenommen sind, daß sie geradezu erwarten, von anderen auf ihre Mängel, Mißerfolge und unzureichenden

Bemühungen hingewiesen zu werden. Denken Sie einmal darüber nach, wie positiv es sich auf Ihr Leben auswirken kann, wenn jemand erkennt und anerkennt, wie gute Arbeit Sie in einem helfenden Beruf leisten. In meinen zweitägigen Ausbildungskursen kommt es oft vor, daß Therapeuten einander am Ende des ersten Tages bestärken. Dazu werden die Teilnehmer im Laufe des Kurses aufgefordert, und allen ist bewußt, daß es von ihnen erwartet wird; trotzdem zaubert die Aktion stets ein Lächeln auf viele Gesichter, und die Teilnehmer fühlen sich beim Verlassen des Raumes leichtfüßiger. Spricht man sie auf die Übung hin an, sagen immer einige: »Ich weiß, daß das nur eine Übung ist, aber ... sie fühlte sich sehr gut an.« Einige Teilnehmer – und zwar gewöhnlich jene, die große Schwierigkeiten mit dem Training haben – sagen außerdem: »Irgendwie fühlte sich die Übung künstlich an.« Darauf kann man mit einer Reflexion reagieren. Ein Beispiel hierfür ist: »Sie wissen also, wann sich solche Äußerungen echt anfühlen und wann nicht. Achten Sie deshalb, wenn Sie diese Technik im Rahmen Ihrer Arbeit mit Klienten anwenden, darauf, die Affirmation so zu gestalten, daß Sie ganz sicher wissen, daß sie echt ist.«

Im Einklang mit dem bereits Gesagten kann man Affirmationen großzügig nutzen; allerdings hüte man sich vor allzu überschwenglichen oder vor gezwungen wirkenden Versuchen. Klienten erkennen, wenn solche Bemühungen nicht authentisch sind, und darunter kann die therapeutische Beziehung leiden. Bestätigen Sie Klienten nicht, weil sie atmen – das macht sie nur wütend. Schwierigkeiten allerdings lassen sich häufig in persönliche Stärken umdeuten: »Es war sehr schwer weiterzumachen. Sie müssen eine gewaltige innere Kraft aufgebracht haben, um dies zu schaffen.«

Obwohl Affirmationen grundsätzlich keine spezifische Struktur haben, sollten sie unbedingt positiv formuliert werden. Beispielsweise ist die Aussage »Sie haben es geschafft, den Kokainkonsum zu vermeiden« zwar der Beginn einer Affirmation, die aber auf das Vermeiden von etwas fokussiert ist. Eine entsprechende positive Formulierung könnte lauten: »Trotz starker Versuchungen ist es Ihnen gelungen, Entscheidungen zu Ihrem Besten zu treffen – beispielsweise die, kein Kokain zu konsumieren.« Fragen, wie sie beispielsweise im Rahmen einer lösungsfokussierten Therapie benutzt werden (»Wenn man all dies bedenkt, wie haben Sie es dann geschafft, so lange trocken zu bleiben?«), können bestärkende Informationen zutage fördern. Dies ist jedoch kein Ersatz für aktives Vorhalten eines Spiegels im Sinne einer Reflexion oder Zusammenfassung, die zeigen, was die Klienten selbst über sich gesagt haben.

Material für Affirmationen kann man auf mehrere Arten gewinnen. Zum einen kann man diese Informationen durch Nutzung anderer Mikro-Fertigkeiten zutage fördern. Es gibt aber auch bestimmte Bereiche, in denen man solche Qualitäten finden kann. Beispielsweise kann es nützlich sein, frühere Bemühungen um Veränderung, die fehlgeschlagen sind, gründlich zu untersuchen. Einerseits gibt es die üblichen Gründe für solche Untersuchungen (z. B. weil man verstehen will, was geschehen ist; weil man sich etwas, das seinen Zweck erfüllt hat, genauer anschauen will; weil man die Sorgen und Ängste eines Klienten verstehen will), doch abgesehen davon ermöglichen solche Untersuchungen auch, das zu würdigen, was der Klient schon erreicht hat. Im Zuge solcher Bemühungen werden seine Stärken erkennbar. Schenken Sie diesen Beachtung. Sogar wiederholte negative Resultate lassen sich umdeuten – sie weisen auf Beharrlichkeit und ein starkes Bedürfnis nach einer Veränderung hin.

Auch negatives oder resistentes Verhalten kann man in eine Affirmation verwandeln. Es kommt ja durchaus nicht selten vor, daß Klienten eine negative Einstellung zu ihrer Behandlung haben, insbesondere wenn ihnen diese von jemand anderem empfohlen wurde. Therapeuten können solch ein Erlebnis umdeuten und den Klienten bestärken, indem sie etwa sagen: »Es zeugt von ungeheurer Entschlossenheit, daß Sie heute kommen, obwohl Sie der Behandlung gegenüber so starke Bedenken haben.« Oder: »Wenn ich bedenke, was Sie erlebt haben, kann ich sehr gut verstehen, daß Sie ganz und gar nicht sicher waren, ob Sie heute hierhin kommen sollten. Es trotzdem zu tun muß für Sie ein ziemlich schwerer Entschluß gewesen sein.« In beiden Beispieläußerungen kommt leicht ein wertendes Element ins Spiel. Dies werden Sie vermutlich nicht völlig vermeiden können. Versuchen Sie, darauf zu achten und Aussagen dieser Art zumindest nicht zu Ihren bevorzugten Affirmationen zu machen.

Eine Affirmation ist kein Selbstzweck und kein Endpunkt, sondern ein Punkt auf einem Weg, der Sie zu wertvollen Informationen führen kann. Um ausführlichere Informationen zu bitten ist nützlich, um Klienten über die anfängliche affirmative Äußerung hinwegzubringen. Beispielsweise könnten Sie an die im vorigen Absatz wiedergegebene Affirmation anschließend folgende Frage stellen: »Wie haben Sie es geschafft, diese Selbstverpflichtung zu erfüllen?« »Wie«- und »Was«-Fragen eignen sich für diesen Zweck grundsätzlich gut. »Wie haben Sie ... ?«, »Was haben Sie ... ?«

Ausbildungsteilnehmer gewinnen manchmal den Eindruck, daß sie Klienten durch bloßes Zuhören bestärken. Das mag zwar tatsächlich hin und wieder so sein, aber ich empfehle ihnen dann meist, Affirmationen direkter zu benutzen. Möglicherweise verhält es sich damit ähnlich wie mit unserer Liebe zu wichtigen Bezugspersonen. Auch wenn wir dieses Gefühl durch unser Handeln zum Ausdruck bringen, bleibt das Aussprechen der Worte »Ich liebe dich« wichtig. In solchen Situationen sind ganz eindeutig ein evaluierendes Element und eine »Ich«-Aussage sinnvoll. »Ich liebe dich«-Aussagen können noch viel wirksamer sein, wenn derjenige, der sie äußert, dem noch etwas hinzufügt wie: »Daß Sie da sind, macht meine Welt und die anderer Menschen zu einem freundlicheren Ort. Sie sehen das Beste in anderen, und indem Sie es bemerken, helfen Sie den Betreffenden, diese guten Qualitäten bei sich selbst zu schätzen.

Ihr Humor wirkt auf andere ansteckend, und dies verhindert, daß Äußerungen über ihre Schwächen in den Mittelpunkt rücken.«

Zusammenfassungen

Im Laufe der Weiterentwicklung meiner Auffassung über das Helfen im allgemeinen und über Psychotherapie und MI bin ich zu der Überzeugung gelangt, daß ein Teil dieses Prozesses des Helfens darin besteht, daß wir Klienten bei der Organisation ihres Erlebens unterstützen. Diese Sicht ist nicht neu und steht im Einklang mit aus dem Bereich der narrativen Therapien stammenden Ideen. Allerdings erfordert der hier vorgestellte Ansatz, daß wir mehr tun, als den Klienten einfach nur zu spiegeln, was sie uns gesagt haben. Unsere Reflexionen sollten also mehr beinhalten als eine bloße Wiederholung des Gesagten. Vielmehr sollten sie außerdem das Verständnis der Klienten erweitern, indem sie das Element hervorheben, das weniger klar artikuliert oder gar nicht ausgedrückt worden, aber in der Botschaft implizit enthalten ist. Die Intention des Organisierens gelangt im Bereich der Zusammenfassungen am klarsten zum Ausdruck.

Miller und Rollnick (2002/2004) bezeichnen Zusammenfassungen als eine Sonderform reflektierenden Zuhörens. Sie stellen drei Arten von Zusammenfassungen vor – die *sammelnde*, die *verbindende* und die *überleitende* –, die einander überlappen, aber oft unterschiedlichen Zwecken dienen. Sie alle werden im folgenden genauer beschrieben. Doch zunächst einmal ist wichtig, daß der Zusammenfassende in jedem Fall darüber entscheidet, was in die Zusammenfassung einbezogen oder daraus ausgeschlossen und wie die Informationen präsentiert werden sollen. Aufgrund meiner Erfahrung als Forscher, Trainer, Supervisor und Therapeut weiß ich, daß die besten Zusammenfassungen knapp gehalten sind. Wenn sich Zusammenfassungen über viele Absätze erstrecken, helfen sie den Klienten nicht, das Erlebte zu organisieren, sondern sie gehen an den Klienten vorbei und verlieren so ihre Wirkkraft.

Der Wert der Kürze einer Zusammenfassung ist mit demjenigen der Selektivität verbunden. Therapeuten sollten sich bemühen, die Elemente in eine Zusammenfassung einzubeziehen, die dem Klienten helfen werden weiterzukommen, und dabei die MI-Prinzipien im Blick zu behalten. Auf zwei wichtige Aspekte wurde bereits in Kapitel 2 hingewiesen: auf die Rolle der Ambivalenz bei der Veränderung und auf die Bedeutung des *Change-talk*. Insbesondere wenn man bei der Arbeit mit einem stark ambivalenten Klienten nur auf die Vorteile einer Veränderung fokussiert, fordert man diesen praktisch dazu heraus, auf einer Gegenposition zu beharren. Deshalb sollten sich Zusammenfassungen nicht ausschließlich auf die potentiell positiven Auswirkungen einer

Veränderung konzentrieren. Andererseits ist eines der primären MI-Ziele, *Change-talk* hervorzurufen und zu verstärken. Deshalb sollten Therapeuten auf Change-talk, den ihre Klienten ohnehin produzieren, achten und in ihrer Zusammenfassung diese Äußerungen dann in den Vordergrund stellen. Dies wird nun an einer Zusammenfassung des Dialogs mit Barbara zu Beginn der Sitzung veranschaulicht:

> »Sie sind heute hier, weil das Arbeitsamt Sie dazu aufgefordert hat, also nicht, weil Sie selbst an dieser Beurteilung besonders interessiert sind. Sie machen sich Sorgen, weil Sie fürchten, diese Beurteilung könne sich ungünstig auf Ihre Aussichten, ein College besuchen zu können, auswirken. Andererseits wissen Sie selbst, daß der Besuch eines Colleges für Sie eine Herausforderung wäre. Im übrigen verfügen Sie über bestimmte Stärken und haben sich mittlerweile auch weiterentwickelt. Ein Teil Ihrer Aufgabe besteht deshalb darin, herauszufinden, was Ihnen helfen könnte, Ihre Stärken zu nutzen, um Ihre Ziele zu erreichen.«

Trotz ihrer Kürze enthält diese Zusammenfassung zahlreiche Ideen und präsentiert diese auf eine leicht zu verstehende Weise. Außerdem liefert sie eine Struktur, mit der sich Barbaras Erlebnisse rahmen lassen: Sie wollen nicht hier sein, Sie machen sich Sorgen, und wir haben ein gemeinsames Ziel – Ihnen zum Erfolg zu verhelfen. Die Zusammenfassung ignoriert die Ambivalenz der Klientin nicht, bleibt aber auch nicht in ihr stecken. Zu Beginn hat sie den Charakter einer Affirmation, und an ihrem Ende wird ein umgestaltetes Ziel hervorgehoben (Erfolg, der einen College-Besuch beinhalten kann oder nicht). Man kann sich leicht vorstellen, daß man die Klientin entweder auf die Zusammenfassung antworten läßt oder daß man im Anschluß daran untersucht, wie stark sie sich weiterentwickelt hat. Diesen Umgang mit Zusammenfassungen demonstriert William Miller auf seinem Video über eine MI-Behandlung für die Serie *Brief Therapy for Addictions*. Seine Zusammenfassungen sind kurz und so zielgerichtet, daß man sich leicht von dem sehr interessanten Klienten fesseln läßt und dann übersieht, wie kunstvoll Miller den Prozeß steuert.

Die weiter oben beschriebene Art der Zusammenfassung wurde von Miller und Rollnick (2002/2004) als *sammelnde Zusammenfassung* bezeichnet. Sie dient primär dazu, Informationen zu sammeln, diese dem Klienten zu übermitteln und so das Gespräch in Gang zu halten. Weil Zusammenfassungen besonders nützlich sind, um *Change-talk* zu verstärken, werden sie im Laufe von MI-Sitzungen mehrfach benutzt. Miller und Rollnick (2002/2004) warnen vor übertriebenem Gebrauch von Zusammenfassungen, damit in einer Therapiesitzung nicht der Eindruck der Künstlichkeit entsteht. Es ist kontraproduktiv, wenn der Eindruck erweckt wird, daß Sie eine Technik anwenden, statt daß Sie einfach versuchen, den Klienten zu verstehen. Ich würde dieser Auffassung noch hinzufügen, daß die Nutzung von Zusammenfassungen Ihrer Persönlichkeit und

Ihrem Verhaltensstil entsprechen muß. Als Therapeut fasse ich von Zeit zu Zeit zusammen, was gesagt wurde und was geschehen ist, um mir sicher sein zu können, daß ich die übermittelten Informationen verstehe und sie mir merke. Ohne eine solche Rekapitulation vergesse ich wichtige Gedanken leicht. Allerdings sind die Zusammenfassungen, die ich zu diesem Zweck entwickle, gewöhnlich sehr kurz – sie bestehen nur aus zwei bis drei Sätzen.

Die Grenze zwischen verbindenden und sammelnden Zusammenfassungen ist nicht besonders deutlich, doch *verbindende Zusammenfassungen* dienen im allgemeinen einem anderen Zweck als sammelnde. Verbindende Zusammenfassungen versuchen, im gegenwärtigen Augenblick zum Ausdruck gelangende Ideen mit bereits früher mitgeteilten Informationen zu verbinden – wobei entweder die Beziehung zwischen beidem oder das Fehlen einer solchen herausgearbeitet werden soll. Diese Technik ist besonders nützlich, wenn eine Diskrepanz entwickelt oder die Ambivalenz des Klienten erforscht werden soll. Die zusammengefaßten Gedanken werden von dem, der die Zusammenfassung entwickelt, nicht beurteilt, sondern als gleichrangig dargestellt, so daß es dem Klienten selbst überlassen bleibt, ihre Bedeutung einzuschätzen. Aus diesem Grund empfehle ich generell, die Konjunktion *und* der Konjunktion *aber* vorzuziehen – eine Auffassung, die Rollnick und Miller mit mir teilen. Das *Aber* negiert alles, was ihm vorausgeht – »Das ist wirklich eine gute Idee, *aber* ...« oder: »Mir gefällt dieses Kleid an dir, *aber* ...« –, wohingegen die Konjunktion *und* es ermöglicht, beide Konzepte gleichzeitig und gleichwertig zu betrachten, was dem inneren Erleben des Klienten entspricht: »Sie möchten also einfach von allen in Ruhe gelassen werden, und Sie sind sich nicht sicher, ob Sie das, was Sie zu diesem Ziel führen würde, tun wollen.« Außerdem ermöglichen verbindende Zusammenfassungen es Therapeuten, äußere oder kollaterale Informationen ebenso zu integrieren wie Dinge, die ein Klient in früheren Situationen gesagt hat. Beispielsweise: »Sie denken also im Moment, diese Beziehungssache sei kein großes Problem. Die Situation hat sich beruhigt, und der Konflikt hat nachgelassen. Andererseits haben Sie mir gesagt, die Situation durchlaufe gewöhnlich diese Kreisbewegung. Ihre Frau hat gesagt, wenn Sie sich nicht änderten, werde sie Sie verlassen, und Sie selbst haben zugegeben, daß Ihnen auch nicht gefällt, wie die Dinge gelaufen sind.«

Überleitende Zusammenfassungen dienen einem anderen Zweck. Therapeuten benutzen sie, um der Arbeit in einer Therapiesitzung eine andere Richtung zu geben. Manchmal steht am Anfang einer solchen Zusammenfassung eine bestimmte, charakteristische Art von Einleitung, die etwa wie folgt klingen kann: »Schauen wir doch einmal, ob ich das, was Sie mir bisher gesagt haben, verstanden habe«, oder: »Ich meine, Sie hätten folgendes über Ihre Situation gesagt.« Zusammenfassungen dieser Art fallen meist etwas länger aus. Sie fungieren als eine Art Vorspiel zu einer offenen Frage, die in eine neue Richtung führt oder die eine Sitzung abschließen kann. Überleitende Zusammenfassungen werden meist am Übergangspunkt zwischen Phase I und Phase II benutzt, und sie führen zur Schlüsselfrage. Obgleich die Tendenz besteht, mit einer überleitenden Zusammenfassung einen großen Bereich zu erfassen, sollte man dabei die beiden weiter oben erläuterten Charakteristika nicht aus den Augen verlieren: Kurzfassen der Darstellung und Organisieren der Erlebnisse des Klienten. Wenn der Blick des Klienten trüb wird oder Sie den Überblick zu verlieren beginnen, ist Ihre Zusammenfassung definitiv zu lang. Rekapitulieren Sie dann das bisher Gesagte noch einmal in Kurzform, auch wenn Sie das sehr abrupt tun. Ich habe nur zu oft beobachtet, wie andere – aber auch ich selbst – versuchten, eine zu lange Zusammenfassung zu »reparieren«, und sie dadurch noch komplizierter machten. In solchen Fällen unterbricht man die Beschreibung besser, überprüft, ob man die Situation richtig verstanden hat, und fährt erst danach mit der Darstellung fort. Ein Beispiel für eine überleitende Zusammenfassung könnte wie folgt aussehen:

> »Wir werden diese Sitzung nun bald beenden, und ich möchte rasch noch einmal prüfen, ob ich die Situation richtig verstanden habe. Sie sind heute aufgrund einer Ihrer Bewährungsauflagen hierher gekommen. Sie sind sich nicht sicher, ob Sie mir vertrauen können, weil ich Ihr Bewährungshelfer bin und weil Sie in der Vergangenheit schlechte Erfahrungen mit solchen Menschen gemacht haben. Andererseits wollen Sie nicht ins Gefängnis zurück und haben deshalb versucht, die Dinge diesmal anders anzugehen. Sie treiben sich nicht mehr mit den gleichen Leuten herum, leben an einem anderen Ort, versuchen, einige Dinge anders als vorher zu machen, obwohl Ihnen das nicht leicht fällt. Eine wichtige Entscheidung, die Sie treffen müssen, besteht darin, sich darüber klar zu werden, wie Sie die Zeit mit mir nutzen könnten, und Sie sind sich diesbezüglich noch nicht ganz sicher. Habe ich etwas Wichtiges vergessen?«

Mit längeren Zusammenfassungen wird häufig die Aufforderung verbunden, das Gesagte gegebenenfalls zu korrigieren oder es zu ergänzen.

Während ihrer klinischen Arbeit halten Therapeuten nicht oft inne, um sich zu überlegen, welche Art von Zusammenfassung sie als nächstes verwenden sollten. Es ist jedoch nützlich, sich zu vergegenwärtigen, daß es verschiedene Arten von Zusammenfassungen gibt, und sich mit deren jeweiligem Sinn und Zweck zu befassen, *bevor* man sich in einer Situation befindet, in der man eine Zusammenfassung entwickeln muß. Möchte ich den Fortschritt der Arbeit nicht behindern? In diesem Fall ist eine sammelnde Zusammenfassung sinnvoll. Möchte ich eine Diskrepanz entwickeln? Dann empfiehlt sich eine verbindende Zusammenfassung. Oder möchte ich der Arbeit eine andere Richtung geben oder auf einen Abschluß hinarbeiten? Dann ist eine überleitende Zusammenfassung die richtige Wahl.

Konzept-Quiz – Testen Sie sich!

Richtig oder Falsch:

1. R F OARS-Fertigkeiten sind grundlegende Fertigkeiten, die vielen Therapeuten schon bekannt sind, bevor sie sich mit MI beschäftigen.
2. R F OARS-Fertigkeiten sind MI.
3. R F Fragen stoppen die Dynamik der Arbeit.
4. R F Geschlossene Fragen sind schlecht.
5. R F Affirmationen sind Äußerungen, durch welche die Stärken eines Klienten anerkannt und gewürdigt werden.
6. R F Wissenschaftliche Untersuchungen haben ergeben, daß der Gebrauch von »Du/Sie«-Aussagen bei der Nutzung von Affirmationen vorzuziehen ist.
7. R F Affirmationen sind das am häufigsten genutzte OARS-Element.
8. R F Beim Entwickeln von Zusammenfassungen sollte man der Ambivalenz Rechnung tragen, indem man im Falle der Darstellung konträrer Positionen ein *aber* zwischen diesen einfügt.
9. R F Verbindende Zusammenfassungen benutzen wir beim Übergang von Phase I zu Phase II der MI-Arbeit.
10. R F Wir benutzen die OARS-Fertigkeiten, um den Klienten zu helfen, nicht nur die Position zu sehen, die sie uns beschrieben haben, sondern außerdem das Erlebte zu organisieren und zu verstehen.

Antworten

1. R Die OARS-Fertigkeiten sind, wie bereits in den Kapiteln 3 und 4 erläutert wurde, keineswegs einzigartig für MI, und viele Therapeuten benutzen sie ohnehin schon. Das Besondere an ihrer Verwendung im MI-Rahmen ist die Direktivität.
2. F Die OARS-Fertigkeiten sind nicht mit dem MI identisch, und obwohl sie für das MI sehr wichtig sind, erfordert diese Methode auch die Beherrschung anderer Fertigkeiten. Man kann die OARS-Fertigkeiten auf eine Weise benutzen, die mit dem MI nicht im Einklang steht.
3. F Das ist ein schwieriges Thema, und man könnte die Auffassung vertreten, daß diese Äußerung nicht eindeutig falsch ist. Obwohl offene Fragen zweifellos dazu beitragen, ein Gespräch zu lenken, und obwohl sie zu neuen Gesprächsthemen führen, haben Fragen in der therapeutischen Praxis generell eine Stopp-Wirkung. Deshalb bezieht Tho-

mas Gordon (1970) in seine Auflistung potentieller Kommunikationshürden Fragen ein. Gewöhnlich erzeugen Therapeuten durch den Gebrauch offener Fragen in einer Therapie »Tempo« und lenken anschließend die so freigesetzte Energie, indem sie Reflexionen formulieren.

4. F Geschlossene Fragen sind *nicht* »schlecht«. Sie sind nur als Werkzeug von begrenztem Wert, weshalb wir sie zugunsten offener Fragen zu vermeiden versuchen. Allerdings haben geschlossene Fragen in ganz bestimmten Situationen ihren besonderen Wert. Grundsätzlich sollte man anstreben, mehr offene als geschlossene Fragen zu stellen.

5. R Affirmationen dienen dazu, die Aufmerksamkeit auf die inneren Ressourcen zu richten, die Klienten in die Therapiesituation mitbringen. Auch in diesem Zusammenhang empfehle ich, Komplimente (d. h., äußere Einschätzungen) zugunsten des Erkennens und Würdigens innerer Attribute, Qualitäten und Werte zu vermeiden. Durch eine Äußerung wie »Sie sind ein Mensch, der Ehrlichkeit zu schätzen weiß« ist uns offenbar deutlich mehr gedient als durch einen Satz wie »Ich glaube, daß Sie ein ehrlicher Mensch sind«.

6. F Zur Zeit gibt es noch keine empirische Bestätigung für diese Auffassung. Sie basiert auf meinen persönlichen Erlebnissen und Beobachtungen und sollte als Faustregel verstanden werden, die hilft, negative Reaktionen von Klienten auf Affirmationen zu vermeiden. Diese Auffassung werde ich eventuell bei Vorliegen entsprechender Forschungsergebnisse revidieren müssen.

7. F Unter den OARS-Fertigkeiten werden Affirmationen am seltensten genutzt. Therapeuten konzentrieren sich in der Regel auf andere Aspekte, so daß die Affirmationen oft vergessen oder übersehen werden. Andererseits kann man den gesamten MI-Prozeß als affirmativ wirkend verstehen und es deshalb für unnötig halten, ihn explizit zu bestärken. Doch ungeachtet dieses plausiblen Einwandes erscheint es mir aufgrund der erwähnten demoralisierenden Faktoren als wichtig, die Stärken von Klienten anzuerkennen und zu würdigen. Außerdem können Affirmationen eine gewisse Schutzwirkung entfalten, wenn Klienten in ihrem eigenen Verhalten Tendenzen entdecken, die im Gegensatz zu ihren eigenen Werten stehen.

8. F Wir alle sind mit der Gewohnheit aufgewachsen, die Konjunktion *aber* zu bevorzugen. Dies hat bedauerlicherweise zur Folge, daß das, was dem Wort *aber* vorausgegangen ist, abgewertet wird. Hingegen ermöglicht uns das Wort *und*, konträre Aspekte gleichwertig nebeneinanderzustellen. Versuchen Sie einmal, sich in den Unterschied der folgenden beiden Äußerungen einzufühlen:

   »Es ist ein schöner Haarschnitt, aber er ist ziemlich kurz.«

   »Es ist ein schöner Haarschnitt, und er ist ziemlich kurz.«

   Spüren Sie den Unterschied?

9. F Okay! Dies war nur ein Gedächtnistest. Verbindende Zusammenfassungen verknüpfen aktuelle Informationen mit entweder in früheren Situationen gehörten oder aus an-

deren Quellen stammenden. Überleitende Zusammenfassungen werden am Ende von Phase I formuliert, als Auftakt zu einer Schlüsselfrage und eventuell auch, um zu Phase II überzuleiten.

10. R Wenn wir einfach nur einen Spiegel emporhalten, helfen wir unseren Klienten nicht, sich aus einem Zustand der Stagnation zu befreien. Es reicht nicht, ihnen das, was sie uns mitgeteilt haben, zu spiegeln; wir müssen unsere Aufmerksamkeit auch selektiv auf bestimmte Elemente (und auf andere bewußt nicht) richten und ihnen die gewonnenen Informationen dann so spiegeln, daß es ihnen hilft, ihre Situation besser zu verstehen.

Praxisbeispiel

Wir kehren nun zu Barbara zurück und schauen uns den Dialog von dem Punkt ab an, wo er zuvor endete.

	Äußerung	*Kommentar*
T.:	Ihr Ziel ist, erfolgreich zu sein, und Sie haben das Gefühl, ein College-Abschluß sei der richtige Weg zu diesem Ziel. Außerdem fühlen Sie sich dazu bereit und in der Lage.	*komplexe Reflexionen*
K.:	So ist es. Ich fühle mich jetzt reifer, und mein Gehirn ist mittlerweile geheilt.	*Liefert weitere Informationen.*
T.:	Dann ist das wohl ein guter Ansatzpunkt. Sie haben mehrmals über Veränderung und Weiterentwicklung gesprochen. Können Sie mir noch ein wenig detaillierter darüber berichten?	*Einfache Reflexion, gefolgt von einer offenen Frage*
K.:	Ich weiß heute mehr darüber, wie mein Gehirn funktioniert und wie nicht. Mir ist jetzt klar, daß ich länger brauche, um bestimmte Dinge zu verstehen. Ich nehme sie langsamer auf als andere Menschen. Ich muß andere bitten, mir Zusammenhänge zu erklären, und ich muß Möglichkeiten nutzen, mein Erinnerungsvermögen zu verbessern.	*Offenbart viele zusätzliche Informationen und Erkenntnisse.*
T.:	Sie haben wirklich einiges über die Funktionsweise Ihres Gehirns gelernt, und Sie haben die Besonderheiten bei Ihnen akzeptiert.	*Affirmation*

K.:	Ja, das ist nicht immer so gewesen. Früher habe ich so getan, als sei alles, wie es immer war, oder ich habe dagegen angekämpft, wenn Leute mir sagten, ich müßte etwas anders machen. Ich habe viel mit meinen Eltern gestritten. Ich wollte einfach nicht anders sein, als ich vorher gewesen war.	*Die Klientin vertieft ihre vorherigen Erklärungen.*
T.:	Wenn Sie eine Veränderung eingestanden hätten, hätten Sie einige Dinge aufgeben müssen, die zu tun Ihnen sehr wichtig war.	*komplexe Reflexion*
K.:	Ja, das ist wohl so. Das gehört zu den Dingen, die mir heute Sorgen machen.	*Sie verbindet das soeben Gesagte mit ihren Sorgen.*
T.:	Sie scheinen sich über Ihre Situation ziemlich im klaren zu sein. Sie machen sich keine Illusionen darüber, wie es um Sie steht. Und gleichzeitig gibt es ein paar Dinge, die Sie unbedingt schaffen wollen, und Sie machen sich Sorgen, wie Sie diese Ziele erreichen können, und zwar sowohl wegen der heutigen Situation als auch wegen einiger Kämpfe, die Sie in der Schule durchzustehen hatten.	*Affirmation als Bestandteil einer verbindenden Zusammenfassung*
K.:	Das ist wohl so. Ich mache mir Sorgen wegen heute, aber ich frage mich auch, ob ich meine Ziele erreichen kann. Ich glaube, daß ich es kann, aber ich bin mir nicht sicher.	*Gesteht einen gewissen Zweifel ein.*
T.:	Ein Teil von dem, worüber Sie sich einerseits Sorgen machen und worauf andererseits Ihre Hoffnung gerichtet ist, sind bestimmte Antworten, die Ihnen als Orientierung dienen könnten.	*Komplexe Reflexion, die dem Einschätzungsprozeß ein verbindendes Element hinzufügt.*
K.:	Das stimmt.	*Bestätigt die Richtigkeit.*
T.:	Und das Ziel, um das es hier letztlich geht, ist Erfolg. Schildern Sie mir ein wenig, wie Ihr Leben aussehen würde – ob mit oder ohne College-Abschluß –, wenn Ihre Bestrebungen zum Erfolg führen würden.	*Fortsetzung der vorigen Äußerung, gefolgt von einer Frage, die in eine neue Richtung führt und das Gespräch rahmt.*
K.:	Ich hätte dann einen Job, der mir gefiele, und würde genug verdienen, um davon leben zu können.	*Übermittelt einige Informationen.*

T.:	… und das würde Ihnen natürlich gefallen …	*einfache Reflexion*
K.:	Natürlich wäre auch dieser Job in mancher Hinsicht wie jeder andere, denn sicherlich gäbe es auch da einige Dinge, die mir nicht gefallen würden. Aber es würde mir morgens beim Aufstehen nicht davor grauen, zur Arbeit zu gehen, und ich hätte das Gefühl, daß ich meinen Grips benutzen kann.	*Übermitteln weiterer Informationen*
T.:	Die Situation bräuchte nicht perfekt zu sein, aber Sie würden sich mit dem, was Sie an Kompetenz zu bieten haben, geschätzt fühlen.	*Paraphrase*
K.:	Ich erwarte keine perfekte Situation.	*Sie verbreitert den Bereich des für sie Akzeptablen.*
T.:	Und es müßte genug dabei herausspringen, damit Sie über die Runden kämen. Woran würden Sie sonst noch erkennen, daß dieser Prozeß zu einem erfolgreichen Abschluß gekommen ist?	*Reflexion bezieht andere Informationen ein, gefolgt von der Bitte, weitere Details zu offenbaren.*
K.:	Ich möchte mich produktiv fühlen, das Gefühl haben, daß ich etwas Positives beitrage. Außerdem möchte ich glücklich sein.	*Bietet weitere Informationen an.*
T.:	Im Moment fühlen Sie sich nicht so.	*Greift die vorherige Äußerung wieder auf.*
K.:	Manchmal schon. Ich bin zum Beispiel glücklich darüber, daß ich Mutter bin. Ich komme mit meinem Mann gut aus – jedenfalls meistens. Mit dem Geld ist es manchmal ein Problem, aber meist bin ich ziemlich zufrieden. Allerdings wäre es gut, wenn wir noch ein bißchen mehr Geld zur Verfügung hätten.	*Gibt wichtige Informationen über ihr Leben im allgemeinen.*
T.:	In einiger Hinsicht sind Sie nicht weit von dem entfernt, was Sie wollen, aber Sie würden trotzdem gern ein paar Dinge optimieren.	*Paraphrase*
K.:	So ist es wohl.	*Zustimmung der Klientin. Ihre Sicht ihrer Situation und ihrer Ziele scheint sich einerseits zu*

		verändern und andererseits klarer fokussiert zu werden.
T.:	Was gibt es sonst noch?	*offene Frage*
K.:	Ich hätte gern das Gefühl, daß meine Arbeit einen guten Zweck für die Allgemeinheit erfüllt.	*Sie gibt weitere Informationen.*
T.:	Es ist Ihnen wichtig, in Ihrer Umgebung Verbesserungen zu erreichen.	*Affirmation*
K.:	Viele Menschen haben mir im Laufe der Jahre geholfen, und ich würde ihnen allen gern etwas zurückgeben.	*Gibt weitere Informationen.*
T.:	Jetzt will ich einmal schauen, ob ich das alles richtig verstanden habe. Viele Dinge, die Sie sich im Leben wünschen, haben Sie schon. Sie sind Mutter. Sie haben eine liebevolle Beziehung zu Ihrem Mann. Es gibt aber ein paar Dinge, die Sie gern zusätzlich hätten: ein bißchen mehr Geld und eine Arbeit, bei der Sie sich geschätzt fühlen und zu der Sie morgens gern aufbrechen. Außerdem möchten Sie der Gemeinschaft, in der Sie leben, gern etwas zurückgeben. Mir scheint, daß das ein wesentlich größerer Wert ist, als eine Arbeit zu haben – obwohl es natürlich großartig wäre, wenn Sie eine bekämen. Nun frage ich mich, wie der College-Abschluß zu Ihren Vorstellungen von Erfolg paßt.	*Überleitende Zusammenfassung, die zu einer auf das College bezogenen Frage zurückführt.*
K.:	Wahrscheinlich habe ich immer geglaubt, man müsse ein College besuchen, um diese Dinge erreichen zu können.	*Gewährt einen Einblick in ihr Denken.*
T.:	Sie haben gemeint, Sie bräuchten den College-Abschluß, obwohl Sie sich jetzt fragen, ob das wirklich so ist.	*komplexe Reflexion*
K.:	Ich vermute, ich war ein bißchen zu stark auf das College fixiert. Vielleicht brauche ich es gar nicht – allerdings glaube ich immer noch, daß das einige Dinge erleichtern würde.	*Sie erforscht die Situation und bietet gleichzeitig neue Informationen an.*
T.:	Vielleicht ist das nicht die einzige Möglichkeit, die Sie haben.	*Paraphrase*

K.:	Es ist merkwürdig, ich fühle mich jetzt weniger angespannt.	*Sie bemerkt eine innere Reaktion.*
T.:	Vielleicht so, als hätten sich ein paar Türen geöffnet. Sie haben nun die Möglichkeit, verschiedene Richtungen einzuschlagen, und ein wenig mehr Raum zum Atmen.	*komplexe Reflexion*
K.:	Ja, ich mache mir nicht mehr so große Sorgen wegen der Prüfungen.	*Die Klientin läßt eine veränderte Sichtweise erkennen.*
T.:	Es wird in jedem Fall Möglichkeiten geben, wie auch immer.	*Fortsetzung des zuvor Gesagten.*

In diesem Dialog kommen alle Mikro-Fertigkeiten zum Einsatz. Sorgsames Zuhören erschließt die Möglichkeiten für den Einsatz von Affirmationen. Fragen dienen der Informationsgewinnung und der Verlagerung des Fokus. Zusammenfassungen helfen, die Erlebnisse des Klienten zu organisieren, das Geschehen in Bewegung zu halten und verschiedene Gedanken miteinander zu verbinden. Auch hier geht es darum, zuerst eine Dynamik zu erzeugen und diese dann zu steuern.

Außerdem ist der obige Dialog ein Beispiel dafür, daß eine Klientin und ein Therapeut zu Beginn einer Sitzung unterschiedliche Absichten verfolgen. Für die Klientin ging es um die Verwirklichung ihrer Interessen (um den College-Besuch), wohingegen der Therapeut/Helfer der Institution, für die er arbeitete, eine vertretbare Verwendung ihrer finanziellen Mittel ermöglichen wollte (im konkreten Fall wollte er herausfinden, ob es dieser Frau wirklich helfen würde, einen College-Abschluß nachzuholen). Durch die gemeinsame Reflexion gelang es dem Therapeuten und der Klientin, eine umfassendere und für beide Seiten akzeptablere Zielsetzung zu entwickeln – nämlich der Klientin zum Erfolg bei der Verwirklichung ihrer Ziele zu verhelfen –, womit die Bestrebungen beider Beteiligter erfüllt wurden. Der Therapeut benutzte die OARS-Fertigkeiten, um eine in diesem Sinne kollaborative Beziehung zu ermöglichen. In Kapitel 7 wird das Thema des gemeinsamen Aushandelns eines Plans ausführlicher erörtert.

Probieren Sie dies aus!

Übung 4.1 Geschlossene Fragen in offene umwandeln

Wir stellen unseren Klienten häufig stereotype (geschlossene) Fragen. Sie sollen in dieser Übung verbreitete geschlossene Fragen, die in Ihrer konkreten Situation gestellt werden könnten, in offene Fragen umwandeln. Denken Sie anschließend darüber nach, welche geschlossenen Fragen in Ihrem Arbeitsbereich sonst noch eine Rolle spielen könnten. Notieren Sie diese Fragen, und wandeln Sie sie ebenfalls in offene um.

Übung 4.2 Gute Fragen formulieren

Nützlich ist es auch, das Formulieren von Fragen zu üben, die gezielt auf das eingehen, was der Klient mitteilt. Um dies zu üben, lesen Sie eine Klientenäußerung und formulieren dann darauf basierend zwei Fragen, deren Beantwortung für Sie nützlich sein könnte.

Übung 4.3 Affirmationen finden

In dieser Übung lesen Sie etwas über die Situation eines Klienten, denken darüber nach, notieren Stärken des Betreffenden, die Ihnen auffallen, und entwickeln schließlich von diesen Stärken ausgehend Affirmationen. Versuchen Sie, die Aussagen in Du/Sie-Form zu formulieren.

Übung 4.4 Stärken meiner Klienten

In dieser Übung sollen Sie über Ihre Klienten im Kontext Ihrer Arbeit nachdenken. Sie werden sich mit den Herausforderungen beschäftigen, mit denen Ihre Klienten in diesem Kontext konfrontiert werden, sowie mit den Ressourcen, die sie in die Therapiesitzung mitbringen. Es kann sehr schwierig sein, diese Übung auszuführen, weil wir oft stärker auf Defizite als auf Stärken achten. Einige Beispiele sollen Ihnen bei dieser Arbeit helfen.

Übung 4.5 Zusammenfassungen entwickeln

Lesen Sie das obige Transkript noch einmal, und stellen Sie fest, welche Techniken der Therapeut benutzt. Versetzen Sie sich anschließend in die Situation des Therapeuten, und schreiben Sie eine Zusammenfassung, die Ihnen als nützlich erscheint.

Übung 4.6 Real-Time- und Drive-Time-Zusammenfassungen

In Kapitel 2 haben wir geübt, Reflexionen zu Radio- und Fernseh-Talkshows zu entwickeln. In dieser Übung weiten wir diese Praxis auf die Entwicklung von Zusammenfassungen aus. Falls Sie nicht autofahren, können Sie die beschriebene Technik auf eine Talkshow oder eine Ratgeberspalte in einer Zeitung anwenden.

Arbeit mit einem Partner

Alle unter »Probieren Sie dies aus!« beschriebenen Übungen kann man auch mit einem Partner ausführen. Dies gilt auch für Übung 4.6. Für eine modifizierte Form der letztgenannten Übung könnte man eine Kolumne aus einer Lokalzeitung benutzen. Einer der beiden Beteiligten liest die ersten zwei bis drei Absätze des gewählten Artikels laut vor, und anschließend versucht der Zuhörer, eine offene Frage, eine Affirmation und eine Zusammenfassung zu entwickeln. Daraufhin versucht der Vorleser, jeweils eine Alternative zur Frage, Affirmation und Zusammenfassung des Partners zu entwickeln. Danach tauschen beide ihre Rollen.

Im folgenden werden einige andere Möglichkeiten, diese Fertigkeiten zu üben, beschrieben. Sie basieren auf Fragen, die im Rahmen einer Übung namens *Virginia Reel* (Name eines amerikanischen Volkstanzes) benutzt werden. Entscheiden Sie, wer die Rolle des Zuhörers und wer die des Redenden übernehmen soll (Sie können die Rollen später tauschen). Stellen Sie die Frage, und konzentrieren Sie sich anschließend darauf, die vier OARS-Fertigkeiten jeweils mindestens einmal im Laufe des gemeinsamen Gesprächs über die Frage zu benutzen. Fahren Sie so lange damit fort, bis Sie das Thema erschöpfend behandelt haben; tauschen Sie dann die Rollen, und wiederholen Sie das Ganze.

»Welche Geschichte verbirgt sich hinter Ihrem Namen?«

»Beschreiben Sie die Situation, in der Sie zum ersten Mal (ohne Stützräder) Fahrrad gefahren sind.«

»Wie war Ihre erste Verabredung mit einem jungen Mann?«

»Was tun Sie gern im Urlaub?«

»Wenn Sie die Möglichkeit hätten, in einen anderen Beruf zu wechseln, was würden Sie dann gern tun?«

»Was hoffen Sie tun zu können, wenn Sie sich zur Ruhe setzen?«

»Welcher nächste Schritt in Ihrem Leben wäre für Ihre Gesundheit und Ihr Wohlbefinden am förderlichsten?«

Schließlich können Sie sich bei Ihrer Arbeit mit Klienten auf eine einzige Technik pro Sitzung konzentrieren. Das bedeutet nicht, daß Sie in dieser Sitzung nur diese eine Technik benutzen sollen, sondern daß Sie bewußt nach Möglichkeiten, diese spezielle Technik zu üben, Ausschau halten. Beispielsweise könnten Sie sich vornehmen, einen Klienten während einer Sitzung mindestens dreimal durch Affirmationen zu bestärken. Achten Sie darauf, wie der Klient auf Ihr Vorhaben reagiert, und sprechen Sie mit Ihrem Partner über diese Reaktion.

Ergänzende Gedanken

Leffingwell, Neumann, Babitske, Leedy und Walters (2006) spekulieren, daß man Prinzipien der Sozialpsychologie nutzen könnte, um die Wirkung von MI zu verstärken. Sie weisen speziell auf die Bedeutung von zwei Ideen dieser Art hin: *Defensivtendenz (defensive bias)* und *Selbstbestätigungstheorie*.

Unter einer *Defensivtendenz* versteht man »die Neigung von Menschen, die Wirkung von für sie persönlich bedrohlichen Informationen zu minimieren« (Leffingwell *et al.* 2006, S. 2). Leffingwell und seinen Kollegen fiel auf, daß Klienten, die sich riskanten Verhaltensweisen widmen, dazu neigen, das Risiko herunterzuspielen, die Korrektheit der Risikoeinschätzung anzuzweifeln und alternative Erklärungsmodelle zu entwickeln. Diese Tendenz ist bei einer großen Zahl problematischer Verhaltensweisen im Spiel.

Nach Leffingwell und Kollegen (2006) könnte die Selbstbestätigungstheorie die einzige Möglichkeit sein, diese Tendenz zu verstehen. Insbesondere haben Klienten ein eigennütziges Interesse, ihren eigenen Wert positiv einzuschätzen. Diese positive Selbstsicht beruht darauf, daß Menschen sich für kompetent, verantwortungsvoll und anpassungsfähig halten (Steele 1988). Verhalten sie sich hingegen auf eine Art, die diesem Bestreben zuwiderläuft, erleben sie eine Form kognitiver Dissonanz und müssen deshalb auf eine Weise reagieren, die ihr psychisches Unbehagen verringert. Dies bedeutet konkret, daß sie die Botschaft als unwichtig abtun. Weil MI Klienten häufig mit schwierigen Aspekten ihrer realen Situation konfrontiert, beinhaltet diese Defensivtendenz eine besondere Schwierigkeit.

Leffingwell und Kollegen (2006) weisen auch darauf hin, daß man diese Defensivtendenz verringern kann, indem man auf eine Stärkung des Selbstwertgefühls der Klienten hinarbeitet, bevor man sie mit Infragestellungen ihres Selbstwertgefühls konfrontiert – auch wenn die vorbereitenden Aktivitäten in keinem unmittelbaren Zusammenhang mit dem anschließend präsentierten problematischen Material stehen. Beispielsweise scheint man diese schützende Wirkung hervorrufen zu können, indem man die Klienten wichtige persönliche Werte erforschen läßt. Diesen Erkenntnissen zufolge kann es außerdem dazu beitragen, diese Defensivtendenz zu verringern, wenn man die Klienten dazu bringt, die positiven Aspekte eines problematischen Bereichs zu erforschen, bevor man sie nach den weniger positiven Aspekten der Situation fragt, weil dieses Vorgehen als für das Ich weniger bedrohlich empfunden wird. Diese Veränderung läßt sich direkter ausdrücken: »Ich sehe, daß diese Dinge Folgen meines Verhaltens sind; deshalb ist es durchaus verständlich, daß ich dies tue; trotzdem wäre es natürlich besser, wenn ich es nicht tun würde.«

Übung 4.1 Geschlossene Fragen in offene umwandeln

Wir stellen unseren Klienten häufig stereotype (geschlossene) Fragen. Sie sollen in dieser Übung viel benutzte geschlossene Fragen, die in Ihrer konkreten Situation gestellt werden könnten, umwandeln. Nachdem Sie die Arbeit an diesen Fragen abgeschlossen haben, sollen Sie über weitere Fragen nachdenken, die Sie im Rahmen Ihrer Arbeit benutzen. Schreiben Sie diese Fragen auf, und wandeln Sie sie ebenfalls in offene Fragen um. Versuchen Sie, zu jeder dieser Fragen zwei Alternativfragen zu entwickeln.

Geht es Ihnen gut?

1.

2.

Sind Sie verheiratet?

1.

2.

Wieviel trinken Sie in der Regel?

1.

2.

Hattest du heute in der Schule einen guten Tag?

1.

2.

Beispielantworten zu Übung 4.1

Geht es Ihnen gut?

1. Was haben Sie heute schon Gutes erlebt?
2. Womit würden Sie heute gern beginnen?

Sind Sie verheiratet?

1. Würden Sie mir über wichtige Beziehungen in Ihrem Leben berichten?
2. Wie ist die Situation bei Ihnen zu Hause?

Wieviel trinken Sie in der Regel?

1. Was ist für Sie ein typischer Anlaß für Alkoholkonsum, und wie geht es dabei zu?
2. Könnten Sie mir einmal schildern, was es für Sie bedeutet, abends auszugehen?

Hattest du heute in der Schule einen guten Tag?

1. Worüber hast du heute Mittag geredet?
2. Was machen Kinder, wenn sie etwas nicht verstehen?

Übung 4.2 Gute Fragen formulieren

Abgesehen vom Nutzen gewisser Standardfragen ist es auch nützlich, sich im Formulieren von Fragen zu üben, die auf das eingehen, was der Klient mitteilt. Sie lesen bei dieser Übung die Äußerung eines Klienten und formulieren dann zwei offene Fragen zum Inhalt des Gesagten.

1. *Statt zu prügeln, bin ich diese Woche zweimal spazieren gegangen und habe während dessen darüber nachgedacht, was ich tun wollte.*

   Frage A:

   Frage B:

2. *Ich verstehe nicht, was wir hier tun sollen.*

   Frage A:

   Frage B:

3. *Ich mag Kinder, aber manchmal bringen sie mich zur Weißglut, und dann tue ich Dinge, die ich eigentlich nicht tun sollte.*

   Frage A:

   Frage B:

4. *Ich bin es wirklich leid, mich mit all diesem Mist herumzuärgern. Ich kann das einfach nicht mehr. Irgendwas muß sich ändern.*

   Frage A:

   Frage B:

5. *Mein Problem ist meine Frau mit ihren ständigen Klagen.*

   Frage A:

   Frage B:

   BONUS

6. *Da haben wir es wieder. Immer der gleiche alte Mist, nur in einer neuen Version.*

   Frage A:

   Frage B:

Beispielantworten zu Übung 4.2

1. *Statt zu prügeln, bin ich diese Woche zweimal spazieren gegangen und habe während dessen darüber nachgedacht, was ich tun wollte.*

   Beispielfrage A: Wie haben Sie es geschafft, nicht zu prügeln?

   Beispielfrage B: Wie war es für Sie, spazieren zu gehen, statt zu prügeln?

2. *Ich verstehe nicht, was wir hier tun sollen.*

   Beispielfrage A: Weshalb, meinen Sie, daß Sie hier sind?

   Beispielfrage B: Was wäre die Voraussetzung dafür, daß diese Begegnung für Sie von Nutzen wäre?

3. *Ich mag Kinder, aber manchmal bringen sie mich zur Weißglut, und dann tue ich Dinge, die ich eigentlich nicht tun sollte.*

   Beispielfrage A: Wie fühlen Sie sich, nachdem Sie in einer Situation zur Weißglut getrieben worden sind und Sie auf eine Weise reagiert haben, die Ihnen selbst nicht gefällt?

   Beispielfrage B: Können Sie eine Situation in letzter Zeit schildern, in der Sie etwas getan haben, das Sie später bereuten?

4. *Ich bin es wirklich leid, mich mit all diesem Mist herumzuärgern. Ich kann das einfach nicht mehr. Irgendwas muß sich ändern.*

   Beispielfrage A: Was müßte nach Ihrer Meinung geschehen, um dies zu ändern?

   Beispielfrage B: Was glauben Sie tun zu können, damit es dazu kommt?

5. *Mein Problem ist meine Frau mit ihren ständigen Klagen.*

   Beispielfrage A: Was könnte dazu führen, daß Ihre Frau nicht mehr klagt?

   Beispielfrage B: Ihre Frau ist also über einige Dinge unglücklich – wie sieht es denn mit Ihnen selbst aus?

6. *Da haben wir es wieder. Immer der gleiche alte Mist, nur in einer neuen Version.*

   Beispielfrage A: Wenn Sie verhindern wollten, daß sich dieses altbekannte Muster wiederholt, was müßten Sie dann verändern?

   Beispielfrage B: Was gefällt Ihnen an dieser Sache nicht?

Übung 4.3 Affirmationen finden

In dieser Übung lesen Sie Beschreibungen der Situation von Klienten, denken darüber nach, notieren Stärken, die Ihnen auffallen, und entwickeln aufgrund der Stärken Affirmationen. Versuchen Sie, diese in »Du/Sie«-Sprache zu formulieren.

Eine Diabetikerin benutzt seit kurzem eine Insulinpumpe und hat seither abwechselnd einen hohen oder niedrigen Blutzuckerspiegel. Sie prüft diesen mindestens achtmal täglich und führt sich aufgrund dieser Messungen jeweils soviel Insulin zu, wie sie braucht; doch durch diese Bemühungen, das Problem zu beheben, könnten die besonders hohen und niedrigen Insulinwerte verursacht werden. Manchmal wacht sie mitten in der Nacht wegen eines zu niedrigen Blutzuckerspiegels auf. Ihr Diabetesberater hat versucht, mit ihr über dieses Muster zu reden, und sie hat in diesem Gespräch gesagt, es sei ja schließlich nicht ihre Idee gewesen, die Pumpe einzusetzen.

1. Stärken:

2. Affirmation:

Ein junger Mann steht zum dritten Mal innerhalb eines Jahres vor einem Jugendrichter. Er war wegen Marihuanabesitzes verhaftet worden. Er war zusammen mit anderen obdachlosen Jugendlichen auf der Straße gewesen, und ein paar College-Studenten hatten mit ihnen Streit angefangen. Er hatte sich eingemischt, und es war zu einer Schlägerei gekommen. Als die Polizei eintraf und den Streit beendete, fiel ihm eine mit Marihuana gefüllte Tüte aus der Tasche. Vor Gericht setzt er jedesmal eine Unschuldsmiene auf.

1. Stärken:

2. Affirmation:

Eine gestreßte Managerin beklagt sich, weil sie große Schwierigkeiten hat, die vielen Aufgaben, die sie bewältigen muß, zufriedenstellend zu erledigen. Sie ist ständig müde, und es fällt ihr sehr schwer, morgens um fünf Uhr aus dem Bett zu kommen, wenn der Wecker klingelt. Um spät abends, wenn die Kinder im Bett sind und sie die letzten eMails abgeschickt hat, ein wenig abzuschalten, trinkt sie mehr als noch vor einigen Jahren. Ihr Mann macht sich wegen ihres gestreßten Zustandes Sorgen, doch wenn er versucht, mit ihr über die Auswirkungen ihrer ständigen Angespanntheit zu reden, stößt er auf starken Widerstand, und gewöhnlich kontert sie dann mit Bemerkungen wie der, irgend jemand müsse in dieser Familie ja schließlich die Hosen an haben.

1. Stärken:

2. Affirmation:

Elmer ist 95 Jahre alt. Er lebt allein, allerdings mittlerweile in einer Einrichtung für betreutes Wohnen. Von Zeit zu Zeit nimmt er an Trainingsgruppen teil, und der Kontakt mit seinen Nachbarn gefällt ihm. Er besucht auch Familienfeiern, hat aber in Gruppensituationen Hörprobleme und fühlt sich deshalb oft isoliert. Außerdem wird er immer vergeßlicher und muß sich deshalb vieles mehrmals erklären lassen. Sein Sohn, der oft derjenige ist, an den sich der Vater wiederholt mit der Bitte, ihm etwas zu erklären, wendet, klagt oft, daß er diese Kommunikationsbemühungen als manipulativ empfindet.

1. Stärken:

2. Affirmation:

Trudy raucht. Sie weiß, daß das nicht gut für sie ist, und sie ist es leid, von anderen Menschen ständig darauf hingewiesen zu werden. Im Laufe der Zeit ist ihr klargeworden, daß sich ihre anfängliche soziale Gewohnheit des Rauchens in eine ausgewachsene Sucht verwandelt hat. Irgendwann, so hat sie sich vorgenommen, wird sie mit dem Rauchen aufhören – aber jetzt noch nicht. Angesichts der vielen anderen Dinge, die in ihrem Leben passieren, findet sie, daß dieser Vorsatz etwas ist, das ganz allein sie etwas angeht. Sie fühlt sich wegen ihres Rauchens schuldig und versucht, dies vor ihrem Sohn zu verbergen, und ihrem Mann gegenüber meidet sie das Thema völlig. Sie weiß, daß er recht hat, wenn er darauf zu sprechen kommt, und doch weckt er ihren Zorn.

1. Stärken:

2. Affirmation:

Amos ist ein »harter Hund«. Er sagt: »Ich arbeite, um meinen Lebensunterhalt zu verdienen.« Er arbeitet an Stahlkonstruktionen großer Hochhäuser. An seinem Arbeitsplatz kann ein falscher Schritt einen sehr tiefen Fall zur Folge haben. Er läßt sich von anderen nicht jeden Mist erzählen, auch nicht von seinen Vorgesetzten, und das hat manchmal unangenehme Konsequenzen für ihn. Seine Frau klagt, er sei ihr gegenüber reserviert, und er ist sich nicht einmal sicher, ob er wirklich weiß, was sie damit meint. Er liebt sie und beteuert dies auch ihr gegenüber, ist aber von ihren ständigen Aufforderungen, er solle mehr reden, genervt. Er kauft ihr Blumen, schaut sich manchmal ihre Lieblingssendungen im Fernsehen an und erledigt gewissenhaft die häuslichen Pflichten, die er übernommen hat. Er wird jedesmal mürrischer, wenn sie ihn auffordert, eine Gesprächstherapie anzufangen, um besser zu kommunizieren zu lernen. Als sie gestern Abend wieder mit der Therapie anfing, hat er sie angeschnauzt, und jetzt fühlt er sich schuldig, will aber andererseits nicht »nachgeben«.

1. Stärken:

2. Affirmation:

Beispielantworten zu Übung 4.3

Einer Diabetikerin fällt es schwer, ihren HbA1c-(Blutzucker-)Spiegel unter Kontrolle zu halten.

1. Stärken:
   - Bemüht sich, ihre Diabetes unter Kontrolle zu behalten (Überprüfung des Glukosespiegels achtmal täglich, Verabreichen zusätzlichen Insulins, um den Glukosespiegel zu beeinflussen).
   - Beharrlichkeit in der Überprüfung der Blutwerte.
2. Affirmation:
   - Sie sind ziemlich konsequent in Ihren Bemühungen, diese Dinge unter Kontrolle zu bringen, auch wenn Sie dadurch gelegentliche Rückschläge nicht verhindern können.

Ein junger Mann steht zum dritten Mal innerhalb eines Jahres vor einem Jugendrichter.

1. Stärken:
   - Verteidigt seine Freunde.
   - Ist bereit, für seine Sicht der Dinge einzutreten, auch wenn ihn das etwas kostet.
2. Affirmation:
   - Sie sind ein treuer Freund, der bereit ist, andere Menschen zu verteidigen, auch wenn Sie das in Schwierigkeiten bringt.

Eine gestreßte Managerin beklagt sich, weil sie große Schwierigkeiten hat, ihren vielen Verpflichtungen zufriedenstellend gerecht zu werden.

1. Stärken:
   - Bereit, sehr hart für ihre Familie zu arbeiten.
   - Ist immer noch bemüht, sich den Herausforderungen, mit denen sie konfrontiert wird, zu stellen, obwohl dies für sie immer schwieriger wird.
   - Kann die Befriedigung ihrer Bedürfnisse aufschieben, bis die Bedürfnisse anderer (ihrer Kinder oder der eMail-Empfänger) erfüllt sind.
2. Affirmation:
   - Sie sind offensichtlich eine Frau, die extrem hart arbeiten kann, sogar wenn Sie zu diesem Zweck die Erfüllung eigener Bedürfnisse aufschieben müssen. Dazu sind Sie in der Lage, wenn Sie das Gefühl haben, dies werde von Ihnen erwartet.

Elmer ist 95 Jahre alt.

1. Stärken:
   - Er ist unabhängig und sehr umgänglich.
   - Er sucht weiterhin nach Möglichkeiten, aktiv und gesund zu bleiben.
2. Affirmation:
   - Sie sind jemand, der mit anderen Menschen und insbesondere mit seiner Familie wirklich in Kontakt bleiben will.

Trudy raucht.

1. Stärken:
   - Ist geistig unabhängig.
   - Ist sich der Veränderungen in ihrem Verhalten bewußt, und diese machen ihr Sorgen.
   - Möchte gesünder sein.
2. Affirmation:
   - Sie sind ein sehr selbstbewußter Mensch und nicht ohne weiteres bereit, den Wünschen anderer nachzugeben. Wenn Sie sich erst einmal eine Auffassung zu eigen gemacht haben, können Sie sehr entschlossen sein.

Amos ist ein »harter Hund«.

1. Stärken:
   - Er liebt seine Frau und versucht, dies ihr gegenüber auf seine Weise auszudrücken.
   - Er ist bereit, sich mit Kritik und anderen Auffassungen auseinanderzusetzen.
   - Er merkt, wenn er zu weit gegangen ist.
2. Affirmation:
   - Sie sind ein Mensch, der sich seiner Frau sehr tief verbunden fühlt, und Sie sind bereit, dies auf eine Weise zum Ausdruck zu bringen, die Ihnen als sinnvoll erscheint.

Übung 4.4 Stärken meiner Klienten

Denken Sie über Ihre Klienten und den Kontext Ihrer Arbeit nach. Mit welchen Schwierigkeiten werden Ihre Klienten durch diesen Kontext konfrontiert? Welche Ressourcen bringen sie mit in die Sitzung? Beispielsweise herrscht in sozialen Institutionen oft die Auffassung vor, daß die Klienten in erster Linie mehr Unterstützung herausschlagen wollen und daß es ihnen nicht wichtig ist, ihre Situation wahrheitsgemäß zu beschreiben. Stärken der Klienten können in diesem Kontext sein:

- Die Fähigkeit, zu beobachten, wie Systeme funktionieren;
- die Fähigkeit, Chancen zu erkennen;
- das Bewußtsein der eigenen Stärken und dessen, wie man sie zur Erfüllung der eigenen Bedürfnisse nutzen kann;
- Kreativität hinsichtlich der Nutzung des Systems zur Erfüllung ihrer Wünsche und zur Befriedigung ihrer Bedürfnisse;
- die Fähigkeit, Entscheidungen im eigenen Interesse zu treffen;
- Entschlossenheit, Tapferkeit und Dreistigkeit.

Denken Sie nun über Ihre Klienten nach. Beschränken Sie sich nicht auf die naheliegenden negativen Einschätzungen (z. B.: »Meine Klienten können gut lügen«), sondern suchen Sie nach der Stärke, die dem oberflächlich negativen Verhalten zugrunde liegt. Sobald Sie eine Liste dieser Eigenarten zusammengestellt haben, können Sie darüber nachdenken, in welcher Hinsicht diese Stärken für Ihre Klienten Ressourcen sind und wie Sie ihnen dies so nahebringen können, daß es sich für Veränderungen zum Positiven nutzen läßt. Man kann es auf folgende Weise erreichen:

- Stellen Sie eine Liste der Stärken Ihres Klienten zusammen, und beantworten Sie anschließend bezogen auf die einzelnen Stärken folgende Fragen:

  Wie bringt der Klient die betreffende Stärke zum Ausdruck?
  Wie hilft die Stärke dem Klienten?

- Formulieren Sie eine entsprechende Affirmation in Form einer »Du/Sie«-Aussage.

Arbeitsblatt Klientenstärken zu Übung 4.4

BEISPIEL: *Ein Klient, der kürzlich einen Herzinfarkt erlitten hat, ißt weiterhin sehr fette Nahrung.*
STÄRKE: *Entschlossenheit, Entscheidungen nach den eigenen Vorstellungen zu treffen.*

Ausdruck der Stärke(n)? *Widersetzt sich einer Verhaltensänderung, wenn sein Arzt ihm sagt, daß er seine Eßgewohnheiten ändern muß, weil er sonst bald einen zweiten Infarkt bekommen wird.*
Hilft wie? *Ermöglicht ihm, eine Situation, der er sich völlig ausgeliefert fühlen würde, in einem gewissen Maß zu beeinflussen. Vermittelt das Gefühl der Integrität. Entspricht persönlichen Wertvorstellungen.*
Affirmation? *Sie sind ein Mensch, der nicht nur deshalb etwas tut, weil jemand anderes ihm sagt, er müsse oder solle es. Sie selbst wollen entscheiden, ob etwas für Sie richtig ist, und manchmal müssen Sie deshalb ziemlich starkem Druck standhalten.*

(Kopieren Sie das folgende Schema, wenn Sie es für verschiedene Situationen benötigen.)

SITUATION IHRES KLIENTEN:

Stärke(n):

Ausdruck der Stärke(n)?

Hilft wie?

Affirmationen?

Stärke(n):

Ausdruck der Stärke(n)?

Hilft wie?

Affirmationen?

Übung 4.5 Zusammenfassungen entwickeln

Lesen Sie das folgende Transkript, und bezeichnen Sie die verschiedenen Techniken, die der Helfer benutzt. Versetzen Sie sich anschließend in die Situation des Helfers, und schreiben Sie eine Zusammenfassung, die Ihnen als nützlich erscheint. Entscheiden Sie sich möglichst vorab für eine bestimmte Art der Zusammenfassung (für die sammelnde, verbindende oder überleitende). Es ist wichtig, sich für eine ganz bestimmte Art zu entscheiden. Nachdem Sie diese erste Zusammenfassung geschrieben haben, können Sie eine zweite verfassen, diesmal eine der beiden anderen Arten.

	Helfer/Klient-Äußerungen	*Art der Reaktion*
T.:	Weshalb sind Sie heute in diese Einrichtung für berufliche Rehabilitation gekommen?	
K.:	Wie meinen Sie das?	
T.:	Weshalb haben Sie gerade jetzt das Gefühl gehabt, es sei der richtige Zeitpunkt dafür?	
K.:	Ich muß wieder arbeiten, um meine Familie ernähren zu können. Meine Schmerzen sind nicht mehr so stark; deshalb muß ich jetzt etwas tun.	
T.:	Weil Sie sich besser fühlen, können Sie jetzt wieder daran denken zu arbeiten.	
K.:	Ja. Vor zwei Monaten habe ich mir zwar auch schon wegen der Finanzen Sorgen gemacht, aber es ging mir so schlecht, daß ich sowieso nicht hätte arbeiten können.	
T.:	Jetzt fühlen Sie sich wohler und können sich deshalb mit einigen Dingen befassen, die Ihnen schon länger Sorgen machen.	

K.: Ich will nicht, daß meine Frau so viel arbeiten muß. Sie ist ziemlich überlastet und ist auch selbst nicht ganz gesund. Außerdem will ich wieder etwas für meine Familie tun, statt zu Hause herumzuliegen.

T.: Sie sind kein Mensch, der gerne untätig ist. Sie sind der Ernährer. Deshalb hat es Ihnen zu schaffen gemacht, daß Sie zur Untätigkeit verurteilt waren, und noch schwerer ist es Ihnen gefallen mitanzusehen, wie sich das auf Ihre Frau auswirkte.

K.: Genau. Ich habe mein ganzes Leben lang gearbeitet, und dann machte plötzlich mein Rücken nicht mehr mit, und ich konnte nichts mehr tun. Ich *mußte* aber etwas tun, konnte es nur einfach nicht, und das hat mich ziemlich deprimiert.

T.: *(Schreiben Sie eine Zusammenfassung.)*

Lösung zu Übung 4.5

	Helfer/Klient-Äußerungen	*Art der Reaktion*
T.:	Weshalb sind Sie heute in diese Einrichtung für berufliche Rehabilitation gekommen?	*offene Frage*
K.:	Wie meinen Sie das?	
T.:	Weshalb haben Sie gerade jetzt das Gefühl gehabt, es sei der richtige Zeitpunkt dafür?	*offene Frage*
K.:	Ich muß wieder arbeiten, um meine Familie ernähren zu können. Meine Schmerzen sind nicht mehr so stark; deshalb muß ich jetzt etwas tun.	
T.:	Weil Sie sich besser fühlen, können Sie jetzt wieder daran denken zu arbeiten.	*Reflexion*
K.:	Ja. Vor zwei Monaten habe ich mir zwar auch schon wegen der Finanzen Sorgen gemacht, aber es ging mir so schlecht, daß ich sowieso nicht hätte arbeiten können.	
T.:	Jetzt fühlen Sie sich wohler und können sich deshalb mit einigen Dingen befassen, die Ihnen schon länger Sorgen machen.	*Reflexion*
K.:	Ich will nicht, daß meine Frau so viel arbeiten muß. Sie ist ziemlich überlastet und selbst auch nicht ganz gesund. Außerdem will ich wieder etwas für meine Familie tun, statt zu Hause herumzuliegen.	
T.:	Sie sind kein Mensch, der gerne untätig ist. Sie sind der Ernährer. Deshalb hat es Ihnen zu schaffen gemacht, daß Sie zur Untätigkeit verurteilt waren, und noch schwerer ist es Ihnen gefallen mitanzusehen, wie sich das auf Ihre Frau auswirkte.	*Affirmation, kurze sammelnde Zusammenfassung*
K.:	Genau. Ich habe mein ganzes Leben lang gearbeitet, und dann machte plötzlich mein Rücken nicht mehr mit, und ich konnte nichts mehr tun. Ich *mußte* aber etwas tun, konnte es nur einfach nicht, und das hat mich ziemlich deprimiert.	
T.:	Dann sind Sie also hier, weil Ihnen das jetzt möglich ist. Vor zwei Monaten hätten Sie noch nicht kommen können. Aber jetzt, wo Sie es können, ist es Ihnen sehr wichtig, für Ihre Familie und Ihre Frau zu sorgen, indem Sie wieder arbeiten. Das entspricht Ihrer Art.	*verbindende Zusammenfassung zur Stärkung der Motivation*
	oder	
T.:	Schauen wir einmal, ob ich das alles richtig verstanden habe. Sie fühlen sich jetzt körperlich besser und waren deshalb der Meinung, es sei Zeit, zur Beratung zu kommen. Als Sie nicht arbeiten konnten, waren Sie ziemlich deprimiert, aber jetzt fühlen Sie sich wieder in der Lage, Ihre Familie zu ernähren, und Sie wollen das auch. Welche Vorstellung haben Sie denn, was Sie tun möchten?	*überleitende Zusammenfassung, die in einen neuen Untersuchungsbereich führt*

Übung 4.6 Real-Time- und Drive-Time-Zusammenfassungen

In Kapitel 2 haben wir geübt, Reflexionen zu Radio-/Fernseh-Talkshows zu formulieren. In dieser Übung weiten wir diese Praxis auf die Formulierung von Zusammenfassungen aus. Hören Sie sich einen Dialog aus einer Talkshow an. Wenn Sie genug Informationen gesammelt haben, schalten Sie das Radio oder Fernsehen aus und formulieren eine Zusammenfassung des Gehörten. Denken Sie daran, sich kurz zu fassen, Ambivalenzen in die Darstellung einzubeziehen und *Change-talk* zu verstärken. Wenn Sie selbst nicht autofahren (oder die Übung nicht beim Autofahren ausführen wollen), können Sie die Technik auf eine Talkshow anwenden, indem Sie den Ton abschalten. Sie können aber auch einen Beitrag eines Zeitungskolumnisten auf diese Weise auswerten.

[5] Erkennen, Verstärken und Hervorrufen von Change-talk

Auftakt

LaDonna saß mit verschränkten Armen da, blickte finster vor sich hin und atmete tief ein. Beim Ausatmen entspannten sich ihre Arme und rutschten auf ihren Schoß. Ihre Augen wurden trübe, und sie antwortete weich.

»Nein, ich habe seither nicht mehr daran gedacht, mich selbst zu verletzen, aber andererseits gibt es auch nicht viel, was mich dazu motiviert, trocken zu bleiben – außer daß mich mein Bruder dann an die Luft setzen würde.« Der Therapeut schwieg, und sie fuhr fort: »Ich habe fast alles andere verloren. Deshalb kann ich nur sagen, daß ich nicht weiß, warum ich es tue.«

»Sie wissen nicht, warum Sie es tun, tun es aber trotzdem.«

»Es fällt mir wirklich schwer – und damit meine ich *wirklich* schwer –, aber ich gehe weiter zur Behandlung, und ich nehme auch an den Meetings teil. Und trotzdem habe ich nicht das Gefühl, daß irgendwas besser wird.«

»Sie müssen ein ungeheures Engagement haben. Man könnte ja verstehen, warum Sie es tun, wenn Sie viel zu verlieren hätten, aber im Moment ist das ja wohl kaum der Fall, und Sie bleiben trotzdem am Ball, obwohl ein Teil von Ihnen am liebsten aufgeben würde.«

»Darauf können Sie sich verlassen. Aber so habe ich die Sache noch nie gesehen.«

»Sie hatten diese Stärke und dieses Engagement noch gar nicht bei sich bemerkt.«

»Nein, eigentlich nicht, aber ...«

»Aber ...«

»Na ja, ich war schon einmal drei Jahre lang clean und trocken.«

»Dann wissen Sie also, wie man das hinbekommt.«

»Ich denke schon. Aber das ist schon ziemlich lange her ... falls Sie verstehen, was ich meine.«

»Sie würden gern zu diesem Punkt zurückkehren, sind sich aber nicht sicher, ob Sie das im Moment können.«

»Ich glaube schon, daß ich das kann; aber ich will mich einfach besser fühlen, und das ist leider nicht so.«

»Jedenfalls *noch* nicht.«

»Ich hoffe bald.«

»Ja, bald. Schauen wir einmal, ob ich das alles richtig verstanden habe. Es ist schwer für Sie, äußere Gründe dafür zu finden, glücklich zu werden und clean zu bleiben; allerdings scheint es ein paar innere Gründe zu geben, die Sie antreiben, denn Sie bleiben ja am Ball – auch wenn Ihnen das ziemlich schwer fällt. Sie würden sich gern besser fühlen, und Sie wissen auch, daß Ihnen das möglich ist; nur sind Sie sich nicht sicher, wie Sie das im Moment schaffen sollen. Der Berg, den Sie hinaufklettern wollen, fühlt sich glitschig an, aber Sie sind trotzdem entschlossen, ihn zu bezwingen.«

LaDonna nickte. Sie war 45 Jahre alt und nahm zum fünften Mal an einem Programm für Drogensüchtige teil. Sie wollte wieder arbeiten, doch dem standen außer dem Drogenkonsum noch viele andere Dinge entgegen: Gelenkverschleiß, chronische Schmerzen, Lernprobleme und Depression/Angst. Sie war sozial isoliert und hatte sowohl starke Angst davor, wieder zu arbeiten, als auch vor einem erneuten Rückfall in den Drogenkonsum. Das Gespräch mit ihr diente der Beurteilung und Dokumentation ihrer Probleme, doch wie der obige Dialog zeigt, kann der Aspekt der Motivation in jeder Situation eine Rolle spielen, und schon ein so kurzer kommunikativer Austausch kann einen Klienten stark beeinflussen.

Der obige Dialog mit LaDonna fand im Rahmen einer Befragung über ihre aktuellen depressiven Symptome und über einen Suizidversuch sechs Monate vorher statt. Wie ihre Äußerungen erkennen lassen, hatte sie kaum Hoffnung, clean zu bleiben, und wußte auch nicht, wie sie diese Hoffnung hätte stärken und erhalten können. In früheren Kapiteln wurde bereits erwähnt, daß ein Versuch, mit ihr darüber zu reden, weshalb es sich für sie trotz allem lohne, weiter zu kämpfen, bei ihr wahrscheinlich eine »Ja, aber «-Reaktion hervorgerufen hätte. Implizit im Kontext zu erkennen war jedoch ihre Entschlossenheit, sich auch weiterhin um ein besseres Leben zu bemühen. Die Reaktionen des Helfers sind ein Versuch, das zu aktivieren, was ihre Bereitschaft, am Ball zu bleiben, verstärkte. Beide Beteiligte – Klientin und Therapeut – verfolgten gemeinsam das Ziel, ihr zu helfen, trocken bzw. clean zu bleiben.

Anfangs bestimmten die Vermutungen des Therapeuten die Atmosphäre des Austauschs. Doch im weiteren Dialog bestätigte und erweiterte sie diese Vermutungen, wenn auch nur sehr vorsichtig. Sie fing an, von der Möglichkeit einer Veränderung zu reden. Am Ende trat diese Möglichkeit und die Fähigkeit der Klientin, sie zu realisieren, deutlicher zutage. Offen bleibt die Frage, ob sie zu einer verbindlichen Selbstverpflichtung in der Lage ist. Und wenn ja, für welches Ziel? Und wenn nein, wie könnte man ihr helfen, diese Fähigkeit zu entwickeln?

Ein tieferer Einblick

Miller und Rollnick (1991) haben in der ersten Version ihres Standardwerks Argumente der Klienten selbst, in denen das Befürworten einer Veränderung zum Ausdruck kam, als »selbstmotivierende Äußerungen« bezeichnet. Obwohl dies eine zutreffende Beschreibung ist, stellte sich heraus, daß der Begriff sich nicht besonders gut für Therapeuten und andere Helfer eignete, die sich mit der Redeweise von Klienten auseinandersetzen. Deshalb trat im Laufe der Zeit der Begriff *Change-talk* an seine Stelle. *Change-talk* bezeichnet Äußerungen von Klienten, die darauf hindeuten, daß der Betreffende auf dem besten Weg ist, ein problematisches Verhalten zum Positiven zu verändern. Es handelt sich dabei um Kommentare, die wir uns anhören wollen, die wir hervorzulocken versuchen und auf die wir, wenn sie aufgetaucht sind, Klienten gezielt hinweisen, weil sie Verhaltensänderungen ankündigen.

Das *Change-talk*-Konzept hat sich im Laufe der Zeit herausgebildet. Momentan nehmen wir an, daß eine Äußerung vier Elemente enthält, an denen wir erkennen können, ob es sich tatsächlich um *Change-talk* handelt.

Erstens repräsentiert Change-talk Äußerungen über Veränderung. Demnach deuten solche Äußerungen darauf hin, daß die betreffenden Klienten den Wunsch oder die Fähigkeit haben, sich zu verändern, daß sie die Vorteile einer solchen Veränderung sehen, daß sie die Schwierigkeiten ihrer aktuellen Situation erkennen, daß sie bereit sind, sich für eine Veränderung zu engagieren, oder daß sie schon konkrete Schritte zur Realisation der Veränderung unternehmen. (Möglicherweise werden dieser Liste später weitere Kategorien hinzugefügt.)

Zweitens sind diese Äußerungen mit einem spezifischen Verhalten oder mit einer bestimmten Gruppe von Verhaltensweisen verbunden. Dieses Element der Spezifizität hängt mit der direktiven MI-Komponente zusammen. Jede Sitzung ist auf ein bestimmtes Ziel ausgerichtet (z. B. auf die Verbesserung des gesundheitlichen Zustandes, auf prosoziales Verhalten, auf die Vermeidung von Substanzmißbrauch, auf die Bevorzugung risikoarmer Sexualpraktiken, auf die Verringerung interpersonaler Gewalt oder auf die Verbesserung der Zahnpflege), und *Change-talk* manifestiert sich in Beziehung zu diesen Zielen.

Drittens geht Change-talk meist, aber nicht zwingend, vom Klienten aus. Das bedeutet, daß Therapeuten/Helfer das, was sie hören, als potentiellen *Change-talk* spiegeln, und wenn die Klienten diese Spiegelung als zutreffend bestätigen, wird das betreffende Verhalten im MI-Kodierungssystem (z. B. MI Scoring Code [MISC]; MI Treatment Integrity [MITI]) als *Change-talk* verstanden. Entscheidend ist demnach nicht, daß der Klient die richtigen Worte spricht, sondern daß er das Zutreffen seiner Äußerung erkennt und dies dem Therapeuten/Helfer mitteilt.

Viertens wird Change-talk in der Regel in der Gegenwartsform ausgedrückt. Die Klienten beziehen sich also auf Dinge, die ihre gegenwärtige Situation spiegeln. Wenn ein Klient z. B. sagt: »Früher hatte ich mit dem Trinken einige Probleme«, so *kann* das *Change-talk* sein, muß es aber nicht. Ob es dies ist, darüber entscheidet, was auf die Äußerung folgt. Der Klient könnte beispielsweise sagen: »... aber das ist jetzt eigentlich kein Problem mehr«, und dies würde bedeuten, daß es sich nicht um *Change-talk* handelte. Würde der Klient hingegen sagen: »... und ich vermute, daß es immer noch so ist«, so wäre es *Change-talk*. Würde der Helfer die ursprüngliche Aussage »Damit hatte ich in der Vergangenheit einige Probleme, und möglicherweise ist es immer noch so« spiegeln, und der Klient würde darauf antworten: »Das ist wahr«, so handelte es sich um *Change-talk*.

Somit umfaßt *Change-talk* nach derzeitiger Auffassung vier Elemente: Inhalt, Erkennen, ein spezifisches Zielverhalten und die Gegenwart. Untersuchungen von Moyers *et al.* (2007) zufolge spielt *Change-talk* nicht nur im MI-Rahmen eine Rolle, sondern ermöglicht es auch in den verschiedensten anderen Behandlungszusammenhängen, Veränderungen hinsichtlich des Alkoholkonsums vorauszusagen. Dies bestätigt, daß es wichtig ist, *Change-talk* zu fördern und zu verstärken – wobei noch nicht erläutert wurde, *warum* dies wichtig ist. Um dies zu erklären, beziehen wir uns auf Darryl Bems Selbstwahrnehmungstheorie (Bem 1967).

Bem entwickelte die Selbstwahrnehmungstheorie als Alternative zur Theorie der kognitiven Dissonanz (Festinger 1957). Er entdeckte, daß Menschen sich *nicht* an einem angeborenen Trieb, ein Konsonanzverhältnis zwischen ihren Überzeugungen, Einstellungen und Verhaltensweisen aufrechtzuerhalten, orientieren, sondern daß sie schlicht ihr eigenes Verhalten beobachten – genau so wie sie andere Menschen beobachten würden –, um sich über ihre Einstellung klar zu werden. Bem stellte fest, daß dieser Prozeß in Situationen stattfand, in denen die Überzeugungen und Einstellungen unsicher waren und äußere Belohnungen zur Erklärung eines Verhaltens nicht ausreichten. Fordert man beispielsweise einen Therapeuten oder Helfer, der selbst fest an den Wert der Abstinenz glaubt, auf, seinen Klienten gegenüber lediglich im Sinne der Einschränkung von Schädigungen zu argumentieren, so verändert der Betreffende seine Überzeugungen wahrscheinlich allein aufgrund dessen nicht. Wenn man jemanden mit einer festen Überzeugung auffordert, eine Position zu vertreten, die seinen Überzeugungen entgegengerichtet ist, verändert sich die Einstellung des Betreffenden dadurch kaum. Ebenso unwahrscheinlich ist es, daß Menschen zwingend ihre Einstellungen verändern, wenn ihr Verhalten den Forderungen einer äußeren Autorität entspricht (z. B. wenn man einen Inhaftierten auffordert, der Bewährungskommission zu sagen, weshalb er nicht gegen die Bewährungsauflagen verstoßen wird). Doch wenn Menschen unsicher sind und man sie auffordert, im Sinne einer bestimmten Einstellung zu argumentieren, verändert sich ihre Einstellung im Sinne ihrer Argumentation. Kurz gesagt: Wir neigen dazu, das zu glauben, was wir argumentativ vertreten.

Die Selbstwahrnehmungstheorie läßt sich relativ leicht auf das MI anwenden. Weil sich die meisten Menschen unsicher sind, wie sie sich bezüglich einer Verhaltensveränderung fühlen (DiClemente [2003] schätzt, daß mehr als zwei Drittel derjenigen, die schon einmal über eine Verhaltensveränderung nachgedacht haben, bezüglich einer Veränderung stark ambivalente Empfindungen haben), befinden sie sich in einem unsicheren Zustand. Deshalb ist es unter derartigen Umständen immer das Ziel des Therapeuten, den Klienten zu helfen, Gründe für eine Veränderung zu identifizieren und diese zu artikulieren. Andererseits meiden sie Situationen, in denen sie selbst für eine Veränderung eintreten, während der Klient sich dagegen ausspricht (d. h., er vertritt die Auffassung, daß die Situation nicht verändert zu werden braucht).

Diese Theorie könnte erklären, weshalb es für den Klienten – nicht aber für den Helfer/Therapeuten – wichtig ist, für eine Veränderung einzutreten. Damit sich die Einstellung eines Klienten verändert, muß dieser sich selbst darüber reden hören, weshalb eine Veränderung eintreten sollte, oder er muß bestätigen, daß eine Äußerung zutreffend ist, wenn ein Therapeut ihm potentiellen *Change-talk* spiegelt.

Obwohl die theoretischen Grundlagen von *Change-talk* schon seit einiger Zeit geklärt sind, gab es bis vor kurzem keine experimentellen Untersuchungen, die diesen Mechanismus bestätigten. Heute liegen uns Daten vor, die zeigen, daß (1) natürliche sprachliche Äußerungen von Klienten im Laufe eines Gesprächs verläßliche Aussagen über das spätere Verhalten des Betreffenden ermöglichen (Amrhein *et al.* 2003; Amrhein, Miller, Yahne, Knupsky & Hochstein 2004), (2) das Verhalten des Therapeuten das spätere Auftreten von *Change-talk* erkennen läßt (Moyers, Miller *et al.* 2005; Schoener *et al.* 2006). (3) *Change-talk* in einer frühen Behandlungsphase Aussagen über spätere Behandlungsresultate bezüglich Trunksucht zuläßt (Moyers *et al.* 2007), und (4) *Change-talk* in allen Behandlungsmodalitäten auftreten kann und Aufschluß über das spätere Behandlungsergebnis gibt (Moyers *et al.* 2007). Dem ist hinzuzufügen, daß nur MI *Change-talk* hervorzurufen und zu verstärken versucht.

Amrheins Arbeit deutet darauf hin, daß man *Change-talk* des Klienten etwas anders verstehen sollte, als Miller und Rollnick (2002/2004) es empfehlen. Amrhein *et al.* (2004) benennen zwei grobe Kategorien: *vorbereitende Äußerungen* und *mobilisierende Äußerungen*. Die vorbereitenden Äußerungen umfassen vier Komponenten (*Wunsch*, *Fähigkeit*, *Grund* und *Bedürfnis*), die mobilisierende Sprache zwei (*Selbstverpflichtung/Engagement* und *Schritte einleiten*).

Amrhein *et al.* (2003, 2004) berichten außerdem noch über einige weitere wichtige Beobachtungen. Die vorbereitenden Äußerungen sind zwar wichtig, ihr unmittelbarer Einfluß auf Verhaltensänderungen ist aber eher gering. Stärkere Wirkungen lassen sich erzielen, indem man die Wahrscheinlichkeit des Vorkommens von Engagement/Selbstverpflichtung *(commitment)* erhöht, die das Verhalten des Klienten zuverlässiger erkennen lassen. Sind Sie nun verwirrt? Keine Sorge. Im Moment geht es vor allem darum, daß die vorbereitenden Äußerungen eine wichtige Rolle spielen, weshalb man ihr Vorkommen erkennen, sie verstärken und sie vermehren können sollte. Doch allein das reicht nicht immer.

Bei Äußerungen, die Engagement bzw. Selbstverpflichtung anzeigen, ist nicht der Ausgangspunkt oder das generelle Niveau entscheidend, sondern der Kurvenverlauf während einer Sitzung (die Frage, ob sie zunehmen, auf einem Niveau bleiben oder abnehmen) sowie ihr Timing (wann im Laufe der Sitzung sie auftauchen und ob sie sich beispielsweise am Ende der Sitzung manifestieren). Amrhein *et al.* (2003, 2004) haben im Rahmen ihrer Forschungsarbeit darauf hingewiesen, daß *Change-talk*, unabhängig vom ursprünglichen Ausgangspunkt, der im Laufe einer Sitzung stärker wird und der am Ende der Sitzung auftaucht, auf Veränderungen, die Substanzmißbrauch betreffen, hindeutet.

Schließlich soll hier nochmals darauf hingewiesen werden, daß *Change-talk* durch die Linse eines konkreten Verhaltensziels gesehen wird. Damit ist gemeint, daß es dabei um eine bestimmte Art von Veränderung geht (z. B. um eine Verstärkung des Körpertrainings), also nicht um Veränderung in einem allgemeineren Sinne. Für Therapeuten und andere Helfer ist diese klare Unterscheidung vielleicht weniger wichtig als für Forscher, weil Verhalten verflochten ist, so daß eine Veränderung in einem bestimmten Bereich eine in einem anderen Bereich nach sich ziehen kann. Somit bleibt das Reden über Veränderung – selbst wenn es dabei nicht um ein bestimmtes Zielverhalten geht – wichtig und kann Bewegung anzeigen, die der Therapeut nutzen kann, um dem Klienten zu helfen. Doch das Ziel des MI ist und bleibt, *Change-talk* im Hinblick auf ein bestimmtes Ziel zutage zu fördern und zu verstärken.

Vorbereitende Äußerungen

Wie bereits erwähnt wurde, gibt es vier Arten von Äußerungen, die auf Veränderungen vorbereiten, nämlich solche, die Wünsche *(**d**esire)*, Fähigkeit *(**a**bility)*, Gründe *(**r**easons)* und Bedürfnisse *(**n**eed)* spiegeln (DARN). Diese vier Arten von Äußerungen werden hier als separate Arten dargestellt, obwohl sie einander nach Auffassung der meisten Therapeuten (und Kodierer) stark überlappen. Deshalb läßt sich manchmal nur schwer unterscheiden, wo welcher Typus vorliegt. Am wichtigsten ist für unsere Zwecke die Unterscheidung zwischen vorbereitenden und mobilisierenden Äußerungen.

Der Wunsch, sich zu verändern

Äußerungen dieser Art deuten auf ein klares Bedürfnis nach Veränderung hin, sie reichen aber nicht bis zu einem selbstverpflichtenden Engagement. Obwohl Therapeuten Äußerungen dieser Art manchmal als unnützes Geschwätz abtun, handelt es sich dabei in Wahrheit um einen wichtigen Bestandteil der Vorbereitung. Öffentliche Äußerungen über den Wunsch, sich zu verändern, können als Sprungbrett zu Engagement bzw. Selbstverpflichtung anzeigenden Äußerungen fungieren und auf das Aushandeln von Veränderungsplänen vorbereiten. In folgenden Äußerungen kommt das Bedürfnis, sich zu verändern, zum Ausdruck:

»Ich wünschte mir, die Dinge lägen anders.«

»Ich hoffe, daß die Dinge sich verändern werden.«

»Dies ist nicht die Person, die ich sein möchte.«

Dieser Wunsch ist in einem Teil von LaDonnas Äußerung »Ich glaube schon, daß ich das kann, aber *ich will mich einfach besser fühlen*, und das ist leider nicht so« zu erkennen. Daß es problematisch ist, verschiedene Arten von *Change-talk* unterscheiden zu wollen, ist auch an diesem Beispiel zu erkennen; es gibt darin Anteile, die auf Fähigkeit, Grund, Bedürfnis und Wunsch hindeuten.

Die Fähigkeit, sich zu verändern (Optimismus)

Solche Äußerungen betreffen die sogenannte Selbstwirksamkeit (das Gefühl eines Menschen, etwas ausrichten zu können), und sie zeigen, daß der Betreffende glaubt, er sei in der Lage, in einem für ihn problematischen Bereich Veränderungen herbeizuführen. Diese Äußerungen können das Wissen darüber einschließen, wie man eine Veränderung erreicht, sowie Überzeugungen, denen zufolge sie dies können, wenn sie sich dazu entschließen. Manchmal nähern sich solche Äußerungen sehr stark Engagement anzeigenden Äußerungen. Es folgen einige Beispiele.

»Ich weiß, was ich tun muß – ich muß es nur noch tun.«

»Ich kann eine Veränderung erreichen; ich muß mich nur richtig dafür einsetzen.«

»Ich werde allen beweisen, daß sie im Unrecht sind.«

Oft, und besonders zu Beginn einer Begegnung, werden solche Äußerungen »versuchsweise« ausgesprochen. Wie im Fall LaDonnas kann es wichtig sein, zunächst die Hoffnung eines Klienten durch Affirmationen zu stärken. Dann können Veränderungsaussagen wie diese folgen: »Ich glaube schon, daß ich das kann, aber ich will mich einfach besser fühlen, und das ist leider nicht so.« Dies ist auch an zwei aufeinander folgenden Äußerungen LaDonnas erkennbar, die durch einen Kommentar des Therapeuten voneinander getrennt werden:

»Ich war schon einmal drei Jahre lang clean und trocken.«

»Dann wissen Sie also, wie man das hinbekommt.«

»Ich denke schon. Aber das ist schon ziemlich lange her ...«

Dies ist versuchsweiser *Change-talk*, der sehr wahrscheinlich nicht ausreicht, um eine Veränderung einzuleiten. Aber ein Anfang ist es.

Gründe für eine Veränderung (Vorteile einer Veränderung)

Die folgenden Äußerungen zeigen auf, daß eine Verhaltensveränderung einen ganz bestimmten Vorteil hat. Die Klienten beschreiben darin, wie sich ihr Leben verbessern könnte, wenn sie sich zu der betreffenden Veränderung entschließen würden. Die Beschreibungen veranschaulichen die guten Dinge, die den Betreffenden im Falle einer Veränderung winken könnten. Beispielsweise:

»Meine Frau würde mich wahrscheinlich in Ruhe lassen, wenn ich nicht mehr so viel trinke.«

»Vielleicht hätte ich ein wenig mehr Energie, wenn ich meinen Blutzuckerspiegel gewissenhafter kontrollieren würde.«

»Wenn ich grundsätzlich Kondome verwenden würde, bräuchte ich gar nicht mehr darüber nachzudenken.«

»Es wäre schön, wenn ich mir nicht so viele Sorgen zu machen bräuchte.«

In LaDonnas Fall ist impliziert, daß sich die Lage bessern würde, doch werden keine konkreten Angaben darüber gemacht, wie es zu einer solchen Besserung kommen könnte – und um welche Bereiche es dabei genau geht. Somit könnte dies die Thematik gründlicherer Untersuchungen sein. Dabei könnte eine Reflexion, gefolgt von einer direkten, aber offenen Frage, gute Dienste leisten: »Sie wünschten sich, die Situation wäre besser, als sie im Augenblick ist. In welcher Hinsicht hat sich Ihre Situation denn schon gebessert, weil sie nicht trinken?«

Bedürfnis nach Veränderung (Probleme mit dem Status quo)

Äußerungen dieser Art zeigen, daß im Leben des Klienten nicht alles so läuft, wie es gut wäre. Ein wichtiger Grundsatz des MI-Spirit der Zusammenarbeit ist, daß man einem unerwünschten Tatbestand kein Etikett anhängen muß (z. B.: »X ist ein Problem«), um eine Veränderung möglich zu machen. Unverzichtbar ist es hingegen, daß die Klienten die Notwendigkeit der Veränderung bestimmter Aspekte ihrer derzeitigen Situation erkennen müssen. Manchmal existiert zwar ein allgemeiner Imperativ, sich zu verändern, es werden aber keine spezifischen Gründe formuliert. Beispiele für Äußerungen, die das Erkennen eines Problems anzeigen, sind:

»Ich muß die Situation verbessern.«

»Ich muß die Dinge in den Griff bekommen.«

»Mein Blutzuckerspiegel kann nicht ständig so bleiben.«

»Ich kann mich nicht mehr so verhalten wie bisher.«

Obwohl ich keine wissenschaftlichen Untersuchungsergebnisse für meine Auffassung vorlegen kann, bin ich fest davon überzeugt, daß dies häufig die erste Form von *Change-talk* ist, die erkennbar wird. Therapeuten und Helfer sollten auf das Auftreten solcher Äußerungen achten, allerdings, wie es oft ausdrücklich heißt, sehr behutsam. In LaDonnas Fall wird durch den Satz »Ich habe fast alles andere verloren« impliziert, daß der Substanzmißbrauch sie in Schwierigkeiten gebracht hat. Eine klärende Reflexion könnte helfen, diese Äußerung zu erhärten: »Ihr Drogenkonsum hat Sie fast alles gekostet.« Auch hier kann eine Grundfertigkeit – reflektierendes Zuhören – auf subtile Weise genutzt werden, um LaDonnas Aufmerksamkeit zu lenken und Informationen zu überprüfen, ohne eine Frage zu stellen. Außerdem ist in ihrer Äußerung »Ich glaube schon, daß ich das kann; aber ich will mich einfach besser fühlen, und das ist leider nicht so« ein Bedürfnis nach Veränderung zu erkennen. Diese Äußerung paßt vielleicht am besten in die Kategorie der Wünsche, obwohl es auch um ein Bedürfnis geht.

Mobilisierende Äußerungen

Vorbereitende Äußerungen mögen den Weg zur Veränderung bereiten, sie reichen aber oft nicht aus. Äußerungen über eine Selbstverpflichtung sind die Stützen einer *Change-talk*-Sequenz und geben zuverlässig Aufschluß darüber, ob tatsächlich Veränderungen eintreten werden. Sie enthalten Verben, die eine Absicht, aktiv zu werden, erkennen lassen. Amrhein (Amrhein *et al.* 2003) hat darauf hingewiesen, daß solche Verben von schwach bis stark variieren können, daß sie aber in jedem Fall das Ziel, aktiv zu werden, zum Ausdruck bringen. Der Wunsch, sich zu verändern, gelangt in weniger eindeutig Handlungsbereitschaft signalisierenden (passiveren) Formulierungen zum Ausdruck, die zwar auf den Wunsch nach einer Veränderung hindeuten, denen aber die für Selbstverpflichtung signalisierende Äußerungen charakteristische Intentionalität fehlt. Es folgen einige Beispiele für jene aktiveren Verben, die in Selbstverpflichtung signalisierenden Äußerungen eine Rolle spielen.

»Ich werde ... «

«Ich plane, ...«

»Ich habe vor, ...«

»Ich habe schon angefangen, ...«

Das letzte Beispiel schließt das Element des »Schritte einleitens« ein, eine weitere Art von mobilisierender Äußerung. Wenn kleine oder sogar nur tastende Schritte in die richtige Richtung unternommen werden, so ist eine Veränderung zu erwarten. Der folgende Dialog beschreibt Schritte, die der Klient bereits unternimmt, um ein bestimmtes angestrebtes Ziel zu erreichen:

»Ich war im Fitneßzentrum und habe dort zweimal wöchentlich trainiert.«

»Ich habe mir Gemüse gekauft, es gebrauchsfertig geschnitten und in den Kühlschrank gelegt, damit ich jederzeit einen Snack zur Verfügung habe.«

»Ich habe meinem Freund gesagt, daß ich ihn nicht bei mir übernachten lasse, wenn er getrunken hat.«

LaDonna dokumentiert drei von vier Formen vorbereitenden *Change-talks* (den Ausdruck des Wunsches, der Fähigkeit und des Bedürfnisses). Allerdings gibt es in der wiedergegebenen Sequenz keine definitive Äußerung im Sinne einer Selbstverpflichtung. Sie erklärt zwar, sie werde weiter zur Behandlung kommen, und der Therapeut/Helfer versucht, Äußerungen über eine Selbstverpflichtung zutage zu fördern, doch eine definitive Bereitschaft, sich für das angestrebte Ziel zu engagieren, ist noch nicht zu erkennen. Äußerungen über ein verläßliches Engagement für die eigenen Ziele werden vom Therapeuten formuliert, und sie lenken die Aufmerksamkeit der Klientin auf das, was sich unter ihrem Verhalten verbirgt – und möglicherweise reicht dies aus, um ihre Bemühungen zu festigen –, doch aus MI-Sicht wäre das anzustrebende Ziel, die Klientin zu einer verbindlicheren Aussage über ihre Bereitschaft, sich für ihre Ziele zu engagieren, zu bewegen. Und wie erreichen wir das?

Change-talk hervorrufen

Schon im vorigen Abschnitt wurde erläutert, daß OARS Äußerungen dieser Art Klienten sehr effektiv zu entlocken vermag. LaDonnas Beispiel veranschaulicht, daß dieser Prozeß beinhalten kann, daß man Vermutungen über den Hintergrund dessen, was ein Klient gesagt oder getan hat, anstellen kann. In jedem Fall geht es darum, sich über Dinge, die im Klienten vorgehen, Klarheit zu verschaffen. Demnach »bauen« Therapeuten bzw. Helfer die Motivation nicht »ein«, sondern sie destillieren sie aus dem, was der Klient selbst sagt und tut, heraus und präsentieren es ihm dann so, daß er es mit eigenen Augen erkennen kann. Äußerungen über eine Selbstverpflichtung können auch spontan zutage treten, wenn ein Klient sich sicher und verstanden fühlt. Allerdings reichen die OARS-Fertigkeiten manchmal nicht aus, um dies zu bewirken. Miller und Rollnick (1991, 2002/2004) haben selbst Beispiele für andere Möglichkeiten des Hervorrufens dieser wichtigen Form von *Change-talk* angeführt.

Evozierende Fragen

Diese Fragen fordern den Klienten direkt auf, *Change-talk* zu produzieren. Im Abschnitt über den Wunsch, sich zu verändern, wurde ein Beispiel für eine evozierende Frage angeführt. Es folgen einige weitere Beispiele dieser Art:

»Warum macht Ihnen dies Sorgen?«

»Wenn Sie sich zu einer Veränderung entschließen würden, was würde Sie dann glauben lassen, daß Sie dazu in der Lage wären?«

»Wovon würden Sie sich wünschen, daß es anders wäre?«

»Was würde besser, wenn Sie sich verändern würden?«

Die Art der Frage lenkt den Klienten zu einer bestimmten Art von *Change-talk*. Vielleicht haben Sie ja schon geahnt, daß auch die Schlüsselfrage eine Form der evozierenden Frage ist. Sie zielt direkt auf Äußerungen über eine Selbstverpflichtung.

»Was glauben Sie, was Sie unter diesen Umständen als nächstes tun werden?«

»Wie wird Ihr nächster Schritt aussehen?«

»Was – wenn überhaupt etwas – werden Sie jetzt tun?«

Elaboration

Therapeuten fordern ihre Klienten auf, Beispiele für Situationen zu nennen, die Changetalk veranschaulichen. Das bedeutet, daß der Klient sich bereits über eine Veränderung geäußert hat und der Therapeut ihn auffordert, ein Beispiel für die betreffende Situation zu beschreiben:

»Erzählen Sie mir von einer Situation in letzter Zeit, in der Sie Geld für Glücksspiele ausgegeben haben, das Sie eigentlich für andere Dinge gebraucht hätten.«

»Wie ist es, wenn Sie auf die Kinder wütend werden? Beschreiben Sie eine Situation, in der das so war.«

»Sie haben gesagt, damals sei es besser gewesen. Berichten Sie mir von einer Situation, in der Sie und er besser miteinander ausgekommen sind. Wie war es damals?«

Ziel der Elaboration ist es, den Klienten zu veranlassen, detaillierter zu beschreiben, wie genau es war, als bestimmte Umstände eintraten. Diese Situation wird dann entweder mit der augenblicklichen kontrastiert, oder als Vergleichsgröße dazu, wie er sich die beschriebene Situation eigentlich wünscht, werden die grundlegenden Werte des Klienten herangezogen. Manchmal muß der Therapeut selbst solche Beziehungen herstellen. Besser ist es jedoch, wenn der Klient selbst sich über diese Beziehungen klar wird.

Extreme nutzen

Diese Möglichkeit gibt Aufschluß darüber, (1) was nach Auffassung des Klienten bei Fortbestehen des fraglichen Verhaltens schlimmstenfalls passieren könnte, und darüber, (2) welche positiven Auswirkungen eine Veränderung im besten Fall nach sich ziehen könnte. Über die schlimmstmögliche Konsequenz zu sprechen macht es manchmal leichter, auf weniger gravierende negative Konsequenzen hinzuweisen:

»Was macht Ihnen die größten Sorgen?«

»Was könnte schlimmstenfalls passieren?«

Das gleiche gilt für das positive Extrem:

»Was erhoffen Sie sich am meisten?«

»Was würde ein ganz und gar wünschenswertes Resultat beinhalten?«

Ziel ist bei dieser Technik, sich über die Sicht des Klienten klar zu werden und dann deren weniger extremen Elemente zu untersuchen. Es ist, als würde das »den Teufel an die Wand malen« und das anschließende Bewußtmachen dessen, daß dieser schlimmstmögliche Fall nicht unbedingt eintreten muß, dem Klienten die Möglichkeit erschließen, naheliegendere und somit im Grunde vordringlichere Dinge, die eventuell geschehen könnten, zu untersuchen. Und während das Erreichen der positivsten denkbaren Auswirkungen als sehr unwahrscheinlich erscheinen mag, könnten andererseits naheliegendere Belohnungen durch die Auseinandersetzung mit dem positiven Extrem als erreichbarer erscheinen.

Rückblick

Diese Technik beinhaltet, daß der Klient aufgefordert wird, sich daran zu erinnern, wie seine Situation beschaffen war, bevor die Probleme erstmals auftraten. Der Therapeut – oder besser noch der Klient – vergleicht diese Beschreibung der früheren Situation anschließend mit dem aktuellen Stand der Dinge.

»Können Sie sich an eine Situation erinnern, in der bei Ihnen alles gut lief? Was hat sich seither verändert?«

»Welche Unterschiede bestehen zwischen der LaDonna von vor 10 (oder 20) Jahren und der heutigen LaDonna?«

»Was wollten Sie sein oder tun, nachdem Sie die High-school abgeschlossen hatten?«

»Wie haben Sie sich Ihr Leben vorgestellt, als Sie noch jung waren?«

Ihre Klienten haben in ihrer Jugend sicher nicht gehofft, Drogensüchtige oder Obdachlose oder Gefängnisinsassen zu werden oder keine Arbeit finden zu können oder krank zu sein. Sie hatten Träume und Sehnsüchte. Wenn Sie zu diesen in Kontakt treten, kann Ihnen das helfen, den Werten der Klienten eine neue Bedeutung zu geben, ihre Hoffnung auf die Zukunft zu stärken und neue Zielvorstellungen zu definieren. Ein so verstandener Rückblick kann alle vier Formen vorbereitender Äußerungen zutage fördern.

Blick in die Zukunft

Anders als beim Rückblick wird der Klient in diesem Fall aufgefordert, sich über die wahrscheinliche Entwicklung seiner Situation in Zukunft zu äußern. Dabei kann im Vordergrund stehen, wie die Situation des Klienten sein wird, wenn keine Veränderung eintritt, oder wie sie nach einer Veränderung beschaffen sein wird.

»Wenn sich nichts verändert, wie sehen Sie dann die Situation in fünf Jahren? Und wie wird es wohl sein, wenn Sie sich entschließen sollten, sich zu verändern?«

»Was erhoffen Sie sich von der nahen Zukunft?«

»Wie wünschen Sie sich die zukünftige Situation?«

»Welche Veränderung wünschen Sie sich?«

Eine Äußerung des Klienten über die künftige Situation kann sehr nützlich sein, wenn er zwar gewisse Sorgen bei sich erkennt, diese aber nicht für besonders wichtig hält. Der Ton spielt bei Fragen dieser Art eine wichtige Rolle. Deshalb kann der Therapeut nicht annehmen, er wisse ohnehin, was geschehen werde. Vielmehr sollte er neugierig darauf sein, wie sich die Situation nach Ansicht des Klienten weiter entwickeln wird. Offensichtlich gibt es zwischen diesen Fragen und den zuvor erwähnten evozierenden Fragen Überschneidungen.

Ziele erforschen

Untersuchen Sie, ob das Zielverhalten den Werten und Zielen entspricht, die dem Klienten am wichtigsten sind:

»Was ist Ihnen am wichtigsten? Und wie läßt sich dies mit Ihrem Alkoholkonsum vereinbaren?«

»Was für eine Art von Mensch [oder Vater/Mutter] möchten Sie sein?«

»Was würden Sie in Ihrem Leben gern erreichen?«

Miller hat eine Übung entwickelt, bei der Klienten Karten sortieren sollen; sie basiert auf Rokeachs (1973, 1979) Werte-Sortier-Übung. Die Karten sind auf der Website des G. P. Probst Verlags *(www.gp-probst.de)* verfügbar. Die Klienten schauen sich einen Satz Karten an, auf denen jeweils ein bestimmter Wert vermerkt ist. Anschließend sollen sie den repräsentierten Werten unterschiedliche Prioritätsgrade zuschreiben. Nachdem sie bestimmt haben, welche drei bis fünf Werte für sie am wichtigsten sind, untersucht der Therapeut, wie diese Werte im Leben der Betreffenden zur Geltung kommen, wobei auch ihre Beziehung zu dem Verhalten, das untersucht werden soll, berücksichtigt wird. Im Rahmen von Forschungsprojekten an der University of Washington haben wir eine Variante dieses Kartensortierens in der Sozialarbeit mit obdachlosen Kokain- und Opiatkonsumenten vor Beginn einer Drogenersatztherapie benutzt. Auch in diesem Fall erschließt die Neugier gegenüber den Werten der Klienten, die bei dem beschriebenen Prozeß eine entscheidende Rolle spielt, Explorationsmöglichkeiten, die normalerweise nicht zugänglich wären. Beispielsweise bezeichneten die Teilnehmer eines Projekts mit Kokainkonsumenten »Mit Gott ins Reine kommen« als einen ihrer fünf wichtigsten Werte. Die Auseinandersetzung mit ihrer Spiritualität war für diese Menschen häufig eine sehr wirksame Möglichkeit, um *Change-talk* hervorzurufen.

Feedback über Einschätzungen

Bei vielen Forschungsprojekten, die in Zusammenhang mit MI durchgeführt wurden, spielte personalisiertes Feedback (an die Teilnehmer gerichtetes Feedback, das sich entweder an allgemein anerkannten Normen oder an den Zielen, Werten und Wahrnehmungen des Klienten orientiert) eine Rolle. Es geht hier darum, personalisierte – nicht gruppenspezifische – Informationen darzulegen und den Klienten aufzufordern, diese zu deuten. Beispielsweise kann man anhand von Normen das Trinkverhalten eines Klienten beschreiben und mit dem entsprechenden Verhalten seiner Peer-group vergleichen. Es folgen einige Beispiele:

»Wenn man bedenkt, wie Sie sich vor HIV-Infektionen schützen, gehen Sie durch Ihre sexuellen Aktivitäten ein mäßiges bis hohes Risiko ein. Wie sehen Sie das?«

»Aus den Tests geht hervor, daß es Ihrem Gehirn schwerfällt, Informationen effizient zu verarbeiten. Es scheint Ihnen Schwierigkeiten zu machen, schnell zwischen verschiedenen Denkweisen hin und herzuwechseln. Deshalb könnten Dinge wie

Multitasking für Sie schwierig sein. Wie paßt das, was ich gesagt habe, zu dem, was Sie selbst über sich wissen?«

»Sie haben angedeutet, daß es Ihnen wichtig ist, Entscheidungen zu treffen, ohne auf irgend jemanden Rücksicht zu nehmen, und daß Ihnen außerdem soziale Beziehungen wichtig sind. Bitte erklären Sie mir, wie Sie diese Dinge in Ihrem Leben konkret in Einklang bringen.«

Die meisten Gesundheitsinstitutionen erheben, wenn sie Patienten aufnehmen, eine bestimmte Art von Daten, die für die Entwicklung von Feedback sehr aufschlußreich sein können. Manchmal ist es nützlich, diese Informationen auf ein Blatt Papier oder in ein Formular zu schreiben und dem Klienten mit nach Hause zu geben; doch ist das nicht zwingend notwendig. Auch Normwerte heranzuziehen ist eventuell sinnvoll – aber auch dabei gilt, daß solche Informationen auf die konkrete Situation des Klienten bezogen werden müssen. Ein Beispiel: »Sie trinken also durchschnittlich 28 alkoholische Standardgetränke pro Woche. Diese Zahl liegt ein wenig über den 23 Portionen, die eine typische Klientin trinkt, wenn sie in dieses Programm aufgenommen wird.«

Solche Vergleichswerte können Sie von der Institution, für die Sie arbeiten, beziehen. Eine andere Möglichkeit ist, das Verhalten, um das es geht, mit Landes- oder Bundesnormen zu vergleichen (z. B. »96 Prozent der Autofahrer im Staate Washington begehen einen oder null Verkehrsdelikte im Jahr«). Normwerte, die sich auf den Drogen- und Alkoholkonsum beziehen, lassen sich aus Umfragen wie denjenigen der *Substance Abuse and Mental Health Services Administration* (SAMHSA), des *National Institute on Drug Abuse* (NIDA) oder des *National Institute on Alcohol Abuse and Alcoholism* (NIAAA) ableiten.

Sinn und Zweck von Feedback ist, einen Klienten mit wichtigen und manchmal widersprüchlichen Informationen zu konfrontieren, damit er darüber nachdenkt. Nicht selten wird dadurch Widerstand verstärkt, was mit dem allgemeinen Problem der Neigung zum Widerstand, das Leffingwell *et al.* (2006) herausgearbeitet haben (siehe hierzu Kapitel 4), im Einklang steht. Auch Miller berichtet über Untersuchungen, die diese Beobachtung stützen (Miller, Yahne & Tonigan 2003). Wenn Klienten erklären, die präsentierten Informationen könnten nicht zutreffen, gerät der Therapeut oder Helfer leicht in Versuchung, argumentativ darauf zu beharren, daß die Informationen absolut korrekt sind. Besser ist es in solchen Fällen oft, zum reflektierenden Zuhören zurückzukehren. Schließlich geht es ja darum, daß die Klienten aus dem Dargelegten selbst Rückschlüsse ziehen und daß sie es auf ihre persönliche Situation beziehen. Auch hier ist das Entscheidende, daß die Klienten selbst – nicht die Therapeuten oder Helfer – die Argumente, die für eine Veränderung sprechen, finden und formulieren sollten. Letztlich müssen die Klienten also selbst darüber entscheiden, wie wichtig ihnen die Informationen, die sie erhalten, und deren Bedeutung sind.

Weiterhin ist zu bedenken, daß Feedback ein Werkzeug zur Förderung von *Change-talk* ist. Feedback ist *nicht* MI, und Feedback ist auch nicht zwingend erforderlich, damit eine Therapiesitzung zu einer MI-Sitzung wird. Feedback ist nichts weiter als ein Werkzeug im Werkzeugkasten eines MI-Therapeuten.

Einschätzung des Bereitschaftsgrades

Diese Methode kombiniert eine Einschätzung der Veränderungsbereitschaft mit Techniken, die entwickelt wurden, um *Change-talk* zu fördern. Nachdem der Klient die Einschätzungsfrage (siehe weiter unten) beantwortet hat, untersucht der Therapeut den Grund für dessen Antwort und warum er sich nicht für eine niedrigere Zahl entschieden hat. Die Fragen des Therapeuten können sich auf Aspekte der Bedeutung, Zuversicht und Bereitschaft beziehen. Wenn ich persönlich Fragen stelle, beziehen sie sich in der Regel ausschließlich auf die beiden erstgenannten Aspekte, weil die Antworten darauf wichtige Informationen über den Grad der Veränderungsbereitschaft liefern und es somit überflüssig machen, ausdrücklich nach diesem dritten Aspekt zu fragen. Wichtig ist die Form der Fragen:

> »Falls Sie sich zu einer Veränderung entschlossen haben, dann schätzen Sie auf einer Skala mit den Werten 1 bis 10 ein, wie zuversichtlich Sie sind, daß Sie sich tatsächlich verändern können. Dabei steht der Wert 1 für ›gar nicht zuversichtlich‹ und der Wert 10 für ›sehr zuversichtlich‹.«
>
> »Was hat Sie dazu veranlaßt, den Wert 6 statt des Wertes 3 zu wählen?«
>
> »Wann würden Sie statt des Wertes 6 den Wert 7 oder 8 angeben?«

Klienten, die Skalierungsfragen beantworten sollen, neigen oft dazu, die im Anschluß daran gestellten Fragen zu schnell zu beantworten. Tatsächlich sind nämlich diese Anschlußfragen, also nicht die Skalierungseinschätzung, bei diesem Prozeß entscheidend. Außerdem sollte man bei mehreren Skalierungsfragen auf die Beziehung verschiedener Werte zueinander achten. Die Frage danach, weshalb ein Klient den Wert 6 und nicht 3 gewählt hat, nutzt eine mäßige Diskrepanz, um Change-talk zu fördern. Nach meinen Erfahrungen können stärkere Diskrepanzen (z. B. »Warum 6 statt 1?«) Klienten abschrecken – allerdings gibt es für diese Beobachtung bisher keine empirischen Belege. Wichtiger ist vielleicht, daß bei der nächsten Sondierungsfrage der tatsächlich angegebene Wert um jeweils eine Einheit erhöht wird: »Was müßte geschehen, damit Sie statt des Wertes 6 den Wert 7 oder 8 nennen würden?« Dieses Verfahren lenkt die Aufmerksamkeit auf kleine, realisierbare Schritte. Beide genannten Sondierungsfragen können Change-talk fördern.

Abschließend können wir feststellen, daß es viele Möglichkeiten gibt, *Change-talk* zu fördern. Zur Zeit liegen keine Studien vor, denen zufolge eine der beschriebenen Techniken wirksamer ist als andere. Was die Integration dieser Verfahren in die therapeutische Praxis betrifft, besteht eine Möglichkeit darin, in der Anwendung einiger der beschriebenen Techniken eine gewisse Gewandtheit zu entwickeln und unter diesen dann diejenige auszuwählen, die sich für eine bestimmte Situation eines Klienten am besten zu eignen scheint. Sie können aber auch für Ihre spezielle Arbeitssituation ein Standardverfahren entwickeln, das für die Förderung von Change-talk charakteristische Elemente enthält (z. B. Identifizieren der Werte, die dem Klienten wichtig sind, und Feedback beim Einschätzungsgespräch). In jedem Fall ist es wichtig, auf die Reaktionen Ihres Klienten zu achten, und die OARS-Fertigkeiten gut zu beherrschen.

Konzept-Quiz – Testen Sie sich!

Richtig oder falsch

1. R F Nach der Selbstwahrnehmungstheorie verändern Klienten, die über eine bestimmte Auffassung debattieren, ihre Einstellung zu dieser Auffassung. Dies gilt insbesondere, wenn sie sich ihrer Einstellung zu einem Thema nicht sicher sind.
2. R F Es gibt sechs Formen von *Change-talk*.
3. R F Unter den verschiedenen Change-talk-Formen lassen nur Äußerungen über eine Selbstverpflichtung Rückschlüsse auf zu erwartende Veränderungen des Klienten zu.
4. R F Eine sichere und unterstützende Umgebung zu schaffen reicht manchmal aus, um Klienten zu veranlassen, sich über Veränderungen zu äußern.
5. R F Nach der Beschreibung in diesem Kapitel besteht eine Möglichkeit, *Change-talk* zu fördern, darin, darüber zu diskutieren, warum sich ein Klient *nicht* verändern kann.
6. R F Wenn Sie sprachliche Äußerungen hören, die auf einen Wunsch, eine Fähigkeit und ein Bedürfnis, sich zu verändern, hindeuten, sollten Sie zunächst versuchen, Gründe für eine Veränderung zutage zu fördern, bevor Sie sich um Äußerungen kümmern, in denen eine Selbstverpflichtung des Klienten, die angestrebte Veränderung zu realisieren, zum Ausdruck kommt..
7. R F Die OARS-Fertigkeiten können bei dem Bemühen um Verstärkung und Förderung von *Change-talk* gute Dienste leisten.
8. R F Um nützliches Feedback geben zu können, brauchen Sie objektiv belegte Vergleichswerte.
9. R F Klienten brauchen unser Expertenwissen, um zu verstehen, was das Feedback für sie bedeutet.
10. R F Sondierungsfragen und reflektierendes Zuhören sind entscheidend für die Auswertung der Ergebnisse von Skalierungsfragen.

Antworten

1. R Grundsätzlich trifft diese Aussage zu. Allerdings müssen wir noch ein anderes Element im Blick behalten: das Fehlen eines äußeren Faktors, auf den die Klienten sich mit ihrer eigenen Auffassung beziehen können. Wenn Klienten fest an eine bestimmte Auffassung glauben oder wenn sie ihr Verhalten einer äußeren Ursache zuschreiben (z. B. »Ich habe das nur getan, um es dem Richter recht zu machen«), verändern sie ihre Grundhaltung wahrscheinlich nicht infolge der Aufforderung, in einem Streitgespräch eine von zwei konträren Positionen zu vertreten. Grundsätzlich sind die entscheidenden Elemente der Selbstwahrnehmungstheorie in dieser Darstellung jedoch richtig erfaßt.
2. R Äußerungen über Wunsch, Fähigkeit, Grund, Bedürfnis, Selbstverpflichtung und Einleiten der erforderlichen Schritte sind die sechs Formen von *Change-talk*. Auch hier sei noch einmal darauf hingewiesen, daß es schwierig sein kann, zwischen den verschiedenen Formen vorbereitender Äußerungen zu unterscheiden, und daß diese weniger wichtig sind als die Unterscheidung dieser gesamten Kategorie von mobilisierenden Äußerungen.
3. F Das ist eine knifflige Frage. Obwohl Äußerungen über Selbstverpflichtung für Voraussagen über Veränderungen entscheidend sind, ist es auch aufgrund von Äußerungen der Kategorie »Schritte einleiten« möglich, Veränderungen vorauszusagen. Weiterhin gibt DARN über zukünftige Veränderungen Aufschluß, allerdings weniger zuverlässig als Äußerungen über eine Selbstverpflichtung. Grundsätzlich sind diese beiden Formen von Change-talk keinesfalls wichtiger als die übrigen vier. Erwähnt werden muß außerdem, daß eine Veränderung manchmal auch stattfindet, *ohne daß* Äußerungen über eine Selbstverpflichtung zu entsprechendem Handeln formuliert wurden. Demnach sind Äußerungen zur Selbstverpflichtung zwar ein wichtiger Indikator für die Wahrscheinlichkeit einer Veränderung, aber andere Elemente (»Schritte einleiten« und in geringerem Maße auch DARN) lassen ebenfalls Rückschlüsse auf bevorstehende Veränderungen zu.
4. R Manchmal reicht es aus, eine Situation zu schaffen, in der ein Klient sich nicht zu verteidigen braucht, um ihn zur spontanen Erforschung der anderen Seite der Medaille zu ermutigen. Auf diese Weise kann gutes Zuhören *Change-talk* fördern. LaDonnas Beispiel zu Beginn dieses Kapitels veranschaulicht dies sehr schön.
5. F Obwohl Miller und Rollnick darauf hinweisen, daß man auch durch Vertreten der negativen Position (argumentatives Beharren auf der Unmöglichkeit einer Veränderung im konkreten Fall) *Change-talk* fördern kann, ist dies etwas anderes, als die Auffassung zu vertreten, daß ein Klient *nicht in der Lage* ist, sich zu verändern. Streitgespräche sind – unabhängig davon, welche Position der Therapeut oder Helfer dabei vertritt – kein MI-kompatibles Verhalten. Ein zusätzliches Problem dabei ist, daß ein solches Verhalten manipulativ wäre – so wie wenn man jemanden mit Hilfe einer sogenannten *paradoxen Intervention* dazu zu bringen versucht, das Gegenteil dessen zu tun, wozu man ihn auffordert. Hingegen vertritt ein Therapeut, wenn er für die negative Position eintritt, prak-

tisch nur, daß der Zeitpunkt oder Ort oder die benutzte Methode ungeeignet ist, um eine Veränderung herbeizuführen. Eine solche Äußerung erfolgt aus einer Haltung der Neugier heraus; es geht also ganz und gar nicht um Manipulation.

6. F Es liegen keine Studien vor, die belegen, daß alle oder zumindest die meisten vorbereitenden sprachlichen Äußerungen vorliegen müssen, bevor man beginnen kann, Äußerungen über eine Selbstverpflichtung des Klienten zu fördern. Klar ist, daß bei Erreichen eines höheren DARN-Niveaus (Niveaus vorbereitender Äußerungen) Äußerungen über eine Selbstverpflichtung zu erwarten sind. Was als nächstes geschehen muß, um Formen von *Change-talk* zu fördern, hängt von der konkreten Situation des Klienten ab, nicht davon, ob sich Therapeut und Klient »im Gleichschritt« bewegen. Scheint die Zeit für eine Schlüsselfrage reif zu sein, ist dies der nächste korrekte Schritt. Wartet ein Therapeut hingegen zu lange, kann er mit seinen Initiativen der tatsächlichen Veränderungsbereitschaft des Klienten hinterherhinken – was für jemanden, der einen anderen anleiten will, nicht optimal ist.
7. R Wie bereits erwähnt wurde und wie viele MI-Videos es zeigen, fördern die OARS-Fertigkeiten häufig sehr wirksam *Change-talk*. Trotzdem ist es wichtig, auch über andere Möglichkeiten des Eingreifens zu verfügen.
8. F An objektiven Vergleichswerten orientiertes Feedback *kann* nützlich sein, es ist aber nicht zwingend notwendig. Ich habe bei Forschungsprojekten mitgewirkt, bei denen Feedbackformen benutzt wurden, die nicht auf objektiven Daten, sondern auf Informationen über Risikokategorien, Risikoverhaltensweisen und Werten basierten.
9. F Expertenwissen kann zwar sehr nützlich sein, aber auch im Weg stehen. Wenn Therapeuten Feedback geben, sollten sie ihre Klienten so umfassend informieren, daß sie diese Informationen verstehen. Doch anschließend sollten Sie die Klienten auffordern, sich selbst eine Meinung darüber zu bilden, was die übermittelten Informationen für sie bedeuten!
10. R Skalierungsfragen liefern nützliche Informationen, aber Sondierungsfragen geben Aufschluß über die Veränderungsbereitschaft und über die Reflexionen, die eine vertiefende Auseinandersetzung mit diesen Themen ermöglichen. Demnach sind Skalierungsfragen zwar wichtig, um die Auseinandersetzung mit einem Thema zu initiieren, aber auch Sondierungsfragen spielen eine wichtige Rolle.

Praxisbeispiel

Wir kehren nun zu LaDonna zurück. Der Grund für das Treffen mit ihr war die Überprüfung ihrer mentalen Probleme im Hinblick auf ihre Arbeitsfähigkeit. Doch als spezifisches Ziel tauchte in diesem Rahmen ihr Bemühen auf, trocken zu bleiben. Auf dieses Verhalten fokussiert der Therapeut im folgenden Dialog. Unsere Darstellung setzt am Ende des vorigen Dialogs ein.

	Äußerung	*Kommentar*
T.:	Schauen wir einmal, ob ich das alles richtig verstanden habe. Es ist schwer für Sie, äußere Gründe dafür zu finden, daß Sie clean werden und bleiben; allerdings scheint es ein paar innere Gründe zu geben, die Sie antreiben, denn Sie bleiben ja am Ball – auch wenn Ihnen das sehr schwer fällt. Sie würden sich gern besser fühlen, und Sie wissen auch, daß Ihnen das möglich ist; nur sind Sie nicht sicher, wie Sie das im Moment schaffen könnten. Der Berg, den Sie hinaufklettern wollen, fühlt sich glitschig an, aber Sie sind trotzdem entschlossen, ihn zu bezwingen.	*Zusammenfassung, die sich auf die Sorgen der Klientin und auf den Change-talk konzentriert.*
K.:	Ich bin dazu entschlossen, aber ich weiß nicht, ob ich es schaffen kann.	*Diese Äußerung schwankt zwischen Wunsch und Verpflichtung, doch dann fügt die Klientin ihr eine Sorge hinzu.*
T.:	Es gibt einige ernstzunehmende Hürden, und Sie sind entschlossen. Ich frage mich, ob es nützlich wäre, über dieses Thema ein wenig nachzudenken.	*Einfache Reflexion, die ein Anerkennen der Ambivalenz beinhaltet und auf den Change-talk der Klientin fokussiert. Es folgt eine offene Frage, die einen von beiden Beteiligten befürworteten Plan zu entwickeln versucht und damit ein MI-Ziel verfolgt.*
K.:	Das glaube ich auch.	*Die Klientin stimmt zu, wenn auch zögernd.*
T.:	Sie sind sich nicht ganz sicher, ob es wirklich nützlich wäre.	*Erkennt direkt die Befürchtungen der Klientin an, was in einer komplexen Reflexion (in Form der Fortsetzung des vorigen Absatzes) zum Ausdruck kommt.*
K.:	Ich weiß, daß ich clean bleiben muß. Das Problem ist, daß ich das schon vorher versucht habe und daß es nicht funktioniert hat.	*Auch hier wieder Change-talk, gefolgt von Sustain-talk (Äußerungen, die der Erhaltung des Status quo dienen).*

T.: Und die drei Jahre, die Sie clean waren, empfinden Sie nicht als einen Erfolg.	*verstärkte Reflexion*
K.: Doch, schon, aber das hat nicht angehalten.	*Sie scheut sich vor einer absoluten Aussage.*
T.: Sie waren erstaunlich lange erfolgreich, und dann haben Sie einen Rückfall erlitten. Und jetzt erscheint es Ihnen als sehr wichtig aufzuhören. Tatsächlich fällt es Ihnen schwer, Gründe für die Fortsetzung des Drogen-/Alkoholkonsums zu finden, und doch fahren Sie damit fort. Soweit es Ihre Zuversicht betrifft, ist die Situation weniger klar. Wenn Sie die Stärke Ihrer Zuversicht auf einer Skala von 1 bis 10 einschätzen sollten, wobei 1 für »gar nicht zuversichtlich« und 10 für »extrem zuversichtlich« steht, wie zuversichtlich sehen Sie dann, daß Sie es schaffen könnten, innerhalb der nächsten 30 Tage trocken und clean zu werden und zu bleiben?	*Überleitende Zusammenfassung, gefolgt von einer Einschätzung der Veränderungsbereitschaft. Die Skala dient nicht nur der Einschätzung der Stärke ihrer Zuversicht, sondern auch der Förderung von Change-talk in diesem Bereich, der ihr offenbar zu schaffen macht.*
K.: Ich schätze ungefähr 4.	*Sie wählt eine Zahl aus dem mittleren Bereich, eine höhere, als man aufgrund ihrer Äußerungen vorausgesagt hätte.*
T.: Ich finde interessant, daß Sie sich nicht bei 1 oder 2 sehen. Wie könnte man das erklären?	*Der Therapeut sondiert auf eine mit der früheren Reaktion im Einklang stehende Weise weiter.*
K.: Naja ... es mag ja hart sein, aber ich will einfach nicht mehr zurückfallen. Obwohl ich mich kein bißchen besser fühle, habe ich mir vorgenommen, weiter zu den Meetings zu gehen, besonders wenn ich das Bedürfnis verspüre, wieder zu konsumieren.	*Trotz des niedrigen Werts auf der Zuversichtsskala eine starke Äußerung über Selbstverpflichtung.*
T.: Sie weigern sich einfach, wieder zu konsumieren.	*Verstärkt die Selbstverpflichtung.*
K.: *(lacht)* Ja. So ist das wohl. Aber manchmal ist es ziemlich schwer.	*Akzeptiert das Gesagte und übermittelt zusätzliche Informationen über Hindernisse.*

T.: Und deshalb haben Sie den Wert 4 angegeben und nicht 7 oder 8?	*komplexe Reflexion*
K.: Genau. Aber ich habe auch früher schon schwierige Zeiten durchlebt.	*Die Klientin akzeptiert die Reflexion und bietet Informationen über innere Ressourcen an.*
T.: Sie wissen, daß Sie stark sind.	*Affirmation*
K.: Es ist komisch. Als ich heute herkam, habe ich mich gar nicht so gefühlt.	*Erkennt an, daß sich ihre Einstellung verändert hat.*
T.: Ihnen war nicht klar, was Sie schon erreicht haben und was Sie mittlerweile über sich selbst wissen, und Ihr Engagement für Ihre eigenen Ziele hat ebenfalls dazu beigetragen, daß Sie sich nun zuversichtlicher fühlen. Vielleicht sollte Ihr Skalenwert deshalb ein wenig höher liegen – etwa bei 5 oder 6.	*sammelnde Zusammenfassung*
K.: Wahrscheinlich eher bei 6.	*Die Klientin stimmt zu und wirkt deutlich selbstsicherer.*
T.: Ich möchte Ihnen noch eine Frage stellen. Danach müssen wir uns wohl anderen Aspekten dieser Einschätzung zuwenden. Sie sind jetzt beim Wert 6 angelangt. Was müßte passieren, damit Sie auf den Wert 7 oder 8 kommen?	*Direktives Element des MI in Form der Aufforderung, sich weiter auf das Ziel zuzubewegen.*
K.: Ich müßte dazu mehr Hoffnung empfinden.	*Klientin antwortet allgemein.*
T.: Mehr Hoffnung. Woran würden Sie erkennen, daß Ihre Hoffnung stärker geworden ist?	*einfache Reflexion, gefolgt von einer evozierenden Frage*
K.: Wahrscheinlich wäre ich dann glücklicher. Ich hätte einen Plan für mein weiteres Leben. Und ich hätte einen Job.	*Klientin nennt viele Ziele, von denen einige in weiterer Ferne liegen als andere.*
T.: Mannomann, das ist ziemlich viel für einen Schritt von einem Punkt.	*Therapeut gibt eine kongruente Antwort.*
K.: *(lacht)* Das sehe ich auch so. Das ist einer der Gründe dafür, daß ich mich so ohnmächtig fühle. Okay. Ein Punkt ... vielleicht hätte ich dann einen Plan für mein weiteres Leben geschmiedet.	*Es gelingt der Klientin, ihre Ziele so zu unterteilen, daß sie überschaubarer werden, und sie gibt zu, daß sie dieses Prozesses bewußt ist.*

T.: Das erscheint Ihnen eher möglich – Sie glauben, daß Sie es schaffen könnten.	*Verstärkung von Change-talk*
K.: Ich bin damit jetzt ziemlich im Reinen. Die Situation ist zwar nicht ideal, aber ich kann bei meinem Bruder wohnen, solange ich clean bleibe. Wenn ich einen Job finde, kann ich versuchen, ein wenig zu sparen, und mir dann eine eigene Wohnung suchen.	*Sie beschreibt einen Plan für den Anfang ihres Weges in ein neues Leben.*
T.: Sie scheinen sich ja schon einen Plan ausgedacht zu haben. Sie müssen ihn nur laut aussprechen und dürfen sich zeitlich nicht zu sehr unter Druck setzen – damit Sie sich nicht überfordern. Vielleicht würde es Ihnen ja auch helfen, dies alles aufzuschreiben.	*sammelnde Zusammenfassung und anschließende offene Frage*
K.: Ich glaube schon, daß es mir helfen würde. Ich werde es im Bus während der Fahrt zu meinem Meeting tun. Wahrscheinlich werde ich beim Meeting darüber sprechen; das hilft mir, an meinem Entschluß festzuhalten.	*Selbstverpflichtung und Fortsetzung der Planung zwecks Verstärkung*
T.: Im Grunde wissen Sie ziemlich viel darüber, was bei Ihnen funktioniert und was Sie tun müssen, um mit diesen Dingen weiterzukommen.	*Affirmation*
K.: *(grinst)* Ja, stimmt. Ich muß mich nur daran erinnern.	*Die Klientin fühlt sich gestärkt, und ihre Stimmung ist deutlich positiver.*

LaDonna entwickelte in dieser Sitzung keinen Plan für ihr Vorhaben, sich vom Substanzmißbrauch zu lösen. Doch im Laufe des Gesprächs wurde klar, daß dies für die Verbesserung ihrer beruflichen Chancen entscheidend sein würde. Deshalb wurde ein konzentriertes Gespräch darüber, wie sie ihr Vertrauen zu ihrer Fähigkeit stärken könnte, daß sie auch ohne ständige Unterstützung ihres Therapeuten würde trocken bleiben können, zum gemeinsamen Ziel beider Beteiligter. Dieser Austausch, der weniger als zehn Minuten dauerte, veranschaulicht, wie man Strategien und OARS-Fertigkeiten generell nutzen kann, um vorbereitende Äußerungen und Äußerungen über eine Selbstverpflichtung zu fördern und zu verstärken und wie man dies spontan bei einer Begegnung, zu der es aus anderen Gründen kommt, bewerkstelligen kann.

Probieren Sie dies aus!

Die Entwicklung von Fertigkeiten in Zusammenhang mit *Change-talk* ist eine etwas größere Herausforderung, weil wir die Reaktion des Klienten benötigen, um die Reaktionen des Beraters weiterentwickeln zu können. Während der Arbeit an diesen Übungen werden Sie vielleicht über Möglichkeiten nachdenken, diese Fertigkeiten entweder im Rahmen Ihrer Arbeit oder in günstigen Situationen außerhalb Ihres beruflichen Umfeldes zu erproben. Wie in den vorherigen Kapiteln beginnen wir auch hier mit sehr einfachen Übungen und gehen allmählich zu komplexeren über, wobei wir im vorliegenden Fall zunächst üben, Change-talk zu erkennen, und später, diesen zu fördern.

Übung 5.1 Change-talk erkennen

In dieser Übung werden Sie zwei Transkripte von Dialogen zwischen einem Therapeuten und einem Klienten untersuchen. Lesen Sie zunächst das erste Transkript, und versuchen Sie, alle Beispiele für Change-talk zu identifizieren. Markieren Sie diese, und notieren Sie jeweils, um welche Art von Change-talk es sich nach Ihrer Meinung handelt, sowie den Grund für diese Auffassung; vergleichen Sie Ihre Antworten später mit der anschließend abgedruckten Auflösung. Nachdem Sie Ihre eigenen Antworten mit dieser Auflösung verglichen haben, können Sie sich dem zweiten Transkript zuwenden.

*Übung 5.2 Bei Change-talk trommeln**

Die folgende Übung stimmt Ihr Ohr auf Change-talk ein. Sie hören sich dabei Songtexte an und stellen fest, ob diese vorbereitende Äußerungen, mobilisierende Äußerungen oder etwas anderes enthalten. Zudem handelt es sich um eine kinästhetische Aktivität, weil dabei Trommelwirbel und Händereiben als Reaktion auf verschiedene Arten sprachlicher Äußerungen von Klienten eine Rolle spielen. Das Besondere an der Übung ist, daß die »Klienten«, denen wir zuhören, sich in den Texten ihrer Songs äußern.

Übung 5.3 Change-talk verstärken: Eine Schnitzeljagd auf der Suche nach Veränderung

Lesen Sie die wiedergegebenen Klientenäußerungen, und entscheiden Sie, ob sie Change-talk enthalten. Wenn ja, dann schreiben Sie eine reflektierende Reaktion darauf, die den Change-talk verstärken würde. Enthalten die Äußerungen keinen Change-talk, dann schreiben Sie eine evozierende Frage auf, die in der betreffenden Situation

---

* Für diese Übung danke ich Steve Berg-Smith.

Change-talk fördern könnte. Wenn Sie Bonuspunkte sammeln wollen, dann schreiben Sie noch eine zweite evozierende Frage auf.

Übung 5.4 Methoden zum Hervorrufen von Change-talk

In dieser Übung benutzen Sie erneut die bereits in Übung 5.1 vorgestellten Transkripte, wobei es diesmal um die Arbeit des Therapeuten geht. Schauen Sie sich die Sequenz der Aktivitäten des Therapeuten an, und beantworten Sie dann die Fragen, die dem jeweiligen Austausch folgen. Schauen Sie sich zum Schluß auch den Kommentar an, in dem es diesmal in erster Linie um die Sicht des Therapeuten geht.

Übung 5.5 Schreiben Sie einen Gesprächsleitfaden (branching script)

Im Rahmen einer interessanten Studie (Villaume, Berger & Barker 2006) wurden Studenten aufgefordert, ein Skript für einen Gesprächsleitfaden zu entwickeln. Dieses sollte MI-kompatibel sein und verschiedene Gesprächsverläufe erfassen. Wie die Autoren der Studie feststellten, half das Schreiben des Skripts den Therapeuten, MI effektiver anzuwenden, obwohl sich im Laufe der Untersuchung herausstellte, daß die verwendete Software nicht richtig funktionierte. Die Übung basiert auf dieser Erkenntnis.

Bei dieser Übung wird eine Grundstruktur vorgegeben, in die der Teilnehmer die Reaktionen des Therapeuten und des Klienten einfügen soll. Es geht hier um die Entwicklung von Interaktionen, die gewünschte Reaktionen hervorrufen. Dabei ist nicht entscheidend, ob Sie ein guter Dramatiker oder Drehbuchautor sind. Stellen Sie sich einfach die Reaktionen Ihres Klienten vor, und schauen Sie, wohin diese Sie führen. Kehren Sie dann zu den Punkten zurück, an denen sich das Schema verzweigt, und arbeiten Sie auch an diesen Möglichkeiten. Das Ziel ist in jedem Fall, *Change-talk* zu fördern, auch wenn Sie als erste Antwort nicht diejenige erhalten, die Sie erwartet haben. Nutzen Sie Ihre OARS-Fertigkeiten, um schwierige Punkte eines Dialogs zu umschiffen.

Arbeit mit einem Partner

Abgesehen von den oben beschriebenen Aktivitäten gibt es noch folgende Möglichkeit, mit einem Partner zusammen zu üben.

Übung 5.6 Für Veränderung trommeln

Dieser Übung ist eine Liste von Klientenäußerungen beigefügt, die Sie von Ihrem Übungspartner vorlesen lassen. Sobald Sie eine vorbereitende Äußerung (DARN) hören, schlagen Sie auf eine Trommel. Diese Form von *Change-talk* ist auf dem Übungsblatt unterstrichen. Mobilisierende Äußerungen (d. h. Äußerungen über eine Selbstverpflichtung und »Schritte einleiten«), die in Kursivschrift wiedergegeben sind, werden durch polierende Bewegungen markiert (die Hände nehmen eine Gebetshaltung ein, und die Handflächen reiben kreisförmig gegeneinander, als würden sie eine Perle polieren). Äußerungen, die weder vorbereitenden noch mobilisierenden Charakter haben, ziehen Schweigen nach sich. Falls Sie einen Fehler machen, halten Sie inne und sprechen mit Ihrem Übungspartner darüber. Versuchen Sie herauszufinden, wodurch die Verwirrung entstanden ist, und fahren Sie dann mit der Übung fort. Wechseln Sie sich mit Ihrem Partner beim Lesen und »Trommeln« ab.

Ergänzende Gedanken

Veränderungsbereitschaft und Behandlungsbereitschaft sind voneinander unabhängig. Zu dieser Schlußfolgerung gelangten die Forscher Simpson und Joe (1993). Die Unterscheidung entspricht unseren eigenen Erkenntnissen (Donovan, Rosengren, Downey, Cox & Sloan 2001; Downey, Rosengren & Donovan 2000).

Diesen Resultaten gemäß unterscheiden einige MI-Trainer zwischen *adherence talk* (»Adhärenz anzeigenden Äußerungen«) und *change talk* (»auf eine konkrete Veränderung zielende Äußerungen«). Adhärenz ist die Bereitschaft, sich auf eine Behandlung einzulassen, um eine Veränderung zu erreichen – *Change-talk* hingegen zielt direkt auf das zu verändernde Verhalten. Der Nutzen dieser Unterscheidung könnte primär darin liegen, daß sie (1) Therapeuten hindert, sich auf eine bestimmte Form von Behandlung als einzig akzeptabler Methode der Veränderung festzulegen, und daß sie (2) Therapeuten zwingt, die Bedeutung der Klientenäußerungen ständig aufmerksam zu verfolgen. Außerdem befindet sich diese Unterscheidung im Einklang mit DiClementes (2003) Versicherung, daß jede absichtliche Veränderung eine Selbstveränderung ist, wobei die Behandlung nur einen Teil eines Prozesses bildet, der schon begann, bevor der Klient den Therapeuten traf, und der bei Behandlungsende noch nicht abgeschlossen ist.

Letztlich ist MI mehr als nur eine Verhaltensstrategie, die *Change-talk* fördert und verstärkt. Vielmehr geht es darum, Klienten zu helfen, zu einem befriedigenden Leben zu gelangen und sich auf Aktivitäten zu konzentrieren, die dieser Zielsetzung dienlich sind. Die Arbeit sollte nicht zu einer Folge von Routineaktivitäten werden, die auf ein vorher festgelegtes Ziel zusteuern, sondern den Charakter einer subtilen und nuancierten Erforschung der Probleme des Klienten haben, in deren Verlauf der Therapeut ihm hilft, den Weg zu seinen Zielen zu finden.

Übung 5.1 Change-talk erkennen

Auf den nächsten Seiten finden Sie zwei Dialoge zwischen einem Therapeuten/Helfer und einem Klienten. Lesen Sie in beiden Fällen zunächst das Transkript, und unterstreichen Sie darin, was nach Ihrer Meinung *Change-talk* ist. Bedenken Sie dabei, daß gewöhnlich der Klient *Change-talk* artikuliert; allerdings können auch Äußerungen des Therapeuten – sofern der Klient sie bestätigt – *Change-talk* beinhalten. Wenn Sie alle nach Ihrer Meinung in Frage kommenden Passagen unterstrichen haben, können Sie Ihre Lösung mit dem Lösungsschlüssel zu dieser Übung vergleichen.

Übung 5.1, Szenario 1 (Marihuana)

Es geht hier um einen jungen Erwachsenen, der auf Betreiben seiner Eltern wegen vermuteten Substanzmißbrauchs zur Behandlung kommt. Das Zielverhalten für *Change-talk* ist hier Substanzmißbrauch.

T.: Ich werde jetzt noch einmal zusammenfassen, worüber wir bisher geredet haben. Vor etwa acht Monaten hatten Sie starke Angst vor einer Krebserkrankung. Sie konnten aufgrund einer Chemotherapie eine Zeitlang nicht arbeiten und haben deshalb eine Weile alle Pläne ruhen lassen müssen. Jetzt geht es Ihnen wieder recht gut. Der Krebs ist in Remission, und Sie versuchen, wieder normal zu leben wie vorher. Vor der Krebsdiagnose sind Sie zur Schule gegangen – mit mäßig gutem Erfolg –, aber Ihnen war ziemlich klar, was Sie hätten tun müssen, um einen relativ guten Abschluß zu schaffen – was unter anderem bedeutet hätte, weniger Pot zu rauchen. Nun wollen Sie im kommenden Herbst in die Schule zurückkehren. Außerdem haben Sie aus Kostengründen beschlossen, bis auf weiteres bei Ihren Eltern zu wohnen; allerdings müßten Sie sich dann auch an den Vorstellungen Ihrer Eltern orientieren, was sicher Reibereien zur Folge haben wird. Habe ich etwas vergessen?

K.: Nein.

T.: Wenn ich es richtig verstanden habe, sorgen sich Ihre Eltern unter anderem wegen des Pot-Rauchens, und ich weiß, daß sie Ihnen in dieser Hinsicht bestimmte Vorschriften machen wollen. Vielleicht können Sie mir berichten, worum es dabei geht.

K.: Was möchten Sie denn darüber wissen?

T.: Wie sieht es mit dem Pot-Rauchen aus? Weshalb machen sich Ihre Eltern so große Sorgen? Diese Dinge meine ich ...

K.: Bis zu meinem Senior-Jahr in der High-school habe ich weder Alkohol getrunken noch Pot geraucht. Als das Senior-Jahr halb herum war, habe ich zu trinken angefangen – wissen Sie, an Wochenenden und auf Partys, wenn ich mit Freunden zusammen war. Und später habe ich auch mit dem Pot-Rauchen angefangen. Zuerst habe ich es damit genauso gemacht wie mit dem Alkohol: Ich habe nur an Wochenenden geraucht. Aber irgendwann habe ich es fast jeden Tag getan. Das war nicht so gefährlich wie Alkoholtrinken und Autofahren. Allerdings ist mir ziemlich schnell klar geworden, daß ich meinen Marihuanakonsum besser etwas einschränken sollte, und das habe ich auch wirklich ein paarmal versucht, jeweils etwa einen oder zwei Monate lang. Später habe ich einen Versuch gemacht, nur in Gesellschaft zu rauchen, aber das hat auch nicht richtig funktioniert. Und dann bin ich krank geworden und habe es deshalb eine Zeitlang aufgegeben; aber jetzt habe ich wieder damit angefangen. Als meine Eltern sagten, ich dürfte einmal pro Woche rauchen, war ich ein wenig überrascht, aber mir war auch sofort klar, daß das nicht gehen würde. Ich kann nicht nur in Gesellschaft rauchen. Ich muß völlig damit aufhören, und deshalb tue ich das jetzt. Ich habe schon ungefähr eine Woche lang nicht mehr geraucht.

T.: Anscheinend ist Ihnen ziemlich klar, daß Sie dies verändern müssen, und Sie haben es sogar schon in der High-school bemerkt.

K.: Es war kurz nach der High-school.

T.: Wie sieht es mit dem Trinken aus? Wo stehen Sie damit im Moment?

K.: Ich will schon weiter Alkohol trinken, aber ich werde nicht versuchen, damit das Rauchen zu ersetzen. Ich habe nie so stark getrunken, wie ich Pot geraucht habe. Es ist nie dazu gekommen, daß ich täglich getrunken habe. Natürlich sind wir manchmal ausgegangen. Außerdem habe ich in einem Restaurant gearbeitet und manchmal nach der Arbeit ein paar Drinks konsumiert, und ich sehe auch nach wie vor nicht, daß dagegen etwas einzuwenden ist.

T.: Okay. Sie wissen also, daß Sie Ihre Gewohnheit zu rauchen verändern müssen – und ich würde immer noch gern ein wenig mehr darüber hören, wie Sie zu dieser Entscheidung gekommen sind. Und was das Trinken angeht, sind Sie sich nicht so sicher, daß sich in dieser Hinsicht etwas verändern muß.

K.: Ja, das ist einfach kein so großes Problem.

T.: Es ist keine große Sache.

K.: Genau.

T.: Ich versuche jetzt einmal zusammenzufassen, worüber wir bisher gesprochen haben. Sie ...

Lösung zu Übung 5.1, Szenario 1 (Marihuana)

T.: Ich werde jetzt noch einmal zusammenfassen, worüber wir bisher geredet haben. Vor etwa acht Monaten hatten Sie starke Angst vor einer Krebserkrankung. Sie konnten aufgrund einer Chemotherapie eine Zeitlang nicht arbeiten und haben deshalb eine Weile alle Pläne ruhen lassen müssen. Jetzt geht es Ihnen wieder recht gut. Der Krebs ist in Remission, und Sie versuchen, wieder normal zu leben wie vorher. Vor der Krebsdiagnose sind Sie zur Schule gegangen – mit mäßig gutem Erfolg –, aber Ihnen war ziemlich klar, was Sie hätten tun müssen, um einen relativ guten Abschluß zu schaffen – was unter anderem bedeutet hätte, weniger Pot zu rauchen. Nun wollen Sie im kommenden Herbst in die Schule zurückkehren. Außerdem haben Sie aus Kostengründen beschlossen, bis auf weiteres bei Ihren Eltern zu wohnen; allerdings müßten Sie sich dann auch an den Vorstellungen Ihrer Eltern orientieren, was sicher Reibereien zur Folge haben wird. Habe ich etwas vergessen?

K.: Nein.

Kommentar: *In der Zusammenfassung des Therapeuten werden zwar einige Probleme angesprochen; aber das ist kein Change-talk. Change-talk müßte in dieser Situation auf Substanzmißbrauch gerichtet sein, und der Bezug zu Veränderungen hinsichtlich des Pot-Rauchens liegt in der Vergangenheit. Die Zusammenfassung bietet allerdings Ansätze, auf die Sie später zurückkommen können.*

T.: Wenn ich es richtig verstanden habe, sorgen sich Ihre Eltern unter anderem wegen des Pot-Rauchens, und ich weiß, daß sie Ihnen in dieser Hinsicht bestimmte Vorschriften machen wollen. Vielleicht können Sie mir berichten, worum es dabei geht.

K.: Was möchten Sie denn darüber wissen?

Kommentar: *Hier ist kein Change-talk im Spiel.*

T.: Wie sieht es mit dem Pot-Rauchen aus? Weshalb machen sich Ihre Eltern so große Sorgen? Diese Dinge meine ich ...

K.: Bis zu meinem Senior-Jahr in der High-school habe ich weder Alkohol getrunken noch Pot geraucht. Als das Senior-Jahr halb herum war, habe ich zu trinken angefangen – an Wochenenden und auf Partys, wenn ich mit Freunden zusammen war. Später habe ich auch mit dem Pot-Rauchen angefangen. Zuerst habe ich es damit genauso gemacht wie mit dem Alkohol: Ich habe nur an Wochenenden geraucht. Aber irgendwann habe ich es fast jeden Tag getan. Das war nicht so gefährlich wie Alkoholtrinken und Autofahren. Allerdings ist mir ziemlich schnell klar geworden, daß ich meinen Marihuanakonsum besser etwas einschränken sollte, und das habe ich auch ein paarmal versucht, jeweils etwa ein bis zwei Monate lang. Später habe ich einen Versuch gemacht, nur in Gesellschaft zu rauchen, aber das hat auch nicht funktioniert. Dann bin ich krank geworden und habe es deshalb eine Zeitlang aufgegeben; aber jetzt habe ich wieder damit angefangen. <u>Als meine Eltern sagten, ich dürfte einmal pro</u>

Woche rauchen, war ich ein wenig überrascht, aber mir war sofort klar, daß das nicht gehen würde. Ich kann nicht nur in Gesellschaft rauchen. Ich muß völlig damit aufhören, und deshalb tue ich das jetzt. Ich habe schon ungefähr eine Woche lang nicht mehr geraucht.

Kommentar: *Der Klient erzählt schon früh eine Geschichte, ohne irgendwelche Einzelheiten zu kommentieren. Ab dem Satz »Allerdings ist mir ziemlich schnell klar geworden« beschreibt er Ereignisse aus der Vergangenheit, die auf die eventuelle Notwendigkeit, den Alkoholkonsum einzuschränken, hindeuten. Aber das ist kein Change-talk, weil die Äußerung in der Vergangenheitsform bleibt. Anschließend erklärt der Klient ziemlich unumwunden, daß es zur Zeit ein Problem gibt und daß er weiß, was er tun muß, und es tut. Dies sind Bedürfnisäußerungen und mobilisierende Äußerungen (Selbstverpflichtung und Schritte unternehmen); beide sind es wert, verstärkt zu werden.*

T.: Anscheinend ist Ihnen ziemlich klar, daß Sie dies verändern müssen, und Sie haben es sogar schon in der High-school bemerkt.

K.: Es war kurz nach der High-school.

Kommentar: *Kein Change-talk. Der Klient nimmt eine Tatsachenkorrektur vor.*

T.: Wie sieht es mit dem Trinken aus? Wo stehen Sie damit im Moment?

K.: Ich will schon weiter Alkohol trinken, aber ich werde nicht versuchen, damit das Rauchen zu ersetzen. Ich habe nie so stark getrunken, wie ich Pot geraucht habe. Es ist nie dazu gekommen, daß ich täglich getrunken habe. Natürlich sind wir manchmal ausgegangen. Außerdem habe ich in einem Restaurant gearbeitet und manchmal nach der Arbeit ein paar Drinks konsumiert, und ich sehe auch nach wie vor nicht, daß dagegen etwas einzuwenden ist.

Kommentar: *Er ist sich in dieser Hinsicht ziemlich sicher, daß es ein Hindernis gibt. Change-talk liegt nicht vor, sondern Sustain-talk.*

T.: Okay. Sie wissen also, daß Sie Ihre Gewohnheit zu rauchen verändern müssen – und ich würde immer noch gern ein wenig mehr darüber hören, wie Sie zu dieser Entscheidung gekommen sind. Und was das Trinken angeht, sind Sie sich nicht so sicher, daß sich in dieser Hinsicht etwas verändern muß.

K.: Ja, es ist einfach kein so großes Problem.

Kommentar: *Der Klient verändert seine sprachlichen Äußerungen, um darauf hinzuweisen, daß man sich möglicherweise über mehr Faktoren Gedanken machen müßte; aber dies reicht nicht aus als Indiz für Change-talk.*

T.: Es ist keine große Sache.

K.: Genau.

Kommentar: *Auch das ist noch kein Change-talk, aber die Tür ist nun offen.*

ÜBUNG 5.1, SZENARIO 2 (INTERPERSONALE GEWALT)

Dieser Mann mittleren Alters führt aufgrund eines Hinweises aus der Nachbarschaft ein Gespräch mit einem Mitarbeiter des Jugendamts. Er hatte im Verlauf von Auseinandersetzungen sowohl seine Freundin als auch seinen Sohn geschlagen. Auch aus der Schule waren mehrfach Hinweise gegeben worden, daß das Kind im Unterricht mit Verletzungen aufgetaucht war. Bisher war es noch nicht zu einer formellen Intervention des Jugendamts gekommen. Der Mann wurde gezwungen, sich einer psychotherapeutischen Behandlung zu unterziehen, und er darf seine beiden Kinder (im Alter von acht und fünf Jahren) so lange nur noch unter Aufsicht treffen, bis der Betreuer des Jugendamts sich davon überzeugt hat, daß es für die Kinder nicht mehr gefährlich ist, ihren Vater allein zu treffen. Das Zielverhalten besteht in diesem Fall darin, daß der Klient lernt, anders mit Konflikten umzugehen, die er mit seiner Freundin und seinen Kindern hat.

T.: Ich kann verstehen, daß Sie nicht besonders glücklich darüber sind, heute hier zu sein.

K.: Das kann man wohl sagen. Nachdem die Nachbarn die Bullen gerufen hatten, haben diese sich gar nicht erst die Mühe gemacht, sich anzuhören, wie ich die Sache sehe. Sie haben mich gleich ins Gefängnis geschafft, und jetzt sagen sie mir, wenn ich meine Kinder ohne Sozialarbeiter wiedersehen wollte, müßte ich zu Ihnen kommen.

T.: Niemand hat sich die Zeit genommen festzustellen, wie Sie die Situation sehen. Vielleicht können wir uns ja ein wenig damit beschäftigen.

K.: Wie Sie wollen.

T.: Was macht Ihnen an Ihrer Situation mit Ihrer Freundin und Ihren Kindern am meisten zu schaffen?

K.: Daß ich sie nur besuchen kann, wenn jemand anders dabei ist. Meine Kinder verstehen mich nicht. Sie sagen zum Beispiel: »Warum kannst du nicht bei uns zu Hause bleiben, Papi?« Ich habe meinem Sohn immer bei den Mathematikaufgaben geholfen und könnte das auch jetzt tun, denn ihre Mutter ist in diesen Dingen einfach nicht besonders gut. Es stinkt doch zum Himmel, daß sie mir das verboten haben.

T.: Ihnen ist wichtig, am Leben Ihrer Kinder teilzunehmen. Sie möchten das und können es jetzt nicht – jedenfalls nicht so, wie Sie es gern tun würden.

K.: Ja, meistens ist das so. Manchmal sind sie ziemlich lästig, aber während des größten Teils der Zeit ist es gut.

T.: Und was ist mit Ihrer Partnerin?

K.: Sie ist sauer auf mich. Sie sagt, ich hätte sie verletzt; aber sie hat mich auch verletzt. Sie hat gesagt, sie und die Kinder seien mir egal, und das stimmt einfach nicht. Allerdings weicht sie manchmal keinen Schritt von der Stelle. So war es auch an jenem Abend. Ich hatte ihr gesagt, sie solle mich in Ruhe lassen. Anschließend habe ich den Raum verlassen; aber sie ist mir gefolgt. Dann bin ich zur Garage gegangen, und da ist sie mir auch hinterhergekommen. Es war ziemlich unangenehm. Die Nachbarn konnten hören, was los war. Irgendwann bin ich wieder ins Haus gegangen und habe ihr gesagt, sie solle endlich Ruhe geben. Daraufhin hat sie mir eine Ohrfeige gegeben, und das war wohl der Tropfen, der bei mir das Faß zum Überlaufen gebracht hat. Ich habe mit meiner Rückhand ausgeholt, um sie von mir fernzuhalten, und dadurch muß sie das Gleichgewicht verloren haben, denn sie fiel hin. Ich wollte Danny gar nicht schlagen; sie ist mir nur im falschen Moment in die Quere gekommen, als sie es mir heimzahlen wollte. Ich wollte mich gerade bei ihr entschuldigen, und sie kratzte und schlug. Im Grunde weiß ich gar nicht so richtig, was passiert ist.

T.: Es sieht ganz so aus, als würden Sie selbst nicht billigen, wie die Dinge in dieser Situation gelaufen sind. Es geht nicht nur darum zu klären, wie Sie mit Ihrer Freundin umgehen wollen. Ihr Bedürfnis nach Einfluß bezieht sich nicht nur darauf.

K.: Ja. Ich bin nicht das Monster, das die Leute aus mir machen. Ich habe mir wirklich Mühe gegeben, ein Problem zu vermeiden. Sie hat mich einfach nicht in Ruhe gelassen!

T.: So ein Mensch sind Sie nicht, und Sie möchten auch nicht, daß andere Sie so sehen.

K.: Ich wünschte mir, wir könnten uns über unsere Probleme aussprechen, aber wenn wir das versuchen, werden wir jedesmal beide so wütend, daß keine Kommunikation mehr möglich ist. Wir müssen wohl etwas anderes ausprobieren.

T.: Schauen wir einmal, ob ich das alles richtig verstanden habe. Sie sind nicht glücklich darüber, daß Sie hier sind, und Sie sind auch nicht glücklich darüber, wie sich die Situation an jenem Abend entwickelt hat. Sie möchten gern über Ihre Probleme reden können, haben aber manchmal das Gefühl, daß das völlig unmöglich ist. Und wenn das so ist, tun Sie Dinge, die Sie später bereuen. Ihnen ist selbst klar, daß sich etwas ändern muß.

K.: Sie haben die Situation ziemlich gut zusammengefaßt. Es muß sich etwas ändern.

Lösung zu Übung 5.1, Szenario 2 (Interpersonale Gewalt)

T.: Ich kann verstehen, daß Sie nicht besonders glücklich darüber sind, heute hier zu sein.

K.: Das kann man wohl sagen. Nachdem die Nachbarn die Bullen gerufen hatten, haben diese sich gar nicht erst die Mühe gemacht, sich anzuhören, wie ich die Sache sehe. Sie haben mich gleich ins Gefängnis geschafft, und jetzt sagen sie mir, wenn ich meine Kinder ohne Sozialarbeiter wiedersehen wollte, müßte ich zu Ihnen kommen.

Kommentar: *Hier findet kein Change-talk statt.*

T.: Niemand hat sich die Zeit genommen festzustellen, wie Sie die Situation sehen. Vielleicht können wir uns ja ein wenig damit beschäftigen.

K.: Wie Sie wollen.

Kommentar: *Der Therapeut sucht nach Ansatzpunkten. Kein Change-talk und deutliche Unzufriedenheit.*

T.: Was macht Ihnen an Ihrer Situation mit Ihrer Freundin und den Kindern am meisten zu schaffen?

K.: Daß ich sie nur besuchen kann, wenn jemand anders dabei ist. Meine Kinder verstehen mich nicht. Sie sagen zum Beispiel: »Warum kannst du nicht bei uns zu Hause bleiben, Papi?« Ich habe meinem Sohn immer bei den Mathematikaufgaben geholfen und könnte das auch jetzt tun, denn ihre Mutter ist in diesen Dingen einfach nicht besonders gut. Es stinkt doch zum Himmel, daß sie mir das verboten haben.

Kommentar: *Evozierende Frage, die Change-talk fördern soll. Obwohl der Klient darüber redet, was ihm an seiner aktuellen Situation nicht gefällt, steht es in keinem eindeutigen Zusammenhang mit dem Zielverhalten. Es könnte ein Anfang von Change-talk vorliegen – besonders das »Es stinkt zum Himmel«, aber tatsächlich handelt es sich immer noch um allgemeine Unzufriedenheit.*

T.: Ihnen ist wichtig, am Leben Ihrer Kinder teilzunehmen. Sie möchten das und können es jetzt nicht – jedenfalls nicht so, wie Sie es gern tun würden.

K.: Ja, meistens ist das so. Manchmal sind sie ziemlich lästig, aber während des größten Teils der Zeit ist es gut.

Kommentar: *Dies ist immer noch kein Change-talk. Der Therapeut weist deutlich auf Probleme bezüglich des Status quo hin, und der Klient nimmt dies zur Kenntnis, doch bloße Unzufriedenheit über die Situation als solche beinhaltet noch nicht die Notwendigkeit einer persönlichen Veränderung. Trotzdem macht der Therapeut mit seiner Arbeit Fortschritte.*

T.: Und was ist mit Ihrer Partnerin?

K.: Sie ist sauer auf mich. Sie sagt, ich hätte sie verletzt; aber sie hat mich auch verletzt. Sie hat gesagt, sie und die Kinder seien mir egal, und das stimmt einfach nicht. Allerdings weicht sie manchmal keinen Schritt von der Stelle. So war es auch an jenem Abend. Ich hatte ihr gesagt, sie solle mich in Ruhe lassen. Anschließend habe ich den Raum verlassen; aber sie ist mir gefolgt. Dann bin ich zur Garage gegangen, und da ist sie mir auch hinterhergekommen. Es war ziemlich unangenehm. Die Nachbarn konnten hören, was los war. Irgendwann bin ich wieder ins Haus gegangen und habe ihr gesagt, sie solle endlich Ruhe geben. Daraufhin hat sie mir eine Ohrfeige gegeben, und das war wohl der Tropfen, der bei mir das Faß zum Überlaufen gebracht hat. Ich habe mit meiner Rückhand ausgeholt, um sie von mir fernzuhalten, und dadurch muß sie das Gleichgewicht verloren haben, denn sie fiel hin. Ich wollte Danny gar nicht schlagen; sie ist mir nur im falschen Moment in die Quere gekommen, als sie es mir heimzahlen wollte. Ich wollte mich gerade bei ihr entschuldigen, und sie kratzte und schlug. Im Grunde weiß ich gar nicht so richtig, was passiert ist.

Kommentar: *Auch dies ist ein klarer Beweis für die Unzufriedenheit des Klienten mit der Situation und damit, wie sie sich entwickelt hat. Er orientiert sich nun stärker in Richtung eines Bedürfnisses nach Veränderung (d. h. in Richtung einer Entschuldigung), doch dies sind noch keine vorbereitenden Äußerungen im Sinne von DARN.*

T.: Es sieht ganz so aus, als würden Sie selbst nicht billigen, wie die Dinge in dieser Situation gelaufen sind. Es geht nicht nur darum zu klären, wie Sie mit Ihrer Freundin umgehen wollen. Ihr Bedürfnis nach Einfluß bezieht sich nicht nur darauf.

K.: Ja. Ich bin nicht das Monster, das die Leute aus mir machen. Ich habe mir wirklich Mühe gegeben, ein Problem zu vermeiden. Sie hat mich einfach nicht in Ruhe gelassen!

Kommentar: *Erstmals bietet der Therapeut eine Reflexion an, die Veränderung impliziert (Wunsch: Er wünscht sich eine Verbesserung seiner Kontrollmöglichkeiten), und er gesteht sich dies ein.*

T.: So ein Mensch sind Sie nicht, und Sie möchten auch nicht, daß andere Sie so sehen.

K.: Ich wünschte mir, wir könnten uns über unsere Probleme aussprechen, aber wenn wir das versuchen, werden wir jedesmal beide so wütend, daß keine Kommunikation mehr möglich ist. Wir müssen wohl etwas anderes ausprobieren.

Kommentar: *Bingo. Eindeutiger Ausdruck eines Bedürfnisses in der letzten und eines Wunsches in der ersten Zeile.*

T.: Schauen wir einmal, ob ich das alles richtig verstanden habe. Sie sind nicht glücklich darüber, daß Sie hier sind, und Sie sind auch nicht glücklich darüber, wie sich die Situation an jenem Abend entwickelt hat. Sie möchten gern über Ihre Probleme reden können, haben aber manchmal das Gefühl, daß das völlig unmöglich ist. Und wenn das so ist, tun Sie Dinge, die Sie später bereuen. Ihnen ist selbst klar, daß sich etwas ändern muß.

K.: Sie haben die Situation ziemlich gut zusammengefaßt. Es muß sich etwas ändern.

Kommentar: *Der Therapeut bietet eine solide MI-Zusammenfassung an. Er beginnt mit der Unzufriedenheit des Klienten mit seiner Situation und hebt dann die Äußerung auf den sprachlichen Ausdruck eines Wunsches und eines Bedürfnisses hervor, die der Klient bestätigt und verstärkt.*

Übung 5.2 Bei Change-talk trommeln*

Dieses Übung schult Ihr Ohr darin, *Change-talk* zu hören. Sie hören sich Äußerungen an und entscheiden, ob sie vorbereitend, mobilisierend oder völlig anderer Art sind. Die Übung umfaßt folgende Schritte:

- Wählen Sie ein Musikstück mit einem Text aus, den Sie verstehen können (langsame Balladen eignen sich in der Regel am besten). Falls Sie mit einem bestimmten Song nicht zurechtkommen, können Sie einen anderen auswählen.
- Eine Möglichkeit ist, Musik anzuhören, die Ihre Kinder bevorzugen.
- Wenn Sie vorbereitende sprachliche Äußerungen hören (DARN – Ausdrücke eines Wunsches, der Fähigkeit, des Grundes oder des Bedürfnisses), können Sie auf einer Tischplatte, auf Ihren Knien oder auf einer anderen erreichbaren Fläche einen Trommelwirbel schlagen.
- Wenn Sie mobilisierende sprachliche Äußerungen hören (Äußerungen über eine Selbstverpflichtung oder »Schritte einleiten«), können Sie Ihre Hände (wie beim Beten) zusammenlegen und die Handflächen in kreisförmigen Bewegungen gegeneinanderreiben, als würden Sie eine Perle polieren.
- Handelt es sich bei dem, was Sie hören, weder um eine vorbereitende noch um eine mobilisierende Äußerung, bleiben Sie einfach ruhig sitzen.

Sollten Sie keine Musik zur Verfügung haben, gibt es noch einige andere Möglichkeiten:

- Hören Sie sich eine Ratgebersendung im Radio an.
- Nehmen Sie im Fernsehen eine Soap auf, in der es um Beziehungskonflikte geht.
- Wenn Sie besonders mutig sind, können Sie sich auch Gespräche in öffentlichen Bussen und Bahnen anhören und bei vorbereitenden und mobilisierenden Äußerungen kleine Bewegungen ausführen.

* Für diese Übung danke ich Steve Berg-Smith.

Übung 5.3 Change-talk verstärken: Eine Schnitzeljagd auf der Suche nach Veränderung (Unfall)

Diese junge Frau kommt wegen Angst zu Ihnen. Sie lebt mit einer anderen Frau zusammen in einer Wohnung und wagt sich kaum daraus hervor. Die Mitbewohnerin hat sie gedrängt, Sie aufzusuchen, weil sie sich immer stärker zurückzieht. Die Frau fühlt sich zu Hause sicher, und die Vorstellung, sich einer Expositionstherapie zu unterziehen, ängstigt sie sehr. Das Ziel einer Verhaltensänderung ist ihre Angst davor, ihre Wohnung zu verlassen.

K: *Vor ungefähr acht Monaten war ich ziemlich am Ende, und ich glaube, ich kann froh sein, daß ich noch lebe. Ich habe mir ziemlich übel den Kopf verletzt, und die Ärzte meinen, ich müßte mit Nachwirkungen rechnen; doch soweit ich es beurteilen kann, ist wohl alles in Ordnung. Aber seit dem Unfall gehe ich nicht mehr gern aus dem Haus.*

Change-talk? Ja ____ Nein ____

Wenn ja, welche Art? Wunsch ____ Fähigkeit ____ Grund ____ Bedürfnis ____
Selbstverpflichtung ____ Schritte einleiten ____

Wenn ja, formulieren Sie eine reflektierende Reaktion, die den *Change-talk* verstärken würde.

Wenn nein, dann schreiben Sie eine evozierende Frage auf, die *Change-talk* hervorrufen könnte.

K: *Seit ich aus dem Krankenhaus entlassen wurde, hat sich mein Zustand nur sehr langsam verbessert. Ich bin meist zu Hause, wenn ich nicht unbedingt ausgehen muß. Manchmal nimmt meine Mitbewohnerin mich mit zum Gemüseladen an der Ecke; das geht, fällt mir aber nicht leicht. Es mag ein wenig seltsam klingen, aber ich bin jedesmal erleichtert, wenn ich nach Hause zurückkomme und die Tür hinter mir verschließen kann.*

Change-talk? Ja ____ Nein ____

Wenn ja, welche Art? Wunsch ____ Fähigkeit ____ Grund ____ Bedürfnis ____
Selbstverpflichtung ____ Schritte einleiten ____

Wenn ja, formulieren Sie eine reflektierende Reaktion, die den *Change-talk* verstärken würde.

Wenn nein, dann schreiben Sie eine evozierende Frage auf, die *Change-talk* hervorrufen könnte.

K: *Wenn nächste Woche meine Krankschreibung abläuft, muß ich wieder zur Arbeit. Das habe ich bisher vermieden. Ich muß dann nämlich mit dem Bus an der Stelle vorbei, wo ich den Unfall hatte, und das macht mir ziemliche Sorgen. Ich weiß nicht, ob ich das schaffe.*

Change-talk? Ja ____ Nein ____

Wenn ja, welche Art? Wunsch ____ Fähigkeit ____ Grund ____ Bedürfnis ____
Selbstverpflichtung ____ Schritte einleiten ____

Wenn ja, formulieren Sie eine reflektierende Reaktion, die den *Change-talk* verstärken würde.

Wenn nein, dann schreiben Sie eine evozierende Frage auf, die *Change-talk* hervorrufen könnte.

K: *Ich muß es nur tun. Sonst kann ich meinen Anteil an der Miete nicht bezahlen. Weil ich in der Zeit, in der ich nicht gearbeitet habe, meine Rücklagen verbraucht habe, muß ich jetzt wieder arbeiten. Deshalb bin ich hier; ich will herausfinden, wie ich mit dieser Situation fertig werden kann.*

Change-talk? Ja ____ Nein ____

Wenn ja, welche Art? Wunsch ____ Fähigkeit ____ Grund ____ Bedürfnis ____
Selbstverpflichtung ____ Schritte einleiten ____

Wenn ja, formulieren Sie eine reflektierende Reaktion, die den *Change-talk* verstärken würde.

Wenn nein, dann schreiben Sie eine evozierende Frage auf, die *Change-talk* hervorrufen könnte.

K: *Ich wünschte mir, diese Nervosität würde aufhören. Ich möchte wieder normal leben können. Ich möchte ohne Albträume schlafen.*

Change-talk? Ja ____ Nein ____

Wenn ja, welche Art? Wunsch ____ Fähigkeit ____ Grund ____ Bedürfnis ____
Selbstverpflichtung ____ Schritte einleiten ____

Wenn ja, formulieren Sie eine reflektierende Reaktion, die den *Change-talk* verstärken würde.

Wenn nein, dann schreiben Sie eine evozierende Frage auf, die *Change-talk* hervorrufen könnte.

Lösung zu Übung 5.3

K: Vor ungefähr acht Monaten war ich ziemlich am Ende, und ich glaube, ich kann froh sein, daß ich noch lebe. Ich habe mir ziemlich übel den Kopf verletzt, und die Ärzte meinen, ich müßte mit Nachwirkungen rechnen; doch soweit ich es beurteilen kann, ist wohl alles in Ordnung. Aber seit dem Unfall gehe ich nicht mehr gern aus dem Haus.

Kommentar: *Die Klientin beschreibt, was sie dazu gebracht hat, ihre Bewegungsfreiheit so stark einzuschränken. Es handelt sich um eine Tatsachenbeschreibung ohne Change-talk. Einer reflektierenden Antwort könnte folgende evozierende Frage folgen: »Es klingt so, als fühlten Sie sich in Ihrer Wohnung festgebunden. Wie ist das für Sie?«*

K: Seit ich aus dem Krankenhaus entlassen wurde, hat sich mein Zustand nur sehr langsam verbessert. Ich bin meist zu Hause, wenn ich nicht unbedingt ausgehen muß. Manchmal nimmt meine Mitbewohnerin mich mit zum Gemüseladen an der Ecke; das geht, fällt mir aber nicht leicht. Es mag ein wenig seltsam klingen, aber ich bin jedesmal erleichtert, wenn ich nach Hause zurückkomme und die Tür hinter mir verschließen kann.

Kommentar: *Die Äußerung läßt darauf schließen, daß es viele Bereiche gibt, in denen es der Klientin nicht gut geht; aber sie sagt das nicht ausdrücklich. Sie bewegt sich am Rande von Change-talk, wenn Sie feststellt: »Es mag ein bißchen merkwürdig klingen.« Man könnte in einem solchen Fall folgende Frage stellen: »Wie hat sich Ihre Situation nach Ihrem Unfall verändert, soweit es Ihre Wünsche und Ihre Fähigkeit, Ihre Wohnung zu verlassen, betrifft?«*

K: Wenn nächste Woche meine Krankschreibung abläuft, muß ich wieder zur Arbeit. Das habe ich bisher vermieden. Ich muß dann nämlich mit dem Bus an der Stelle vorbei, wo ich den Unfall hatte, und das macht mir ziemliche Sorgen. Ich weiß nicht, ob ich das schaffe.

Kommentar: *Ja. Sie äußert sich sehr klar über ihre Bedürfnisse, hat aber wenig Vertrauen zu ihrer Fähigkeit, diese Bedürfnisse zu erfüllen. Eine Reflexion könnte in diesem Fall lauten: »Sie müssen eine Möglichkeit finden, dies zu schaffen, und deshalb sind Sie heute hierher gekommen.« Oder: »Sie machen sich Sorgen, und Sie wissen, daß Sie eine Möglichkeit finden müssen, dies zu schaffen.«*

K: Ich muß es nur tun. Sonst kann ich meinen Anteil an der Miete nicht bezahlen. Weil ich in der Zeit, in der ich nicht gearbeitet habe, meine Rücklagen verbraucht habe, muß ich jetzt wieder arbeiten. Deshalb bin ich hier; ich will herausfinden, wie ich mit dieser Situation fertig werden kann.

Kommentar: *In der letzten Äußerung geht es in stärkerem Maße um Notwendigkeiten. Der Gang zu einem Therapeuten kann auch als »Schritte einleiten« verstanden werden, aber in er-*

(Fortsetzung nächste Seite)

ster Linie geht es hier wohl darum, daß die Klientin sich einige Fertigkeiten aneignen möchte und daß sie gekommen ist, um sich diese mit Hilfe des Therapeuten anzueignen. Eine Reflexion könnte lauten: »Sie sind hier, um den Umgang mit ein paar Werkzeugen zu erlernen, weil Ihnen klar ist, daß diese Situation es erforderlich macht, daß Sie einige Dinge anders als bisher angehen.«

K: Ich wünschte mir, diese Nervosität würde aufhören. Ich möchte wieder normal leben können. Ich möchte ohne Albträume schlafen.

Kommentar: *Hier kommen in stärkerem Maße Wünsche zum Ausdruck; doch ist noch keine Selbstverpflichtung zu erkennen. Folgende Reflexion könnte helfen, den Ansatz von Change-talk zu stabilisieren und ihm die Verpflichtung, etwas zu tun, hinzuzufügen: »Ihnen ist völlig klar, daß die Situation so nicht bleiben kann. Es ist an der Zeit, etwas daran zu ändern.«*

Übung 5.4 Methoden zum Hervorrufen von Change-talk

Es geht hier um den gleichen Dialog, der schon in Übung 5.1 benutzt wurde, wobei diesmal das Verhalten des Übenden im Mittelpunkt steht. Beantworten Sie nach jeder wiedergegebenen Therapeutenäußerung die Fragen, und schreiben Sie anschließend auf, was Sie selbst statt der Beispieläußerung gesagt hätten. Schauen Sie sich danach den Lösungsschlüssel zu Übung 5.4 an.

Übung 5.4, Szenario 1 (Marihuana)

Es geht hier um einen jungen Erwachsenen, der auf Betreiben seiner Eltern wegen vermuteten Substanzmißbrauchs zur Behandlung kommt. Das Zielverhalten für *Change-talk* ist hier Substanzmißbrauch.

T.: Ich werde jetzt noch einmal zusammenfassen, worüber wir bisher geredet haben. Vor etwa acht Monaten hatten Sie starke Angst vor einer Krebserkrankung. Sie konnten aufgrund einer Chemotherapie eine Zeitlang nicht arbeiten und haben deshalb eine Weile alle Pläne ruhen lassen müssen. Jetzt geht es Ihnen wieder recht gut. Der Krebs ist in Remission, und Sie versuchen, wieder normal zu leben wie vorher. Vor der Krebsdiagnose sind Sie zur Schule gegangen – mit mäßig gutem Erfolg –, aber Ihnen war ziemlich klar, was Sie hätten tun müssen, um einen relativ guten Abschluß zu schaffen – was unter anderem bedeutet hätte, weniger Pot zu rauchen. Nun wollen Sie im kommenden Herbst in die Schule zurückkehren. Außerdem haben Sie aus Kostengründen beschlossen, bis auf weiteres bei Ihren Eltern zu wohnen; allerdings müßten Sie sich dann auch an den Vorstellungen Ihrer Eltern orientieren, was sicher Reibereien zur Folge haben wird. Habe ich etwas vergessen?

Welche Möglichkeiten eröffnet diese Zusammenfassung der weiteren Untersuchung der Situation? Wenn Sie diese Zusammenfassung umgestalten wollten, was würden Sie dann tun? Welche anderen Ansätze könnten Sie nutzen?

Beispiel: *Es liegen einerseits Äußerungen darüber vor, was die schulischen Probleme verursacht hat, und andererseits die über Reibereien im elterlichen Haushalt. Möglich wäre außerdem, die Ängste in Zusammenhang mit der Krebserkrankung zu erforschen sowie die Frage, wie sich das Rauchen mit der Gesundheit vereinbaren läßt. Ein möglicher Einstieg wäre:*

»Die letzten Monate waren sicher schwierig für Sie, besonders hinsichtlich des Umgangs mit Ihren Eltern. Wie ergeht es Ihnen in dieser schwierigen Phase mit Ihren Eltern mit dem Marihuana-Rauchen?«

K.: Nein.

T.: Wenn ich es richtig verstanden habe, sorgen sich Ihre Eltern unter anderem wegen des Pot-Rauchens, und ich weiß, daß sie Ihnen in dieser Hinsicht bestimmte Vorschriften machen wollen. Vielleicht können Sie mir berichten, worum es dabei geht.

Was tut der Therapeut hier? Wodurch wird die Wahrscheinlichkeit der Manifestation von Widerstand verringert? Wie könnte man sich diesem Bereich sonst noch nähern?

K.: Was möchten Sie denn darüber wissen?

T.: Wie sieht es mit dem Pot-Rauchen aus? Weshalb machen sich Ihre Eltern so große Sorgen? Diese Dinge meine ich ...

Was geschieht hier mit dem Klienten? Wie reagiert der Therapeut darauf? Wie hätte man anders mit der Situation umgehen können?

K.: Bis zu meinem Senior-Jahr in der High-school habe ich weder Alkohol getrunken noch Pot geraucht. Als das Senior-Jahr halb herum war, habe ich zu trinken angefangen – wissen Sie, an Wochenenden und auf Partys, wenn ich mit Freunden zusammen war. Und später habe ich auch mit dem Pot-Rauchen angefangen. Zuerst habe ich es damit genauso gemacht wie mit dem Alkohol: Ich habe nur an Wochenenden geraucht. Aber irgendwann habe ich es fast jeden Tag getan. Das war nicht so gefährlich wie Alkoholtrinken und Autofahren. Allerdings ist mir ziemlich schnell klar geworden, daß ich meinen Marihuanakonsum besser etwas einschränken sollte, und das habe ich auch wirklich ein paarmal versucht, jeweils etwa einen oder zwei Monate lang. Später habe ich einen Versuch gemacht, nur in Gesellschaft zu rauchen, aber das hat auch nicht richtig funktioniert. Und dann bin ich krank geworden und habe es deshalb eine Zeitlang aufgegeben; aber jetzt habe ich wieder damit angefangen. Als meine Eltern sagten, ich dürfte einmal pro Woche rauchen, war ich ein wenig überrascht, aber mir war auch sofort klar, daß das nicht gehen würde. Ich kann nicht nur in Gesellschaft rauchen. Ich muß völlig damit aufhören, und deshalb tue ich das jetzt. Ich habe schon ungefähr eine Woche lang nicht mehr geraucht.

T.: Anscheinend ist Ihnen ziemlich klar, daß Sie dies verändern müssen, und Sie haben es sogar schon in der High-school bemerkt.

Der Therapeut wählt eine reflektierende Reaktion. Warum? Welche andere Antwort im Sinne reflektierenden Zuhörens hätten Sie geben können?

K.: Es war kurz nach der High-school.

T.: Wie sieht es mit dem Trinken aus? Wo stehen Sie damit im Moment?

Was tut der Therapeut hier? Ist sein Verhalten ein Problem? Warum oder warum nicht? Wenn Sie eine der anderen Strategien zum Hervorrufen von Change-talk wählen müßten, welche wäre es dann, und warum? Wie würden Sie dabei vorgehen?

K.: Ich will schon weiter Alkohol trinken, aber ich werde nicht versuchen, damit das Rauchen zu ersetzen. Ich habe nie so stark getrunken, wie ich Pot geraucht habe. Es ist nie dazu gekommen, daß ich täglich getrunken habe. Natürlich sind wir manchmal ausgegangen. Außerdem habe ich in einem Restaurant gearbeitet und manchmal nach der Arbeit ein paar Drinks konsumiert, und ich sehe auch nach wie vor nicht, daß dagegen etwas einzuwenden ist.

T.: Okay. Sie wissen also, daß Sie Ihre Gewohnheit zu rauchen verändern müssen – und ich würde immer noch gern ein wenig mehr darüber hören, wie Sie zu dieser Entscheidung gekommen sind. Und was das Trinken angeht, sind Sie sich nicht so sicher, daß sich in dieser Hinsicht etwas verändern muß.

Dies ist eine komplexe Reflexion. Welche anderen Strategien könnten Sie in dieser Situation benutzen, um Change-talk hervorzurufen? Formulieren Sie ein Beispiel dafür, was Sie sagen würden.

K.: Ja, das ist einfach kein so großes Problem.

T.: Es ist keine große Sache.

Was tut der Therapeut im Falle dieser Reflexion? Wie könnten Sie mit anderen Worten das gleiche erreichen?

K.: Genau.

T.: Ich versuche jetzt einmal zusammenzufassen, worüber wir bisher gesprochen haben. Sie ...

Schreiben Sie eine Zusammenfassung, die nach Ihrer Auffassung das Interesse des Klienten an einer Veränderung hervorhebt.

Lösung zu Übung 5.4, Szenario 1 (Marihuana)

T.: Ich werde jetzt noch einmal zusammenfassen, worüber wir bisher geredet haben. Vor etwa acht Monaten hatten Sie starke Angst vor einer Krebserkrankung. Sie konnten aufgrund einer Chemotherapie eine Zeitlang nicht arbeiten und haben deshalb eine Weile alle Pläne ruhen lassen müssen. Jetzt geht es Ihnen wieder recht gut. Der Krebs ist in Remission, und Sie versuchen, wieder normal zu leben wie vorher. Vor der Krebsdiagnose sind Sie zur Schule gegangen – mit mäßig gutem Erfolg –, aber Ihnen war ziemlich klar, was Sie hätten tun müssen, um einen relativ guten Abschluß zu schaffen – was unter anderem bedeutet hätte, weniger Pot zu rauchen. Nun wollen Sie im kommenden Herbst in die Schule zurückkehren. Außerdem haben Sie aus Kostengründen beschlossen, bis auf weiteres bei Ihren Eltern zu wohnen; allerdings müßten Sie sich dann auch an den Vorstellungen Ihrer Eltern orientieren, was sicher Reibereien zur Folge haben wird. Habe ich etwas vergessen?

Kommentar: *Die Zusammenfassung rekapituliert, was der Therapeut bis zu diesem Zeitpunkt herausgefunden hat. Die weitere Arbeit kann sich nun in verschiedene Richtungen entwickeln. Beispielsweise kann sie sich mit der Krebserkrankung befassen, mit den schulischen Fortschritten, mit der Frage, wodurch sich das Verhalten des Klienten in der Schule verändert hat, und mit seiner Rückkehr ins Elternhaus. Man könnte ganz allgemein mit der bereits erwähnten einfachen Reflexion und der anschließenden offenen Frage beginnen: »Sie haben auch beschlossen, weniger zu rauchen. Wie paßt das zu Ihrem augenblicklichen Leben?« Oder Sie fordern den Klienten auf zurückzublicken: »Ihre Gewohnheit, Pot zu rauchen, scheint sich im Laufe der letzten Jahre verändert zu haben. Wie war es damit vor ein paar Jahren, bevor Sie deswegen die ersten Schwierigkeiten in der Schule bekamen?« Sie können auch mit Hilfe von Fragen einen Blick in die Zukunft werfen: »Wo würden Sie sich gern in fünf Jahren sehen? Wie würde Ihr Pot-Rauchen dazu passen?«*

K.: Nein.

T.: Wenn ich es richtig verstanden habe, sorgen sich Ihre Eltern unter anderem wegen des Pot-Rauchens, und ich weiß, daß sie Ihnen in dieser Hinsicht bestimmte Vorschriften machen wollen. Vielleicht können Sie mir berichten, worum es dabei geht.

Kommentar: *Der Therapeut konzentriert sich auf den Grund, aus dem der Klient zur Behandlung gekommen ist. Das geschieht in Form einer sehr sachlichen Äußerung, die keinerlei Annahme darüber erkennen läßt, daß es irgendein Problem geben könnte. Ebenso könnte man mit einer kurzen Äußerung über die Situation beginnen, verbunden mit dem Hinweis, daß der Klient selbst dafür verantwortlich ist, ob ein Problem existiert. Beispielsweise: »Ihre Eltern haben mich angerufen, weil sie sich wegen Ihres Pot-Rauchens sehr sorgen. Allerdings mache ich mir grundsätzlich kein Bild von der Situation eines Klienten aufgrund von Äußerungen seiner Eltern. Denn es ist wirklich Ihre Sache, darüber zu entscheiden, ob ein Problem vorliegt und was Sie dagegen unternehmen wollen (falls Sie es überhaupt wollen). Also, wie sehen Sie die Situation?«*

K.: Was möchten Sie denn darüber wissen?

T.: Wie sieht es mit dem Pot-Rauchen aus? Weshalb machen sich Ihre Eltern so große Sorgen? Diese Dinge meine ich ...

Kommentar: *Der Klient zeigt einen gewissen Widerwillen. Obwohl in dieser Situation eine Reflexion sinnvoll sein kann, fordert der Klient auch zur Klärung auf und zu einer direkten Reaktion (d. h., auch eine differenzierte Frage ist sinnvoll). Weil es schlicht darum gehen könnte, daß der Klient mehr Anleitung braucht, befaßt sich der Therapeut direkt mit diesem Bedürfnis. Eine Reflexion in diesem Sinne könnte etwa wie folgt lauten: »Ich habe Sie verwirrt«, oder, noch direkter: »Vielleicht haben Sie das Gefühl, daß ich Sie in Verlegenheit bringe.«*

K.: Bis zu meinem Senior-Jahr in der High-school habe ich weder Alkohol getrunken noch Pot geraucht. Als das Senior-Jahr halb herum war, habe ich zu trinken angefangen – wissen Sie, an Wochenenden und auf Partys, wenn ich mit Freunden zusammen war. Und später habe ich auch mit dem Pot-Rauchen angefangen. Zuerst habe ich es damit genauso gemacht wie mit dem Alkohol: Ich habe nur an Wochenenden geraucht. Aber irgendwann habe ich es fast jeden Tag getan. Das war nicht so gefährlich wie Alkoholtrinken und Autofahren. Allerdings ist mir ziemlich schnell klar geworden, daß ich meinen Marihuanakonsum besser etwas einschränken sollte, und das habe ich auch wirklich ein paarmal versucht, jeweils etwa einen oder zwei Monate lang. Später habe ich einen Versuch gemacht, nur in Gesellschaft zu rauchen, aber das hat auch nicht richtig funktioniert. Und dann bin ich krank geworden und habe es deshalb eine Zeitlang aufgegeben; aber jetzt habe ich wieder damit angefangen. Als meine Eltern sagten, ich dürfte einmal pro Woche rauchen, war ich ein wenig überrascht, aber mir war auch sofort klar, daß das nicht gehen würde. Ich kann nicht nur in Gesellschaft rauchen. Ich muß völlig damit aufhören, und deshalb tue ich das jetzt. Ich habe schon ungefähr eine Woche lang nicht mehr geraucht.

T.: Anscheinend ist Ihnen ziemlich klar, daß Sie dies verändern müssen, und Sie haben es sogar schon in der High-school bemerkt.

Kommentar: *Da der Klient über Veränderung spricht, geht der Therapeut auf diese Äußerungen ein und hebt ihre Bedeutung hervor, indem er erneut auf die High-school zu sprechen kommt. Er hätte auch die Äußerungen über eine Selbstverpflichtung verstärken können, indem er etwas gesagt hätte wie: »Sie wissen also genau, was zu tun ist, und Sie tun es.«*

K.: Es war kurz nach der High-school.

T.: Wie sieht es mit dem Trinken aus? Wo stehen Sie damit im Moment?

Kommentar: *Der Klient nimmt eine Tatsachenkorrektur vor, doch der Therapeut geht darauf nicht ein, sondern wendet sich der Frage zu, welche Bedeutung der Alkoholkonsum im Rahmen des Substanzmißbrauchproblems hat. Da der Therapeut nicht konfrontativ vorgeht, ist die Gefahr, daß er direkten Widerstand hervorrufen wird, gering. Doch weil er den Fokus auf einen anderen Bereich richtet, besteht die Gefahr, daß der Prozeß an Dynamik verliert. Eine andere Möglichkeit wäre, den Klienten zu fragen, wie seine Eltern seinem Alkoholkonsum gegenüberstehen.*

(Fortsetzung nächste Seite)

Beispielsweise in folgender Form: »Als Ihre Eltern anriefen, sagten sie, sie seien wegen Ihres Drogenkonsums besorgt, und in diesem Zusammenhang haben sie auch den Alkohol erwähnt. Können Sie sich diese Besorgnis erklären?«

K.: Ich will schon weiter Alkohol trinken, aber ich werde nicht versuchen, damit das Rauchen zu ersetzen. Ich habe nie so stark getrunken, wie ich Pot geraucht habe. Es ist nie dazu gekommen, daß ich täglich getrunken habe. Natürlich sind wir manchmal ausgegangen. Außerdem habe ich in einem Restaurant gearbeitet und manchmal nach der Arbeit ein paar Drinks konsumiert, und ich sehe auch nach wie vor nicht, daß dagegen etwas einzuwenden ist.

T.: Okay. Sie wissen also, daß Sie Ihre Gewohnheit zu rauchen verändern müssen – und ich würde immer noch gern ein wenig mehr darüber hören, wie Sie zu dieser Entscheidung gekommen sind. Und was das Trinken angeht, sind Sie sich nicht so sicher, daß sich in dieser Hinsicht etwas verändern muß.

***Kommentar:** Der Therapeut benutzt eine Paraphrase, um das Gespräch über das Trinken vorsichtig in andere Bahnen zu lenken, weil er Change-talk hervorrufen will. Sie könnten es auch mit einer verstärkten Reflexion versuchen: »Soweit ich sehe, gibt es keine Probleme.« Oder Sie könnten zunächst eine Reflexion und anschließend eine evozierende Frage benutzen: »Grundsätzlich fühlen Sie sich wegen Ihres Alkoholkonsums also ziemlich wohl. Oder gibt es doch Aspekte, über die Sie nicht so glücklich sind?«*

K.: Ja, das ist einfach kein so großes Problem.

T.: Es ist keine große Sache.

***Kommentar:** Wieder lenkt der Therapeut die Aufmerksamkeit auf einen Aspekt der Äußerung des Klienten, der vermuten läßt, daß es noch einige weitere Dinge geben könnte, über die er eigentlich informiert werden müßte. Man kann den Klienten auch direkt nach seinen Sorgen fragen: »Welche Aspekte sind kein Problem?« Oder man könnte eine verstärkte Reflexion benutzen wie: »Wahrscheinlich werden Sie Ihr ganzes Leben lang in dieser Größenordnung trinken.«*

K.: Genau.

T.: Ich versuche jetzt einmal zusammenzufassen, worüber wir bisher gesprochen haben. Sie ...

***Kommentar:** Die Zusammenfassung könnte etwa wie folgt aussehen:*
Das war ein ziemlich wichtiges Jahr in Ihrem Leben. Zwar stand der Krebs absolut im Mittelpunkt, aber Sie haben auch einige wichtige Schlüsse gezogen, und einer davon war, daß Sie etwas an Ihrer Gewohnheit, Marihuana zu rauchen, ändern müssen. Deshalb haben Sie sich zu dieser Veränderung verpflichtet und mit ihrer Umsetzung begonnen, obwohl andere Ihnen in dieser Hinsicht ein wenig Spielraum zugestanden hätten. In dieser Situation sind Sie zu der Überzeugung gelangt, es sei in Ordnung, Alkohol zu trinken, wobei Ihnen gleichzeitig klar war, daß der Alkoholkonsum nicht zum Ersatz für Ihr Pot-Rauchen werden kann. Es klingt, als ob Sie vorhätten, dies im Blick zu behalten, um zu verhindern, daß es zu einem Problem wird. Nun frage ich mich, wie Sie Ihre Trinkgewohnheiten im Blick behalten wollten, wenn Sie dies tatsächlich vor hätten.

Übung 5.4, Szenario 2 (Interpersonale Gewalt)

Dieser Mann mittleren Alters führt aufgrund eines Hinweises aus der Nachbarschaft ein Gespräch mit einem Mitarbeiter des Jugendamts. Er hatte im Verlauf von Auseinandersetzungen sowohl seine Freundin als auch seinen Sohn geschlagen. Auch aus der Schule waren mehrfach Hinweise gegeben worden, daß das Kind im Unterricht mit Verletzungen aufgetaucht war. Bisher war es noch nicht zu einer formellen Intervention des Jugendamts gekommen. Der Mann wurde gezwungen, sich einer psychotherapeutischen Behandlung zu unterziehen, und er darf seine beiden Kinder (im Alter von acht und fünf Jahren) so lange nur noch unter Aufsicht treffen, bis der Betreuer des Jugendamts sich davon überzeugt hat, daß es für die Kinder nicht mehr gefährlich ist, ihren Vater allein zu treffen. Das Zielverhalten besteht in diesem Fall darin, daß der Klient lernt, anders mit Konflikten umzugehen, die er mit seiner Freundin und seinen Kindern hat.

T.: Ich kann verstehen, daß Sie nicht besonders glücklich darüber sind, heute hier zu sein.

Wie könnte man dieses Gespräch über interpersonale Gewalt sonst noch beginnen?

K.: Das kann man wohl sagen. Nachdem die Nachbarn die Bullen gerufen hatten, haben diese sich gar nicht erst die Mühe gemacht, sich anzuhören, wie ich die Sache sehe. Sie haben mich gleich ins Gefängnis geschafft, und jetzt sagen sie mir, wenn ich meine Kinder ohne Sozialarbeiter wiedersehen wollte, müßte ich zu Ihnen kommen.

T.: Niemand hat sich die Zeit genommen festzustellen, wie Sie die Situation sehen. Vielleicht können wir uns ja ein wenig damit beschäftigen.

Wenn Sie sich auf einen anderen Teil dieser Äußerung konzentrieren wollten, welcher wäre es dann? Warum? Und was würden Sie sagen?

K.: Wie Sie wollen.

T.: Was macht Ihnen an Ihrer Situation mit Ihrer Freundin und Ihren Kindern am meisten zu schaffen?

Arbeitet der Klient mit dem Therapeuten zusammen? Warum oder warum nicht? Was würden Sie sagen, wenn Sie darauf hinarbeiten wollten, diese Beziehung kollaborativer zu gestalten?

K.: Daß ich sie nur besuchen kann, wenn jemand anders dabei ist. Meine Kinder verstehen mich nicht. Sie sagen zum Beispiel: »Warum kannst du nicht bei uns zu Hause bleiben, Papi?« Ich habe meinem Sohn immer bei den Mathematikaufgaben geholfen und könnte das auch jetzt tun, denn ihre Mutter ist in diesen Dingen einfach nicht besonders gut. Es stinkt doch zum Himmel, daß sie mir das verboten haben.

T.: Ihnen ist wichtig, am Leben Ihrer Kinder teilzunehmen. Sie möchten das und können es jetzt nicht – jedenfalls nicht so, wie Sie es gern tun würden.

Der Therapeut wählt einen Aspekt der Äußerung des Klienten aus. Welche anderen Aspekte könnten ergiebig sein? Wie würden Sie an diese herangehen? Oder, falls Sie sich mit dem gleichen Aspekt beschäftigen wollten, wie könnten Sie anders damit umgehen?

K.: Ja, meistens ist das so. Manchmal sind sie ziemlich lästig, aber während des größten Teils der Zeit ist es gut.

T.: Und was ist mit Ihrer Partnerin?

Der Therapeut konzentriert seine Aufmerksamkeit nun auf die Partnerin. Wenn Sie auf die Äußerung des Klienten eingehen müßten, was würden Sie dann sagen?

K.: Sie ist sauer auf mich. Sie sagt, ich hätte sie verletzt; aber sie hat mich auch verletzt. Sie hat gesagt, sie und die Kinder seien mir egal, und das stimmt einfach nicht. Allerdings weicht sie manchmal keinen Schritt von der Stelle. So war es auch an jenem Abend. Ich hatte ihr gesagt, sie solle mich in Ruhe lassen. Anschließend habe ich den Raum verlassen; aber sie ist mir gefolgt. Dann bin ich zur Garage gegangen, und da ist sie mir auch hinterhergekommen. Es war ziemlich unangenehm. Die Nachbarn konnten hören, was los war. Irgendwann bin ich wieder ins Haus gegangen und habe ihr gesagt, sie solle endlich Ruhe geben. Daraufhin hat sie mir eine Ohrfeige gegeben, und das war wohl der Tropfen, der bei mir das Faß zum Überlaufen gebracht hat. Ich habe mit meiner Rückhand ausgeholt, um sie von mir fernzuhalten, und dadurch muß sie das Gleichgewicht verloren haben, denn sie fiel hin. Ich wollte Danny gar nicht schlagen; sie ist mir nur im falschen Moment in die Quere gekommen, als sie es mir heimzahlen wollte. Ich wollte mich gerade bei ihr entschuldigen, und sie kratzte und schlug. Im Grunde weiß ich gar nicht so richtig, was passiert ist.

T.: Es sieht ganz so aus, als würden Sie selbst nicht billigen, wie die Dinge in dieser Situation gelaufen sind. Es geht nicht nur darum zu klären, wie Sie mit Ihrer Freundin umgehen wollen. Ihr Bedürfnis nach Einfluß bezieht sich nicht nur darauf.

Der Therapeut riskiert es, eine ziemlich weitreichende Vermutung zu äußern. Erscheint Ihnen das als angemessen? Führt es in eine Richtung, die Ihnen als nützlich erscheint? Wenn nicht, was könnten Sie dann statt dessen tun?

K.: Ja. Ich bin nicht das Monster, das die Leute aus mir machen. Ich habe mir wirklich Mühe gegeben, ein Problem zu vermeiden. Sie hat mich einfach nicht in Ruhe gelassen!

T.: So ein Mensch sind Sie nicht, und Sie möchten auch nicht, daß andere Sie so sehen.

Der Therapeut geht darauf ein, daß der Klient auf sein Gefühl, mißverstanden zu werden, zu sprechen kommt. Wie könnten Sie auf diese Äußerung sonst noch reagieren?

K.: Ich wünschte mir, wir könnten uns über unsere Probleme aussprechen, aber wenn wir das versuchen, werden wir jedesmal beide so wütend, daß keine Kommunikation mehr möglich ist. Wir müssen wohl etwas anderes ausprobieren.

T.: Schauen wir einmal, ob ich das alles richtig verstanden habe. Sie sind nicht glücklich darüber, daß Sie hier sind, und Sie sind auch nicht glücklich darüber, wie sich die Situation an jenem Abend entwickelt hat. Sie möchten gern über Ihre Probleme reden können, haben aber manchmal das Gefühl, daß das völlig unmöglich ist. Und wenn das so ist, tun Sie Dinge, die Sie später bereuen. Ihnen ist selbst klar, daß sich etwas ändern muß.

Wie würde Ihre Zusammenfassung lauten?

Lösung zu Übung 5.4, Szenario 2 (interpersonale Gewalt)

T.: Ich kann verstehen, daß Sie nicht besonders glücklich darüber sind, heute hier zu sein.

Kommentar: *Sie könnten sagen: »Könnten Sie mir erklären, wie Sie das, worum es hier geht, verstehen?«*

K.: Das kann man wohl sagen. Nachdem die Nachbarn die Bullen gerufen hatten, haben diese sich gar nicht erst die Mühe gemacht, sich anzuhören, wie ich die Sache sehe. Sie haben mich gleich ins Gefängnis geschafft, und jetzt sagen sie mir, wenn ich meine Kinder ohne Sozialarbeiter wiedersehen wollte, müßte ich zu Ihnen kommen.

T.: Niemand hat sich die Zeit genommen festzustellen, wie Sie die Situation sehen. Vielleicht können wir uns ja ein wenig damit beschäftigen.

Kommentar: *Hier ein paar Alternativen: »Und Sie wollen auf keinen Fall noch einmal im Gefängnis landen.« Oder: »Sie haben das Gefühl, wie ein Kind behandelt zu werden.« Oder: »Sie klingen ziemlich frustriert.«*

K.: Wie Sie wollen.

T.: Was macht Ihnen an Ihrer Situation mit Ihrer Freundin und Ihren Kindern am meisten zu schaffen?

Kommentar: *Sie scheinen nicht zusammenzuarbeiten. Der Klient zeigt im Laufe des Gesprächs Desinteresse und versichert, niemand könne ihn dazu bringen, etwas zu tun, was er nicht wolle. Manchmal ist es nützlich, dies direkt anzusprechen; allerdings besteht dann die Gefahr, daß man auf das Element des Widerstandes fokussiert bleibt, sofern man keine Strategie entwikkelt, um davon loszukommen. (Dieses Problem wird in Kapitel 6 ausführlicher beschrieben.) Man könnte in solch einem Fall das Offensichtliche bestätigen und durch Stellen einer Frage den Fokus verlagern: »Ich würde gern klarstellen, daß es wirklich völlig bei Ihnen liegt, was in diesen Sitzungen geschieht. Ich werde nicht versuchen, Sie zu irgend etwas zu zwingen. Was, meinen Sie, müßte in dieser Sitzung geschehen, damit sie für Sie von Nutzen wäre?«*

K.: Daß ich sie nur besuchen kann, wenn jemand anders dabei ist. Meine Kinder verstehen mich nicht. Sie sagen zum Beispiel: »Warum kannst du nicht bei uns zu Hause bleiben, Papi?« Ich habe meinem Sohn immer bei den Mathematikaufgaben geholfen und könnte das auch jetzt tun, denn ihre Mutter ist in diesen Dingen einfach nicht besonders gut. Es stinkt doch zum Himmel, daß sie mir das verboten haben.

T.: Ihnen ist wichtig, am Leben Ihrer Kinder teilzunehmen. Sie möchten das und können es jetzt nicht – jedenfalls nicht so, wie Sie es gern tun würden.

Kommentar: *Man könnte darauf fokussieren, wie er auf die Fragen seiner Kinder antwortet, indem man beispielsweise fragt: »Wie ist es für Sie, wenn Ihre Kinder Ihnen solche harten Fragen stellen?« Man könnte ihn auch fragen, was er wohl tun würde, wenn er mit seinen Kindern so*

(Fortsetzung nächste Seite)

umgehen könnte, wie er es wollte: »Was würden Sie gern mit Ihren Kindern unternehmen, das Sie jetzt nicht tun können?« Man könnte die Veränderungsbereitschaft messen, um herauszufinden, wie wichtig es dem Klienten ist, Veränderungen herbeizuführen, die ihm die Möglichkeit geben, mit seinen Kindern so zusammen zu sein, wie er es möchte.

K.: Ja, meistens ist das so. Manchmal sind sie ziemlich lästig, aber während des größten Teils der Zeit ist es gut.

T.: Und was ist mit Ihrer Partnerin?

Kommentar: *Man könnte sagen: »Die Situation war nie perfekt, und Sie sehnen sich nach ihr zurück.«*

K.: Sie ist sauer auf mich. Sie sagt, ich hätte sie verletzt; aber sie hat mich auch verletzt. Sie hat gesagt, sie und die Kinder seien mir egal, und das stimmt einfach nicht. Allerdings weicht sie manchmal keinen Schritt von der Stelle. So war es auch an jenem Abend. Ich hatte ihr gesagt, sie solle mich in Ruhe lassen. Anschließend habe ich den Raum verlassen; aber sie ist mir gefolgt. Dann bin ich zur Garage gegangen, und da ist sie mir auch hinterhergekommen. Es war ziemlich unangenehm. Die Nachbarn konnten hören, was los war. Irgendwann bin ich wieder ins Haus gegangen und habe ihr gesagt, sie solle endlich Ruhe geben. Daraufhin hat sie mir eine Ohrfeige gegeben, und das war wohl der Tropfen, der bei mir das Faß zum Überlaufen gebracht hat. Ich habe mit meiner Rückhand ausgeholt, um sie von mir fernzuhalten, und dadurch muß sie das Gleichgewicht verloren haben, denn sie fiel hin. Ich wollte Danny gar nicht schlagen; sie ist mir nur im falschen Moment in die Quere gekommen, als sie es mir heimzahlen wollte. Ich wollte mich gerade bei ihr entschuldigen, und sie kratzte und schlug. Im Grunde weiß ich gar nicht so richtig, was passiert ist.

T.: Es sieht ganz so aus, als würden Sie selbst nicht billigen, wie die Dinge in dieser Situation gelaufen sind. Es geht nicht nur darum zu klären, wie Sie mit Ihrer Freundin umgehen wollen. Ihr Bedürfnis nach Einfluß bezieht sich nicht nur darauf.

Kommentar: *Diese Reaktion des Therapeuten scheint ins Schwarze zu treffen und nützlich zu sein. Außerdem könnte man später auf die Gefühle des Klienten fokussieren: »Sie hat Sie genervt, und Ihnen war von vornherein klar, daß das, was Sie getan haben, nicht in Ordnung war. Noch schlimmer wurde die Sache, als Sie Danny geschlagen hatten. Es klingt, als wollten Sie nicht noch einmal da hineingeraten.«*

K.: Ja. Ich bin nicht das Monster, das die Leute aus mir machen. Ich habe mir wirklich Mühe gegeben, ein Problem zu vermeiden. Sie hat mich einfach nicht in Ruhe gelassen!

T.: So ein Mensch sind Sie nicht, und Sie möchten auch nicht, daß andere Sie so sehen.

Kommentar: *Eine doppelseitige Reflexion könnte hier gute Dienste leisten: »Sie sind kein Monster, und Sie wissen selbst, daß Sie nicht glücklich darüber sind, wie Sie reagiert haben. Das braucht Ihnen niemand klarzumachen.« Man könnte auch eine Vorausschau benutzen: »Wenn Sie fünf*

Jahre in die Zukunft schauen und sich nichts verändert, wie sehen Sie dann die Situation in Ihrer Familie?« Oder: »Wenn Sie einiges an Ihrem Verhalten ändern könnten, wie würde Ihre Familie dann in fünf Jahren aussehen?«

K.: Ich wünschte mir, wir könnten uns über unsere Probleme aussprechen, aber wenn wir das versuchen, werden wir jedesmal beide so wütend, daß keine Kommunikation mehr möglich ist. Wir müssen wohl etwas anderes ausprobieren.

T.: Schauen wir einmal, ob ich das alles richtig verstanden habe. Sie sind nicht glücklich darüber, daß Sie hier sind, und Sie sind auch nicht glücklich darüber, wie sich die Situation an jenem Abend entwickelt hat. Sie möchten gern über Ihre Probleme reden können, haben aber manchmal das Gefühl, daß das völlig unmöglich ist. Und wenn das so ist, tun Sie Dinge, die Sie später bereuen. Ihnen ist selbst klar, daß sich etwas ändern muß.

Kommentar: *Hier eine Alternative:*

Sie wünschen sich die Situation anders, als sie ist. Sie sind sich nur nicht sicher, wie Sie das erreichen könnten. Ihnen ist völlig klar, daß Sie an alldem einen Anteil haben, und Sie haben wirklich versucht, ein Problem zu vermeiden. Sie sind immer noch ein wenig verärgert darüber, daß Sie all dies tun müssen, und Sie wünschten sich, ein paar Möglichkeiten zu haben, die dies in Zukunft überflüssig machen. Wie könnte der nächste Schritt aussehen?

Übung 5.5 Schreiben Sie einen Gesprächsleitfaden (Branching Script)

In dieser Übung werden Sie ein Skript schreiben, das sich in verschiedene Richtungen verzweigt. Die Codes für die Richtungen werden vorher festgelegt, und Sie müssen entscheiden, welche Äußerungen des Klienten und des Therapeuten in die einzelnen Kästen passen.

Schauen Sie sich zunächst das Beispiel auf der folgenden Seite an, um sich ein Bild davon zu machen, wie Verhaltensweisen des Therapeuten und Äußerungen des Klienten in verschiedene Richtungen führen. Ein weißer Kasten zeigt an, daß der Klient auf die Intervention des Therapeuten positiv reagierte. Ein grau hinterlegter Kasten zeigt eine neutrale Reaktion an. Ein diagonal linierter Kasten deutet darauf hin, daß der Klient und der Therapeut nicht im Einklang sind. Achten Sie darauf, daß die Äußerungen in diesem Beispieldiagramm den verschiedenen Klienten-Codes entsprechen.

Sobald Ihnen die Bedeutung der einzelnen Codes klar ist, können Sie feststellen, was der Fokus des Gesprächs ist und wie die Situation beschaffen ist. Notieren Sie in dem Diagramm, was der Therapeut sagen würde. Und machen Sie sich mit Hilfe des Musters klar, welche Art von Klientenreaktion Sie notieren müssen. Auch hier zeigt ein weißer Kasten an, daß der Klient auf die Intervention des Therapeuten positiv reagiert hat; ein grauer Kasten verweist auf eine neutrale Reaktion; und ein diagonal linierter Kasten zeigt an, daß zwischen Klient und Therapeut kein Einklang besteht. Notieren Sie anschließend, wie der Therapeut daraufhin reagieren könnte. Beachten Sie, daß sich die Klientenreaktionen auf der vierten Ebene erneut verzweigen; deshalb müssen Sie in jedem Kasten der dritten Ebene eine Therapeutenreaktion notieren, die zu der beobachteten Art von Klientenreaktion führen könnte.

Bei dieser Übung geht es nicht darum, ein perfektes Skript zu produzieren, sondern zu verstehen, welche Arten von Therapeutenäußerungen zu bestimmten Klientenäußerungen führen können. Wenn ein für den Klienten vorgesehener Kasten auf *Change-talk* des Klienten hinweist, sollten Sie die Art von Reaktion vermerken, die Change-talk zur Folge haben könnte.

Sie können einige der Strategien für die Förderung von *Change-talk* einbeziehen; allerdings sind dazu möglicherweise einige Stufen mehr erforderlich, als auf dem Beispieldiagramm erfaßt sind. Sie können auch Rechtecke und Linien auf ein unbeschriebenes Blatt Papier zeichnen, um die zusätzlichen Reihen von Kästen hinzuzufügen.

BEISPIEL ZU ÜBUNG 5.5

Problem: Diabetes

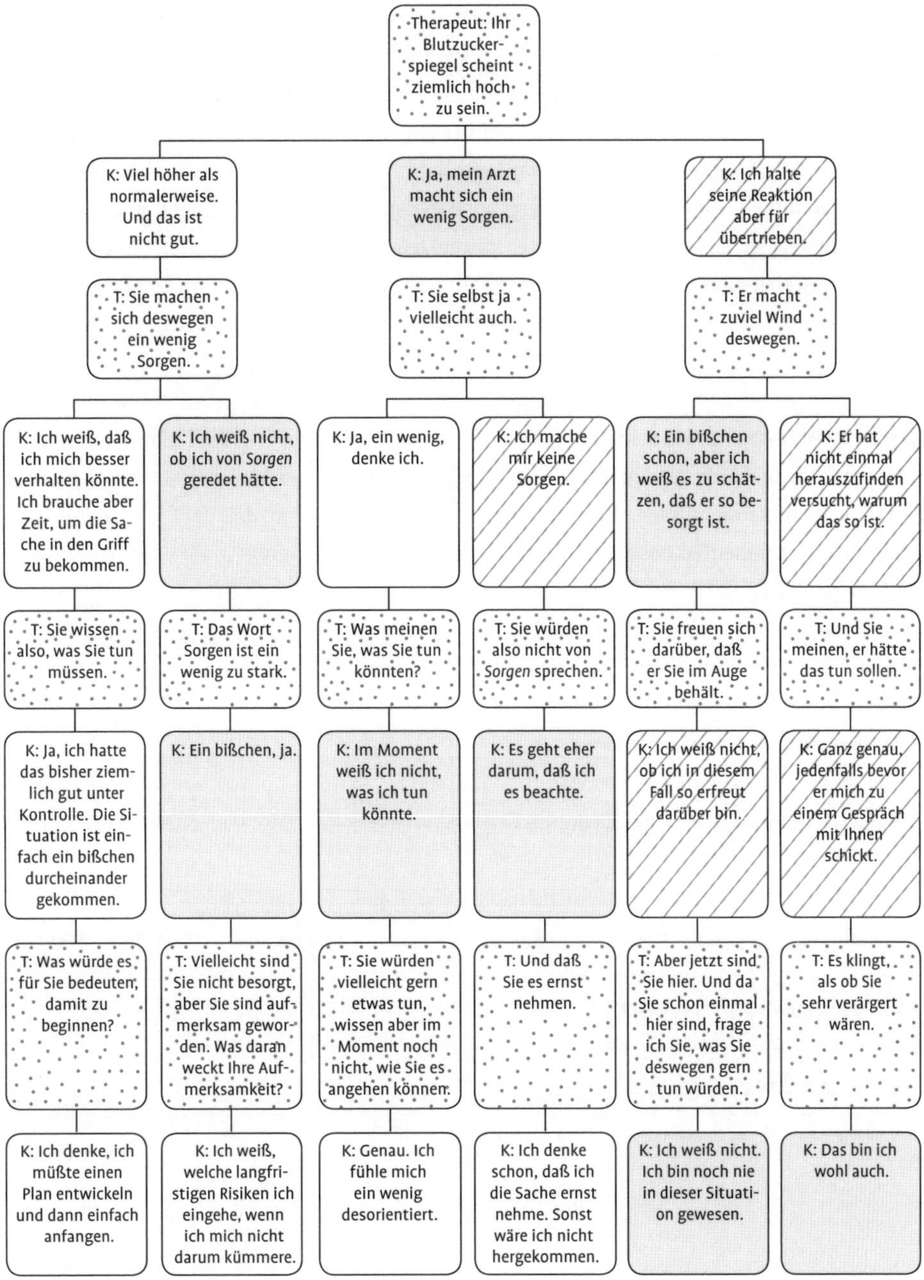

Arbeitsblatt zu Übung 5.5

Problembereich: ____________________

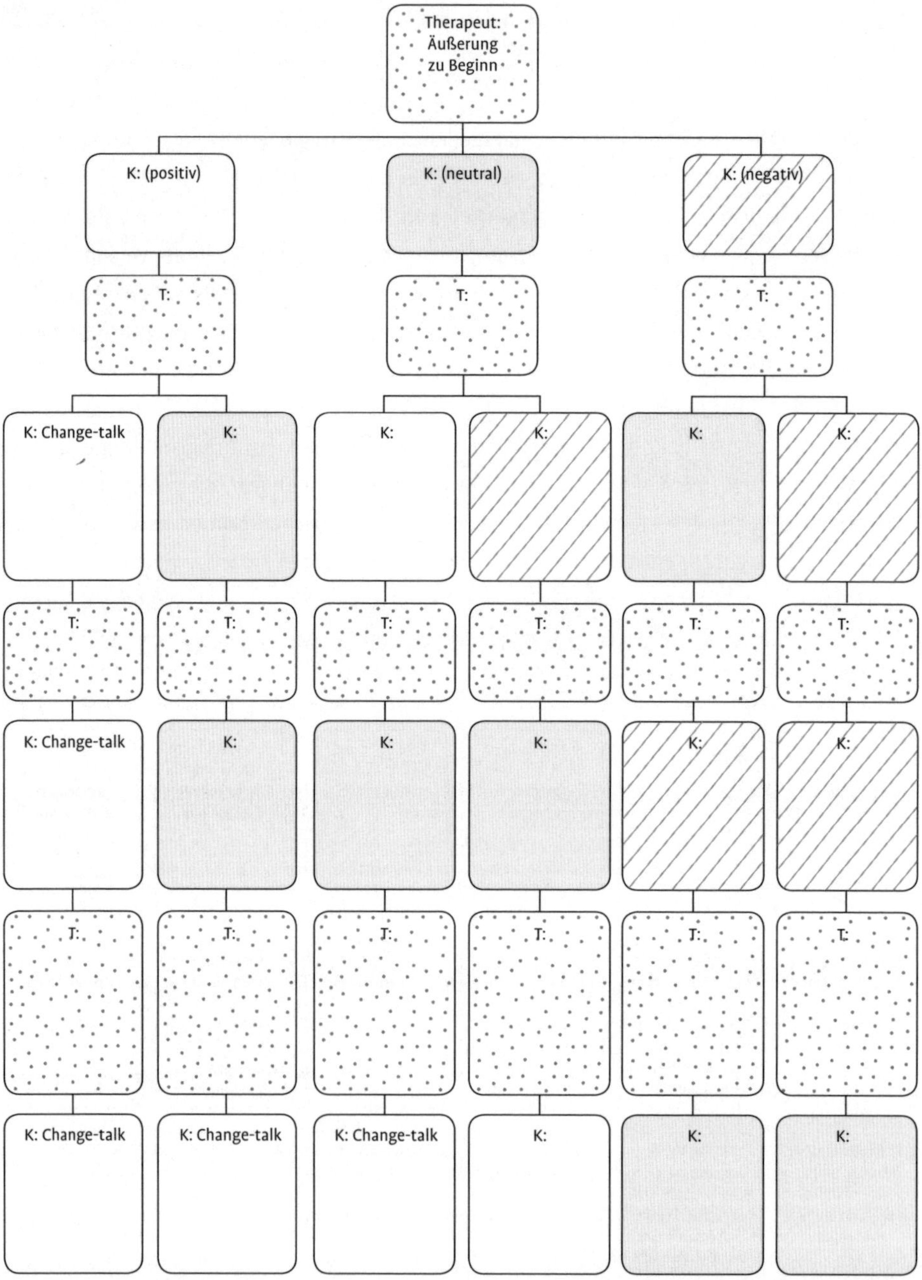

Übung 5.6 Für Veränderung trommeln*

Für diese Aktivität brauchen Sie einen Übungspartner. In der folgenden Liste von Klientenäußerungen geht es um Verhaltensweisen bei Diabetes. Die meisten Verhaltensweisen, die generell dem Gesundheitszustand zugute kommen (z. B. Abnehmen, gesundes und mäßiges Essen, Körpertraining, mit dem Rauchen aufhören, mäßiger Alkoholkonsum oder Alkoholabstinenz) wirken sich auch positiv auf den Glukosespiegel aus (d. h., der Blutzuckerspiegel wird dadurch in einem bestimmten unkritischen Bereich gehalten). Lassen Sie Ihren Übungspartner diese Liste laut vorlesen. Sobald Sie eine vorbereitende Äußerung im Sinne gesundheitsfördernder Veränderungen hören (DARN), trommeln Sie auf die Tischplatte. Diese Form von *Change-talk* ist in der folgenden Liste unterstrichen. Mobilisierende Äußerungen (Äußerungen über eine Selbstverpflichtung oder das Einleiten von Schritten, die zu einer Veränderung führen – kurz: »Schritte einleiten«), die *kursiv* dargestellt werden, sollen durch Polierbewegungen markiert werden (d. h., die Hände werden wie beim Gebet gegeneinander gehalten und die Handflächen in kreisförmigen Bewegungen gegeneinandergerieben, als wollte man eine Perle polieren). Äußerungen, die weder vorbereitenden noch mobilisierenden Charakter haben, rufen keine physische Reaktion hervor. Wenn Sie mit einer Äußerung nicht einverstanden sind, unterbrechen Sie den Prozeß und reden mit Ihrem Partner darüber. Stellen Sie fest, was die Verwirrung hervorgerufen hat, und fahren Sie dann mit der Arbeit fort. Wechseln Sie sich mit Ihrem Übungspartner in den Rollen des Vorlesers und des »Trommlers« ab.

Die Liste:

- Ich hasse es, daß ich mich ständig stechen muß, um Blut für den Glukosetest zu bekommen.
- Ich will wie alle anderen sein.
- Einige Leute machen sich Sorgen wegen meiner Eßgewohnheiten, aber ich glaube nicht, daß das eine große Sache ist.
- Ich bin es leid, ständig Ärger wegen meines hohen Blutzuckerspiegels zu haben.
- Wenn mein Partner nicht mehr wegen meiner Eßgewohnheiten nörgeln würde, würde ich mich besser ernähren.
- *Ich habe das Rudergerät aus dem Keller geholt und beim Fernsehen gerudert.*
- Ich tue wirklich mein Bestes.
- *Ich habe diese Woche eineinhalb Kilo abgenommen.*
- Wenn ich fünf Kilo verloren habe, wird es Zeit für eine kleine Feier.

* Für diese Übung danke ich Steve Berg-Smith.

- Ich muß mehr Obst und Gemüse essen.
- Mir geht es sehr gut.
- *Gestern habe ich vor jeder Mahlzeit meinen Blutzuckerspiegel geprüft.*
- Ich würde gern mit dem Rauchen aufhören.
- Ich will und kann das Eisessen nicht aufgeben.
- Ich hasse es, mir in Restauranttoiletten eine Injektion setzen zu müssen.
- Mein Arzt testet meine Augen regelmäßig auf Glaukom.
- Meine Füße kribbeln häufiger, und ich habe in einem Teil des rechten Fußes das Empfindungsvermögen verloren.
- *Ab morgen werde ich um fünf Uhr früh aufstehen und walken.*
- Ich glaube, daß ich mich besser ernähren kann; ich muß mich nur dazu aufraffen.
- Ich bin nur zum Tanzen ausgegangen.
- Der Anfang ist am schwersten. Wenn ich erst einmal in Gang gekommen bin, ist alles in Ordnung.
- Ich möchte meinen Kindern ein gutes Vorbild für gesunde Lebensführung sein.
- *Ich habe mir den Nachschlag gespart und zum Nachtisch Obst gegessen.*
- Ich will einen einfachen Speiseplan zusammenstellen.
- Ich weiß, daß ich viel Gewicht verloren habe, aber das war auch dringend nötig.
- Ich bin gut.
- Mein HbA1c-Wert liegt bei 7.9, und ich würde ihn gern dauerhaft unter 7.0 bekommen.
- Ich würde mich gern besser ernähren, aber manchmal habe ich nicht einmal genug Zeit, um mir darüber Gedanken zu machen.
- Hin und wieder ein kleiner Leckerbissen ist ja wohl kein Problem.
- Ich nehme nicht gern Medikamente ein.
- Obwohl ich es hasse, ist mir klar, daß ich früher aufstehen muß, wenn ich meinen Körper trainieren will.
- *Ich habe angefangen, statt eines normalen Eßtellers einen Salatteller zu benutzen, um die Eßmenge zu verringern.*
- *Ich habe ausprobiert, morgens und nachmittags Gemüse und Obst zu essen.*
- Im Moment ist das Rauchen das einzige, was mir noch geblieben ist.
- Ich weiß selbst, daß ich mit dem Trinken aufhören sollte, weil mir das helfen wird, meinen Blutzuckerspiegel unter Kontrolle zu halten, aber ich mag nun einmal so gern ein kaltes Bier nach einem anstrengenden Tag.
- Ich denke, daß ich abends einen etwas längeren Spaziergang mit dem Hund unternehmen könnte.
- Ich glaube, daß mein Mann mich unterstützen würde.
- *Gestern habe ich meinen Glukosespiegel viermal geprüft.*
- Gestern abend habe ich fünf Bier getrunken und mir einen Film angeschaut.

- Man lebt doch nur einmal. *C'est la vie!*
- *Ich habe meinen Arzt um einen Termin gebeten.*
- Ich glaube, es macht mir Freude fernzusehen.
- Mir schmeckt richtiger Käse.
- *Vorige Woche bin ich dreimal im Fitneßstudio gewesen.*
- Ich habe zu meinen Freunden gesagt, daß es sie überhaupt nichts angeht, wieviel ich esse.
- *Ich bin statt dessen zum Laufen gegangen.*
- Ich hätte das Haus gern sauberer.
- Es fühlt sich einfach so sinnlos an, jetzt zu versuchen, Veränderungen zu erzielen.
- Ich kann gar nicht erwarten, daß die Kinder älter werden, weil ich mich dann erst so richtig darauf konzentrieren kann, gesünder zu werden.
- *Auch wenn es meinem Partner nicht paßt, werde ich anfangen, kleinere Portionen auf den Tisch zu stellen.*
- Ich weiß selbst, wie ich abnehmen kann, schwierig ist nur, nicht wieder zuzunehmen.
- *Ich habe mir also einen Zeitplan für die Mahlzeiten gemacht, und danach ist es mir viel leichter gefallen, richtig zu essen.*
- Manchmal halte ich es für unmöglich, aber dann halte ich inne und erinnere mich daran, daß ich besser essen kann.
- *Morgen werde ich mit dem Lauftraining anfangen.*
- Hilfe!

[6] Umgang mit Widerstand

Auftakt

Sean saß mit hängendem Kopf im Konferenzraum. Der Direktor der Schule erklärte unumwunden und keineswegs unfreundlich, weshalb er diese Besprechung einberufen hatte. Er wollte sich Klarheit darüber verschaffen, was tatsächlich geschehen war, und dann entscheiden, wie weiter mit der Sache umzugehen sei. Außer Sean und dem Direktor waren Seans Mutter, zwei Kriminalbeamte, Seans schulischer Berater und ein Psychologe anwesend. Sean war ein begabter Sportler, ein aufgeweckter Bursche, der mit der Schule schon seit langem immer wieder Schwierigkeiten hatte. Nun wurden ihm kriminelle Aktivitäten auf dem Campus vorgeworfen. Sein jugendlicher Mutwille löste sich unter dem vernichtenden Blick seiner Mutter in nichts auf. Sean stand offensichtlich an einem Scheideweg, doch schien eine positive Entwicklung nach wie vor möglich, als Sean umrißhaft berichtete, was geschehen war. Einer der Kriminalbeamten, der mit Seans Erklärungen sichtlich unzufrieden war, gelangte offenbar zu der Überzeugung, es sei mehr Druck erforderlich, um Seans Bereitschaft, wahrheitsgemäß zu berichten, zu vergrößern. Er zählte die Anklagen und Strafen auf, die Sean drohten, wenn er nicht selbst reinen Tisch machte und deshalb wie ein Erwachsener behandelt werden würde. Die Enttäuschung und Wut, die nur wenige Augenblicke vorher auf dem Gesicht seiner Mutter aufgetaucht waren, verwandelten sich in Stirnrunzeln. Sie warf die Frage auf, ob ihr Sohn nicht einen Anwalt brauche. Der Beamte bestätigte, daß sie das Recht habe, einen Anwalt hinzuzuziehen, und setzte seine Bemühungen fort.

Dann geschah es. Es war kaum wahrnehmbar, aber es war da. Sean spannte seinen Kiefermuskel an. Wo noch einen Moment vorher nur Unsicherheit gewesen war, war nun Entschlossenheit zu erkennen. Je eindringlicher der Kriminalbeamte auf ihn einredete, um so fester biß er die Zähne zusammen. Seine Mutter, die kurz vorher noch wütend auf ihn gewesen war, richtete ihre Wut nun auf die Schule und den Kriminalbeamten. Der Direktor, der die Sicherheitsbedürfnisse der Schule und die Chance, diesem Schüler die Möglichkeit zu geben, eine wichtige Lektion zu lernen, gegeneinander abzuwägen versuchte, wurde durch die Forderung der Mutter, zunächst einen Anwalt sprechen zu dürfen, aus seinem Dilemma befreit. Der andere Beamte, der möglicherweise darauf gewartet hatte, die Rolle des »guten Polizisten« zu spielen, sagte in der ganzen Situation kein einziges Wort.

Der Therapeut folgte Sean und seiner Mutter auf den Flur und bat sie darum, kurz mit ihnen sprechen zu können. Es war ziemlich klar, daß Sean genau das getan hatte, was man ihm vorwarf. Die Beweise, darunter Äußerungen von Mitschülern, bestätigten zweifelsfrei seine Schuld. Allerdings hatte er sich nach den Zeugenaussagen erst seit kurzem entsprechend verhalten. Er war ein verletzter und bedauernswerter junger Mann, Sohn einer alleinerziehenden Mutter, die größte Mühe hatte, alle ihre Verpflichtungen zu erfüllen und Aufgaben zu bewältigen. In früheren Gesprächen mit Sean hatte sich gezeigt, daß Vertrauen für ihn ein zentrales Problem war. Ebenso klar war dem Therapeuten, daß dies in Anbetracht dessen, was gerade geschehen war, für ihn die letzte Möglichkeit wäre, mit Sean zu reden. Und auch für Sean mit seinen 17 Jahren war dies möglicherweise die letzte Chance, sich mit seinen Entscheidungsalternativen zu beschäftigen und damit, in welche Richtung sich sein Leben entwickeln könnte, bevor er wie ein Erwachsener mit den Konsequenzen seines Handelns konfrontiert würde.

Der Therapeut informierte Sean und seine Mutter zunächst darüber, daß die im Konferenzraum Anwesenden von dem therapeutischen Gespräch, das er nun mit seinen Klienten führen wollte, nichts erfahren würden. Dann entschuldigte er sich dafür, daß das Gespräch mit dem Direktor eine so ungünstige Wendung genommen hätte. Dies sei absolut nicht im Sinne des Direktors gewesen. Dann zeigte er Sean und seiner Mutter gegenüber seine Empathie: »Wahrscheinlich hat es Sie beide sehr erschrocken zu hören, was nun geschehen könnte.« Augenblicklich trat die Veränderung ein. Seans Kiefermuskeln entspannten sich ebenso wie die Schultern seiner Mutter. Dann bat der Therapeut beide um Erlaubnis, ihnen einen Rat zu geben. Als sie sich damit einverstanden erklärten, sagte er: »Sean, jeder Mensch macht Fehler, aber Fehler müssen nicht Ihr gesamtes Sein und Werden prägen. Nach allem, was Sie mir vorher berichtet haben, paßt Ihr Verhalten nicht zu Ihrer Vorstellung darüber, wie Sie sein möchten. Sie haben mir von anderen, weiter reichenden Hoffnungen und Träumen berichtet. Unabhängig davon, was dort im Konferenzraum geschehen wird, können Sie weiter selbst darüber entscheiden, was für ein Mensch Sie werden wollen. Wie denken Sie darüber?« Sean murmelte unverbindlich: »Ich weiß es nicht.« Die verfügbare Zeit war um. Seans Mutter rief den Anwalt an, und der Therapeut entfernte sich. Sean schaute aus dem Fenster. Dann kehrten sie kurz in den Konferenzraum zurück, um den dort Wartenden mitzuteilen, das Treffen sei beendet, und alle weiteren Zusammenkünfte würden grundsätzlich nur im Beisein eines Anwalts stattfinden. Sean, der bereits von der Teilnahme am Unterricht beurlaubt war, schied einige Tage später aus der Schule aus.

Diese Besprechung verlief offensichtlich nicht so, wie die Beteiligten gehofft hatten. Was hätte man anders machen können?

Ein tieferer Einblick

In Kapitel 5 haben wir uns mit Anzeichen für eine bevorstehende Veränderung beschäftigt. Im vorliegenden Kapitel befassen wir uns mit Markern, die anzeigen, daß eine Veränderung *unwahrscheinlich* ist – also *eher nicht* eintreten wird. Miller und Rollnick (2002/2004) haben sich intensiv bemüht, zu definieren, was solche Marker spiegeln. Ursprünglich benutzten sie den Begriff *Widerstand*, waren mit dieser Bezeichnung aber später nicht mehr zufrieden. Vor kurzem haben Sie und andere MI-Trainer angefangen, zwischen Äußerungen, die aktiven Widerstand gegen Interventionen spiegeln, und solchen, in denen ein Akzeptieren des Status quo oder Zufriedenheit mit dessen Auswirkungen zum Ausdruck kommt, zu unterscheiden.

Miller, Moyers, Amrhein und Rollnick (2006) nennen diese Art von Klientenäußerungen *Sustain-talk* (»auf Zustandserhaltung zielende Äußerungen«) und weisen auf Parallelen zwischen ihnen und bestimmten Formen von *Change-talk* hin. Konkret bringt der Klient dabei (1) den Wunsch, den Status quo zu erhalten, (2) eine Unfähigkeit, sich zu verändern, (3) die positiven Aspekte seiner augenblicklichen Situation oder (4) Sehnsucht nach dem Status quo zum Ausdruck. Außerdem weisen die genannten Autoren darauf hin, daß es auch Äußerungen einer Selbstverpflichtung zur Aufrechterhaltung des Status quo gibt.

Der Wunsch, daß eine Situation so bleiben möge, wie sie ist, ist alles andere als ungewöhnlich. Die alljährliche Zeugnisvergabe erinnert alle Kinder daran, daß sie allmählich erwachsen werden und sich in zunehmendem Maße mit der Welt auseinandersetzen müssen. So sehr Eltern auch Wachstum, Entwicklung und Unabhängigkeit ihrer Kinder fördern mögen, gibt es in uns allen einen Teil, der sie sehr vermissen würde, wenn sie nicht mehr da wären, und dieser Teil wünscht sich deshalb, daß dies gar nicht erst geschieht. Ebenso kommt es vor, daß Klienten, denen andere Menschen oder Lebensumstände Veränderungen aufzwingen, darüber klagen, daß sie ihren liebgewonnenen Status quo verlieren könnten. Selbst wenn dies nicht der Fall ist, wünschen sie sich manchmal, sie bräuchten ein bestimmtes Verhalten nicht völlig aufzugeben. Wenn es um Süchte geht, findet dies manchmal seinen Ausdruck in der scherzhaften Formulierung, die Klienten wollten nicht ihre Süchte aufgeben, sondern nur deren unangenehme Konsequenzen. Die Verbindung zum Status quo ist der Ausdruck der anderen Seite einer Ambivalenz.

Es gibt für Klienten viele Gründe, sich von einer aktuellen Situation nicht lösen zu wollen. Vielleicht glauben sie, daß ihre Stärken, Fertigkeiten und Fähigkeiten ausschließlich in diesen Bereichen liegen. Das kann beispielsweise seinen Ausdruck darin finden, daß sie wissen, wie man sich in der Welt der Drogenkonsumenten verhalten muß – wie man unter diesen Umständen an Geld kommt, wie man sich Drogen beschafft und wie man trotz allem relativ sicher leben kann. Hingegen wissen sie vielleicht nur wenig darüber, wie man sich in anderen Bereichen und ohne ihre bevorzugten Drogen verhält. Ihr Wissen und ihre Fertigkeiten sind an eine Welt gebunden, die sie kennen, auch wenn ihnen klar ist, daß diese Welt nicht besonders gut für sie ist.

Klienten haben oft wenig Hoffnung, daß sich ihre Situation bessern könnte. Entweder ist keine Veränderung möglich oder, wenn sie möglich ist, besteht wenig Aussicht, daß sich ihre Situation dadurch merklich bessern würde. Beispielsweise harren Verkäufer häufig in unerträglichen Beschäftigungsverhältnissen mit einem ebenso unerträglichen Chef aus, weil Chefs nach ihrer Erfahrung nirgendwo anders sind. Sie haben keinen Grund zu erwarten, daß ein Wechsel des Arbeitgebers ihre Situation nennenswert verbessern könnte. Und besser ein Teufel, den man kennt …

Manchmal sind für Klienten mit der aktuellen Situation gewisse Vorteile verbunden. Menschen, die wegen einer Agoraphobie lieber zu Hause bleiben, brauchen sich nicht mit beängstigenden Situationen auseinanderzusetzen, solange sie nicht aus dem Haus gehen. Die unmittelbaren Vorteile der Häuslichkeit wiegen aus ihrer Sicht die langfristigen Vorteile von mehr Freiheit und mehr Wahlmöglichkeiten offenbar bei weitem auf.

Außerdem können Klienten beobachtet haben, daß eine Veränderung für sie mit gewissen Nachteilen verbunden ist. Und schließlich bringen Veränderungen oft auch *Risiken* mit sich. Wenn arbeitslose Klienten sich entschließen, ins Arbeitsleben zurückzukehren, müssen sie eventuell auf eine finanzielle Unterstützung und auf viel freie Zeit verzichten bzw. dieses gegen eine Arbeit eintauschen, die schlecht bezahlt wird, sehr anstrengend ist und ihnen ein Minimum an Respekt einbringt. Außerdem können mit einer solchen neuen Situation intrapersonale Risiken verbunden sein. Die Auswirkungen des Fehlschlagens von Bemühungen können für die Selbstwirksamkeit und das Selbstwertgefühl der Betroffenen wesentlich katastrophaler sein als die mit ihrer augenblicklichen Situation für sie verbundene Tendenz zur Selbstmißbilligung.

Wenn Klienten ihre Situation auf diese Art sehen, so zeigt dies, daß sie die Dinge so sehen, wie sie zur Zeit sind, und daß sie sich der derzeitigen Sachlage verpflichtet fühlen. Sie mögen zwar über eine Veränderung nachdenken, doch wird diese wahrscheinlich nicht eintreten, solange die Aufrechterhaltung des Status quo ihnen als vorteilhafter erscheint als eine Veränderung oder solange sie den Wert dieser Vorteile höher einschätzen als den der Veränderung. Solche Äußerungen von Klienten repräsentieren einen Aspekt, der schwerer wiegt als der »gegen Veränderungen«-Aspekt der Ambivalenzskala. Hingegen erfordert Widerstand ein aktives *Sich-Widersetzen* gegen den Therapeuten, auch wenn dies in scheinbar passiver Form geschieht. Beispielsweise kann zur Schau gestelltes Einverständnis eine Form von Widerstand sein. Als Beispiel hierfür möchte ich meine persönlichen Interaktionen mit einer Gesundheitsdienstleisterin anführen.

Die Frau war sehr wohlmeinend und engagiert und aufgrund meines Umgangs mit meiner Diabetes manchmal ziemlich frustriert. Sie lobte mich einerseits wegen meiner Bemühungen um die Verbesserung meiner Selbstfürsorge und beschimpfte mich andererseits, wenn in einigen Bereichen jede Besserung ausblieb. Obwohl meine HbA1C-Werte relativ gut waren, hätte ich sie durchaus noch verbessern können. Zunächst versuchte ich, ihr zu erklären, weshalb es mir schwerfalle, ihre Empfehlungen in die Tat umzusetzen. Ich bin mir sicher, daß mein Verhalten auf sie wie aktiver Widerstand gewirkt haben muß. Meine häufigen »Ja, aber«-Einwände waren ihr wohlbekannt. Sie reagierte darauf mit erneuten Hinweisen auf die Bedeutung von Maßnahmen, die der längerfristigen Sicherung meiner Gesundheit dienten, und mit Warnungen vor eventuellen schwerwiegenden Konsequenzen im Unterlassungsfall (die alle durchaus berechtigt und mir im übrigen wohlbekannt waren). Im Laufe der Zeit wurde mir klar, daß sie meine Situation im Grunde nicht verstand und daß ihre Zielsetzung bei allem guten Willen letztlich schlecht war. Es war nur leichter, mich mit ihren Empfehlungen einverstanden zu erklären und zu beteuern, ich würde versuchen, mich daran zu halten, als ausführliche Belehrungen über mich ergehen zu lassen. Also verhielt ich mich entsprechend. Oberflächlich verliefen unsere Interaktionen freundlich, und obwohl ich mir ihre Empfehlungen ohne »Widerworte« anhörte, setzte ich sie so gut wie nie so um, wie sie es mir dringend anempfohlen hatte.

Eine aktivere Form von Widerstand besteht darin, daß ein Klient sich offen mit seinem Therapeuten »anlegt«. Beispielsweise könnte er die Auffassung vertreten, die Ergebnisse des Tests für »Autofahren unter Alkoholeinfluß« seien falsch. Und eine Klientin könnte vertreten, daß sich der Therapeut mit dieser Art von Kindern, die eine »starke Hand« bräuchten (unterstützt durch einen »kräftigen Klaps«, um zu zeigen, daß man es ernst meint), nicht auskenne. Oder nehmen wir an, ein Klient glaubt, Videospiele und ständiges Verschicken von SMS-Nachrichten habe keinen unmittelbaren Einfluß auf die Konzentrationsfähigkeit des Betreffenden im Studium, weshalb er sich der von Ihnen vertretenen Auffassung widersetzt, daß zwischen solchen Einflüssen und dem Studium eine Beziehung bestehe. Oder eine Klientin meint, »richtiger (ungeschützter) Sex« sei mit geringen Risiken verbunden. Oder ein Klient ist der Meinung, die meisten Menschen seien im Herbst stets reizbarer und launischer, weil sie sich gezwungen sähen, mehr Zeit in geschlossenen Räumen zu verbringen, und der Betreffende weigerte sich deshalb, über die Möglichkeit des Vorliegens einer saisonalen Depression nachzudenken. Oder eine Klientin tut Ihren Ausdruck von Besorgnis als übertrieben ab und vertritt die Ansicht, alles sei in bester Ordnung, während sie sich damit abmüht, gleichzeitig mit drei Kindern, einer Vollzeitbeschäftigung, verschiedenen ehrenamtlichen Tätigkeiten und regelmäßigen Treffen mit Freunden fertig zu werden, obwohl sich ihr Partner über die Hektik in der gemeinsamen Beziehung und darüber, daß sie zu wenig Zeit für einander haben, beklagt. Und wir alle haben solche Dinge wahrscheinlich nicht nur von anderen gehört, sondern uns auch selbst so verhalten.

Unglücklicherweise bezeichnen wir solche Verhaltensweisen, wenn es um Klienten geht, in der Regel als Ausdrucksformen des Leugnens. Wir glauben, selbst völlig klar zu sehen, was die Realität ist, doch unser Gegenüber sieht die Dinge einfach anders. Geht es hingegen um unser eigenes Leugnen, sind wir nur zu gerne bereit, die reale Wirkung von Umgebungseinflüssen zu sehen, die uns in unseren Verhaltensmöglichkeiten einschränken bzw. uns unter Druck setzen. Sozialpsychologen bezeichnen dieses Phänomen als *fundamentalen Attributionsfehler* (sowie als *Korrespondenzverzerrung* oder als *Überattributionseffekt* – Jones & Harris 1967; Ross 1977). Damit ist gemeint, daß wir beim Beobachten anderer Menschen dem Einfluß innerer Attribute auf das Verhalten größere und den Einflüssen aus der Umgebung geringere Bedeutung zuschreiben. Beobachten wir hingegen unser eigenes Verhalten, schreiben wir den Umgebungseinflüssen wesentlich mehr und unseren persönlichen Charakteristika weniger Bedeutung zu.

Insofern ist es eigentlich nicht verwunderlich, daß Klienten die Ansichten von Therapeuten abtun oder völlig ignorieren. Wir sehen die Dinge einfach nicht aus ihrer Perspektive. Ich habe einmal zugeschaut, wie ein junger Mann, den man gezwungen hatte, mich aufzusuchen, sich volle 50 Minuten lang auf einem Drehstuhl um die eigene Achse drehte. Er wollte mir offensichtlich klarmachen, daß ich ihn nicht dazu zwingen könnte, etwas zu sagen, obwohl man ihn gezwungen hatte, zu mir zu kommen. Obwohl ich diese Botschaft nach 10 Minuten ziemlich klar verstanden hatte, hielt er mich offenbar für jemanden, der viel Zeit braucht, um etwas zu lernen, und deshalb hielt er es für notwendig, mir seine Botschaft eine volle Behandlungssitzung lang zu übermitteln. In der nächsten Sitzung verließen wir den Therapieraum und spielten auf einem Spielplatz in der Nähe Basketball; danach war er durchaus bereit, etwas zu sagen. Zunächst erklärte er mir, wie er die ganze Sache sah, und nach einem anschließenden kleinen Ortswechsel war er bereit, sich auf ein Gespräch einzulassen.

Es kommt auch vor, daß Klienten einen Therapeuten unterbrechen oder ihn »totzureden« versuchen. Dies passiert häufig im Schulunterricht, wenn Lehrer sich verzweifelt bemühen, die Kontrolle über das Geschehen im Unterricht zu behalten. Je intensiver sie gegen störendes Verhalten vorgehen, um so stärker wird die Gegenreaktion. Ein anderes häufig vorkommendes Phänomen sind Bemühungen von Klienten, die Kompetenz ihres Therapeuten in Abrede zu stellen. Beispielsweise sagen Klienten manchmal: »Was wissen Sie denn schon? Wieso glauben Sie eigentlich, Sie könnten mich verstehen?« Ein jugendlicher Klient fragte mich einmal: »Was sind Sie denn eigentlich? Mein Mietfreund?« Widerstand kann auch in Form von Obstruktion zum Ausdruck kommen: Ein Klient zieht die Aufmerksamkeit auf sich und macht keine Anstalten mehr, das Feld anderen zu überlassen. Dies passiert häufig in Gruppen, wenn ein Mitglied die gesamte verfügbare Zeit in Anspruch nimmt, und andere sich einfach »das Heft aus der Hand nehmen« lassen oder die Aufmerksamkeit sogar bewußt dem »Platzhirsch« überlassen, um von sich selbst abzulenken.

Schließlich können Klienten auch einfach das Thema wechseln. Mein jüngstes Kind, das im Vorschulalter ist, hat darin echte Meisterschaft entwickelt.

»Okay, die fünf Minuten sind um. Jetzt ab ins Bad.«

»Bitte nur noch fünf Minuten!«

»Nein, das *waren* schon fünf Minuten.«

»Hast du schon mein Steckenpferd gesehen?«

»Nein, und jetzt ist es Zeit zum Baden. Ich habe dir schon fünf Minuten zusätzlich gegeben. Jetzt geht es in die Badewanne.«

»Mein Pony heißt Cotton Candy.«

»Ja, ich weiß. Hallo, Cotton Candy. Könntest du nicht mit ihr zur Badewanne reiten?«

»Ich liebe dich, Papi. Ich möchte dir einen dicken Kuß geben ... und jetzt noch eine Umarmung ...«

»Danke. Es ist immer noch Zeit zum Baden.«

»Noch fünf Minuten!«

In diesem Fall bin ich offensichtlich »ausgetrickst« worden. Damit kommen wir zu der Frage, wie man mit *Sustain-talk* und Widerstand umgehen sollte. Man mag versucht sein, »draufzuhalten« und solche Verhaltensweisen zu »durchbrechen«, aber diese Strategie ist aus MI-Perspektive kaum jemals von Nutzen. Es empfiehlt sich vielmehr, auf bereits vertraute Fertigkeiten zurückzugreifen und sie durch Hinzunahme von ein paar neuen Strategien zu ergänzen.

In Ausbildungen konzentriere ich mich auf drei Fertigkeiten reflektierenden Zuhörens. Benutzen Sie zunächst einfache Reflexionen. Diese halten das Gespräch in Bewegung und ermöglichen es, je nachdem, welche Aspekte Sie thematisieren, zu lenken. Einfache Reflexionen können bei *Sustain-talk* nützlich sein und sind es insbesondere bei starkem Widerstand, der Sie zeitweise verwirrt. Wenn ein Klient Sie durch eine aufrüttelnde Äußerung aufschreckt, können Sie durch eine einfache Reflexion ein wenig Zeit gewinnen und sich dann über eine wirksamere Vorgehensweise klarwerden. Wenn beispielsweise ein Klient sagt: »Ich werde mich zu Tode trinken«, so kann Sie dies bezüglich Ihres weiteren Vorgehens sehr unsicher machen. Eine unproblematische Antwort könnte in solch einem Fall lauten: »Sie werden so lange trinken, bis Sie sterben.« Diese Antwort ändert nichts am Sinn der Äußerung, und die Formulierung bleibt nahe am ursprünglichen Wortlaut. Schon eine geringfügige Umorientierung des Fokus einer einfachen Reflexion kann die Perspektive des Klienten verändern, beispielsweise: »Im Moment glauben Sie, daß Sie so lange trinken werden, bis Sie sterben.« Die Formulierung »Im Moment« öffnet anderen möglichen Zukunftsszenarien die Tür.

Verstärkte Reflexionen sind auch sehr nützlich für Antworten auf Äußerungen, die den Status quo bekräftigen. Sie ermöglichen, auf *Sustain-talk* zu »drängen«, um herauszufinden, wie ernst es dem Klienten mit der Äußerung ist, und um die damit verbundene Absicht zu identifizieren. Wenn der Klient sagt: »Ich werde mich zu Tode trinken«, könnte eine darauf bezogene verstärkte Reflexion lauten: »Sie sehen keinen Sinn darin, weiterzuleben.» Diese Äußerung drängt den Klienten dazu, sich zu fragen, ob es wirklich keinen Grund für seinen Vorsatz weiterzutrinken gibt, oder sich darüber klar zu werden, ob die überwiegende Zahl der Indizien in eine bestimmte Richtung weist. Außerdem kann sie auf ambivalentere Aspekte hindeuten.

Eine letzte hier relevante Reflexionsart ist die doppelseitige Reflexion. Sie stellt dem Status quo andere Elemente gegenüber, die der Klient entweder mitgeteilt hat, die er in Erwägung ziehen könnte oder die implizit in seinen Äußerungen enthalten sind. Wenn wir diese Technik auf die Absicht unserer Klientin anwenden würden, zu trinken, bis sie stirbt, könnten wir sagen: »So fühlen Sie sich also im Moment, und Sie haben sich nicht immer so gefühlt.« Eine andere Möglichkeit zu reagieren wäre: »Im Moment erwarten Sie, daß Sie sich zu Tode trinken werden, und andererseits ist Ihnen auch klar, daß Sie es sich anders überlegen könnten.«

Man kann auf Widerstand und *Sustain-talk* mit einer Anzahl strategischer Elemente reagieren. In Ausbildungen vermittle ich am häufigsten folgende beiden: (1) Anerkennen der persönlichen Entscheidungsfreiheit und Kontrolle des Klienten und (2) Umorientierung des Fokus. In beiden Fällen kann man OARS-Mikrofertigkeiten nutzen, aber beide beinhalten auch eine strategische Entscheidung, das Interaktionsmuster zu verändern.

In meiner Praxis hat es sich immer wieder als nützlich erwiesen, das Offensichtliche *offensichtlich* zu machen.* Dies bedeutet, alles anzusprechen, was geschieht oder die aktuelle Situation beeinflußt, aber noch nicht einbezogen worden ist, so daß direkt daran gearbeitet werden kann. Im vorliegenden Fall beinhaltet das »Offensichtlichmachen des Offensichtlichen«, Klienten darauf aufmerksam zu machen, daß sie die Möglichkeit haben, ihr Verhalten zu ändern. Letztendlich ist es Sache jedes Einzelnen, dar-

---

* Ich danke Dennis Donovan für diese Perle der Weisheit.

über zu entscheiden, ob eine Veränderung erforderlich ist und wie diese Veränderung zustande kommen soll. Selbst in Situationen, in denen Menschen wenig Alternativen zu haben scheinen, treffen sie Entscheidungen – und sei es nur passiv. Beispielsweise kann ein Autofahrer, der unter Alkoholeinfluß gefahren ist, sich dafür entscheiden, eine Gefängnisstrafe abzubüßen, statt in eine als Alternative angebotene Behandlung einzuwilligen. Manche Klienten werden murren, sie hätten keine Wahl. Sie müßten *dies* tun – was auch immer »dies« sein mag –, weil sie andernfalls unerwünschte Konsequenzen in Kauf nehmen müßten. Man könnte in solchen Fällen versucht sein zu entgegnen, dann handle es sich also doch um eine Wahl (bestimmt habe ich das auch so gemacht). Mehr ist Ihnen jedoch damit gedient, Ihre OARS-Fertigkeiten zu nutzen:

»Sieht so aus, als müßten Sie da eine ziemlich blöde Entscheidung treffen. Was meinen Sie, wie sie ausfallen wird?«

»Ich denke, ich werde es tun.«

»Aber eigentlich wollen Sie es nicht.«

»Das ist ja wohl klar, oder?«

»Es macht Sie ziemlich wütend, in so einer Situation zu sein.«

»Es kotzt mich an, wenn andere Menschen mir sagen, was ich tun soll.«

»Und so fühlen Sie sich jetzt, obwohl Sie wissen, daß nur Sie darüber entscheiden können, ob Sie in die Behandlung einwilligen oder nicht.«

Solche Dialoge sind nicht ungewöhnlich, und obwohl der Klient mit der Entscheidung, die er zu fällen beabsichtigt, nicht zufrieden ist, ermöglicht dieser Umgang mit der Situation es dem Therapeuten, den Klienten beim Ringen um eine ungeliebte Entscheidung zu begleiten. Diese Position ist aus MI-Perspektive besser geeignet, Klienten zu helfen, als eine ablehnende Haltung, in welcher der Therapeut weiter auf die Verbindlichkeit einer Grenze pocht.

Die zweite Strategie besteht darin, den Fokus zu verändern. Dies trägt der Tatsache Rechnung, daß wir auf einen Bereich gestoßen sind, der für den Klienten wahrscheinlich nicht produktiv sein wird. Deshalb wenden wir uns einem Bereich zu, der dem Klienten nützlicher oder der für ihn produktiver sein könnte. Eine solche Umorientierung wird meist entweder durch eine Reflexion oder durch eine Zusammenfassung, gefolgt von einer Frage, erreicht. Im Falle des obigen Dialogs könnte eine Fokusveränderung wie folgt erreicht werden.

»Und so empfinden Sie das jetzt, obwohl Sie wissen, daß nur Sie entscheiden können, ob Sie sich auf die Behandlung einlassen oder nicht.«

»Ich denke ja.«

»Dann sind Sie nicht kirre wegen der Entscheidung, sondern Sie haben sich für diesen Moment entschieden, sich damit auseinanderzusetzen – zumindest noch für eine Weile. Ich frage mich, womit wir unsere gemeinsame Zeit *in Ihrem Interesse* sinnvoll verbringen könnten. Was müßte heute in unserer Sitzung passieren, damit Sie, wenn Sie gehen, das Gefühl haben, von diesem Treffen irgendwie profitiert zu haben?«

William Miller benutzt in einer Videodemonstration über die Nutzung von MI im Rahmen eines Gesprächs mit einem Mann (dem »Soccer-Guy«), bei dem es darum geht, wie sich der Konsum von Zigaretten und Alkohol auf das Leben des Betreffenden auswirkt, zur Verlagerung des Fokus eine simple Frage: »Was wünschen Sie sich anders?« Terri Moyers fragt in ihrem Video von einem Gespräch mit einem Mann (der »Rounder«), der wegen Trunkenheit am Steuer zu einer Evaluation gekommen ist: »Was würden Sie heute gern hier tun?« Steven Rollnick benutzt eine »Speisekarte«, in welcher der Klient auswählen kann, woran er arbeiten will. Auf dieser Speisekarte gibt es auch »Joker«, Elemente, bei denen der Klient selbst entscheiden kann, was sie beinhalten sollen. Dieser Auswahlprozeß impliziert die Anbahnung einer Kooperation, in deren Verlauf der Klient aufgefordert wird, eine Orientierung zu wählen, während der Therapeut die Fähigkeit des Klienten respektiert, selbst darüber zu entscheiden, was er braucht.

Manche Therapeuten mögen sich sorgen, ihre Klienten könnten einen völlig ungeeigneten Fokus wählen, um eine Konfrontation mit »dem Problem« zu vermeiden. Wenn Klienten sich für eine Orientierung entscheiden, die der zu bewältigenden Aufgabe nicht dienlich ist, fühlen sich ihre Therapeuten manchmal gezwungen, das Gespräch wieder auf den problematischen Bereich zu lenken. Mit diesem Aspekt werden wir uns in Kapitel 7 eingehender befassen, wo es um die Entwicklung eines Veränderungsplans geht, sowie in Kapitel 9, wo es darum geht, eine Sorge auszudrücken. Im Moment möge die Feststellung genügen, daß MI die Entscheidungsfreiheit der Klienten ebenso respektiert wie den Umstand, daß es *deren* Plan entsprechen muß, nicht unserem, ob und wann es zu einer Veränderung kommt. Wenn wir darauf beharren, daß eine Sitzung einen bestimmten Fokus haben oder daß darin an einer bestimmten Veränderung gearbeitet werden sollte, werden wir wahrscheinlich bestenfalls ein zeitweiliges Einvernehmen als eine echte Veränderung erreichen.

Andere Strategien für den Umgang mit Widerstand oder *Sustain-talk* (»Äußerungen, die auf Zustandserhaltung zielen«) – *Reframing*, *Zustimmung mit einem Dreh* und *Das Negative annehmen* – sind kunstvollere Formen reflektierenden Zuhörens. Sie erfordern, daß der Therapeut Reflexionen geschickt und bei Bedarf einzusetzen vermag, damit dies, wenn es einmal notwendig ist, natürlich und auf empathische Weise geschehen kann. Es geht nicht darum, dafür zu sorgen, daß die Klienten sich möglichst wohl fühlen, sondern darum, ihnen schwierige Tatsachen nahezubringen (was ihrer eigenen Sicht der Dinge völlig konträr gegenüberstehen kann), ohne mehr Widerstand hervorzurufen. Diese Techniken erfordern ein beträchtliches Fingerspitzengefühl, weshalb ich sie in der Regel erst in MI-Kursen für Fortgeschrittene behandle. In der Praxis bietet sich die Nutzung dieser Strategien eher spontan an und ohne daß der Therapeut sich bewußt vornimmt, sie zu benutzen – vielleicht mit Ausnahme der Technik des *Annehmens des Negativen*.

Die erste Strategie, mit der wir uns nun befassen werden, ist das *Reframing*. Eine solche Neurahmung oder Umdeutung läßt die Äußerung des Klienten in einem neuen Licht erscheinen, stellt sie in einer neuen Perspektive dar. Bei diesem Ansatz geht es oft darum, daß man das Widerstands- oder *Sustain-talk*-Element in einen neuen Zusammenhang stellt. Trinkfest zu sein wird dann beispielsweise als Toleranz bezeichnet, und die mit der Gewohnheit, viel zu trinken, verbundenen Gefahren werden explizit benannt. Ebenso kann der Widerwille, zu einer Therapiesitzung zu erscheinen, als Zielstrebigkeit trotz bestehender Bedenken bezeichnet werden. Und zahlreiche frühere Mißerfolge beim Bemühen um Verhaltensänderungen werden als konsequentes Bestreben, die eigene Lebenssituation zu verbessern, bezeichnet. Im Kontext des weiter oben angeführten kurzen Dialogs könnte Reframing wie folgt zum Ausdruck kommen:

> »Sieht so aus, als müßten Sie da eine ziemlich blöde Entscheidung treffen. Was meinen Sie, wie sie ausfallen wird?«
>
> »Ich denke, ich werde es tun.«
>
> »Aber eigentlich wollen Sie es nicht.«
>
> »Das ist ja wohl klar, oder?«
>
> »Dann sind Sie wohl ein Mensch, der sich Klarheit darüber verschafft, was zu tun ist, und der es dann tut – auch wenn es Ihnen absolut nicht gefällt. Das halte ich für eine echte Stärke, die Ihnen in Ihrem Leben wahrscheinlich schon sehr gute Dienste geleistet hat.«

Zustimmung mit einem Dreh ist gewöhnlich eine einfache Reflexion, der eine Neurahmung folgt. Allerdings kann es sich auch um eine komplexe Reflexion handeln, oder die Reflexion entfällt völlig, und es wird nur Zustimmung signalisiert: »Ich glaube, Sie haben recht.« Unabhängig von der konkreten Form beginnt die Interaktion mit einer Äußerung, die auf den ersten Blick ziemlich genau dem zu entsprechen scheint, was der Klient gerade selbst gesagt hat, die ihn aber dann aufgrund einer Neurahmung in eine völlig unerwartete Richtung lenkt. Die ursprüngliche Metapher, die Miller und Rollnick (1991) benutzten, um diese Technik zu erklären, war die des Ju-jitsu (einer asiatischen Kampfkunst), bei der man der Energie des Angreifers keinen Widerstand entgegensetzt, sondern sie in eine andere Richtung umlenkt. Die beiden Autoren bekamen jedoch nachträglich wegen der in dieser Analogie anklingenden Machtdynamik Bedenken und entfernten sich später (Miller & Rollnick 2002/2004) von ihr und ersetzten sie durch das Bild des Gesellschaftstanzes, bei dem der Tänzer, der führt, durch leichten Druck und Zug seine Partnerin in eine andere Richtung lenkt. Im Grunde liegt beiden Bildern jedoch die gleiche Idee zugrunde: Widersetzt euch der Energie nicht, sondern lenkt sie sanft und produktiv um. Ein Beispiel für eine *Zustimmung mit einem Dreh* könnte bezogen auf unseren vorigen Beispieldialog etwa wie folgt klingen:

»Es kotzt mich an, wenn andere Menschen mir sagen, was ich tun soll.«

»Das macht Sie wütend, besonders weil Sie wissen, wann Sie gute Entscheidungen treffen und wann nicht – das brauchen Sie sich von niemandem erklären zu lassen.«

Der erste Satz ist hier eine einfache Reflexion, der zweite führt ein Element ein, das nicht direkt zum Ausdruck kommt, sondern in den Äußerungen des Klienten implizit enthalten ist. Das Resultat ist: Die Energie des Klienten wird nun in eine neue Richtung gelenkt – in die, gute Entscheidungen zu treffen.

Wie dieser wiederholt als Beispiel angeführte Dialog zeigt, kann man mit Widerstand oder *Sustain-talk* sehr unterschiedlich umgehen. Bereits früher wurde erwähnt, daß es bei besonders starkem Widerstand oder wenn dieser den Therapeuten in Schwierigkeiten bringt, meist am leichtesten ist, mit einer einfachen Reflexion zu beginnen, durch die man Zeit gewinnt; diese kann man anschließend nutzen, um selbst wieder auf festen Boden zurückzukehren. Außerdem vermag ein einziger Austausch Widerstand in der Regel nicht völlig zu neutralisieren, sondern dazu ist ein längerer Dialog erforderlich. Insofern braucht die erste Reaktion nicht perfekt zu sein, sondern sie legt nur die Richtung des Vorgehens fest. Falls es nicht ohnehin schon klar ist, möchte ich an dieser Stelle darauf hinweisen, daß es ziemlich viel Energie kostet, Widerstand über längere Zeit aufrechtzuerhalten. Versucht der Therapeut nicht, gegen diese Energie anzukämpfen, löst sich der Widerstand gelegentlich manchmal von selbst auf – gelegentlich sogar relativ schnell. Wenn ich mich früher mit meinem Bruder stritt und wir einander dann vorwarfen, der andere habe angefangen, pflegte meine Mutter zu sagen: »Tango tanzen kann man nur zu zweit.«

Schließlich gibt es noch das *Annehmen des Negativen*. Dies hat nichts mit einer »paradoxen Intervention« zu tun, wie bereits in Kapitel 5 erklärt wurde. Es geht dabei vielmehr um nichts weiter, als anzuerkennen, daß der aktuelle Zeitpunkt oder Ort oder die momentanen Umstände für die beabsichtigte Veränderung nicht geeignet sind. Ich unterrichte diese Technik nur in Kursen für Fortgeschrittene, weil Therapeuten und Klienten durch sie mit dem unangenehmen Gefühl festzusitzen konfrontiert werden können. Zwar ist auch dieses Gefühl manchmal recht nützlich – weil man dadurch die

Unannehmlichkeiten der aktuellen Situation voll und ganz erlebt und weil die veränderungsfördernden Ressourcen des Klienten dadurch mobilisiert werden –, wodurch andererseits insbesondere unerfahrenere Therapeuten unsicher werden können, was als nächstes zu tun ist. Ein entsprechender Austausch könnte wie folgt aussehen:

»Es ist sinnlos. Mir scheint, daß es im Moment nichts bringt, sich zu verändern.«

»Vielleicht ist dieser Zug schon abgefahren.«

Von dieser Art von Reflexion erhofft man sich, daß der Klient die Situation daraufhin gründlicher untersucht und feststellt, ob sein Schluß korrekt ist. Dies ist jedoch nur möglich, wenn der Therapeut in der Lage ist, das hervorgerufene Unbehagen auszuhalten – was ziemlich schwierig sein kann. Im Edinburgh-Interview (Allison 2006b) beobachteten wir eine MI-Therapeutin bei ihrer Arbeit mit einem Klienten, der erklärt, er erwarte, daß er sich zu Tode trinken werde, genauso wie sein Vater es getan habe. Indem die Therapeutin diese Äußerung zunächst akzeptiert und sie dann eingehender untersucht, gelingt es ihr, zusammen mit dem Klienten zu einer Position zu gelangen, die zu mehr Hoffnung Anlaß gibt. In einem Begleitkommentar erfahren wir, wie unangenehm dieser Prozeß für die Therapeutin war, obwohl sie bei ihrer MI-gerechten Haltung blieb.

Dieser Ansatz *muß* allerdings nicht dramatisch sein. Noch einmal an unserem mittlerweile altbekannten Dialog anknüpfend, könnte ein Austausch im soeben beschriebenen Sinne wie folgt verlaufen:

»Sieht so aus, als müßten Sie da eine ziemlich blöde Entscheidung treffen. Was meinen Sie, wie sie ausfallen wird?«

»Ich denke, ich werde es tun.«

»Das könnten Sie natürlich. Sie könnten aber auch zu der Überzeugung gelangen, daß Sie bereit sind, den Preis zu bezahlen, weil es so wichtig für Sie ist, sich *nicht* zu einer Entscheidung gedrängt zu fühlen.«

Auch hier ist das Entscheidende die Einstellung. Läßt der Therapeut das geringste Anzeichen von Sarkasmus erkennen oder manipuliert er im geringsten Maße, wird der Klient darauf sehr stark reagieren. Der Therapeut muß sich »echt« bzw. authentisch verhalten.

Konzept-Quiz – Testen Sie sich

Richtig oder falsch

1. R F Die Selbstwahrnehmungstheorie besagt, daß Menschen, die man gegen eine bestimmte Auffassung argumentieren läßt, ihre Einstellung zu dieser Auffassung verändern, sofern sie ihr gegenüber ambivalent eingestellt sind und wenn sie sich nicht von jemandem gedrängt fühlen, diese Auffassung zu vertreten.
2. R F *Sustain-talk* und Widerstand sind das gleiche.
3. R F Es gibt Parallelen zwischen *Change-talk* und *Sustain-talk*.
4. R F Wenn sich mehr *Sustain-talk* als *Change-talk* manifestiert, ist keine Veränderung zu erwarten.
5. R F Eine sichere und unterstützende Umgebung zu schaffen kann ausreichen, um Klienten dazu zu bringen, über Veränderung zu reden – allerdings nur, wenn man viel Zeit hat. Diese Methode bewirkt jedoch nichts, wenn die Betreffenden aufgrund ihres Verhaltens sterben könnten. In solchen Fällen muß man ihr Leugnen durchbrechen und ihnen klarmachen, wie es wirklich um die Situation steht.
6. R F Reflexionen können ausreichen, um den Widerstand eines Klienten zu verringern.
7. R F Verstärkte Reflexionen sind oft besonders nützlich, wenn Klienten sich verabsolutierend äußern.
8. R F Einfache Reflexionen sind oft sehr nützlich, wenn Klienten wütend sind.
9. R F Durch das Hervorheben der persönlichen Wahlfreiheit richtet man die Aufmerksamkeit des Klienten auf die Wahrheit: Nur er kann sich dafür entscheiden, eine Veränderung anzustreben.
10. R F *Das Negative annehmen* und verstärkte Reflexionen zielen beide auf die Distanzierung von einer absoluten Position.

Antworten

1. R Dies ist eine Fortsetzung der schon in Kapitel 5 behandelten Themen. Es geht auch hier darum, daß wir Widerstand nicht verstärken, sondern ihm ausweichen. Statt uns auf einen Disput einzulassen, suchen wir einen anderen Zugang – was auch bedeuten kann, daß wir Verständnis für die Auffassung des Klienten entwickeln.
2. F MI-Experten unterscheiden zunehmend zwischen diesen beiden Arten von Verhalten. In einer gemeinsamen Erklärung empfehlen Miller, Moyers *et al.* (2006) MI-Ausbildern, den Begriff *Sustain-talk* zu verwenden, wenn es um Äußerungen von Klienten zu geht, die der Aufrechterhaltung des Status quo dienen, und daß sie den Begriff Widerstand benutzen sollen, wenn es um Klientenverhaltensweisen geht, die in der therapeutischen Beziehung selbst »Dissonanz« signalisieren.

3. R Wunsch, Fähigkeit, Grund und das Bedürfnis, die Dinge so zu belassen, wie sie sind, sowie die Selbstverpflichtung zur Beibehaltung des derzeitigen Verhaltens – all dies kann gemäß der bereits genannten gemeinsamen Erklärung über *Change-talk* (Miller, Moyers *et al.* 2006) Äußerungen von Klienten bezüglich der Aufrechterhaltung des Status quo beinhalten.
4. R Dies trifft im allgemeinen zu. Möglicherweise kommt es aber gar nicht auf den genauen Anteil beider Faktoren an, sondern auf die Häufigkeit ihres Vorkommens im Laufe einer Therapiesitzung. Wird zu Beginn der Sitzung viel *Sustain-talk* und sehr wenig *Change-talk* beobachtet, wobei der Sustain-talk später abnimmt und der Change-talk-Anteil größer wird, ist eine Veränderung wahrscheinlicher. Diese auf vorläufigen Untersuchungen von Amrhein und Kollegen (2003) basierende Auffassung bedarf noch intensiver Erforschung. Ungeachtet dessen deutet ein Überwiegen von Sustain-talk gegenüber Change-talk darauf hin, daß eine Veränderung eher unwahrscheinlich ist.
5. F Manchmal erkennen Therapeuten die Vorteile des MI in »Beratungs-»Situationen zwar, glauben aber, diese Methode allein reiche in besonders riskanten Situationen nicht aus. Miller und Rollnick würden wohl zwar durchaus bestätigen, daß in manchen Situationen eine beratende und direktive Rolle erforderlich ist, doch würden sie deshalb kein aggressiv auf das »Sprengen« des Leugnens gerichtetes Vorgehen befürworten. Vielmehr würden sie wohl die Auffassung vertreten, man könne auf viele verschiedene Weisen beraten, unter denen einige wirksamer seien als andere. Hingegen wecken Versuche, das Leugnen zu »sprengen«, wahrscheinlich Widerstand, und Widerstand führt zu eher negativen Resultaten. Seans Geschichte, die zu Beginn dieses Kapitels beschrieben wurde, veranschaulicht die mit diesem Vorgehen verbundene Gefahr. Miller (persönliche Mitteilung vom 25. Juli 2008) erklärt: »Wenn man sehr wenig Zeit hat, um eine Verhaltensänderung zu bewerkstelligen, dann hat man ganz bestimmt keine Zeit, *nicht* zuzuhören!«
6. R Adäquate Reflexionen verringern oft den Widerstand. Man bedenke, daß es anstrengend ist, Widerstand aufrechtzuerhalten, wenn nicht jemand dagegen anrennt. Wenn die Reflexionen des Therapeuten nicht gegen den Widerstand »anrennen«, zerstreut sich die mit ihm verbundene Energie wahrscheinlich.
7. R Verstärkte Reflexionen können sehr nützlich sein, wenn Klienten einen besonders starren Standpunkt vertreten. Die verstärkte Reflexion »drückt« oft »gegen« das Widerstandselement in der Äußerung eines Klienten. Oft (wenn auch nicht immer) bewirkt dies, daß der Klient von seiner Verabsolutierung Abstand nimmt. Tut er das nicht, war Ihre Reflexion wohl schlicht zutreffend. In diesem Fall ist es möglicherweise an der Zeit, den Fokus umzuorientieren.
8. R Einfache Reflexionen sind ein nützlicher Ausgangspunkt für die Arbeit mit wütenden Klienten. Gewöhnlich geht der Therapeut zu anderen Arten von Reflexionen über, wenn der Dialog sich weiterentwickelt; doch für den Anfang sind einfache Reflexionen ideal.

Zu bedenken ist dabei, daß *einfach* nicht das gleiche ist wie *leicht* und daß der Therapeut erfahren darin sein muß, einen sinnvollen Fokus zu wählen.

9. R Wir tun nichts anderes, als das Offensichtliche offensichtlich zu machen. Zwar können jederzeit unvorhersehbare Dinge geschehen, doch ist es in jedem Fall Sache der Klienten, darüber zu entscheiden, ob sie sich an Verstärkungen orientieren oder sich gegen Konsequenzen zur Wehr setzen wollen.

10. R Verstärkte Reflexionen beinhalten, gegen das Element des Widerstandes oder der Zustandserhaltung anzugehen, verbunden mit der Absicht, den betreffenden Klienten von einer verabsolutierenden Position abzubringen. *Das Negative annehmen* beinhaltet, daß man der Auffassung (des Klienten) beipflichtet, im Augenblick sei nicht der richtige Zeitpunkt oder Ort für eine Veränderung oder die momentan zur Debatte stehende Methode sei nicht dazu geeignet, auch dies mit der Absicht, den Klienten zu einer gründlicheren Auseinandersetzung mit dieser Idee zu veranlassen.

Praxisbeispiel

Arthur ist 15 Jahre alt und hat sich kürzlich von seiner Freundin getrennt. Er ist nicht aus eigenem Interesse oder Bedürfnis zur Therapie gekommen, sondern weil seine Eltern sich seinetwegen sorgen. Wir werden uns sein erstes Zusammentreffen mit dem Therapeuten im Sinne der soeben dargestellten Probleme und Techniken anschauen.

	Äußerung	*Kommentar*
T.:	Danke dafür, daß Sie sich die Zeit genommen haben, zusammen mit Ihrem Vater dort drüben im Raum die Einverständniserklärung durchzulesen. Ihr Gesichtsaudruck verrät mir, daß Sie nicht gerade begeistert sind, hier zu sein.	*Beginnt mit einer kurzen Bestätigung, der eine affektive Reflexion des Gesichtsausdrucks folgt. Beachten Sie, wie die Emotion heruntergespielt wird.*
K.:	Das sehen Sie völlig richtig. Meine Eltern hatten die Idee. Ich brauche nicht hier zu sein.	*Der Klient stimmt zu und bietet noch einige ergänzende Informationen an.*
T.:	Sie hatten also nicht viel Entscheidungsspielraum.	*Umformulierung*
K.:	Ich hatte praktisch *gar* keine Entscheidungsmöglichkeit. Sie haben mir befohlen hierherzukommen.	*Der Affekt ist immer noch ziemlich stark, doch der Klient läßt sich auf den Therapeuten ein.*

T.:	Was sonst? ...	*Fortsetzung des Gedankens*
K.	Sie hätten mir sonst meine Drums weggenommen, und das hätte mir ziemlich gestunken.	*Der Klient äußert sich über etwas, das ihm wichtig ist.*
T.:	Sie waren also nicht glücklich darüber, hierherkommen zu müssen, und Sie wollten auch Ihre Drums nicht verlieren.	*doppelseitige Reflexion*
K.:	Genau.	*Er fühlt sich verstanden, und sein Affekt wird etwas abgeschwächt. Beachten Sie, daß bisher noch keine Frage gestellt wurde.*
T.:	Ich frage mich, ob Sie sich vor diesem Treffen Gedanken darüber gemacht haben, wie das hier sein könnte – mit einem Seelenklempner zu reden, meine ich.	*Dies ist eine offene Äußerung, die den Klienten auffordert, mehr über sich zu erzählen, ohne daß eine direkte Frage aufgeworfen wird. Die Verwendung des Wortes «Seelenklempner« (engl.: »shrink«) wirkt sich in Gesprächen mit (amerikanischen) Teenagern häufig sehr positiv aus. Sie schließen daraus, daß Sie sich als Therapeut nicht zu ernst nehmen und daß Sie vielleicht sogar verstehen, worüber sie nachdenken.*
K.:	Ich hatte keine Ahnung. Ich habe so etwas noch nie gemacht. Ich habe mich gefragt, ob ich mich bei Ihnen auf eine Couch legen müßte.	*Er reagiert mit verändertem Affekt und stellt sich nun an die Seite des Therapeuten.*
T.:	Dann war das hier für Sie also ziemlich mysteriös.	*Umformulierung*
K.:	Ja.	*Er stellt den Therapeuten nicht mehr auf die Probe und wird von nun an Informationen über die Behandlung offener begegnen.*
T.:	Sind Sie einverstanden, wenn ich Ihnen ein wenig zu erklären versuche, was wir hier machen werden?	*Geschlossene Frage, durch die um Erlaubnis gebeten wird, Informationen zu übermitteln.*
K.:	Klar.	*Der Affekt wird nun eventuell wieder eine Spur stärker werden, aber der Klient folgt dem Therapeuten noch immer.*

T.: Nun, wie Sie sehen, habe ich eine Couch, und wenn Sie wollen, können Sie sich darauflegen, aber so arbeite ich normalerweise nicht. Wichtiger noch ist mir klarzustellen, daß ich Sie zu keinem Zeitpunkt zwingen werde, etwas zu tun. Es ist wirklich einzig und allein Ihre Sache, darüber zu entscheiden, ob dies für Sie nützlich sein könnte.	*Informationsübermittlung, gefolgt von Fokussieren auf die Entscheidungsfreiheit und Eigenverantwortlichkeit des Klienten.*
K.: Ich brauche also nicht zu Ihnen zu kommen, wenn ich es nicht will?	*Wie viele in seinem Alter steuert dieser Klient zielstrebig den zentralen Gegenstand seiner Besorgnis an.*
T.: Nach meiner Auffassung nicht. Aber nach dem, was Ihr Vater gesagt hat und was Sie selbst mir erzählt haben, nehme ich an, daß Ihre Eltern die Sache anders sehen. Mir ist klar, daß Sie sich deshalb in einem Dilemma befinden.	*Der Klient hatte um Informationen gebeten, und diese wurden ihm direkt und aufrichtig gegeben. Dem folgte eine auf Beobachtung basierende Reflexion.*
K.: Ja, ich war nicht gerade begeistert darüber, hierher kommen zu müssen. Aber andererseits will ich meine Drums nicht verlieren. Könnten Sie meinen Eltern nicht sagen, daß ich nicht hierher zu kommen brauche?	*Der Klient bittet, ebenfalls direkt und ehrlich, um das, was er will.*
T.: Das kann ich im Moment deshalb nicht, weil ich selbst noch nicht weiß, ob Sie Hilfe brauchen oder nicht. Darf ich Sie etwas fragen? Was müßten Sie tun oder sagen, damit Ihre Eltern nicht mehr denken würden, Sie müßten zu mir kommen?	*Wieder eine direkte Antwort auf eine direkte Frage. Obgleich auch eine Reflexion ihren Zweck erfüllen könnte, nehmen Teenager diese Strategie oft als ein Ausweichen vor ihrer Frage wahr, und diese Wahrnehmung schadet dem Rapport. Eine Frage hingegen verlagert die «Beweislast» wieder auf den Klienten und damit letztlich auch den Fokus der Sitzung.*
K.: Das weiß ich nicht so genau. Vielleicht wenn ich nicht mehr so viel im Haus herumlungere.	*Er gibt die Information, daß er nicht genau weiß, was seine Eltern wollen, gesteht aber andererseits ein, daß einige Dinge nicht so gut laufen, wie er es gern hätte. Dies ist eine abgeschwächte Form von Change-talk.*

T.: Weil Sie sich wegen der Trennung von Ihrer Freundin ziemlich schlecht fühlen.	*Affektive Reflexion, die eine Mutmaßung über den Grund für die Dysphorie des jungen Mannes enthält und die auf Change-talk fokussiert. Man hätte sich auch darauf konzentrieren können herauszufinden, was er von seinen Eltern lernen müsse.*
K.: Meiner Meinung nach ist das Ganze keine so große Sache, wie meine Eltern glauben, aber wir sind schon seit einer Weile ziemlich auf Distanz.	*Ambivalenz tritt in Erscheinung, aber er erkennt auch an, daß es um einen Verlust geht.*
T.: Es herrscht also eine Art Funkstille.	*Umformulierung*
K.: Ja, und die ganze Situation ist einfach irgendwie unangenehm – ich meine in der Schule. Sie sitzt in einigen Kursen, an denen ich auch teilnehme.	*Der Klient enthüllt weitere Informationen. Er arbeitet jetzt mit dem Therapeuten zusammen.*
T.: Und Sie wissen nicht so recht, wie Sie sich in ihrer Nähe verhalten sollen.	*Setzt die Äußerung des Klienten fort.*
K.: Es fühlt sich ziemlich unangenehm an...	

Auch hier geht es um eine Wechselwirkung zwischen dem Verhalten des Therapeuten und den Reaktionen des Klienten. Der vorwiegende Gebrauch von Reflexionen hat eine affektive Veränderung zur Folge und stellt eine Verbindung zwischen den Aktivitäten des Therapeuten und des Klienten her. Zwar taucht immer noch Ambivalenz auf, doch diese ist nun nicht mehr auf den Therapeuten gerichtet. Am Ende der wiedergegebenen Passage hat der Klient sich stillschweigend damit einverstanden erklärt, diesen Bereich weiter zu untersuchen. Weitere Informationen können später gesammelt werden, und mit den Erwartungen seiner Eltern kann er sich dann ebenfalls befassen.

Der Klient wirft in dieser Begegnung Fragen auf und stellt den Therapeuten auf die Probe, auch nachdem der anfängliche Affekt nachgelassen hat. Der Therapeut geht darauf direkt ein. Oft stellen Klienten solche direkten Fragen, um einen Therapeuten zu testen. Ich habe festgestellt, daß direktes Antworten, gefolgt von einer anderen Aktivität des Therapeuten, die unkomplizierteste, leichteste und respektvollste Art des Umgangs mit solchen Sorgen ist, insbesondere wenn man mit Teenagern arbeitet.

Probieren Sie dies aus!

In einer realen Situation zu üben ist zwar grundsätzlich wichtig, wird beim Umgang mit wütenden Klienten aber noch wichtiger. Wir werden jedoch allmählich auf dieses Ziel hinarbeiten. Zu diesem Zweck beginnen wir mit einer Folge von Übungen, in denen Sie auf bestimmte Äußerungen unterschiedliche Reaktionen entwickeln sollen. Die wiederholte Arbeit an den gleichen Äußerungen mag Ihnen als überflüssig erscheinen, doch die Übungen sind absichtlich so gestaltet. Es geht nicht nur darum, daß Sie sich im Formulieren verschiedener Reaktionen üben, sondern auch darum aufzuzeigen, daß es meist viele verschiedene Möglichkeiten gibt, auf Äußerungen eines Klienten zu reagieren. Die Fähigkeit, sich leicht und fließend zwischen verschiedenen Arten von Reaktionen hin und her zu bewegen, vergrößert Ihre Chancen, mit Klienten effektiv zu arbeiten.

Nach den ersten drei Übungen werden Sie aufgefordert werden, eine Liste von Widerstandsäußerungen zusammenzustellen, die Sie aus Ihrer Arbeitssituation kennen, und anschließend sollen Sie versuchen, so viele Reaktionen darauf zu entwickeln, wie Sie können. Ihre nächste Aufgabe ist, Reaktionen auf die Äußerungen von Menschen in Fernseh- oder Radio-Talkshows zu entwickeln. Und schließlich werden Sie üben, die »Goldklumpen« des Veränderungspotentials zu finden, die im Widerstand oder im *Sustain-talk* (in den Status-quo-erhaltenden Äußerungen) des Klienten schlummern. Diese Übungen bereiten Sie auf Begegnungen mit wütenden Klienten vor, doch müssen Sie die entsprechenden Techniken auch in Situationen erproben, in denen Sie auf eine Provokation anders hätten reagieren können. Da wir alle Menschen sind und Irren nun einmal menschlich ist, werden Sie mit ziemlicher Sicherheit regelmäßig mit solchen Situationen konfrontiert. Nutzen Sie diese Chancen!

Übung 6.1 Einfache Reflexionen in Reaktion auf Widerstand und Sustain-talk

Zunächst entwickeln wir an Klientenäußerungen anknüpfend einfache Reflexionen. Notieren Sie jeweils zwei Antworten, und versuchen Sie, dabei den Fokus zu variieren.

Übung 6.2 Doppelseitige und verstärkte Reflexionen in Reaktion auf Widerstand und Sustain-talk

Diesmal benutzen Sie die gleichen vorgegebenen Äußerungen wie in Übung 6.1, um jeweils eine doppelseitige und eine verstärkte Reflexion zu formulieren.

Übung 6.3 Andere Reaktionen auf Widerstand und Sustain-talk

Erneut auf der Grundlage der bereits benutzten Vorgaben sollen Sie diesmal versuchen, eine der anderen Reflexionsformen sowie Bemerkungen zur persönlichen Entscheidungsfreiheit und Fokusveränderungen zu nutzen. Vielleicht ist es nicht immer möglich, die beiden letztgenannten Kategorien zu benutzen, ohne in die Gefahr zu geraten, redundant zu klingen, aber versuchen Sie Ihr Bestes.

Übung 6.4 Die Widerstands- und Sustain-talk-Äußerungen Ihrer eigenen Klienten

Stellen Sie eine Liste von Sustain-talk- oder Widerstands-Äußerungen Ihrer Klienten zusammen. Versuchen Sie, das beigefügte Formblatt vollständig zu füllen. Notieren Sie anschließend so viele widerstandsverringernde Reaktionen, wie Ihnen einfallen, mindestens drei zu jeder Klientenäußerung.

Übung 6.5 Widerstand im Radio und Anmaßung in Fernseh-Talkshows

Diese Übung ist ein wenig schwieriger, weil Sie dazu eine Radio- oder Fernseh-Show finden müssen, deren Teilnehmer oder Anrufer in ihren Äußerungen Widerstand erkennen lassen. Wenn in der Nähe Ihres Wohnortes politische Debatten stattfinden, können Sie sich diese anschauen, anhören oder sie sogar zu Übungszwecken aufnehmen. Nutzen Sie alle Reaktionsarten aus früheren Übungen, um auf Äußerungen von Widerstand zu antworten. Sobald Sie im Umgang mit solchen Äußerungen etwas versierter geworden sind, können Sie versuchen, Menschen zuzuhören, die vehement andere Ansichten als Sie selbst vertreten. Politische Talkshows können eine gute Quelle für solches Material sein – aber hüten Sie sich davor, sarkastisch zu werden.

Übung 6.6 Mit einem Klienten zusammen üben

Wir alle haben Klienten, die das Gefühl haben, nicht weiterzukommen. Verwenden Sie einige Zeit darauf, mit Hilfe von Reflexionen herauszufinden, warum die Betreffenden dieses Gefühl haben.

Arbeit mit einem Partner

Die ersten vier Übungen aus diesem Kapitel können Sie auch zusammen mit einem Partner ausführen. Dabei formuliert einer der Partner eine Widerstands- oder Sustain-talk-Äußerung (Sie können dabei Ihre schauspielerischen Talente nutzen), und der andere reagiert darauf zunächst mit einfachen Reflexionen. Wenn ein Partner das Formblatt auf diese Weise einmal durchgearbeitet hat, tauschen Sie die Rollen. Sie können das Arbeitsblatt auch noch ein zweites und drittes Mal durcharbeiten, um die in den einzelnen Übungen geforderten Fertigkeiten zu trainieren. Bei der vierten Übung sollten Sie und Ihr Partner das Arbeitsblatt jeweils separat durcharbeiten und dann abwechselnd Reaktionen auf die Äußerungen des anderen entwickeln. Denken Sie daran, zu jeder Äußerung jeweils drei Reaktionen zu verfassen. Bei allen Übungen sollte der »Sprecher« vor jeder Reaktion die Äußerung, um die es geht, noch einmal vorlesen.

Übung 6.7 Der Klient, der (vielleicht) aus der Hölle kommt

Wählen Sie jemanden aus, mit dem Sie in einer Behandlungssituation sehr große Schwierigkeiten hatten, und spielen Sie diese Person Ihrem Übungspartner vor, damit dieser an der Situation üben kann. Anders als der »Klient aus der Hölle« selbst, sollen Sie Ihrem Partner jedoch eine Belohnung gönnen, wenn er dies nach Ihrer Auffassung verdient hat. Dies bedeutet: Wenn Sie merken, daß seine Arbeit Ihren Widerstand oder Ihr Bestreben, den Status quo aufrechtzuerhalten, zu mildern beginnt, so teilen Sie ihm dies mit. Und weil es hier ja um eine Übungssituation geht, können Sie Ihrem Partner auch dann, wenn seine Bemühungen nicht so optimal sind, eine Belohnung gönnen. Denken Sie stets daran, daß es sich um eine Übung handelt! Sie versuchen, etwas zu lernen, nicht, etwas zu beweisen.

Ergänzende Gedanken

Einige MI-Autoren haben darauf hingewiesen, daß es manchmal schwierig ist, *Sustain-talk* von frühen Formen von *Change-talk* zu unterscheiden. Beispielsweise könnten Äußerungen wie »Ich finde es schrecklich, daß mein Bewährungshelfer mich zwingt, hierher zu kommen« einen ersten Ansatz von *Change-talk* enthalten: »Ich könnte auch hierherkommen, wenn mein Bewährungshelfer mich nicht dazu zwingen würde.« Zu solchen Nuancen haben sich einige MI-Autoren geäußert.

So weist Barth (2006) darauf hin, daß *Sustain-talk* durchaus ein Schritt in die richtige Richtung sein kann. Insbesondere wenn Klienten ein Verhalten als einfach ansehen, also nicht als etwas, das sie in Schwierigkeiten bringt oder wozu es für sie keine Alternativen – und somit auch keinen Grund, es zu verteidigen – gibt. In solchen Fällen versuchen wir, den Betreffenden zu helfen, das Problem zu erkennen. Barth weist darauf hin, daß es manchmal nicht möglich ist, gleich zu Anfang *Change-talk* zu initiieren. Statt dessen muß der Therapeut möglicherweise an der Offenheit des Klienten gegenüber Ambivalenz arbeiten. Sagt ein Klient beispielsweise: »Ich bin gar nicht darauf gekommen, daß dies ein Problem sein könnte, und ich sehe es noch immer nicht so«, kann dies der Anfang eines Veränderungsprozesses sein.

Ein solches Vermischen von Konzepten (beispielsweise der Begriffe Widerstand, Sustain-talk und Change-talk) kann Forscher, die versuchen, die Wirkung einer bestimmten Variablen herauszuarbeiten, in große Schwierigkeiten bringen; für Therapeuten hingegen ist diese Möglichkeit ein Segen. Auch hier wieder zeigt sich, daß eine differenzierte Nutzung des Zuhörens extrem wichtig ist. Therapeuten müssen ihr Ohr so trainieren, daß sie feinste Nuancen wahrnehmen und auf das veränderungsorientierte Element, das in Widerstandsäußerungen und *Sustain-talk* enthalten ist, reagieren können. Beispielsweise enthält die Klientenäußerung »Ich habe schon alles ausprobiert, und nichts wirkt« einen deutlich erkennbaren Veränderungswunsch. Der Betreffende bemüht sich trotz wiederholter Mißerfolge, sich zu verändern. Die Äußerung zeigt, daß Veränderung für diesen Menschen sehr wichtig ist, obwohl er die Feststellung des Therapeuten abtut.

Allison (2006a) schließlich weist darauf hin, daß ein der Aufrechterhaltung des Status quo dienendes Verhalten durchaus eine ebenso große Leistung beinhalten kann wie eine Veränderung – zwar nicht hinsichtlich des Resultats, aber zumindest im Hinblick auf die aufgewandte Mühe. Nach seiner Auffassung versuchen Menschen, die Widerstand entwickeln, dadurch häufig etwas zu erhalten, obwohl sie wissen, daß dies nicht möglich sein wird. Sie wissen, daß sie ihre Zwangslage verändern müssen, und versuchen trotzdem und ungeachtet ihrer geringen Chancen, die auf Dauer unhaltbare Situation mit aller verfügbarer Kraft zu erhalten. Ein Klient, der sich in solch einer Situation befindet, könnte beispielsweise sagen: »Ich weiß, daß das Rauchen mich umbringt, aber wenn ich mir eine Zigarette anzünde und den ersten Zug inhaliere, habe ich das Gefühl, ein bißchen Ruhe und Frieden zu erleben.« Allison ist der Auffassung, daß Bemühungen dieser Art, auch wenn wir sie als unsinnig ansehen, Respekt verdienen, statt daß wir abwertend und herabsetzend auf sie reagieren. Wenn wir etwas als schlecht, problematisch oder als einen Ausdruck von Leugnen abstempeln, gestehen wir unseren Klienten nicht den vollen Respekt davor zu, daß ihnen die Unhaltbarkeit ihrer Position bewußt ist. Solche Verhaltensweisen als Widerstand abzustempeln wird nach Allisons Auffassung der Tatsache nicht gerecht, daß der Klient durchaus weiß, wie schädlich sein Verhalten wirkt, und daß es ihn ungeheuer viel Mühe kostet, für sein »bißchen Ruhe und Frieden« zu kämpfen. Dem möchte ich noch hinzufügen, daß wir, indem wir bestimmte Verhaltensweisen als Widerstand abstempeln, implizit für uns in Anspruch nehmen, besser als der Klient selbst zu wissen, was gut und richtig für ihn ist, und daß wir es als unsere Aufgabe ansehen, ihm zu helfen, seine Torheit zu erkennen. Nach Allisons Auffassung hat eine neutralere Terminologie – beispielsweise der Begriff *Sustain-talk* (für status-quo-erhaltende Äußerungen) – nicht nur den Vorteil, mehr Respekt erkennen zu lassen, sondern sie klingt außerdem hoffnungsvoller. Auf diese Weise werden die Fähigkeiten und Stärken des Klienten anerkannt. Auch hier zeigt sich wieder, daß Wörter alles andere als unwichtig sind.

Informationsblatt Techniken der Reaktion auf Widerstand

Die folgenden Informationen werden Ihnen bei den meisten der kommenden Übungen nützlich sein.

Einfache Reflexionen bleiben nah am Inhalt der Äußerung des Klienten, tragen aber dazu bei, das Gespräch in Gang zu halten. Überlegen Sie sich bei ihrer Formulierung genau, auf welche Elemente Sie fokussieren wollen.

Doppelseitige Reflexionen beziehen beide konträren Positionen einer Ambivalenz ein.

Verstärkte Reflexionen intensivieren den Anteil einer Äußerung, der Widerstand zum Ausdruck bringt.

Zustimmung mit einem Dreh besteht entweder in einer Reflexion oder in einer zustimmenden Äußerung, der eine Neurahmung folgt.

Neurahmen (Reframing, auch Umdeuten) läßt die Äußerung eines Klienten in einem neuen Licht erscheinen oder betrachtet sie aus einer anderen Perspektive.

Das Negative annehmende oder ***den Klienten begleitende*** Interventionen werden dem Umstand gerecht, daß der momentane Zeitpunkt oder Ort oder die augenblicklichen Umstände einer Veränderung nicht förderlich sind.

Die persönliche Entscheidungsfreiheit und den persönlichen Einfluß hervorhebende Reaktionen machen das Offensichtliche offensichtlich. Sie erinnern die Klienten daran, daß nur sie selbst über eine Veränderung ihres Verhaltens entscheiden können. Letztlich entscheiden einzig und allein sie darüber, ob eine Veränderung erforderlich ist und wie sie erreicht werden soll.

Fokusverlagernde Reaktionen können sinnvoll sein, wenn sich der Aspekt, an dem momentan gearbeitet wird, als unproduktiv erweist, weshalb man sich einem für den Klienten nützlicheren oder produktiveren Bereich zuwendet. Dieser Wechsel kann durch eine Reflexion, eine Zusammenfassung, eine Frage oder eine Kombination der genannten Elemente erreicht werden.

Übung 6.1 Einfache Reflexionen in Reaktion auf Widerstand und Sustain-talk

Entwickeln Sie einfache Reflexionen in Reaktion auf Klientenäußerungen, in denen Widerstand oder Sustain-talk zum Ausdruck kommt. Schreiben Sie zunächst jeweils zwei Reaktionen auf jede Äußerung, und versuchen Sie, dabei den Fokus zu variieren. Benutzen Sie das *Informationsblatt Techniken der Reaktion auf Widerstand*, um sich die verschiedenen Reaktionsmöglichkeiten zu vergegenwärtigen.

Ich dachte, Rotwein sei gut für das Herz. Deshalb trinke ich ihn jeden Abend.

1.

2.

Ich weiß, daß das gut für mich wäre, aber es fällt mir einfach zu schwer, regelmäßig zu trainieren. Dazu habe ich zuviel zu tun.

1.

2.

Ich glaube, daß alle maßlos übertreiben. Ich habe nur bei der Festtagsparty ein bißchen zuviel getrunken.

1.

2.

Ich gebe ja zu, daß die Situation nicht perfekt ist, aber Sie wissen einfach nicht, wie es ist. Und jetzt ist sowieso alles anders.

1.

2.

Okay, man zahlt also einen Preis dafür. Ich bin kein Mensch, der Lust hat, den Rest seines Lebens mit dem Ausmalen von Bilderbüchern zu verbringen. Ich will ein bißchen Spaß haben und ein wenig Geld ausgeben.

1.

2.

Ich glaube nicht, daß mir die Medikamente sonderlich geholfen haben, und wie ich mich fühlte, als ich sie einnahm, hat mir ganz und gar nicht gefallen.

1.

2.

Hör' zu, ich weiß, daß mein Chef wütend ist. Trotzdem bin ich nicht bereit, mir von irgend jemandem Scheiße erzählen zu lassen. Wer hier eine Schwäche zeigt, wird bei lebendigem Leib verspeist.

1.

2.

Ich habe alle diese Dinge ausprobiert, und nichts davon hat gewirkt. Kapierst du das denn nicht?

1.

2.

Warum muß ich hier sein? Ich weiß, daß die Situation nicht perfekt ist, aber mir geht es schon besser. Es hat keine Probleme mit meinen Kindern mehr gegeben. Weshalb muß ich also weiter herkommen?

1.

2.

Übung 6.2 Doppelseitige und verstärkte Reflexionen in Reaktion auf Widerstand und Status-quo-erhaltende Äusserungen

Benutzen Sie nun doppelseitige Reflexionen (DR) oder verstärkte Reflexionen (VR). Doppelseitige Reflexionen umfassen die beiden Seiten einer Ambivalenz, wogegen verstärkte Reflexionen Teile einer Äußerung, in denen Widerstand zum Ausdruck kommt, »aufpeppen«. Versuchen Sie, jeweils eine Reflexion beider Arten zu formulieren. Ziehen Sie nötigenfalls das *Informationsblatt Techniken der Reaktion auf Widerstand*, zu Rate.

Ich dachte, Rotwein sei gut für das Herz. Deshalb trinke ich ihn jeden Abend.

1. DR –

2. VR –

Ich weiß, daß das gut für mich wäre, aber es fällt mir einfach zu schwer, regelmäßig zu trainieren. Dazu habe ich zuviel zu tun.

1. DR –

2. VR –

Ich glaube, daß alle maßlos übertreiben. Ich habe nur bei der Festtagsparty ein bißchen zuviel getrunken.

1. DR –

2. VR –

Ich gebe ja zu, daß die Situation nicht perfekt ist, aber Sie wissen einfach nicht, wie es ist. Und jetzt ist sowieso alles anders.

1. DR –

2. VR –

Okay, man zahlt also einen Preis dafür. Ich bin kein Mensch, der Lust hat, den Rest seines Lebens mit dem Ausmalen von Bilderbüchern zu verbringen. Ich will ein bißchen Spaß haben und ein wenig Geld ausgeben.

1. DR –

2. VR –

Ich glaube nicht, daß mir die Medikamente sonderlich geholfen haben, und wie ich mich fühlte, als ich sie einnahm, hat mir ganz und gar nicht gefallen.

1. DR –

2. VR –

Hör' zu, ich weiß, daß mein Chef wütend ist. Trotzdem bin ich nicht bereit, mir von irgend jemandem Scheiße erzählen zu lassen. Wer hier eine Schwäche zeigt, wird bei lebendigem Leib verspeist.

1. DR –

2. VR –

Ich habe alle diese Dinge ausprobiert, und nichts davon hat gewirkt. Kapierst du das denn nicht?

1. DR –

2. VR –

Warum muß ich hier sein? Ich weiß, daß die Situation nicht perfekt ist, aber mir geht es schon besser. Es hat keine Probleme mit meinen Kindern mehr gegeben. Weshalb muß ich also weiter herkommen?

1. DR –

2. VR –

Übung 6.3 Andere Reaktionen auf Widerstand und Status-quo-erhaltende Äusserungen

Benutzen Sie nun die gleichen Beispielsätze zum dritten Mal, und versuchen Sie diesmal, eine der Reaktionsformen zu benutzen (d. h., Reframing, Zustimmung mit einem Dreh, das Negative annehmen, persönliche Wahlfreiheit und Fokusverlagerung). Es mag unmöglich sein, die letzten beiden Kategorien jedesmal zu benutzen, ohne daß es redundant klingt, aber probieren Sie es aus, und tun Sie Ihr Bestes. Benutzen Sie wenn nötig das *Informationsblatt Techniken der Reaktion auf Widerstand* als Erinnerungshilfe.

Ich dachte, Rotwein sei gut für das Herz. Deshalb trinke ich ihn jeden Abend.

1.

2.

3.

Ich weiß, daß das gut für mich wäre, aber es fällt mir einfach zu schwer, regelmäßig zu trainieren. Dazu habe ich zuviel zu tun.

1.

2.

3.

Ich glaube, daß alle maßlos übertreiben. Ich habe nur bei der Festtagsparty ein bißchen zuviel getrunken.

1.

2.

3.

Ich gebe ja zu, daß die Situation nicht perfekt ist, aber Sie wissen einfach nicht, wie es ist. Und jetzt ist sowieso alles anders.

1.

2.

3.

Okay, man zahlt also einen Preis dafür. Ich bin kein Mensch, der Lust hat, den Rest seines Lebens mit dem Ausmalen von Bilderbüchern zu verbringen. Ich will ein bißchen Spaß haben und ein wenig Geld ausgeben.

1.

2.

3.

Ich glaube nicht, daß mir die Medikamente sonderlich geholfen haben, und wie ich mich fühlte, als ich sie einnahm, hat mir ganz und gar nicht gefallen.

1.

2.

3.

Hör' zu, ich weiß, daß mein Chef wütend ist. Trotzdem bin ich nicht bereit, mir von irgend jemandem Scheiße erzählen zu lassen. Wer hier eine Schwäche zeigt, wird bei lebendigem Leib verspeist.

1.

2.

3.

Ich habe alle diese Dinge ausprobiert, und nichts davon hat gewirkt. Kapierst du das denn nicht?

1.

2.

3.

Warum muß ich hier sein? Ich weiß, daß die Situation nicht perfekt ist, aber mir geht es schon besser. Es hat keine Probleme mit meinen Kindern mehr gegeben. Weshalb muß ich also weiter herkommen?

1.

2.

3.

Beispielreaktionen für die Übungen 6.1, 6.2 und 6.3

Ich dachte, Rotwein sei gut für das Herz. Deshalb trinke ich ihn jeden Abend.

1. Das verwirrt Sie. Sie haben geglaubt, Sie täten etwas, das gut für Ihr Herz sei. *(einfache Reflexion)*
2. Und Sie haben völlig recht – tatsächlich hat Rotwein einige positive Auswirkungen auf die Gesundheit, einmal abgesehen von den Gefahren, die damit verbunden sind. *(Zustimmung mit einem Dreh)*
3. Sie trinken also Wein, um Ihre Gesundheit zu fördern. Was tun Sie sonst noch, um gesund zu sein? *(Fokusverlagerung)*

Ich weiß, daß das gut für mich wäre, aber es fällt mir einfach zu schwer, regelmäßig zu trainieren. Dazu habe ich zuviel zu tun.

1. Sie sind wirklich sehr beschäftigt. *(einfache Reflexion)*
2. Es war völlig unmöglich für Sie, zu trainieren, wenn man bedenkt, was Sie alles zu erledigen hatten. *(verstärkte Reflexion)*
3. Es ist schwer herauszufinden, wie sich die Sorge um die Gesundheit mit all den anderen konkurrierenden Anforderungen vereinbaren läßt. Und doch wissen Sie, daß es wichtig ist, sich darum zu kümmern. *(doppelseitige Reflexion)*

Ich glaube, daß alle maßlos übertreiben. Ich habe nur bei der Festtagsparty etwas zuviel getrunken.

1. Sie haben nur einen über den Durst getrunken. *(einfache Reflexion)*
2. Einerseits haben Sie das Gefühl, daß die Leute überreagieren, und andererseits wissen Sie selbst, daß Sie ein bißchen mehr getrunken haben, als Sie eigentlich vorhatten. *(doppelseitige Reflexion)*
3. Was Sie selbst für einen Spaß gehalten haben, ist zu etwas anderem geworden – und all das nur wegen ein bißchen Alkohol. *(Neurahmung)*

Ich gebe ja zu, daß die Situation nicht perfekt ist, aber Sie wissen einfach nicht, wie es ist. Und jetzt ist sowieso alles anders.

1. Die Dinge haben sich verändert. *(einfache Reflexion)*
2. Vielleicht können Sie sich in diesem Bereich im Moment nicht verändern. *(das Negative annehmen)*
3. Ich verstehe das nicht. Wenn ich es verstünde, wäre mir vielleicht auch klar, wie schwer es für Sie ist, eine Veränderung in Erwägung zu ziehen. *(Zustimmung mit einem Dreh)*

Okay, man zahlt also einen Preis dafür. Ich bin kein Mensch, der Lust hat, den Rest seines Lebens mit dem Ausmalen von Bilderbüchern zu verbringen. Ich will ein bißchen Spaß haben und ein wenig Geld ausgeben.

1. Sie wollen das Leben genießen. *(einfache Reflexion)*
2. Sie wollen sich am Leben erfreuen und sind bereit, für die Kosten aufzukommen, die das mit sich bringen könnte. *(doppelseitige Reflexion)*
3. Und es fühlt sich wie eine Entweder-oder-Entscheidung an. Beides geht nicht. *(Umdeutung)*

Ich glaube nicht, daß mir die Medikamente sonderlich geholfen haben, und wie ich mich fühlte, als ich sie einnahm, hat mir ganz und gar nicht gefallen.

1. Die Medikamente haben nicht viel bewirkt. *(einfache Reflexion)*
2. Die Medikamente haben Ihnen überhaupt nicht geholfen. *(verstärkte Reflexion)*
3. Vielleicht sind Sie bereit, zu ertragen, wie Sie sich fühlen, weil die Medikamente zu viele Probleme verursachen. *(das Negative annehmen)*

Hör' zu, ich weiß, daß mein Chef wütend ist. Trotzdem bin ich nicht bereit, mir von irgend jemandem Scheiße erzählen zu lassen. Wer hier eine Schwäche zeigt, wird bei lebendigem Leib verspeist.

1. Sie werden keine Schwäche zeigen. *(einfache Reflexion)*
2. Obwohl Sie wissen, daß Sie hart im Nehmen sind, fragen Sie sich, was die Auseinandersetzung mit Ihrem Chef Sie kosten wird. *(doppelseitige Reflexion)*
3. Und das ist das Problem. Denn Sie wissen, daß Sie ihm durch Ihren Kampf die Möglichkeit geben herauszufinden, was Sie tun werden. *(Zustimmung mit einem Dreh)*

Ich habe alle diese Dinge ausprobiert, und nichts davon hat gewirkt. Kapierst du das denn nicht?

1. Ich habe das Gefühl, daß ich das nicht verstehe. *(einfache Reflexion)*
2. Nichts hat funktioniert, nicht einmal ein bißchen. *(verstärkte Reflexion)*
3. Obwohl sich bisher nichts verändert hat, versuchen Sie weiter, eine Veränderung zu erreichen. *(Reframing)*

Warum muß ich hier sein? Ich weiß, daß die Situation nicht perfekt ist, aber mir geht es schon besser. Es hat keine Probleme mit meinen Kindern mehr gegeben. Weshalb muß ich also weiter herkommen?

1. Sie sind bereit, die Arbeit zu beenden. *(einfache Reflexion)*
2. Die Situation ist besser, und vielleicht gibt es noch ein paar problematische Punkte. *(doppelseitige Reflexion)*
3. Sie haben das Gefühl, daß ich Sie dazu bringe, hierher zu kommen, nicht, daß Sie selbst sich dafür entscheiden. Ich glaube, daß es ein paar Dinge gibt, an denen wir noch arbeiten sollten; aber letztlich müssen Sie entscheiden, ob diese Dinge es Ihnen Wert sind, sich die Mühe zu machen, weiter zu kommen. Die Rückseite der Medaille ist die Sache mit dem Gericht; aber ich kann das alles nicht für Sie entscheiden. Es ist wirklich absolut Ihre Sache. *(Hervorheben der persönlichen Entscheidungsfreiheit)*

Übung 6.4 Die Widerstands- und Sustain-talk-Äusserungen Ihrer eigenen Klienten

Erstellen Sie eine Liste von *Sustain-talk* oder Widerstand bestärkenden Äußerungen, die Sie von Ihren Klienten gehört haben. Versuchen Sie, das vorliegende Blatt vollständig auszufüllen. Notieren Sie sich anschließend so viele widerstandsverringernde Reaktionen, wie Ihnen einfallen, aber mindestens zehn pro Klientenäußerung. Benutzen Sie nötigenfalls das *Informationsblatt Techniken der Reaktion auf Widerstand* als Erinnerungshilfe.

Klientenaussage:

1.

2.

3.

Klientenaussage:

1.

2.

3.

Klientenaussage:

1.

2.

3.

Klientenaussage:

1.

2.

3.

Klientenaussage:

1.

2.

3.

Übung 6.5 Widerstand im Radio und Anmassung in Fernseh-Talkshows

Wir werden nun Material aus Radio- und Fernsehshows verwenden. Diese Übung ist ein wenig schwieriger, weil Sie eine Show finden müssen, in der die Anrufer und die Gäste Widerstand entwickeln. Wenn an Ihrem Wohnort politische Debatten stattfinden, können Sie sich diese anschauen, anhören oder sie sogar zu Übungszwecken aufnehmen. In den USA sind Politik-Shows am Sonntagmorgen eine gute Ressource. Wählen Sie am Anfang Sendungen, die Ihren Ansichten und Wertvorstellungen entsprechen.

Hören Sie sich wie schon bei früheren Übungen eine Äußerung an, stellen Sie dann den Ton der Sendung ab, und entwickeln Sie eine der weiter oben aufgeführten Reaktionsarten. So wie Tiger Woods Übungsbälle schlägt, sollten auch Sie alle Shots üben, die Sie brauchen – nicht nur diejenigen, die Sie sowieso gut beherrschen. Benutzen Sie nötigenfalls das *Informationsblatt Techniken der Reaktion auf Widerstand* als Erinnerungshilfe.

Wenn Sie gut geübt sind, können Sie Menschen mit sehr ausgeprägten Ansichten, die Ihren eigenen entgegengesetzt sind, zuhören. Auch in dieser Hinsicht können Politik-Talkshows viel brauchbares geeignetes Material liefern – aber denken Sie bitte daran: vermeiden Sie möglichst, sarkastisch zu werden.

Übung 6.6 Mit einem Klienten zusammen üben

Dies ist eine Möglichkeit, in einer realen Therapiesituation zu üben. Die meisten Therapeuten haben Klienten, die das Gefühl haben, in ihrer Behandlung nicht weiterzukommen. Nehmen Sie sich einen Sitzungstermin vor, dem Sie mit Unbehagen entgegensehen. Wenn Sie hoffen, daß der Klient gar nicht erst kommt, dann handelt es sich wahrscheinlich genau um die richtige Art von Mensch für den hier geplanten Test.

Sie sollen bei der Arbeit mit Ihrem Klienten die in diesem Kapitel beschriebenen Techniken sowie andere Mikro-Fertigkeiten einsetzen, um sich darüber klar zu werden, warum der Klient das Gefühl hat, nicht weiterzukommen. Beginnen Sie mit einer Art Einleitung: »Wir arbeiten nun schon einige Zeit zusammen, und mein Eindruck ist, daß wir schon eine Menge geschafft haben. Mir scheint, jetzt ist ein guter Zeitpunkt gekommen, um ein wenig vom Geschehen zurückzutreten und sich ein umfassenderes Bild vom Stand der Dinge zu machen. Meist gibt es konkrete Gründe dafür, daß Menschen Dinge auf eine bestimmte Weise tun. Welche guten Aspekte sehen Sie in Ihrer momentanen Situation?« Üben Sie die verschiedenen Arten von Reflexion. Doch da wir nicht nur den Status quo verstärken wollen, sollten Sie den Klienten auch nach den aus seiner Sicht weniger positiven Aspekten fragen. Auch mit diesen sollten Sie sich gründlich befassen.

Wenn Sie Widerstand heraushören, dann versuchen Sie, mit Hilfe geeigneter Fertigkeiten, die hier vorgestellt wurden, daran zu arbeiten. Benutzen Sie nötigenfalls das *Informationsblatt Techniken der Reaktion auf Widerstand* als Erinnerungshilfe.

ÜBUNG 6.7 DER KLIENT, DER (VIELLEICHT) AUS DER HÖLLE KOMMT

Denken Sie darüber nach, mit welchem Ihrer Klienten Sie in Ihrer Behandlungspraxis besonders große Schwierigkeiten und viele Kämpfe gehabt haben, und spielen Sie beim Üben mit Ihrem Partner diese Person, wobei Ihr Partner die Situation ebenfalls zum Üben nutzen kann. Anders, als es Ihr »Klient aus der Hölle« Ihnen gegenüber getan hat, sollen Sie Ihrem Partner aber eine Belohnung gönnen, wenn er es nach Ihrer Meinung verdient hat. Das bedeutet: Wenn Sie merken, daß seine Arbeit Ihren Widerstand oder Ihren *Sustain-talk* zu mildern beginnt, teilen Sie ihm dies mit. Und da es sich ja um eine Übungssituation handelt, können Sie Ihrem Partner die Belohnung auch dann gönnen, wenn seine Bemühungen nicht zu optimalen Ergebnissen führen. Vergessen Sie nie, daß es sich um eine Übung handelt! Es geht darum, daß Sie etwas lernen, nicht darum, etwas zu beweisen.

Es folgen einige Fragen für das Debriefing:

Was hat Ihr Zuhörer gut gemacht?

Welche Techniken haben den Widerstand verringert?

Gab es Situationen, in denen Ihr Widerstand oder Sustain-talk stärker wurde?

Hätte der Zuhörer etwas tun können, um den Widerstand oder Sustain-talk wieder zu reduzieren?

Was haben Sie über Ihren Klienten herausgefunden, indem Sie seine Rolle gespielt haben?

[7] *Eine Sitzung beginnen oder ein Thema zur Sprache bringen*

Auftakt

Laurie hatte in der privaten College-Vorbereitungsschule, die sie besuchte, sowohl mit schulischen Problemen als auch mit solchen der sozialen Integration zu kämpfen. Sie hatte in vielen Bereichen Schwierigkeiten. In der High-school war sie jedes Jahr durch schwerwiegende private Ereignisse und durch Erkrankungen in ihrer schulischen Arbeit behindert worden. Außerdem fiel es ihr schwer, sich sozial einzufügen. Mittlerweile kursierten Gerüchte, nach denen sie möglicherweise ein Drogen- oder Alkoholproblem hatte. Dies wurde dem psychologischen Berater der Schule mitgeteilt, und er wurde um eine Einschätzung gebeten. Der Psychologe nahm per eMail Kontakt zu Laurie auf, und sie erklärte sich zu einem Gespräch mit ihm bereit.

»Danke, daß Sie heute gekommen sind. Wahrscheinlich fragen Sie sich, weshalb ich Sie zu mir gebeten habe.«

»Ja genau. Ihre eMail war ziemlich mysteriös.«

»Ich wollte Sie einmal persönlich kennenlernen. Von Ihrem Berater weiß ich, daß die ersten Jahre in der Schule für Sie ein wenig holprig verlaufen sind, und ich wollte mir selbst ein Bild von der Situation machen. Außerdem möchte ich Ihnen ganz konkret einige Fragen stellen. Aber bevor wir uns damit beschäftigen, will ich ein paar Dinge klarstellen. Dies ist ein privates Gespräch zwischen Ihnen und mir. Ich werde die Informationen, die ich von Ihnen erhalte, weder an Vertreter der Schule noch an Ihre Eltern weitergeben, es sei denn, Sie erlauben mir dies ausdrücklich, oder ich habe Grund zu der Annahme, daß eine Gefahr für Sie selbst oder für andere Menschen besteht. Verstehen Sie, was ich meine?«

»Ja, aber das klingt alles ziemlich ominös.«

»Als ob Sie in Schwierigkeiten wären?«

»Oder als ob ich in Schwierigkeiten kommen könnte.«

»Und das spornt Sie nicht unbedingt an, mehr von sich mitzuteilen.«

»Jetzt frage ich mich allmählich wirklich, was hier abgeht.«

»Das tut mir leid. Es klingt, als würden Sie sich jetzt noch mehr Sorgen machen als vorher.«

Laurie sitzt nun mit überkreuzten Beinen und wippenden Füßen da. Die Themen Schutz der Privatsphäre und Offenheit sind kurz angesprochen worden. Im Moment ist von Zusammenarbeit nichts zu spüren, obwohl der Therapeut MI-Reflexionen benutzt hat, um auf Lauries Affekt einzugehen. Was würden Sie nach dieser Eröffnung tun? Wie würden Sie die Einleitung ändern, um ein besseres Ergebnis zu erzielen? Was wäre, wenn Laurie 45 Jahre alt wäre, Übergewicht hätte und mit Bluthochdruck und chronischem Husten infolge starken Rauchens gekommen wäre? Lägen die Dinge anders, wenn sie 35 Jahre alt wäre und Sie ein Kinderbetreuer vom Jugendamt, der zu einem Hausbesuch aufgefordert worden wäre, weil es Gerüchte über Drogenkonsum gab, Lauries Kinder ziemlich dünn wirken, schmutzige Kleider tragen und von Nachbarn spät abends allein auf der Straße gesehen wurden?

Ein tieferer Einblick

Therapeuten und Helfer werden häufig aufgefordert, mit Klienten über schwierige Themen zu sprechen, obwohl die Betreffenden kaum dazu motiviert sind oder zu sein scheinen, auf Fragen ausführlich zu antworten. Vielleicht haben auch Sie wegen solcher ständiger latenter Probleme Interesse am MI entwickelt. Die zentrale Schwierigkeit ist, daß der Therapeut oder Helfer ein Problem erkennt, das dem Klienten selbst noch gar nicht als ihn persönlich betreffend bewußt geworden ist. Wie kann man in solchen Situationen ein brisantes Thema ansprechen, wenn man vermeiden will, Widerstand hervorzurufen?

In Kapitel 6 ging es um Möglichkeiten, den Widerstand möglichst gering zu halten, und wir haben dort festgestellt, daß viele Fertigkeiten (z. B. das Entwickeln passender Reflexionen) und Strategien (z. B. das Hervorheben der persönlichen Entscheidungsmöglichkeit und Verantwortung sowie die Verlagerung des Fokus) bei der Verringerung von Widerstand und *Sustain-talk* von Nutzen sein können. Doch in dem soeben angeführten Beispiel verringern die genannten Fertigkeiten und Strategien die Besorgnisse nicht zwingend – zumindest nicht zu Beginn der Arbeit, weil die Thematik die Wirkung dieser Interventionsmöglichkeiten manchmal neutralisiert.

In Kapitel 2 ging es um den MI-Spirit, zu dessen Komponenten die Zusammenarbeit zählt. Im hier geschilderten Fall arbeitet der Therapeut oder Helfer möglicherweise im Sinne des MI, doch eine Zusammenarbeit ist noch nicht zu erkennen. Zwar mag das theoretische Wissen um die Bedeutung der drei Komponenten Evokation, Autonomie und Kollaboration (Zusammenarbeit) uns auf konzeptioneller Ebene helfen herauszufinden, was geschehen muß, doch verfügen wir damit noch nicht über die Fertigkeiten oder Strategien, die wir brauchen, um mit dieser Situation umzugehen.

Nun kommt die schlechte Nachricht: Es gibt keinen Zauberstab, den man schwingen kann, um derartige Probleme »wie von Zauberhand« weniger »juckig« zu machen – diesen Ausdruck benutzt Steven Rollnick gern, wenn es um den Umgang mit schwierigen Themen geht. Die gute Nachricht lautet, daß ein paar zentrale Punkte, Techniken und Fertigkeiten uns helfen können, mit »juckigen Problemen« weiterzukommen. Zwar wirkt keine dieser Möglichkeiten in jedem Fall, und es erfordert Übung, sie kompetent anzuwenden, aber immerhin ist es möglich, sie zu erlernen, zu verfeinern und effektiv einzusetzen. Im folgenden werden einige zentrale Punkte erläutert, die bei der Anwendung dieser Strategien zu berücksichtigen sind.

Zentrale Punkte

Daß wir uns schon mit einigen dieser Konzepte beschäftigt haben, ist insofern nicht überraschend, als sie auf dem Spirit, den Prinzipien und den Mikro-Fertigkeiten des MI aufbauen, die wir bereits kennengelernt haben. Doch im vorliegenden Zusammenhang sind diese Konzepte von besonderer Bedeutung.

Gehen Sie mit einer Haltung der Neugier heran, und nehmen Sie sich vor, zu einem besseren Verständnis dessen, worum es geht, zu gelangen. Ihr Ziel ist nicht, Ihren Klienten zu einem Bekenntnis zu bewegen oder dazu, daß er ein Problem als existent anerkennt, sondern Sie sollen lernen, wie das fragliche Verhalten oder Problem zur Gesamtsituation und zur Weltsicht des Klienten paßt. Beginnen Sie Ihre Arbeit nicht mit dem Vorurteil, es bestehe ein Problem. Ich bin davon überzeugt, daß der sprachliche Ausdruck in dieser Hinsicht eine sehr wichtige Rolle spielt und daß Transparenz Therapeuten und Helfern die besten Dienste leistet. Teilen Sie also Ihre Absichten mit, und bedenken Sie dabei, daß das Wie eine wichtige Rolle spielt.

Stimmen Sie Ihre Strategien auf die Veränderungsbereitschaft des Klienten ab. Hat der Klient das Problem, um das es geht, bisher noch gar nicht als solches erkannt, wird er höchstwahrscheinlich nicht sofort aktiv. Deshalb ist Ihr Interventionsziel in diesem Fall, die Veränderungsbereitschaft des Klienten zu verbessern.

Denken Sie daran, daß stark konfrontative Techniken wahrscheinlich Widerstand hervorrufen. Sie müssen damit rechnen, daß Klienten die Wichtigkeit eines problematischen Bereichs zunächst herunterspielen, besonders wenn sie das Gefühl haben, daß ihr Charakter, ihr Urteilsvermögen oder ihr Verhalten in Frage gestellt wird. Es wurde schon mehrfach darauf hingewiesen, daß der Helfer oder Therapeut eine Atmosphäre schaffen sollte, in der sich der Klient gefahrlos mit seinen Problemen auseinandersetzen kann.

Eine Möglichkeit, dieses Ziel zu erreichen, besteht darin herauszufinden, wie der Klient selbst die Situation sieht, und dann zu versuchen, das betreffende Verhalten oder Problem oder die Sorge im Lebenszusammenhang zu verstehen. Machen Sie sich über diesen Kontext und die Wertvorstellungen des Klienten kundig, und fordern Sie ihn anschließend auf zu beschreiben, wie sich das Verhalten, um das es geht, mit seinen Wertvorstellungen vereinbaren läßt. Gelangt der Klient zu der Überzeugung, daß eine Veränderung erforderlich ist, können Sie ihn fragen, welche sinnvollen Lösungsmöglichkeiten er sieht. Dieser letzte Punkt wird wegen seiner großen Bedeutung in diesem Buch mehrmals erwähnt. Unsere Klienten wissen einfach wesentlich mehr über ihr Leben, ihre Fähigkeiten und ihre Bereitschaft zu einer Aktivität, als uns klar ist. Dieses mangelnde Gewahrsein steht weder im Gegensatz zu unserer Sachkompetenz, noch schmälert es den Wert unseres Wissens um die [therapeutische] Wirkung bestimmter Verfahren, es macht aber erforderlich, daß wir genau verfolgen, ob unsere Empfehlungen einem bestimmten Klienten nutzen oder nicht.

Zum Schluß noch der wichtige Hinweis, daß Sie sich beim Erforschen eines Themas gemeinsam mit dem Klienten davor hüten sollten, Beweise zu sammeln, die Ihre Auffassung erhärten. Vergessen Sie nie, daß letztlich entscheidend ist, ob bei Ihren Klienten *Change-talk* zu erkennen ist, und daß sie selbst die Begründung für die Notwendigkeit einer Veränderung entwickeln müssen. Sollten Sie andererseits eine Sorge haben, so teilen Sie dies Ihrem Klienten direkt mit. Im folgenden werden wir uns damit beschäftigen, wie man dies realisieren kann, und in Kapitel 9 werden ebenfalls Empfehlungen zu dieser Thematik gegeben.

Diese zentralen Punkte sollten Sie unbedingt berücksichtigen, wenn Sie die im folgenden beschriebenen vier Strategien für den Umgang mit schwierigen Gesprächen oder Themen anwenden.

Strategien

Einen Plan entwickeln

Steven Rollnick und Kollegen (siehe z. B. Rollnick, Heather & Bell 1992) weisen schon seit vielen Jahren darauf hin, wie wichtig es ist, einen Plan zu entwickeln. Dies mag Ihnen zwar als selbstverständlich erscheinen, doch erstaunlicherweise ermöglicht uns die Notwendigkeit, im Laufe einer Therapiesitzung viele verschiedene Themen zu behandeln, ein recht zielloses Umherschweifen. Die Entwicklung eines Plans, wahrlich keine MI-Spezialität, läßt sich auf verschiedene Weisen realisieren, die alle darauf zielen, die Wünsche des Klienten und die Bedürfnisse des Therapeuten in Einklang zu bringen und gleichzeitig die jeweilige konkrete Behandlungssitzung auf eine bestimmte Weise zu fokussieren. Eine der Möglichkeiten, einen solchen Plan zu entwickeln, besteht im direkten Ansprechen des Vorhabens. Beispielsweise könnte man etwas sagen wie:

»Wir haben heute etwa 15 Minuten Zeit zum Reden. Ich persönlich möchte über einige Dinge mit Ihnen sprechen, aber ich möchte auch, daß Sie vorbringen können, was *Ihnen* wichtig ist. Was beschäftigt Sie denn heute ganz besonders?«

Es geht hier darum – besonders wenn nur wenig Zeit zur Verfügung steht –, ein oder zwei Themen als Schwerpunkte für die aktuelle Sitzung auszuwählen. Vielleicht sollten Sie sich darauf vorbereiten, daß der Klient bemängelt, die Zeit reiche nicht aus, es müßten zu viele Themen besprochen werden oder das Thema sei zu komplex. Alle diese Einwände können Sie hervorragend zum Reframing und zu einem kurzen Informationsaustausch nutzen. Beispielsweise:

»Sie haben völlig recht. Die Zeit ist wirklich sehr knapp. Wenn wir das Bestmögliche daraus machen wollen, müssen wir uns ziemlich konzentrieren. Das Positive an dieser Situation ist: Eben weil die verschiedenen Punkte so stark miteinander verflochten sind, wirkt es sich auf alle Bereiche aus, wenn wir in einem bestimmten Bereich Veränderungen vornehmen. Wenn Sie sich nun all die verschiedenen Bereiche anschauen und Ihnen bewußt ist, daß Sie nur einen davon auswählen können, welcher springt Ihnen dann sozusagen ins Gesicht?«

Klienten akzeptieren diese Sichtweise häufig und wählen auf dieser Grundlage dessen ein ganz bestimmtes Thema aus. Tun sie das nicht, dann gehen Sie darüber hinweg, statt Ihre Sichtweise zu verteidigen; Sie können später darauf zurückkommen, wenn die laufende Arbeit einmal ins Stocken kommt. Ebensowenig ungewöhnlich ist es, daß Klienten im Rahmen dieser Diskussion selbst einen anderen Aspekt als wichtiger hervorheben. In diesen Fällen können Sie darauf hinweisen, daß dieses neue Thema wichtig ist und in eine andere Richtung führt als das ursprünglich als wichtig angesehene. Fragen Sie den Klienten dann, ob er den ursprünglichen Plan verändern möchte, und erwähnen Sie, daß viele Klienten mehr erreichen, wenn sie fokussiert bleiben. Ein Beispiel:

»Wir sprechen jetzt über Ihre Eltern und haben das Thema Marihuanarauchen ein wenig aus den Augen verloren. Auch dieses neue Thema scheint für Sie sehr wichtig zu sein, und ich frage mich jetzt, ob Sie vielleicht Ihren ursprünglichen Plan abändern oder ob Sie ihn weiterverfolgen wollen. Darüber entscheiden allein Sie. Ich erwähne den Themenwechsel nur deshalb, weil viele Menschen es für nützlich halten, sich bei ihrer Arbeit auf ein ganz bestimmtes Thema zu konzentrieren.«

In diese Darstellung ist der Plan des Therapeuten eingewebt, obwohl dieser eigentlich erst vorgestellt werden sollte, nachdem der Klient selbst seinen Plan entwickelt und erklärt hat. Wenn wir nun zu Laurie zurückkehren, so könnte dieser Teil des Dialogs bei ihr wie folgt lauten:

»Ich möchte gern ein paar Minuten darauf verwenden, von Ihnen etwas über die Schule zu hören und Ihnen dann ein paar Fragen darüber zu stellen, wie der Drogenkonsum für Sie mit Ihrem Leben in der Schule zusammenpaßt bzw. wie nicht. Ich möchte aber auch etwas über Ihre Vorstellungen hören. Was meinen Sie, womit wir uns heute ein wenig beschäftigen sollten?«

Es wurde bereits erwähnt, daß Rollnick viele Jahre lang (siehe z. B. Rollnick, Mason & Butler 1999) eine »Speisekartenmethode« benutzt hat, um die Entwicklung eines Arbeitsplans zu fördern, und daß zur Umsetzung dieser Strategie viele Hilfsmittel zur Anwendung kommen können. Grundsätzlich geht es dabei darum, eine visuelle Darstellung einer Speisekarte zu kreieren (indem man beispielsweise einen Eßteller oder einen Bogen Papier, auf dem Kreise eingezeichnet sind, benutzt), welche Themen umfaßt, die häufig im Aktivitätsbereich eines bestimmten Therapeuten oder Helfers vorkommen. Bei Bewährungshelfern etwa könnten in den Kreisen Themen wie die folgenden vermerkt sein: Umgang mit freier Zeit, alte Freunde, das alte Wohnviertel, Arbeitssuche, Stigmatisierung, Geld, Familie, Lebenssituation und Drogenkonsum. Bezogen auf die Betreuung von Herzkranken könnten auf der Speisekarte Themen wie Medikationsüberwachung, Abnehmen, Ernährung, Körpertraining, Rauchen und Alkoholkonsum erfaßt sein. Außerdem könnten auf dem Blatt einige Kreise unbeschriftet bleiben, in denen der Klient selbst Themen notieren kann, die ihm wichtig sind, die aber noch nicht berücksichtigt wurden. In einer Bewährungsinstitution könnte man diese Planentwicklung wie folgt vorstellen:

»Wir haben heute verschiedene Möglichkeiten, die Zeit zu nutzen. Auf diesem Blatt sind einige Themen aufgeführt, über die wir reden könnten – Dinge wie ›das alte Wohnviertel‹, ›Stigmatisierung‹ oder ›Arbeitssuche‹. Außerdem gibt es darauf einige unbeschriftete Bereiche. Das ist deshalb so, weil es Dinge geben könnte, die Ihnen momentan als besonders wichtig erscheinen, die aber nicht vermerkt sind. Wenn Sie sich das Blatt anschauen, was springt Ihnen dann als etwas ins Auge, womit Sie sich eine Weile beschäftigen möchten?«

Nachdem Sie eine Wahl getroffen haben, können Sie dieser Liste auch Ihre eigene Vorstellung über den Verlauf der Arbeit hinzufügen:

»Abgesehen von der Auseinandersetzung mit ›Stigmatisierung‹ muß ich mich – weil mein Beruf mich dazu verpflichtet – auch um die Themen ›Arbeitssuche‹ und ›Lebenssituation‹ kümmern. Okay, wir müssen also auch dafür ein paar Minuten reservieren. Fangen wir mit der Stigmatisierung an. Was haben Sie in dieser Hinsicht erlebt?«

Neuverhandlungen über den Fokus sollten immer möglich sein. Wie für alle Strategien gilt auch für diese, daß nach der Umsetzung der einleitenden Strategie eine großzügige Dosis OARS-Fertigkeiten zu empfehlen ist.

Ein typischer Tag

Hier wird der Klient aufgefordert, einen typischen Tag in seinem Leben zu beschreiben. Dieser beginnt mit dem Frühstück und endet mit dem Zubettgehen. Die Technik wird unterstützt durch eine generell neugierige Haltung. Fragen Sie nach Details (aber verbringen Sie keine ganze Stunde damit).

> »Wenn ich mir vor Augen führe, was Sie mir schon berichtet haben, weiß ich einiges über Ihr Leben. Trotzdem kann ich mir einen typischen Tag in Ihrem Leben bisher nicht vorstellen, und das zu können, erscheint mir als ziemlich wichtig. Deshalb hoffe ich, daß Sie bereit sind, mir einen typischen Tag in Ihrem Leben zu schildern, beginnend mit dem Aufstehen am Morgen. Wie geht es morgens bei Ihnen zu?«

In den meisten Fällen müssen Sie konkreter nach Details fragen (z. B.: »Wann rollen Sie sich aus dem Bett?«, »Was passiert danach?«, »Wie sieht Ihr Frühstück aus?«). Falls der Klient das problematische Verhalten nicht als Teil eines typischen Tagesablaufs erwähnt, sollten Sie ihn direkt danach fragen.

> »Können Sie mir auch schildern, was an Tagen, an denen die Kinder anstrengender sind und Sie sich als der Situation nicht gewachsen fühlen, anders läuft?«

Noch ein paar andere Dinge sind zu bedenken. Eines davon ist, das Wort »Problem« zu vermeiden (es sei denn, der Klient selbst benutzt es), weil dann das Risiko, daß unnötigerweise Widerstand hervorgerufen wird, geringer ist. Sie können diese Technik auch benutzen, um sich mit Tagen zu beschäftigen, an denen die Situation besonders positiv ist und die normalerweise bestehenden Probleme oder Schwierigkeiten keine Rolle spielen. Diese Konzentration auf positive Ausnahmen spielt in vielen Behandlungsansätzen eine wichtige Rolle (beispielsweise in der lösungsfokussierten Therapie), und sie hilft, die Stärken eines Klienten zu erkennen.

Ein Verhalten als normal beschreiben

Diese Technik umfaßt mehrere Komponenten. Eine besteht darin, bei einer Untersuchung eine Folge von Fragen zu verwenden, die einem natürlichen Fluß folgen, so daß sie nicht als zudringlich empfunden werden. Beispielsweise frage ich bei Evaluationen regelmäßig nach dem Beginn von Alkohol- oder Drogenkonsum, nachdem ich die Klienten zu ihrer Zeit im Gymnasium befragt habe:

»In den weiterführenden Schulen probieren viele Schüler zum ersten Mal Alkohol aus. Wie war das bei Ihnen? Wann haben Sie das erste Mal Alkohol getrunken?«

Dieser Prozeß kann auch beinhalten, daß den Klienten für ihre Reaktion ein Spektrum vorgegeben wird, in dem sie eine als akzeptabel definierte Antwort geben können. Dieses Verfahren ermöglicht es ihnen, in Bereichen, die für sie problematisch sind, eine akzeptable Antwort zu geben, statt Tatsachen zu verschweigen. Allerdings bedeutet die Darstellung als normal nicht, daß das geschilderte Verhalten grundsätzlich akzeptabel ist, sondern nur, daß es in einem charakteristischen Verhaltensbereich liegt und daß Sie als Therapeut oder Helfer nicht schockiert sein werden, wenn sie sich dazu bekennen. Ein Beispiel:

»Paare gehen mit Meinungsverschiedenheiten und Streitigkeiten unterschiedlich um. Einige reden darüber. Andere brüllen und schreien einander an. Manche hören auf, miteinander zu reden. Wieder andere zerbrechen Dinge oder schlagen Löcher in Wände. Und dann gibt es ein paar, die körperlich gewalttätig werden. Manche schlagen, andere boxen und wieder andere ziehen ihren Partner an den Haaren. Paare benutzen ziemlich viele unterschiedliche Verhaltensweisen. Wenn Sie beide wütend werden, wie tragen Sie Ihre Zwistigkeiten dann aus?«

Diese Methode kann auch noch optimiert werden.

»Wenn Menschen Alkohol trinken, dann reicht manchen ein Bier, und andere brauchen 24. Wie sehen Ihre Trinkgewohnheiten aus?«

Natürlich ist bei diesem Prozeß wichtig, daß Sie sich alle Reaktionen gleichmütig anhören können. Sobald sich der Klient beurteilt fühlt, ist das Gespräch zu Ende. Sie können zwar zu einem späteren Zeitpunkt eine Sorge äußern, aber zunächst sollten Sie einfach annehmen, was der Klient von sich aus anbietet. Allerdings fürchten sich Klienten in solchen Situationen oft sehr davor, abgestempelt zu werden. OARS-Fertigkeiten sind beim Anhören problematischer Informationen oft sehr nützlich.

Eine Sorge äußern

Therapeuten und Helfer sind natürlich befugt, hinsichtlich der Entscheidungen oder Auffassungen eines Klienten ihre Sorgen zu äußern; es empfiehlt sich aber auch, mit solchen Mitteilungen sehr vorsichtig umzugehen. Statt einem Klienten zu sagen, er liege mit seiner Auffassung falsch, bietet ein MI-Therapeut einen anderen Blickwinkel oder eine andere Sicht an. Letztlich bleibt es den Klienten selbst überlassen, über Zutreffen und Sinn der Äußerung des Therapeuten zu entscheiden.

Eine Sorge zu äußern ist auch in Situationen nützlich, in denen über ein bestimmtes Thema gesprochen werden muß; allerdings ist es nicht leicht, sich diesem Bereich anzunähern. Lauries Fall hat uns gezeigt, daß die Anwendung dieser Technik das Auftreten von Dissonanzen verhindert (d. h., daß Klient und Therapeut nicht im Einklang sind). Tatsächlich muß mit Dissonanzen in der Beziehung gerechnet werden, wenn Therapeuten versuchen, die »Lieder« ihrer Klienten zu verstehen. Der Therapeut oder Helfer sollte besser darauf vorbereitet sein, im Rahmen der allgemeinen Strategie zu arbeiten und OARS-Fertigkeiten anzuwenden, um die Beziehung zu harmonisieren (sie in einen Zustand der Konsonanz zu versetzen). Wenn wir uns beispielsweise Sorgen darüber machen, daß sich ein Klient mit einer Bewährungsstrafe in riskante Situationen mit alten Freunden begibt, die nach wie vor Drogen konsumieren, könnten wir sagen:

> »Ich mache mir Sorgen wegen Ihrer Entscheidung, mit alten Freunden an Ihren früheren Treffpunkten zusammenzukommen. Ich fürchte, daß Sie dann in Gefahr sind, zu Ihren alten Gewohnheiten zurückzukehren, unter anderem auch zu der, ein High zu erleben. Und wie Sie mir erzählt haben, hat Sie das ja beim letzten Mal ins Gefängnis gebracht. Und Sie haben mir auch gesagt, Sie wollten nicht mehr ins Gefängnis. Natürlich müssen Sie selbst entscheiden, ob Sie etwas tun wollen oder nicht. Was halten Sie von meinen Sorgen?«

Diese Äußerung besteht aus drei Elementen. *Erstens* berichtet der Therapeut oder Helfer direkt über seine Sorgen. Er urteilt dabei nicht, und er benutzt möglichst Formulierungen, die der Klient selbst verwendet hat. *Zweitens* gibt es in der Passage eine Äußerung über die Verantwortung des Klienten für seine Entscheidungen und für Veränderungen. Und *drittens* wird der Klient aufgefordert, seine Sicht der Dinge zu beschreiben.

In Fällen der beschriebenen Art kann die Versuchung groß sein, die soeben formulierte eigene Position zu »untermauern«. Dies wird »Überzeugungsfalle« genannt, und man sollte diesen Zustand unbedingt vermeiden. Besser ist es, die OARS-Fertigkeiten zu benutzen, um die Sichtweise des Klienten zu verstehen. *Eine Sorge äußern* wird in Kapitel 9 ausführlicher beschrieben.

Konzept-Quiz – Testen Sie sich

Richtig oder falsch

1. R F Therapeuten haben häufig das Problem, daß sie in Gesprächen mit Klienten schwierige Themen ansprechen müssen.
2. R F »Juckige« Themen zu vermeiden ist charakteristisch für MI.
3. R F Wenn man problematische Themen anspricht, sollte man gegenüber der Frage, welche Rolle der problematische Bereich im Leben des Klienten spielt, eine Haltung interessierter Neugier bewahren.

4. R F Der sprachliche Ausdruck spielt keine Rolle, solange man im MI-Sinne arbeitet.
5. R F Beim Umgang mit schwierigen Themen geht es darum, die Handlungsbereitschaft des Klienten zu fördern, nicht unbedingt darum, sofort eine Änderung zu erreichen.
6. R F Klienten sind oft nicht ehrlich, insbesondere wenn es um für sie problematische Dinge geht. Deshalb sollte man ihren Ansichten über eine Situation in jedem Fall skeptisch gegenüberstehen.
7. R F OARS-Fertigkeiten sind für die Einleitung schwieriger Gespräche wichtig.
8. R F Oft braucht man sich über einen anderen Menschen nur (in seinem Beisein) aufzuregen, um seine Aufmerksamkeit zu wecken.
9. R F Nachdem man einen Plan entwickelt hat, sollte man diesen nicht mehr in Frage stellen.
10. R F Verhalten als normal darzustellen bedeutet, daß dieses Verhalten in Ordnung ist.

Antworten

1. R Obwohl nicht alle Therapeuten mit diesem Dilemma konfrontiert werden, ist dies für viele, die an problematischen Verhaltensweisen arbeiten und dabei vermeiden müssen, den Widerstand ihrer Klienten zu verstärken, sehr schwierig. Dieses Problem ist nicht nur in Bereichen wie dem Justizvollzug und der Kinderfürsorge zu finden, wo es auf der Hand liegt, sondern es ist auch im Bereich der Gesundheitspflege anzutreffen, wo die Lebensgewohnheiten und eine positive Einstellung zu einer Behandlung für die Verbesserung des gesundheitlichen Zustandes oft sehr wichtig sind.
2. F Zwar bemüht sich das MI tatsächlich, den Widerstand nicht zu verstärken, und fördert manchmal die Abwendung von Gesprächen, die den Widerstand verstärken. Doch andererseits beschäftigt sich MI sehr wohl direkt mit »juckigen« Themen und ermutigt zu offenem Dialog, allerdings nur in Situationen, in denen sich die Klienten sicher fühlen.
3. R Dies ist tatsächlich wichtig. Eine von Neugier geprägte Haltung vermittelt den Eindruck, daß sich der Therapeut oder Helfer wirklich für das Wohl des Klienten interessiert, und sie hilft ihm, sich den Problemen mit Entdeckergeist und Verständnis zu nähern, statt in der Absicht, sich »Munition« für eine spätere Konfrontation zu verschaffen. Es geht uns nicht darum, jemandem eine Falle zu stellen, sondern wir bemühen uns, unsere Klienten zu verstehen. Später werden uns die so gewonnenen Informationen helfen, den Klienten Ideen anzubieten, die ihren Bedürfnissen und Wünschen entsprechen.
4. F Die Einstellung ist zwar wichtig, aber auch der konkrete sprachliche Ausdruck kann eine wichtige Rolle spielen. Beispielsweise kann die Verwendung von Wörtern wie »Problem«, selbst wenn sie im Geiste des MI benutzt werden, bei Klienten, die diesen Begriff selbst bisher nicht verwendet haben, Defensivität hervorrufen. Etiketten oder Stempel sind für viele Klienten Hindernisse. Deshalb empfiehlt es sich, möglichst neutrale Wörter zu benutzen (z. B. »Thema«, »Anliegen«, »Schwierigkeit« »nicht so gut«), bis der Klient selbst das Wort »Problem« benutzt und sofern der Therapeut es nicht als notwendig an-

sieht, daß ein bestimmter Klient eine Diagnose »akzeptiert«, damit eine Veränderung stattfinden kann.

5. R Zwar mag man sich wünschen, daß der Klient augenblicklich aktiv wird – insbesondere wenn sein problematisches Verhalten starke Auswirkungen auf andere hat –, doch wirkt sich dieser Wunsch allein nicht positiv auf den Veränderungsprozeß eines Menschen aus. Jemandem zu helfen, von der Auffassung »Es gibt kein Problem« zu »Vielleicht muß ich einmal darüber nachdenken« zu gelangen, kann eine wichtige Veränderung sein.

6. F Es kann sowohl äußere als auch innere Motive dafür geben, daß jemand in einer Situation, in der eine Veränderung erforderlich wäre, weniger entgegenkommend ist. Diese Dynamik ist nicht an eine bestimmte Gruppe von Personen gebunden und nicht charakteristisch für Menschen mit bestimmten Störungen (z. B. für Alkoholabhängige). Es kann auch erhebliche Unterschiede in der Deutung einer Situation einerseits durch äußere Beobachter und andererseits durch den Klienten selbst geben (zum sogenannten *fundamentalen Attributionsfehler* siehe Kapitel 6), doch dies hat nichts mit Unehrlichkeit zu tun. Die entscheidende Frage lautet: *Hilft die Skepsis des Therapeuten oder Helfers dem Klienten, ehrlicher zu werden?* Aus MI-Perspektive muß diese Frage mit nein beantwortet werden. Der MI-Therapeut arbeitet an der Schaffung einer sicheren Umgebung, in der sich der Klient mit schwierigen Tatsachen seines Lebens auseinandersetzen kann (Miller & Rollnick 2002/2004). Skepsis behindert diese Bemühungen. Andererseits beinhaltet diese Auffassung nicht, daß wir den Sichtweisen unserer Klienten grundsätzlich zustimmen – wir akzeptieren nur, daß das, was sie sagen, ihrer Sicht der Realität entspricht.

7. R Ohne OARS-Fertigkeiten und den MI-Spirit können die weiter oben beschriebenen Techniken hölzern wirken und erfolglos bleiben. Schlimmstenfalls beinhaltet ihre Anwendung nichts weiter als den Versuch, Klienten manipulativ zur Selbstoffenbarung zu verlocken und die auf diese Weise gewonnenen Informationen gegen sie zu verwenden. So vorzugehen läuft auf eine Art Verhör hinaus, und das wäre das genaue Gegenteil des MI-Spirit.

8. F Diese Auffassung muß in Anbetracht des bisher Gesagten als zweifellos unsinnig bezeichnet werden – und doch haben MI-Neulinge bei besonders schwierigen Klienten gelegentlich das Gefühl, sie müßten sich deren Aufmerksamkeit zunächst durch konfrontatives Vorgehen sichern. Dies mag zwar gelegentlich zum gewünschten Ziel führen, doch in der Regel verstärkt es den Widerstand – und das führt meist zu noch schlechteren Resultaten.

9. F Es ist sehr nützlich, einen Plan zu haben, der die Sitzung strukturiert und fokussiert. Wie bereits früher erwähnt, könnte ein Teil unserer Aufgabe darin bestehen, Klienten beim Organisieren ihrer Erlebnisse zu helfen, und das Fokussieren der Sitzung kann in

dieser Hinsicht von Nutzen sein. Allerdings sollte es immer möglich sein, einen Plan zu verändern, wenn dies im Interesse des Klienten liegt und die konkrete Sitzung es erforderlich macht. Insofern ist es kein Problem, wenn Klienten die Zielrichtung ihres Plans verändern wollen.

10. F *Verhalten als normal darzustellen* bedeutet, daß man ein Verhalten in ein Spektrum bereits beobachteter Verhaltensweisen einordnet. Wohl nur wenige Menschen würden im Ernst die Auffassung vertreten, der tägliche Konsum einer Flasche Wodka, das Verspielen des Hauses der Familie oder das Schlagen von Kindern seien allgemein akzeptierte Verhaltensweisen. Trotzdem kommen diese Verhaltensweisen vor und sind insofern in einem gewissen Sinne nicht ungewöhnlich oder unnormal, und wenn Sie einen Klienten darauf hinweisen, daß Ihnen alle diese Dinge längst bekannt sind, dann hilft ihm dies, zu seinem problematischen Verhalten zu stehen, und das wiederum ermöglicht die Entwicklung eines eingehenderen Gesprächs über die Thematik (was ja das eigentliche Ziel der genannten Initiative ist).

Praxisbeispiel

Wir haben den Therapeuten und Laurie aus unserem Beispiel am Anfang eines Gesprächs verlassen. Einerseits waren die Grundlagen für ein Gespräch über persönliche Angelegenheiten geschaffen worden, aber andererseits war Laurie auch etwas besorgter, als sie vorher gewesen war.

	Äußerung	*Kommentar*
T.:	Das tut mir leid. Es klingt so, als ob Sie jetzt noch besorgter wären.	*Entschuldigung, der eine Reflexion folgt.*
K.:	Ja. Also, worum geht es?	*Sie hat genug davon, immer nur Reflexionen zu hören. Sie will Antworten.*
T.:	Was ich mit Ihnen besprechen wollte, hängt mit gewissen Gerüchten zusammen – konkret mit Gerüchten darüber, daß Sie Marihuana rauchen und daß Ihnen das vielleicht ein wenig Kummer macht.	*Eine direkte Äußerung, die wahrscheinlich eher mehr Affekt hervorruft, als daß sie den Affekt verringert. Außerdem geht sie auf die Aufforderung der Klientin ein, endlich mit der Sprache herauszurücken.*
K.:	Ich? Ich soll Marihuana rauchen? Machen Sie Witze? Wer?	*Wie erwartet, wird die Besorgnis stärker, und die Kooperationsbereitschaft sinkt gegen Null.*

T.:	Wenn Sie nichts dagegen haben, möchte ich gern ein wenig weiter ausholen. Mir ist völlig klar, daß das für Sie jetzt ziemlich überraschend kommt und Sie aufregt. Außerdem ist dies wirklich nur ein ganz kleiner Teil von dem, weswegen ich heute mit Ihnen reden wollte. Wir werden gleich darauf zurückkommen; ich hatte nämlich gehofft, wir könnten zuerst ein wenig über den größeren Zusammenhang sprechen.	*Der Therapeut erkennt das Stärkerwerden des Affekts und entfernt den Fokus vom Widerstand.*
K.:	Größeren Zusammenhang?	*Der Affekt ist immer noch stark, und die Klientin ist mißtrauisch.*
T.:	Ja. Fangen wir doch einfach da an, wo wir sind. Wie geht es Ihnen in der Schule?	*Der Therapeut steuert weiter eine neue Orientierung an.*
K.:	Na ja, in der Schule ist es hart für mich. Ich arbeite ziemlich viel und bekomme trotzdem nur mittelmäßige Zensuren.	*Die Klientin folgt und ermöglicht einen kurzen Blick auf ihre Schwierigkeiten.*
T.:	Der Lohn für Ihre Bemühungen fällt also ziemlich spärlich aus.	*Einfache Reflexion, die eine subtile Richtungsveränderung anbietet.*
K.:	Bevor ich in diese Schule kam, hatte ich überall sehr gute Zensuren, und ich brauchte dafür nicht annähernd so viel zu arbeiten.	*Die Klientin fährt fort, Informationen zu liefern.*
T.:	Manchmal fragen Sie sich, ob die ganze Sache wirklich der Mühe wert ist.	*Der Therapeut setzt die vorangegangene Äußerung der Klientin fort und benutzt dabei eine Verstärkung.*
K.:	Ich weiß, daß ich eine gute Ausbildung bekomme, aber manchmal frage ich mich, was passieren würde, wenn ich auf eine andere Schule ginge. Das könnte wesentlich leichter für mich sein, und dann hätte ich viel mehr Zeit für Freunde.	*Die Klientin beschreibt mehr Details und erschließt einige andere Bereiche der Erforschung.*
T.:	Und Freunde sind Ihnen wichtig.	*Der Therapeut wählt einen der von der Klientin erwähnten Aspekte aus und geht darauf ein.*

K.:	Ja und nein. Freunde sind mir zwar wichtig, aber ich habe noch nicht viele gefunden, seit ich hierher gekommen bin.	*Die Klientin gibt zu, daß ihr dies nicht gleichgültig ist.*
T.:	Klingt so, als ob Sie sich ein wenig einsam fühlen.	*Affektspiegelung*
K.:	Ich weiß nicht, vielleicht ja.	*Eventuell war die sprachliche Formulierung des Therapeuten zu direkt und damit zu stark; allerdings scheint an dem, was er gesagt hat, etwas dran zu sein.*
T.:	Vielleicht ein bißchen.	*Der Therapeut nimmt die Stärke in Form einer einfachen Reflexion ein wenig zurück.*
K.:	Ein bißchen.	*Die Klientin bestätigt dies.*
T.:	Wie sieht es mit Ihrer Familie aus? Wie kommen Sie in Anbetracht der gesamten Situation mit Ihren Eltern zurecht?	*Der Therapeut fragt nach einem anderen Bereich, der wichtig sein könnte.*
K.:	Meine Eltern sind ziemlich anstrengend. Sie meinen, ich müßte bessere Zensuren erreichen können. Sie begreifen gar nicht, wie schwer ich es hier habe.	*Die Klientin hat sich nun eindeutig auf den Kontakt zum Therapeuten eingelassen.*
T.:	Sie drängeln Sie dazu, noch mehr zu arbeiten.	*Der Therapeut wählt für seine Reflexion eine sanftere, aber trotzdem evozierend wirkende Ausdrucksweise.*
K.:	Das machen sie ständig ... und vielleicht ist es auch mehr, als nur zu drängeln.	*Die Klientin spezifiziert die Ergänzungen des Therapeuten.*
T.:	Das ist für Sie ziemlich anstrengend, und Sie haben nicht viele Orte, an denen Sie sich wohlfühlen. Wann und wo fühlen Sie sich wohl?	*Der Therapeut fragt nach einem anderen Aspekt. Daraus kann sich ein Zugang zum Substanzmißbrauch entwickeln, muß es aber nicht zwingend.*
K.:	In meinem Zimmer – wenn ich einfach mal chillen kann.	*Die Klientin folgt, aber sehr vorsichtig.*
T.:	Ich würde gerne mehr darüber hören, aber mir ist auch wichtig herauszufinden, wie all das zusammenpaßt. Erzählen Sie mir doch ein wenig darüber, wie ein typischer Tag für Sie verläuft. Beginnen Sie mit dem Aufstehen	*Der Therapeut hätte direkt auf das »Chillen« eingehen können, aber statt dessen entscheidet er sich dafür, sich ein umfassenderes Bild zu machen und dann herauszufinden, wie das »Chillen« und der*

	am Morgen, und enden Sie mit dem Zubettgehen. *(Schnellvorlauf zum Ende eines typischen Tages.)*	*Substanzmißbrauch in dieses Bild hineinpassen.*
T.:	Mir ist aufgefallen, daß Sie das Chillen in Ihrem Zimmer in Zusammenhang mit dem typischen Tagesablauf nicht erwähnt haben.	*Therapeut kehrt zu der Öffnung zurück, die die Klientin selbst geschaffen hatte.*
K.:	Der Grund ist, daß das an einem typischen Tag nicht möglich ist.	*Klärung*
T.:	Und *wenn* es sich um einen Tag handelt, an dem es möglich ist, wo paßt es dann, und was tun Sie dabei?	*Offene Frage nach der gewünschten Information.*
K.:	Meist spät abends – hauptsächlich an Wochenenden, aber manchmal auch während der Woche. Ich stelle dann meinen iPod an, und entweder träume ich vor mich hin, während ich auf dem Bett liege, oder ich beschäftige mich mit Facebook.	*Die Klientin antwortet.*
T.:	So befreien Sie sich aus der alltäglichen Tretmühle. Ich habe schon einmal das Marihuana-Rauchen angesprochen. Wie steht es damit beim Chillen?	*Die Frage hat nun einen Kontext und wird möglicherweise als weniger zudringlich empfunden.*
K.:	Manchmal rauche ich ein bißchen Gras, um mich besser entspannen zu können.	*Die Klientin testet die Situation.*
T.:	Und das Gras hilft Ihnen zu chillen.	*Der Therapeut bleibt nahe an der Information der Klientin und benutzt Formulierungen, die Sie selbst schon benutzt hat.*
K.:	Ja, schon. Aber ich mache das nicht ständig, nur manchmal.	*Die Klientin bekennt sich zu ihrem Verhalten und verbindet es mit gewissen Einschränkungen.*
T.:	Und Sie sorgen sich nun, daß ich das, was Sie sagen, falsch verstehen könnte.	*Der Therapeut geht auf die Sorge der Klientin direkt ein.*
K.:	Und daß Sie dann zu meinen Eltern laufen.	*Die Klientin zeigt ihre Angst offen.*
T.:	Das macht Ihnen große Sorgen – daß Ihre Eltern dahinter kommen könnten und es großen Ärger gäbe.	*Der Therapeut antwortet wieder mit einer Neurahmung.*

Dieser klinische Dialog erfordert ein wenig mehr zeitlichen Aufwand, als direkt nach eventuellem Substanzkonsum zu fragen. Wenn Therapeuten oder Helfer wenig Zeit haben, könnte es sein, daß ihnen dieser Dialog als zu lang erscheint. Doch infolge dieses Zeitaufwandes ist die Chance, ein sinnvolles Gespräch zu führen, erheblich gestiegen, wenn man bedenkt, wo das Gespräch begonnen hatte. Es geht nicht nur darum, Informationen zu sammeln, sondern ebenso wichtig ist es, daß diese Informationen zutreffend und nützlich sind.

Probieren Sie dies aus!

Die Übungsmöglichkeiten in diesem Abschnitt sind möglicherweise etwas direkter als in früheren Kapiteln. Obwohl es durchaus von Wert ist, beim Entwickeln von Plänen oder bei der Frage nach einem typischen Tagesverlauf mit vorformulierten Äußerungen zu arbeiten, kann dies auch im Rahmen von Interaktionen mit Klienten geübt werden. In den folgenden Übungen sollen Sie feststellen, wie und wann Sie die vier in diesem Kapitel vorgestellten Strategien – *einen Plan entwickeln*, *ein typischer Tag*, *Verhalten als normal darstellen* und *eine Sorge äußern* – bei der Arbeit mit Ihren Klienten nutzen könnten, und sie in diesem Rahmen ausprobieren.

Übung 7.1 Einen Plan entwickeln

Stellen Sie eine Liste von Themen zusammen, mit denen sich Ihre typischen Klienten häufig auseinandersetzen müssen. Dies kann eine simple Aufzählung von Stichpunkten sein, doch es lohnt sich, ein wenig mehr Zeit aufzuwenden und die »Speisekarte« visuell interessant zu gestalten. Auf dem Arbeitsblatt zu Übung 7.1 finden Sie ein entsprechendes Beispiel. Dieses Dokument wurde mit Hilfe eines Textverarbeitungsprogramms gestaltet, und Sie können es nachstellen und es Ihren Bedürfnissen entsprechend modifizieren. Sobald Sie eine solche »Speisekarte« entwickelt haben, das Ihrer Arbeitssituation und Ihren typischen Klienten entspricht, können Sie die »einführenden Worte« ausarbeiten, die Sie bei seiner Anwendung benutzen wollen. Probieren Sie die »Speisekarte« anschließend im Rahmen Ihrer Arbeit mit Klienten aus.

Übung 7.2 Ein typischer Tag

Sie können die Einleitung schwieriger Gespräche üben, indem Sie Ihre Klienten fragen, wie bei ihnen ein typischer Tag aussieht. Auch hier sollten Sie zunächst eine Einführung entwickeln, eine kurze Erläuterung, die dem Klienten erklärt, worum es geht. Modifizieren Sie diese Einleitung anschließend für die Anwendung bei einem Freund. Diesen könnten Sie beispielsweise fragen, wie bei ihm ein typischer Arbeitstag verläuft.

Nachdem Sie die Methode bei Ihrem Freund ausprobiert haben, können Sie dies auch bei einem Klienten versuchen.

Übung 7.3 Ein Verhalten als normal beschreiben

Es gibt viele Themen, die zu erforschen für einen Helfer oder Therapeuten heikel sein kann. Die folgende Auflistung enthält einige wichtige Beispiele dieser Art, sie ist aber bei weitem nicht vollständig: Wut, Essen, Training, Alkoholkonsum, Drogenkonsum, sexuelle Aktivität, kriminelle Handlungen, die Elternrolle, finanzielle Angelegenheiten, Medikamentenkonsum, Selbstfürsorge und sexuelle Identität. Zwei Methoden, die häufig zur Darstellung eines Verhaltens als normal benutzt werden, sind das *Einbetten* und das *Verpacken der Untersuchung in eine Folge von Fragen*. In dieser Übung werden Sie die Nutzung dieser Techniken bei Gesprächen über heikle Themen üben.

Übung 7.4 Das Verhalten Ihrer Klienten als normal beschreiben

Vergegenwärtigen Sie sich all die heiklen Bereiche, über die Sie sich in Ihrer Arbeitssituation Informationen beschaffen müssen. Stellen Sie eine Liste davon zusammen. Sollten Sie mehr als fünf Themen finden, dann wählen Sie die fünf für Sie wichtigsten aus. Entwickeln Sie anschließend eine »Einbettungsfrage« oder eine Folge von Fragen oder beides, die Sie benutzen können, um nach den »heiklen« Verhaltensweisen zu forschen. Werden Sie sich darüber klar, was für Ihre Situation und Ihren Stil typisch ist, und stellen Sie Fragen, die zu Ihrer Arbeitsweise passen. Nachdem Sie dies getan haben, können Sie einige der Fragen, die Sie neu entwickelt haben, bei Ihrer nächsten Begegnung mit einem Klienten ausprobieren und sie anschließend aufgrund dieser praktischen Erprobung modifizieren. Niemand ist bei einem ersten Versuch perfekt. Rechnen Sie also damit, daß Sie einige Dinge korrigieren müssen.

Übung 7.5 Eine Sorge äußern

In dieser Übung geht es um die Formulierung von Sorgen. Versuchen Sie vorauszusehen, wie der Klient wahrscheinlich reagieren wird, und entwickeln Sie dann schriftlich eine Gegenreaktion dazu. Nach Abschluß dieser schriftlichen Übung können Sie versuchen, einem Klienten gegenüber eine Sorge zu äußern.

Arbeit mit einem Partner

Sie können einige der bereits beschriebenen Übungen auch mit einem Partner ausführen, wenn Sie dabei so tun, als sei dieser ein Klient. Diese Art zu üben ermöglicht es, mit dem sprachlichen Ausdruck zu experimentieren und ihn zu verfeinern. Gehen Sie die gesamte Übungssequenz durch, und diskutieren Sie dann darüber, was aus der Perspektive des Klienten betrachtet gewirkt hat und was nicht. Wiederholen Sie das Ganze anschließend mit vertauschten Rollen.

Übung 7.6 Blitzrunde

Bei diesem Spiel wird es wahrscheinlich einiges Gelächter geben. Sie üben darin, »mit den Füßen zu denken«. Nehmen Sie sich Ihre Themen-Speisekarte vor, zerschneiden Sie das Blatt Papier in Stücke, falten Sie die einzelnen Schnipsel zusammen, und legen Sie sie in einen Hut. Dann ziehen Sie und Ihr Übungspartner abwechselnd einen Papierschnipsel aus dem Hut. Sobald Sie dies getan haben, bleiben Ihnen 30 Sekunden Zeit, um auf das auf dem Zettel beschriebene Verhalten mittels einer der in diesem Kapitel beschriebenen Methoden – *einen Plan entwickeln*, *ein typischer Tag*, *Verhalten als normal darstellen* und *eine Sorge äußern* – einzugehen. Manchmal ist der Dialog, der auf diese Weise entsteht, sehr kurz, in anderen Fällen dauert er länger. Bei dieser Übung kann es sehr lustig zugehen – aber sagen Sie Ihrem Partner auf keinen Fall, was auf Ihrem Zettel steht; verraten Sie ihm das erst, nachdem er sich wirklich angestrengt hat, es zu erraten.

Ergänzende Gedanken

Es folgt eine kurze Zusammenfassung des zuvor Beschriebenen. Stellen Sie sich Ihren Klienten vor. Wenn Sie für ihn die Person mit dem Formblatt, der Krankenakte oder der Notiztafel sind, besteht zwischen ihm und Ihnen wahrscheinlich ein Machtgefälle. Ein schlichter Gruß gibt anderen Menschen das Gefühl, willkommener zu sein. Außerdem können Sie auf diese Weise demonstrieren, daß Sie und der Klient sich auf einer Ebene befinden. Mein Endokrinologe schüttelt mir bei jedem Besuch die Hand. Sie können diesen Augenblick auch nutzen, um auf die äußeren Umstände des Treffens hinzuweisen (z. B. darauf, wieviel Zeit Sie haben).

Denken Sie einmal über die Gestaltung Ihres Arbeitsplatzes nach. Falls Sie diesem eine persönliche Note geben können, ermöglichen Sie Ihren Klienten dadurch, sich ein Bild davon zu machen, wer Sie sind. In einer Praxis, in der ich mit Kindern und Jugendlichen arbeitete, hielt ich stets eine Dose mit allen möglichen Süßigkeiten bereit. Außerdem gab es dort ein Retro-Radio mit eingebautem CD-Player, verschiedene Spielzeuge und andere Dinge, die die Klienten nehmen und womit sie spielen konnten, während wir miteinander zu reden anfingen. Der Behandlungsraum war in einem »Gischt«-Muster gestrichen, was sehr beruhigend wirkt, ob man es glauben mag oder nicht. Die Bilder, die an den Wänden hingen, wirkten anregend. Mit Hilfe all dieser

Dinge gelang es mir, eine Atmosphäre zu erzeugen, in der sich die Klienten sicher fühlten. Außerdem erfuhren sie auf diese Weise etwas über mich, bevor ich sie aufforderte, über sich selbst zu reden. Denken Sie also einmal darüber nach, welchen Eindruck Ihr Arbeitsplatz von Ihnen vermittelt. Wie würden Sie sich (als jemand anders) fühlen, wenn Sie sich diesem Ambiente (und damit Ihrer Person) nähern würden? Entspricht der Eindruck von persönlichem Raum dem MI-Spirit, oder signalisiert er »EXPERTE«?

Wenn es darum geht, über ein schwieriges Thema zu sprechen oder darüber zu diskutieren, werden die MI-Charakteristika manchmal mißverstanden. Einige Ausbildungsteilnehmer gewinnen den Eindruck, daß MI Probleme *nicht* direkt anspricht, sondern sie »weichspült«. Wenn Teilnehmer von MI-Ausbildungen aus konfrontativer orientierten psychotherapeutischen Traditionen kommen, kann es für sie schwierig sein, das MI-Modell in dieser Hinsicht zu verstehen. Die Betreffenden sorgen sich oft wegen lebensbedrohlicher Themen oder Probleme, die bei einigen ihrer Klienten bestehen, und sie finden, wenn man es in solchen Fällen im Zweifelsfall nicht auf eine Konfrontation ankommen lasse, so könne das ethisch fragwürdig sein. Das Problem solcher MI-Interessenten resultiert aus echter Sorge und aus starkem Unbehagen darüber, mit einem Klienten über ein erkanntes problematisches Verhalten nicht zu sprechen.

In einem gewissen Sinne ist MI in Wahrheit sogar stark konfrontativ, wenn man von der ursprünglichen Bedeutung des Wortes ausgeht: »Jemandem von Angesicht zu Angesicht gegenüberstehen«. In diesem Sinne ist Konfrontation ein *Ziel* dieser Art von Begegnungen, keine *Technik*. Vor diesem Hintergrund stellt sich die Frage: »Welcher Ansatz führt am besten zum Ziel?« Eine konfrontative Technik im Sinne von »dem Klienten die Wahrheit sagen« mag Therapeuten zu dem Gefühl verhelfen, daß sie ihre Pflicht getan haben, doch ist sie nicht immer dienlich, wenn es darum geht, dem Betroffenen zu helfen, sich von Angesicht zu Angesicht mit seiner schwierigen Realität auseinanderzusetzen. Vielmehr kann sie auch seinen Widerstand verstärken.

Die im vorliegenden Kapitel beschriebenen Techniken führen zu einer Konfrontation mit den Tatsachen hin. Sie zielen darauf, zunächst Themen zu sammeln, über die gesprochen werden muß. Selbst in den gräßlichsten Situationen – »Wenn du dieses Verhalten nicht sofort veränderst, wirst du sterben« – können wir Klienten nicht zwingen, eine Veränderung zu vollziehen. Wir können unsere Sorgen möglichst direkt formulieren, aber letztlich entscheiden die Klienten selbst darüber, was sie tun oder nicht tun – und diese grundlegende Realität kann sowohl auf den Therapeuten/Helfer als auch den Klienten entmutigend oder befähigend wirken.

Übung 7.1 Einen Plan entwickeln

Benutzen Sie die Abbildung unten als Modell, um selbst eine »Speisekarte« von Möglichkeiten zu entwickeln, die speziell auf Ihre Arbeitssituation abgestimmt ist. Sie sollte die bei Ihren Klienten am häufigsten vorkommenden Probleme umfassen und außerdem Leerräume für Probleme oder Sorgen, die Ihre Klienten selbst zur Sprache bringen. Die »Speisekarte« können Sie entweder mit der Hand oder mit einer Textverarbeitung erstellen. Im folgenden finden Sie ein Blankoformular für diesen Zweck. Ich empfehle Ihnen aber, mit Hilfe Ihrer Textverarbeitung selbst ein Formular für Ihre »Speisekarte« zu erstellen. Wenn Sie diese kleine Mühe nicht scheuen, verfügen Sie über ein Formular, das Sie leicht verändern und in das Sie bei Bedarf Clip-Art-Bilder einfügen können.

Sobald Sie eine »Speisekarte« zusammengestellt haben, die zu Ihrer speziellen Situation und den typischen Problemen Ihrer Klienten paßt, können Sie sich eine Einführung ausdenken, mit der Sie Ihren Klienten Ihre Speisekarte vorstellen. Schreiben Sie diese Vorrede zunächst auf, denn das hilft Ihnen, Ihre Gedanken zu organisieren und Ihre Botschaft zu spezifizieren. Die Einführung sollte kurz sein, aber so viele Informationen enthalten, daß der damit konfrontierte Klient versteht, worum es geht. Notieren Sie Ihre Vorrede für die Vorstellung der »Speisekarte« hier:

Stellen Sie sich anschließend vor, daß Ihr Klient sich scheut, nur ein Element von dem Menü zu wählen. Denken Sie sich deshalb eine Erklärung aus, die Sie auf diese Weigerung hin geben können. Denken Sie daran, daß es nicht darum geht, den Klienten zu überzeugen, sondern darum, ihn darüber zu informieren, warum es nützlich wäre, sich zu fokussieren.

Arbeitsblatt zu Übung 7.1

Übung 7.2 Ein typischer Tag

In dieser Übung werden die Klienten aufgefordert, zu beschreiben, was Sie im Laufe des Tages tun – vom Zeitpunkt des morgendlichen Aufstehens bis zum abendlichen Zubettgehen. Sinn und Zweck dieser Übung ist, daß sich der Therapeut ein besseres Bild vom Leben des Klienten machen und gegebenenfalls feststellen kann, welche Rolle das als problematisch empfundene Verhalten darin spielt.

Schreiben Sie zu Beginn der Übung zunächst eine Einführung, die Sie benutzen wollen, wenn Sie Klienten diese Aufgabe stellen. Es folgt ein Beispiel für eine solche Einleitung:

> »Ich weiß, daß wir schon viel über Ihr Leben gesprochen haben, aber ich merke auch, daß ich immer noch nicht viel darüber weiß. Ich weiß nicht einmal, wie ein typischer Tag bei Ihnen abläuft. Wenn es Ihnen nichts ausmacht, würde ich Sie gern ein paar Minuten lang erzählen lassen, wie ein typischer Tag in Ihrem Leben aussieht.«

Notieren Sie Ihre eigene Vorrede im folgenden Leerraum. Diese Einführung braucht nicht lang zu sein, sie sollte aber so viele Informationen enthalten, daß dem Klienten klar ist, was Sie von ihm wissen wollen und warum. Die Wortwahl sollte Ihrer persönlichen Ausdrucksweise entsprechen und dem Klienten Ihre Neugierde vermitteln.

Vorrede:

Nachdem Sie diese Vorrede noch ein wenig überarbeitet haben, können Sie sie so modifizieren, daß Sie sie auch benutzen können, um einen Freund nach seiner Arbeitssituation zu fragen oder Ihren Partner danach, was er im Laufe des Tages erlebt hat – oder einen anderen Menschen, den Sie zwar kennen, über dessen Leben Sie aber nicht viel wissen. (Übrigens habe ich selbst diese Übung mit meiner Frau durchgeführt, und ich bin immer wieder fasziniert davon, wie viel ich über ihren Alltag nicht weiß!) Sobald Sie sich diese überarbeitete Fassung der Vorrede gründlich eingeprägt haben, können Sie (auf einem Extrablatt) einen Praxisversuch damit wagen.

Übung 7.3 Ein Verhalten als normal beschreiben

Weiter unten sehen Sie eine Liste typischer Themen, die anzusprechen schwierig sein kann. Entwickeln Sie für diese Themen eine Methode, das jeweilige Verhalten in eine Untersuchung einzubauen oder die Untersuchung in eine sich natürlich ergebende Folge von Fragen einzubeziehen, so daß sie als weniger brisant erscheinen. Hier zwei Beispiele:

1. *Einbetten* – »Menschen haben unterschiedliche Trinkgewohnheiten. Einige trinken an einem Tag in der Regel keinen Alkohol und kein einziges Bier, andere 24. Was ist bei Ihnen so etwa die Regel?«
2. *Eine Fragensequenz entwickeln* – »Wie gut waren Ihre Leistungen in der High-school?« – »In welchen Bereichen waren Sie besonders gut?« – »In welcher Hinsicht hatten Sie in der Schule Probleme?« – »Junior-High-school und High-school – das ist oft die Zeit, in der Kinder mit Alkohol experimentieren. Wie sah Ihr erstes Erlebnis mit Alkohol aus? Wann haben Sie das letzte Mal etwas Alkoholisches getrunken, egal ob Bier, Wein oder sonst etwas?«

Entwickeln Sie zu jeder der im folgenden aufgeführten Verhaltensweisen entweder eine einbettende oder eine in eine Folge von Fragen integrierte Form der Darstellung eines Verhaltens als normal. Wenn Sie ein wenig mehr üben wollen, können Sie auch beide Möglichkeiten ausprobieren. Nehmen Sie sich bei dieser Übung genügend Zeit, um Ihre Erkundungsfragen oder Fragensequenzen gründlich auszuarbeiten.

Umgang mit Wut

Eßgewohnheiten

Körpertraining

Alkoholkonsum

Drogenkonsum

sexuelle Aktivität

kriminelle Aktivität

Elternpflichten/Disziplinierung

Beispielreaktionen zu Übung 7.3

Umgang mit Wut

Menschen drücken ihre Wut also auf viele verschiedene Arten aus. Einige zeigen anderen die kalte Schulter. Andere brüllen. Wieder andere drohen. Manche zerbrechen Dinge oder treten Löcher in Wände. Manche schlagen oder treten oder ziehen anderen an den Haaren. Es gibt ein ganzes Spektrum von möglichen Reaktionen. Wie sieht es mit Ihnen aus: Wie bringen Sie Ihre Wut zum Ausdruck?

Im Alltagsleben gibt es immer Dinge, die nicht optimal laufen und die uns ärgern. Welche kleinen Dinge ärgern Sie, und wie reagieren Sie darauf? Außerdem gibt es für uns Dinge, die uns etwas stärker aufregen als andere Menschen. Welche sind das bei Ihnen? Und wie gehen Sie damit um? Außerdem gibt es Situationen, in denen wir gewaltig »unter Dampf« stehen. Wie verhalten Sie sich, wenn Sie sehr, sehr wütend sind? In solchen Situationen gehen Menschen manchmal etwas weiter, als sie es eigentlich wollten, oder sie bereuen später, was sie getan haben. Wie steht es damit bei Ihnen?

Eßgewohnheiten

Menschen gehen sehr unterschiedlich mit dem Essen um. Einige essen, was sie wollen und wann sie wollen. Andere kontrollieren jeden Bissen, den sie in den Mund nehmen, und manchmal verbieten sie sich Dinge, die sie sehr mögen. Wie gehen Sie mit der Nahrungsaufnahme um?

Wir müssen im Alltag die unterschiedlichsten Pflichten erfüllen: morgens aufräumen und sauber machen, den Haushalt in Ordnung bringen, die Mahlzeiten organisieren. Was tun Sie, wenn Sie morgens aufstehen? Wie steht es mit Ihrem Frühstück? Was passiert nach dem Frühstück? Wie halten Sie es gewöhnlich zu Mittag und beim Abendessen? Wie ist es für Sie, wenn Sie mehr essen als gewöhnlich? Wie ist es, wenn Sie Ihre Essensaufnahme einschränken? Und wie, wenn Sie das Gefühl haben, Sie müßten ein paar Pfunde abnehmen? Wie gehen Sie damit um?

Körpertraining

Menschen trainieren sehr unterschiedlich. Für manche besteht das Körpertraining darin, den Knopf der Fernbedienung für das Fernsehen zu drücken. Andere laufen auf Ultra-Marathons die ganze Nacht durch. Dazwischen liegen unendlich viele Abstufungen. Wie sieht es bei Ihnen mit dem Körpertraining aus?

Menschen sorgen sehr unterschiedlich für sich. Eine Möglichkeit ist zu schlafen. Wie schlafen Sie meist nachts? Außerdem kann man sich natürlich ausruhen und entspannen. Wie gehen Sie in Ihrem Leben damit um? Auch Dinge, die Freude machen, spielen eine wichtige Rolle. Wie steht es mit der Freude in Ihrem Leben? Körpertraining kann ebenfalls wichtig sein. Wie sieht es bei Ihnen damit aus?

(Fortsetzung nächste Seite)

Alkoholkonsum

(Siehe hierzu die Beispiele zu Beginn der Übung.)

Drogenkonsum

Wenn es um Drogenkonsum geht, haben Menschen viele verschiedene Gewohnheiten. Einige probieren ein paar Dinge aus und merken dann, daß das alles nichts für sie ist. Andere stürzen sich voll ins Getümmel und probieren alle möglichen Dinge aus. Manche haben eine Zeitlang ziemlich viel konsumiert und dann aufgehört. Manche haben den Konsum allmählich verstärkt und konsumieren seit vielen Jahren regelmäßig. Einige beginnen und hören wieder auf. Wie halten Sie es mit Drogen?

Junior-High-school und High-school – das ist oft die Zeit, in der Jugendliche mit Alkohol experimentieren. Wie sah Ihr erstes Erlebnis mit Alkohol aus? Wann haben Sie das letzte Mal etwas Alkoholisches getrunken, egal ob Bier, Wein oder etwas anderes? Und wie ist es mit Gras – wann haben Sie das zum ersten Mal ausprobiert? Und wann haben Sie es das letzte Mal geraucht? Natürlich gibt es auch noch andere Drogen, und einige probieren auch diese aus. Ich will nur mal schnell die wichtigsten Arten aufzählen. Kennen Sie auch Opiate, Dinge wie Heroin, Methadon, Percodan, Percocet, Dilaudid, Oxycontin ... ?

Sexuelle Aktivität

Menschen haben viele Formen sexuellen Ausdrucks entwickelt, angefangen von der Entscheidung, sexuell enthaltsam zu leben, bis hin zu sexueller Aktivität mit unterschiedlichen Partnern. Einigen gefallen erotische Schriften, Bilder und dergleichen, andere halten solche Dinge für Pornografie und mögen sie deshalb nicht. Einige sind sich über ihre sexuelle Identität klar, andere sind noch dabei, sie zu finden. Sexualität wird auf viele Arten ausgedrückt. Welche Rolle spielt Sex in Ihrem Leben?

Ebenso wie bezüglich der ersten Erfahrungen mit Alkohol und Drogen sind die frühen Teenagerjahre auch die Zeit, in der Menschen sich als sexuelle Wesen wahrzunehmen beginnen. Manchmal geschieht dies sogar noch früher, in anderen Fällen später. Manchmal kommt es den Betreffenden gelegen, in anderen Fällen nicht. Wie war es für Sie, als Sie sich das erste Mal als sexuelles Wesen zu sehen begannen? Und wann waren Sie das erste Mal selbst sexuell aktiv? Einige Menschen haben in der Vergangenheit sexuelle Ansprachen oder sogar Berührungen erlebt, die ihnen nicht gefielen. Ist es Ihnen vielleicht auch so ergangen?

Kriminelle Aktivität

Menschen machen sehr unterschiedliche Erfahrungen mit Polizei und Strafjustiz. Einige haben noch nie mit einem Polizisten gesprochen. Andere haben hin und wieder einen Strafzettel bekommen. Wieder andere haben aus irgendwelchen Gründen ständig mit der Polizei zu tun. Und ein paar Leute hatten irgendwann Schwierigkeiten mit der Polizei und mußten dann eine Weile einsitzen. Wie ist es Ihnen bisher in dieser Hinsicht ergangen? Wie hat sich das Auge des Gesetzes in Ihrem Leben bemerkbar gemacht?

Sie wissen sicher, daß sogar gute Menschen manchmal in Schwierigkeiten geraten. Manche Kinder bekommen wegen mangelnder Disziplin in der Schule Ärger. Sie geben ihren Lehrern Widerworte, kommen nicht zum Unterricht oder sind betrunken oder high, wenn sie dort eintreffen. Wie kommen Sie in der Schule zurecht? Kommt es vor, daß Sie während oder nach der Schule in Streitigkeiten geraten? Manchmal bekommen Menschen Schwierigkeiten mit dem Gesetz. Sind Sie schon einmal festgenommen worden? (Man beachte, daß dies eine geschlossene Frage mit einem ganz bestimmten Zweck ist.)

Elternpflichten/Disziplinierung

Eltern versuchen ihren Kindern auf viele Arten Disziplin beizubringen. Manche konzentrieren sich ausschließlich auf das Positive und ignorieren negative Verhaltensweisen. Andere glauben, daß man Kinder verdirbt, wenn man sie nicht züchtigt. Einige versuchen, mit Auszeiten zu arbeiten. Wieder andere geben ihren Kindern einen Klaps auf den Hintern oder eine »Kopfnuß«. Manche werden wütender, als sie eigentlich wollten, und sie tun Dinge, die sie normalerweise nicht tun würden, beispielsweise Brüllen, Fluchen, Schlagen und Treten. Wie versuchen Sie, Ihren Kindern Disziplin beizubringen?

Kinder aufzuziehen kann sehr anstrengend sein, weil selbst gute Kinder hin und wieder in Schwierigkeiten kommen. Wenn Ihre Kinder in schwierige Situationen geraten, wie bringen Sie sie dann wieder auf den Weg der Tugend?

Übung 7.4 Das Verhalten Ihrer Klienten als normal beschreiben

Denken Sie über alle heiklen Bereiche nach, mit denen Sie sich in Ihrer Arbeitssituation befassen müssen. Stellen Sie eine Liste dieser Aspekte zusammen.

1. ______________________ 6. ______________________

2. ______________________ 7. ______________________

3. ______________________ 8. ______________________

4. ______________________ 9. ______________________

5. ______________________ 10. ______________________

Falls Sie mehr als fünf solcher Bereiche entdecken, dann wählen Sie die fünf für Sie wichtigsten aus. Schreiben Sie diese nun in die Leerräume auf der folgenden Seite, und entwickeln Sie dann eine einbettende Frage oder eine Folge von Fragen oder beides. Vergegenwärtigen Sie sich den Zusammenhang, in dem Sie arbeiten, und Ihren persönlichen Arbeitsstil, und stellen Sie Ihre Fragen so, wie es Ihrer Arbeitsweise entspricht.

Nachdem Sie diese Aufgabe ausgeführt haben, können Sie die Technik in Ihrer nächsten Therapiesitzung mit einem Klienten ausprobieren und Ihr Vorgehen anschließend auf der Grundlage Ihrer praktischen Erfahrungen abändern. Wenn wir etwas zum ersten Mal ausprobieren, ist es praktisch nie perfekt. Sie müssen also damit rechnen, daß Sie einige Details Ihres Vorgehens optimieren müssen.

Das Verhalten Ihrer Klienten als normal beschreiben

1. Verhalten: ______________________________
   Strategie: ______________________________
   Wie Sie es machen würden:

2. Verhalten: ______________________________
   Strategie: ______________________________
   Wie Sie es machen würden:

3. Verhalten: ______________________________
   Strategie: ______________________________
   Wie Sie es machen würden:

4. Verhalten: ______________________________
   Strategie: ______________________________
   Wie Sie es machen würden:

5. Verhalten: ______________________________
   Strategie: ______________________________
   Wie Sie es machen würden:

Übung 7.5 Eine Sorge äussern

Bei dieser Aufgabe üben Sie zu formulieren, wie Sie eine Sorge äußern können. Dies wird anhand kurzer Szenarien demonstriert, in denen keine vollständigen Kontexte dargestellt werden und die auch nicht Ihrer Arbeitssituation entsprechen. Stellen Sie sich einfach vor, Sie seien entweder ein Therapeut/Helfer oder ein besorgter Freund. Formulieren Sie zunächst Äußerungen, die auf die verschiedenen im folgenden skizzierten Szenarien eingehen und Sorgen ausdrücken. Schreiben Sie anschließend, was der Klient nach Ihrer Meinung in Reaktion auf Ihre Äußerung sagen könnte. Und notieren Sie schließlich, wie Sie auf diese Erwiderung des Klienten abermals reagieren könnten. Nachdem Sie diese Übung vollständig ausgeführt haben, können Sie versuchen, einem Ihrer Klienten gegenüber eine Sorge zu äußern. (Denken Sie daran, dabei die OARS-Fertigkeiten zu benutzen!) Falls Sie sich dazu noch nicht bereit fühlen, können Sie die Übungen noch einmal wiederholen und Ihre Sorge mit einem anderen Fokus erneut ausdrücken.

Problem: *Die Klientin wurde erwischt, als ihr Blutalkoholspiegel doppelt so hoch war, wie er hätte sein dürfen, wobei sie trotzdem nicht das Gefühl gehabt hatte, daß ihre Fahrtüchtigkeit beeinträchtigt sei. Das Gericht hat angeordnet, daß sie sich einer Behandlung unterziehen muß, doch sie findet, sie habe einfach nur Pech gehabt und habe kein Alkoholproblem. Wenn sie sich weigert, sich behandeln zu lassen, muß sie für zwölf Monate ins Gefängnis und verliert ihren Führerschein.*

Ihre Sorge:

Wahrscheinliche Reaktion des Klienten:

Ihre anschließende Bemerkung:

Problem: *Der Klient hat gerade einen Herzinfarkt erlitten. Er raucht weiter, ißt rotes Fleisch und konsumiert mindestens drei alkoholische Getränke am Abend. Er hat 20 Kilo Übergewicht, seit langem Bluthochdruck und einen hohen Cholesterinspiegel.*

Ihre Sorge:

Wahrscheinliche Reaktion des Klienten:

Ihre anschließende Bemerkung:

Problem: *Die Klientin empfindet das Verhalten ihres Sohnes ihr gegenüber als respektlos, und sie hat sich angewöhnt, ihn auf unangenehme Weise zu bestrafen, unter anderem indem sie ihn mit einem Elektrokabel schlägt. Nach der ersten dieser Bestrafungsaktionen hat der Sohn, der 13 Jahre alt ist, sie auf den Rücken geschlagen. Sie liebt ihn, doch fällt es ihr sehr schwer, als alleinerziehende Mutter mit ihm fertig zu werden.*

Ihre Sorge:

Wahrscheinliche Reaktion des Klienten:

Ihre anschließende Bemerkung:

Problem: *Der Klient hat versäumt, seine Zähne regelmäßig mit Zahnseide zu pflegen. Seine Zahnpflegerin hat ihn schon einmal darauf hingewiesen, daß er sich zwar die Zähne gut mit der Zahnbürste putzt, das Nichtbenutzen von Zahnseide aber in bestimmten Bereichen zu Verfallserscheinungen führen kann. Es besteht zwar noch nicht die Gefahr, daß er aufgrund der mangelnden Pflege Zähne verliert, aber es gibt an seinem Gebiß einige gefährdete Bereiche, und das Schadensrisiko steigt.*

Ihre Sorge:

Wahrscheinliche Reaktion des Klienten:

Ihre anschließende Bemerkung:

Problem: *Dieses 16-jährige Mädchen, das sich in der High-school im Junior-Jahr befindet, trägt extrem eng sitzende Kleider mit tiefem Ausschnitt. Wegen des großen Busens bietet sich fast immer ein tiefer Einblick. Sie sieht nicht, was an ihrem Aufzug problematisch sein sollte, weil sie findet, daß sich ihre Freundinnen auch nicht anders als sie kleiden. Ihnen als Therapeut ist aufgefallen, daß viele Jungen sie angaffen und daß sich die meisten ihrer Freundinnen deutlich konservativer kleiden.*

Ihre Sorge:

Wahrscheinliche Reaktion des Klienten:

Ihre anschließende Bemerkung:

Beispielreaktionen zu Übung 7.5

Problem: Die Klientin wurde erwischt, als ihr Blutalkoholspiegel doppelt so hoch war, wie er hätte sein dürfen, wobei sie trotzdem nicht das Gefühl gehabt hatte, daß ihre Fahrtüchtigkeit beeinträchtigt sei.

Ihre Sorge: *Ist es für Sie in Ordnung, wenn ich Ihnen mitteile, weshalb ich mir wegen dieser Situation Sorgen mache? Sie haben gesagt, Sie fänden, Sie hätten nur Pech gehabt, obwohl Ihnen andererseits klar ist, daß Ihr Alkoholspiegel doppelt so hoch war, wie er vom Gesetz her hätte sein dürfen. Mir macht diese letzte Bemerkung Sorgen, und ich fürchte, daß Sie in Ihrer Wut auf das Gericht und die Bullen untergehen könnten.*

Wahrscheinliche Reaktion der Klientin: *Ich habe niemanden verletzt, und ich bin auch keine Schlangenlinien gefahren. Man hat mir eine Falle gestellt. Diese ganze Sache wird einfach völlig überbewertet.*

Ihre anschließende Bemerkung: *Es war also ein wenig Pech und hat vielleicht auch ein wenig von einem Deal.*

Problem: Der Klient hatte gerade einen Herzinfarkt erlitten.

Ihre Sorge: *Wenn Sie damit einverstanden sind, möchte ich Ihnen eine Sorge mitteilen, die ich wegen der Situation habe. Ich weiß, daß Sie Ihre eigenen Vorstellungen vom Leben haben und diese realisieren wollen, und ich habe die Sorge, daß Sie einige riskante Entscheidungen treffen könnten, um klarzustellen, daß niemand Sie zwingen kann, etwas zu tun, wenn Sie es nicht wollen. Was meinen Sie dazu?*

Wahrscheinliche Reaktion des Klienten: *Ich glaube nicht, daß ich irgend jemandem etwas zu beweisen versuche. Ich will einfach mit diesem ganzen Blödsinn nichts zu tun haben.*

Ihre anschließende Bemerkung: *Es geht nicht darum, wer das Sagen hat. Ich habe nur das Gefühl, daß Sie sich zuviel aufladen.*

Problem: Die Klientin empfindet das Verhalten ihres Sohnes ihr gegenüber als respektlos, und sie hat sich angewöhnt, ihn auf unangenehme Weise zu bestrafen, unter anderem, indem sie ihn mit einem Elektrokabel schlägt.

Ihre Sorge: *Natürlich lieben Sie Ihren Sohn, und andererseits spüren Sie, daß Ihre Bemühungen, Ihre elterlichen Aufgaben zu erfüllen, dazu führen, daß Ihr Sohn Sie zurückweist. Meine Sorge ist, daß Sie, wenn Sie so weitermachen, noch mehr Schwierigkeiten bekommen könnten, statt daß es weniger werden. Was meinen Sie selbst dazu?*

(Fortsetzung nächste Seite)

Wahrscheinliche Reaktion der Klientin: *Ich finde, daß man Kindern Disziplin beibringen muß und daß sie lernen müssen, Grenzen zu respektieren.*

Ihre anschließende Bemerkung: *Wenn Sie sich darum nicht kümmern würden, wäre das sicher das falsche Signal. Deshalb möchten Sie mit diesen Dingen möglichst effektiv umgehen.*

PROBLEM: *Der Klient hat versäumt, seine Zähne regelmäßig mit Zahnseide zu pflegen.*

Ihre Sorge: *Ich habe eine Sorge. Ist es für Sie in Ordnung, wenn ich mit Ihnen darüber rede? Ich weiß, daß Ihnen die Zahnpflege sehr wichtig ist. Daß Sie heute hier sind, zeigt das, und das gleiche gilt für die Benutzung von Zahnseide. Ich mache mir Sorgen, weil mir eine gewisse Empfindlichkeit aufgefallen ist; das deutet darauf hin, daß die Gefahr der Entstehung bestimmter Probleme bei Ihnen steigt. Natürlich müssen Sie selbst entscheiden, was das für Sie bedeutet; aber es macht mir ein wenig Sorgen.*

Wahrscheinliche Reaktion des Klienten: *Na ja, immerhin habe ich keine Parodontose, und meine Zähne verrotten auch nicht.*

Ihre anschließende Bemerkung: *Und das wären für Sie klarere Zeichen, daß es an der Zeit ist, etwas zu verändern.*

PROBLEM: *Dieses 16-jährige Mädchen trägt extrem eng sitzende Kleider mit tiefem Ausschnitt. Sie sieht nicht, was an ihrem Aufzug problematisch sein sollte, doch Ihnen ist aufgefallen, daß viele Jungen sie angaffen und daß sich die meisten ihrer Freundinnen deutlich konservativer kleiden.*

Ihre Sorge: *Das klingt jetzt vielleicht ein bißchen merkwürdig, aber mir ist aufgefallen, wie die Jungs Sie anschauen. Ist es für Sie okay, wenn ich Ihnen das mitteile? Ich mache mir ein wenig Sorgen, daß die Jungs Ihr Aussehen als sexuelles Signal verstehen könnten, obwohl Sie selbst das gar nicht wollen. Und ich frage mich, ob Ihnen etwas ähnliches aufgefallen ist.*

Wahrscheinliche Reaktion der Klientin: *Ich weiß nicht. Mir ist es einfach lieber, daß andere sich nach mir umschauen, als daß sich niemand um mich kümmert.*

Ihre anschließende Bemerkung: *Sie genießen gern die Aufmerksamkeit anderer, und daß die Jungs Ihre Kleidung als sexuelles Signal verstehen könnten, macht Ihnen keine sonderlich großen Sorgen.*

Übung 7.6 Blitzrunde

Dieses Spiel wird wahrscheinlich Heiterkeit hervorrufen. Auf der folgenden Seite finden Sie eine Liste typischer Probleme, derentwegen Klienten zur Behandlung kommen. Kopieren und vergrößern Sie diese Buchseite, und schneiden Sie die einzelnen Felder aus, so daß auf jedem Zettel nur ein Thema steht. Falten Sie die Zettel zusammen, und legen Sie sie in einen Hut oder einen anderen Behälter. Einer der beiden Teilnehmer ist der »Kandidat«, der andere der »Klient«. Der Kandidat zieht mit geschlossenen Augen einen Zettel aus dem Behälter und liest schweigend, was darauf steht. Danach hat der Kandidat 30 Sekunden Zeit, um eine der vier weiter vorn in diesem Kapitel erläuterten Techniken anzuwenden: *einen Plan entwickeln, ein typischer Tag, Verhalten als normal darstellen* und *eine Sorge äußern*.

Der »Klient« übernimmt die Zeitmessung. *Sagen Sie als der »Kandidat« dem »Klienten« nicht, was auf dem Zettel steht!* Bedenken Sie, daß die Antwort des »Kandidaten« zum Thema passen sollte. Die Interaktion wird so lange fortgesetzt, bis Ihr Partner das gewählte Verhalten errät. Manche Dialoge sind wahrscheinlich sehr kurz, andere länger. Tauschen Sie anschließend die Rollen. Fahren Sie mit der Übung so lange fort, bis der Behälter leer ist, Ihre Zeit abgelaufen ist oder Sie genug gelacht haben. (Übrigens habe ich alle genannten Themen in meiner eigenen klinischen Arbeit kennengelernt.)

Klientenprobleme für Übung 7.6

Schneiden Sie die einzelnen Felder auf den Linien aus.

Bettnässen	Körpergeruch
sexuell anzügliche Bemerkungen	Mangel an Humor
starke Nasenbehaarung	zahlreiche Tattoos
zahlreiche Piercings am Körper	Tragen eines Kopfhörers
sehr altmodische Kleidung	sehr »offenherzige« Kleidung
Zuspätkommen	Langatmigkeit
Mundgeruch	falsche Zähne, die an Vampirfänge erinnern
Alkoholgestank	Klient wirkt »high«
Tragen von Flip-flops an einem verschneiten Tag	Tragen vieler Schichten von Kleidern (im heißen Sommer)
starkes Ekzem oder Akne	Klient schläft während einer Sitzung ein

[8] Über den Umgang mit Ambivalenz

Auftakt

»Tut mir leid, aber nächsten Donnerstag kann ich nicht kommen.« Die Supervisorin* bot keinen Alternativtermin an.

Der Praxis-Coach des *Department of Health Services* hatte eine Woche lange versucht, zu dieser Frau in Kontakt zu treten. Er sollte den Supervisoren helfen, ein neues Interventionsmodell zu erlernen und umzusetzen, und diese spezielle Supervisorin machte ihm schon seit einiger Zeit Sorgen. Carrie war in der Trainingssitzung zu Beginn der Arbeit sehr ruhig gewesen und schien das neue Modell in den Praxisübungen nur sehr zögerlich zu nutzen. Wie die meisten ihrer Kollegen wurde sie mit zahlreichen und vielfältigen Anforderungen konfrontiert, und außerdem hatte sie schon viele ähnliche Initiativen zur Einführung von Neuerungen miterlebt, die manchmal nach kurzer Zeit wieder aufgegeben worden waren. Doch der Coach wußte aus Gesprächen, die er während des anfänglichen Trainings mit Carrie geführt hatte, daß sie sich sehr stark für das Wohl der Kinder und Familien, die ihre Abteilung betreute, engagierte. Er hatte sich eine Videoaufnahme von Carrie in der Praxis aus der Vorwoche angeschaut und festgestellt, daß sie das neue Interventionsmodell bei ihrer Arbeit kaum einsetzte.

»Was meinen Sie, wie wir wegen dieser Sache zusammenkommen könnten?«

»Ich weiß es nicht. Ich bin im Moment ziemlich eingespannt. Wie wäre es, wenn wir die Sache ein paar Wochen verschieben?«

»Ich kann mir gut vorstellen, daß Sie in Anbetracht Ihrer zahlreichen Verpflichtungen das Gefühl haben, daß Ihr Arbeitstag einfach nicht genug Stunden hat. Andererseits wissen Sie, daß die Abteilung dieses Training priorisiert hat. Außerdem wurde festgelegt, daß dieses erste Zusammentreffen von uns innerhalb von sechs Wochen nach dem Training stattfinden muß. Da sich diese Zeitspanne schon ihrem Ende nähert, können wir den Termin nicht noch weiter hinausschieben. Was meinen Sie, wie wir in Anbetracht dieser Gegebenheiten einen Termin finden könnten?«

»Am Donnerstag kann ich wirklich nicht. Vielleicht könnte ich mir am Dienstagmorgen 30 Minuten dafür frei halten.«

---

* Der Begriff *Supervisor* ist in diesem Zusammenhang etwas mißverständlich. Tatsächlich handelt es sich hier um eine Vorgesetzte, die im Englischen als *supervisor* bezeichnet wird. Anm. d. Übers.

Wie alle Teilnehmer des Trainings war auch Carrie (schriftlich und mündlich) über Zeitpunkt und Dauer (45 Minuten) des ersten Follow-up-Gesprächs informiert worden. Außerdem hatte sie eine entsprechende eMail erhalten und war auch telefonisch an den Termin erinnert worden. Sie wußte also, daß 45 Minuten erforderlich waren.

»Tut mir leid, Carrie, wir brauchen volle 45 Minuten.«

»Okay, ich weiß, daß wir das erledigen müssen. Könnten Sie dann um 7.45 Uhr am Dienstag beginnen?«

»Abgemacht.«

Man könnte das Verhalten dieser Supervisorin natürlich schlicht für Widerstand halten, aber wir wissen auch, daß es ihr um gute Arbeit geht. Gleichzeitig ist sie neuen Initiativen gegenüber skeptisch, weil sich solche Neuanfänge in der Vergangenheit nicht als dauerhaft erwiesen haben. Deshalb ist es wahrscheinlich nützlicher, sie als ambivalent zu sehen. Die entscheidende Frage ist: *Wenn Sie in dieser Situation wären, wie würden Sie dann mit dieser Frau bei Ihrem nächsten Treffen mit ihr am Dienstag umgehen?*

Ein tieferer Einblick

Wir haben uns schon in Kapitel 2 mit dem Thema Ambivalenz beschäftigt, und auch im weiteren Verlauf dieses Buches ist es immer wieder aufgetaucht. Vielleicht erinnern Sie sich noch an die Definition, nach der MI *»eine klientenzentrierte direktive Methode zur Verbesserung der intrinsischen Motivation für eine Veränderung mittels der* ***Erforschung und Auflösung von Ambivalenz****«* ist (Miller & Rollnick 2002/2004, dt. S. 47, Kursivsetzung gemäß dem englischen Original, Fettmarkierung vom Autor hinzugefügt). Im *Merriam-Webster's Online Dictionary* (www.merriam-webster.com/dictionary; Stand 9.2.2008) wird Ambivalenz wie folgt definiert: »**1:** Gleichzeitige und widersprüchliche Einstellungen oder Gefühle (so wie z. B. Angezogensein und Abgestoßensein) einem Objekt, einer Person oder einer Handlung gegenüber; **2a:** ständige Fluktuation (zwischen einer Sache und deren Gegenteil); **b:** Unsicherheit bezüglich der Frage, für welche der konträren Positionen man sich entscheiden soll.« Diese Definitionen beschreiben Carries Situation und geistige Haltung sehr zutreffend.

Ambivalenz ist ein komplexes Konzept. Engle und Arkowitz (2006) haben einer Untersuchung der verschiedenen Aspekte der Ambivalenz ein ganzes Buch gewidmet. Trotz ihrer Komplexität und ihrer zentralen Bedeutung für Definition und Verständnis des MI enthalten beide bisherigen Auflagen des MI-Grundlagenwerkes (MI1 & MI2) erstaunlich wenig direkte Anleitungen für den konkreten Umgang mit Ambivalenz.

Möglicherweise ist das der Grund, aus dem sich einige MI-Therapeuten, wenn es um die Auflösung von Ambivalenz geht, auf Aktivitäten stürzen, die auf der sogenannten *Entscheidungswaage* (d. h., auf dem Abwägen des Für und Wider des Status quo oder einer Veränderung oder von beidem) basieren. Miller und Rollnick (2009) haben, wie in Kapitel 5 angedeutet wurde, darauf hingewiesen, daß diese Vorgehensweise problematisch sein kann. Nach vorliegenden Untersuchungen könnte *Change-talk* in Beziehung zu *Sustain-talk* ein wichtiger Prädiktor für das Eintreten oder Nichteintreten einer Veränderung sein. Aufgrund dieser Entdeckung sind Miller und Rollnick (2009) von Techniken wie der Entscheidungswaage, die *Sustain-talk* hervorrufen, mittlerweile abgekommen. Zwar untersagen sie die Nutzung von Entscheidungswaagetechniken nicht generell, doch weisen sie darauf hin, daß diese wahrscheinlich in einer sehr zielgerichteten Aktivität am nützlichsten sind – wenn Klienten sich im Anfangsstadium der Reaktionsbereitschaft befinden und nicht bereit sind, über Veränderung zu sprechen.

Aber wie sollte ein MI-Therapeut die Ambivalenz *nach* dieser frühen Phase untersuchen und auflösen? Die Antwort, die sich aus den vorangegangenen Kapiteln ergibt und die seit der frühesten Publikation über MI (Miller 1983) vorliegt, lautet, daß man direktiv sein und *Change-talk* selektiv hervorrufen und verstärken sollte. Die Erforschung von *Sustain-talk* ist beschränkt und geschieht früh und im Kontext des Hinarbeitens auf *Change-talk*. Einfacher ausgedrückt, gelangen Ambivalenzen im MI-Rahmen zur Auflösung, indem die Klienten sich selbst »in die Veränderung hineinreden«.

Im vorliegenden Kapitel konzentrieren wir uns auf vier Ansatzpunkte für die Auflösung von Ambivalenz: durch die *Nutzung evozierender Fragen*, durch *Blumen pflücken* (d. h., durch das Finden und Verstärken von Change-talk), durch *Zusammenstellen von Blumensträußen* (d. h., durch die Nutzung von Zusammenfassungen) und durch *Werte erforschen* (durch das Gegenüberstellen von Werten und Verhaltensweisen). Außer diesen vier Möglichkeiten eignen sich auch alle übrigen in Kapitel 5 aufgeführten Aktivitäten, Change-talk zu fördern.

Evozierende Fragen

Fragen dieser Art fordern die Klienten auf, Gründe zu nennen, die sie veranlassen könnten, sich zu verändern. Als besonders nützlich hat sich diese Technik zu Beginn von Veränderungsprozessen erwiesen; doch ihr Nutzen beschränkt sich nicht auf diese Zeitspanne. Der Therapeut nutzt die Fragen, um das Gespräch zu Veränderungselementen hinzulenken und es von erhaltenden Faktoren zu entfernen. Wenn wir nun zu Carrie zurückkehren und an das bevorstehende Treffen des Coachs mit ihr denken, so könnte man für diese Situation folgende Beispiele für evozierende Fragen formulieren:

»Was macht Ihnen im Moment bei der Arbeit Sorgen?«

»Was macht Ihnen Kummer, wenn Sie an die Arbeit derjenigen denken, die Sie bei ihrer Betreuung eigener Klienten begleiten und anleiten sollen?«

»Was sähen Sie bei Ihrer Arbeit mit Supervisanden gern häufiger?«

»Wie paßt Ihnen dieses neue Modell?«

»Wenn wir einmal von Zeitmangel absehen, was wünschen Sie sich dann bei Ihrer Arbeit mit den von Ihnen Betreuten anders, als es momentan ist?«

»Wie würde sich die Situation verbessern, wenn Sie sich verändern würden?«

Blumen pflücken

Auch wenn wir versuchen, *Change-talk* zu fördern, ist damit nicht garantiert, daß ein Klient nur über diese Aspekte sprechen wird. Weil er ambivalent ist, müssen wir damit rechnen, von ihm sowohl *Change-talk* als auch *Sustain-talk* und nicht zuletzt neutrale Äußerungen zu hören. Doch wir achten gezielt auf Äußerungen, in denen Veränderungstendenzen anklingen, und diese verstärken wir.

MI-Therapeuten messen diesen verschiedenen Elementen kein gleich starkes Gewicht bei; das tun vielmehr die Klienten selbst, und genau dies hat es ihnen ermöglicht, in einen Zustand der Stagnation zu geraten. Wir richten unsere Aufmerksamkeit vielmehr gezielt auf das, was uns die Klienten über potentielle Veränderungen berichten. Miller vergleicht diesen MI-Aspekt mit einem Spaziergang durch einen Garten, in dessen Verlauf man sich Blumenbeschreibungen des Klienten anhört und man nur die Blumen pflückt, die ihn besonders stark beeindrucken. Dabei kann es vorkommen, daß wir Beschreibungen von weniger wertvollen Blumen und von solchen, die der Klient nicht mag, hören und daß wir diesen nur begrenzt unsere Aufmerksamkeit schenken.

Bei Carrie könnte es sein, daß wir ihre umfangreichen beruflichen Pflichten registrieren, aber wir würden nicht darauf fokussiert bleiben, sondern den Fokus auf die erforderliche Veränderung umorientieren – die Aneignung des neuen Praxismodells. Bei dieser Sachlage könnte eine doppelseitige Reflexion gute Dienste leisten und es erforderlich machen, daß wir uns auf schon vorher übermittelte Informationen beziehen.

»Wenn man bedenkt, was die Abteilung alles von Ihnen erwartet, kann man sich vorstellen, daß Sie das Gefühl haben, Ihr Arbeitstag habe nicht genug Stunden. Trotzdem hat die Abteilung diesem Training Priorität eingeräumt, wie Sie wissen.«

Obwohl der zweite Teil dieser Äußerung nicht *per se Change-talk* ist, handelt es sich doch um ein auf Veränderung fokussierendes Element. Und als solches ist es ein erster Schritt auf dem Weg zu einer Veränderung.

Blumensträuße zusammenstellen

Menschen, die sich nicht aus einer Ambivalenz lösen können, sind sich in der Regel sehr wohl darüber im klaren, daß Sie sich in einer festgefahrenen Situation befinden. Sie benötigen Hilfe, um wieder bewegungsfähig zu werden.

Deshalb ist unsere Arbeit nicht immer mit dem Blumenpflücken erledigt. Manchmal benötigen die Klienten auch Hilfe beim Organisieren dieses Materials. Deshalb wählen wir nicht nur bestimmte Blumen aus, sondern stellen sie auch zu einem Blumenstrauß zusammen. Mit Hilfe dieser Arrangements erkennen die Klienten die verschiedenen Arten von Blumen, die Beziehungen zwischen ihnen und welche Elemente noch zusätzlich erforderlich sind. Das Zusammenstellen solcher Blumensträuße besteht im Entwickeln von Zusammenfassungen.

Man kann für diesen Zweck alle drei Arten von Zusammenfassungen benutzen. Eine *sammelnde Zusammenfassung* resümiert, was die Klienten gesagt haben, sorgt dafür, daß der Impuls zur Vorwärtsbewegung erhalten bleibt, und zeigt den Klienten, welche Ihrer Gedanken über Veränderung am wichtigsten sind. Dies erreicht man, indem man verschiedene Elemente kontrastiert oder zueinander in Beziehung setzt. Für die *verbindende Zusammenfassung* ist charakteristisch, daß den augenblicklich aktuellen Ideen solche aus der Vergangenheit oder aus anderen Quellen gegenübergestellt werden. Dies kann man nutzen, um bestimmte Beziehungen oder Konfliktbereiche herauszuarbeiten. Und die *überleitende Zusammenfassung* schließlich hilft den Klienten, nicht nur die Beziehungen zu sehen, sondern auch über weitere Möglichkeiten oder alternative Orientierungen nachzudenken.

Wir kehren nun zu der Interaktion zwischen dem Coach und Carrie zurück und stellen fest, daß der Coach eine verbindende Zusammenfassung anbietet, die aktuelle Informationen mit anderen, bereits früher übermittelten vergleicht. Zwar handelt es sich hier nicht um eine traditionelle überleitende Zusammenfassung, doch zielt die abschließende Frage auf den ersten Schritt in Richtung einer Veränderung (auf die Verabredung der Coaching-Sitzung).

»Ich kann mir gut vorstellen, daß Sie in Anbetracht Ihrer zahlreichen Verpflichtungen das Gefühl haben, daß Ihr Arbeitstag einfach nicht genug Stunden hat. Andererseits wissen Sie, daß die Abteilung dieses Training priorisiert hat. Außerdem wurde festgelegt, daß dieses erste Treffen innerhalb von sechs Wochen nach dem Training stattfinden muß. Da sich diese Zeitspanne schon ihrem Ende nähert, können wir den Termin nicht noch weiter hinausschieben. Was meinen Sie, wie wir in Anbetracht dieser Gegebenheiten einen Termin finden könnten?«

Werte erforschen

Eine weitere Möglichkeit besteht darin, den Klienten direkt nach seinen Werten zu befragen. Auf Werte bezogene Fragen können beispielsweise auf das zielen, was für einen Klienten am wichtigsten ist. Beispielsweise könnte man fragen: »Wenn Sie in Ihrem Leben eine wichtige Entscheidung treffen müssen, was spielt dann dabei für Sie eine Rolle?« Diese Untersuchung kann auch in Form des Sortierens von Wertekarten (VCS) erfolgen. Beim VCS wird ein spezielles Kartenset in mehrere Stapel aufgeteilt. Eine deutsche Version der Karten finden Sie im Internet: *http://www.gp-probst.de*. Allan Zuckoff beschreibt – auf der Basis der Beobachtung Bill Millers während einer Demonstration –, wie er VCS nutzt.

Fordern Sie die Klienten zunächst auf, die Karten den Kategorien »nicht wichtig« und »wichtig« zuzuordnen und sie dementsprechend auf zwei Stapel zu legen. Wenn viele Karten auf dem Stapel »wichtig« landen – was quasi unvermeidbar ist –, nehmen Sie sich einen Moment Zeit, um dem Klienten zu bestätigen, daß für ihn offenbar viele Dinge wichtig sind. Stellen Sie fest, daß die meisten Menschen tatsächlich viele Werte für wichtig halten, die manchmal in Konflikt geraten, und daß es uns deshalb zuweilen schwerfällt, wichtige Entscheidungen zu treffen. Diese Erklärung trägt zur Entgiftung der wahrscheinlich existierenden Gefühle der Frustration, der Wut und/oder des Selbstekels infolge der langen Stagnation bei.

Bitten Sie den Klienten anschließend, die Karten, die auf dem Stapel für »wichtig« liegen, in zwei Stapel, »wichtig und »besonders wichtig«, aufzuteilen, wobei auf dem Stapel »besonders wichtig« nicht mehr als fünf Karten liegen sollten. Lassen Sie den Klienten danach in beliebiger Reihenfolge erklären, was die Worte auf den von ihm als »besonders wichtig« bezeichneten Karten des Stapels für ihn bedeuten. Hören Sie dabei empathisch zu, und bemühen Sie sich, die spezifischen Bedeutungen der einzelnen Werte-Karten für den Klienten zu verstehen und auf eventuell zugrundeliegende Themen, Verbindungen und Spannungen zwischen ihnen zu achten.

Als nächstes wird der Klient gefragt, wie gut es ihm zur Zeit gelingt, im Sinne seiner Werte zu leben. Hören Sie unterdessen empathisch zu, und bitten Sie um nähere Erläuterungen und Beispiele. So können Sie selbstbestärkende Äußerungen hervorlocken, und der Therapeut erhält die Möglichkeit, Affirmationen anzubieten. Anschließend wird der Klient gefragt, in welcher Hinsicht er nicht in dem Maße seinen Werten entsprechend lebt, wie er gern möchte. Entstehen dadurch Diskrepanzen, so ist das beabsichtigt, denn die Klienten sollen auf diese Weise umfassend zur Veränderung angespornt werden. Dies erfordert von den Klienten viel Vertrauen, und es kann bewirken, daß die Betreffenden sich zumindest zeitweise schlechter fühlen als vorher.

Fragen Sie den Klienten schließlich, wie das Zielverhalten zu ihren Werten paßt oder wie es sich auf ihre Fähigkeit, ihren Werten gemäß zu leben, auswirkt. Wenn Klienten nicht spontan Konflikte zwischen ihren Werten und dem Zielverhalten beschreiben, dann fragen Sie sie nach solchen Konflikten oder Spannungen. Fragen Sie die Betreffenden, was sie tun oder verändern müßten, um stärker ihren Werten gemäß zu leben.

Mit Hilfe dieser Aktivität können Klienten erforschen, ob ihr derzeitiges Verhalten mit den Werten, die ihnen wichtig sind, harmoniert. Wie immer versetzt sich der Therapeut oder Helfer in eine nicht-urteilende Haltung, während der Klient Bedeutung und Implikationen eines Verhaltens erforscht. Manchmal veranschaulicht diese Übung sehr plastisch, daß ein »Problem«-Verhalten auf der Liste wichtiger Werte des Betreffenden eine sehr niedrige Position hat und daß deshalb eine Veränderung unwahrscheinlich ist. Der betreffende Wert ist einfach nicht so wichtig wie andere. In anderen Fällen beleuchtet die Übung einen krassen Kontrast, und die Möglichkeit der Scham ist real gegeben, wie Zuckoff weise anmerkt. Wenn jemand zuläßt, daß diese Scham zum Fokus der Arbeit wird, so kann dies einen Menschen derart erstarren lassen, daß er sein Verhalten nicht mehr zu ändern vermag. Auch in diesem Fall ist das Ziel Veränderung, und darauf fokussiert der Therapeut.

Obwohl Therapeuten manchmal das Gefühl haben, daß die soeben beschriebene Aktivität theoretisch sehr anspruchsvoll und sehr komplex ist, sind Menschen, die die MI-Methode erlernen, durchaus dazu in der Lage, sie zu benutzen. Instruktionen und Hinweise sind zweifellos von Nutzen, aber die entscheidenden Elemente sind folgende:

1. Identifizieren Sie, welche Werte für den Klienten am wichtigsten sind.
2. Fragen Sie den Klienten, was die einzelnen Werte ihm bedeuten.
3. Finden Sie heraus, wie der Klient einen Wert lebt.
4. Stellen Sie fest, ob und wieso der Klient einen Wert *nicht* lebt.
5. Achten Sie auf Verbindungen (oder deren Fehlen) zwischen dem problematischen Verhalten und den gewählten Werten.

Und natürlich wie immer: Nutzen Sie die OARS-Fertigkeiten großzügig!

Konzept-Quiz – Testen Sie sich!

Richtig oder falsch

1. R F Ambivalenz spielt sehr häufig eine Rolle, wenn Menschen darüber nachdenken, ein Verhalten zu ändern.
2. R F Die Konzepte Ambivalenz und Widerstand beinhalten das gleiche.
3. R F Manchmal reicht es aus, OARS-Fertigkeiten zu benutzen, um sich über widersprüchliche Gefühle klar zu werden und eine Entscheidung zu treffen.
4. R F Beim MI ist es unverzichtbar, mit der Entscheidungswaage zu arbeiten.
5. R F MI löst Ambivalenz durch direktives Vorgehen und Fokussieren auf *Change-talk* auf.
6. R F Evozierende Fragen wecken Emotionen.
7. R F Mit *Blumen pflücken* ist gemeint, daß man zuhört und selektiv die Elemente eines Gesprächs verstärkt, die auf Veränderung gerichtet sind.
8. R F *Change-talk* selektiv zu verstärken reicht manchmal nicht aus, und ein Klient braucht Hilfe, um die vorliegenden Informationen auf eine ihm nützliche Weise zu organisieren.
9. R F *Value Card Sort* (VCS) ist eine sehr diffizile Aktivität, die tiefreichende Kenntnisse in der MI-Arbeit voraussetzt.
10. R F Die VCS-Übung kann Klienten sowohl bestätigen als auch beschämen.

Antworten

1. R Okay. Wahrscheinlich habe ich dieses Thema nun einmal zu oft zur Sprache gebracht; aber das dient nur dazu, eine Art rhythmischen Gesang zu produzieren, der sich wie Atmen anfühlt. *Einatmen:* Ambivalenz ist normal. *Ausatmen:* Reflektieren.
2. F Engle und Arkowitz (2006) unterscheiden klar zwischen der Unsicherheit, die das Vorhaben, etwas zu verändern, erzeugt, und dem aktiven Zurückdrängen einer Veränderung, das die Klienten manchmal betreiben. Diese These ähnelt derjenigen bezüglich der Äußerungen über *Sustain-talk* und Widerstand in Kapitel 6.
3. R Die Anwendung der OARS-Fertigkeiten allein kann tatsächlich ausreichen, doch manchmal läßt sich durch ein formelleres Vorgehen ein umfassenderes Bild der Situation gewinnen, und dies kann dem Klienten helfen, sich dem Zustand der Veränderungsbereitschaft zu nähern.
4. F Die Entscheidungswaage ist kein Bestandteil des MI (Miller & Rollnick 2009). Obwohl sie in bestimmten Situationen nützlich sein kann, ist sie nicht zwingend notwendig und kann sogar problematisch sein, weil sie *Sustain-talk* hervorruft.
5. R Obwohl sich die MI-Definition auf ein Erforschen der Ambivalenz bezieht, ist damit kein langwieriges Aufzählen aller Gründe für die Erhaltung des Status quo gemeint. Vielmehr handelt es sich um einen zielgerichteten Ansatz, der *Change-talk* selektiv fördert und verstärkt. (Siehe Anm. S. 266)

6. F Zwar können evozierende Fragen tatsächlich Emotionen hervorrufen, doch zielt die hier vorgestellte Fragetechnik nicht darauf. Sie dient vielmehr dazu, die Aufmerksamkeit auf Elemente zu richten, die auf Veränderung hin orientiert sind, und den Klienten zu bitten, direkt mit diesen Elementen zu sprechen.
7. R Meist beinhaltet das Blumenpflücken *Change-talk*. Es gibt aber auch Fälle, in denen vorbereitende Schritte – so wie in dem Gespräch mit Carrie – auf zu verändernde Elemente fokussieren, die jedoch nicht die Voraussetzungen für Change-talk erfüllen (im konkreten Beispielfall das Registrieren der Tatsache, daß ihre Abteilung von ihr erwartet, daß sie sich dieser Aktivität widmet). Dies ist zwar nicht das gleiche wie Change-talk, doch werden wir dadurch in eine Richtung gelenkt, die dem Change-talk näher kommt. Möglicherweise müssen wir uns mit diesen Elementen so lange beschäftigen, bis Change-talk zutage tritt. Sobald dies eintritt, ist Change-talk der primäre Fokus.
8. R Wie in diesem Buch schon einige Male erwähnt wurde, benötigen die Klienten manchmal unsere Unterstützung bei ihrem Bemühen, ihre Erlebnisse zu organisieren. Dies ist insbesondere dann zu erwarten, wenn die betreffenden Klienten ambivalent sind: Sie wissen, daß sie nicht weiterkommen und daß es ihnen bisher nicht gelungen ist, dieses Dilemma ohne Hilfe von außen zu lösen. In solchen Fällen helfen ihnen Hinweise auf die Beziehung zwischen Ideen, Verhaltensweisen oder Werten, um sie dazu zu bringen, sich aus dem Zustand der Stagnation zu befreien.
9. F Die VCS-Technik ist keineswegs so speziell; allerdings braucht man eine gewisse Praxiserfahrung, um sie effektiv anwenden zu können. So wie bei vielen anderen Dingen, mit denen wir uns beschäftigt haben, sind letztendlich die feinen Nuancen und die sachkundigen Reflexionen und Fragen für die Wirkung dieser Technik ausschlaggebend. Allerdings braucht dies all jene, die MI erlernen, nicht daran zu hindern, die Technik effektiv anzuwenden. Sie sollten sich bei der Anwendung der VCS-Technik die im nächsten Punkt vermittelten Informationen vergegenwärtigen.
10. R Die VCS-Übung kann beide genannten Emotionen hervorrufen, und beide können motivierend wirken, wobei es sich beim Beschämen allerdings um eine wesentlich komplexere Situation handelt. Grundsätzlich geht es dem MI nicht darum, Scham hervorzurufen, weil eine emotionale Reaktion dieser Art keine sichere, veränderungsfördernde Umgebung schafft. Andererseits kann es Menschen durch sorgfältige Überprüfung und Erörterung durchaus klar werden, daß ihr Verhalten nicht ihren eigenen Erwartungen (oder nicht denjenigen anderer) entspricht. Es geht nicht darum, Scham hervorzurufen, doch wenn solche Empfindungen zutage treten, ist es wichtig, sich in eine Situation zu versetzen, in der das Verhalten stärker mit den Werten in Einklang steht. Dieser Prozeß erfordert Sachkenntnis. Gemeint ist damit, daß man zu guter MI-Arbeit in der Lage sein muß, und diese Fähigkeit erwirbt man ausschließlich durch Üben, Feedback und Coaching.

Anmerkung zu Antwort 5: Zu der Frage, wie man Ambivalenz erforschen sollte, gibt es unterschiedliche Ansichten. Eine der Extrempositionen beinhaltet, daß man die Ambivalenz vollständig erforschen sollte, was der Auffassung der humanistisch orientierten Psychotherapie entspricht. Die andere Extremposition hingegen, die eher der kognitiv-behavioralen Therapie zuzuordnen ist, verweist auf die Bedeutung der Selbstwahrnehmungstheorie für das Verständnis dessen, was beim MI geschieht, und sorgt sich darum, daß das Zutagefördern der positiven Aspekte des aktuellen Verhaltens oder der momentanen Situation den Status quo verstärken könnte. Einige vorliegende Untersuchungen lassen diese Sorge als gerechtfertigt erscheinen. Es existiert aber bezüglich dieser Frage keine allgemein anerkannte Sicht. Die gute Nachricht ist die Überprüfbarkeit dieser These und daß die Forschung sie wohl in den nächsten Jahren beantworten wird.

Zur Zeit tendiere ich zu einer Position in der Mitte des Spektrums der Möglichkeiten: die potentiell positiven Auswirkungen gründlicher zu erforschen, um einen Ausgangspunkt für die Förderung von *Change-talk* zu gewinnen. Aus dem Bereich der Suchttherapie weiß ich, daß die Klienten praktisch nie danach gefragt werden, was am Drogenkonsum ihnen eigentlich gefällt. Deshalb wirkt diese Art der Untersuchung ein wenig entwaffnend, und die Klienten gewinnen durch sie den Eindruck, daß das aufrichtige Interesse des Therapeuten und seine Neugier auf ihre Situation, von Wert sind. Außerdem hilft diese Art des Untersuchens mir zu verstehen, was die Klienten ersetzen müssen, wenn sie derartige Veränderungen vollziehen, und dieses Bewußtsein wieder hilft ihnen, zum richtigen Zeitpunkt einen Veränderungsplan zu entwickeln. Allerdings geht es hier nicht um ein absichtliches Freilegen sämtlicher Ansätze von *Sustain-talk*, sondern darum, zu begreifen, was das betreffende Verhalten aufrechterhält, *wobei man gleichzeitig auf die Veränderungselemente fokussiert.*

Praxisbeispiel

Wir kehren nun zur Situation des Praxis-Coachs des *Department of Health Services* und der Supervisorin Carrie zurück. Es folgt ein Transkript vom Anfang des vereinbarten Treffens am Dienstagmorgen. Das Veränderungsziel für den Coach ist in dieser Situation, daß Carrie sich das Modell zu eigen macht. Er stellt zunächst Rapport her und bemüht sich, für das Vorhaben zusammen mit Carrie einen Plan zu entwickeln. Der Coach hatte in der Vorwoche eine Videoaufnahme von der Arbeit der Supervisorin gesehen, und ihm war aufgefallen, daß sie das Interventionsmodell nur sehr spärlich einsetzte. Im folgenden Dialog steht »C« für den Coach und »S« für die Supervisorin (Carrie).

	Äußerung	*Kommentar*
C.:	Ich bin hier, um mit Ihnen über das Interventionsmodell zu reden. Aber zunächst interessiert mich, wie es Ihnen zur Zeit in Ihrer Arbeitssituation ergeht. Ich weiß ja schon, daß Sie zeitlich sehr stark beansprucht sind.	*Beginnt mit einer sehr umfassenden Eröffnungsäußerung, die Informationen über den Kontext gibt, in dem die Supervisorin arbeitet.*
S:	Das ist wahr. Zwischen den Treffen mit Familien, der Schreibarbeit und den Personalproblemen bleibt mir praktisch keine Minute zum Luftholen. Aber ich habe – meistenteils – sehr gute Mitarbeiter, und das erleichtert mir die Arbeit.	*Spricht über Schwierigkeiten und Ressourcen. Außerdem macht sie eine Andeutung.*
C.:	Sie haben das Gefühl, daß Ihre Mitarbeiter ziemlich gute Arbeit leisten.	*Die Blumen pflücken. Eine komplexe Reflexion fokussiert auf die Veränderungselemente und könnte eine noch gründlichere Untersuchung ermöglichen.*
S:	Meistenteils ...	*Verstärkt die Andeutung.*
C.:	Aber nicht immer ...	*Wieder Blumen pflücken. Diese komplexe Reflexion geht auf die Andeutung ein.*
S:	Na ja, ich habe ein Problem mit Don. Ich habe jeden Morgen etwa eine halbe Stunde damit zu tun, die Scherben, die bei seinen Interaktionen mit Klienten entstanden sind, wegzuräumen. Er kommt mit den Leuten einfach nicht zurecht. Ich habe mit ihm schon etliche Male darüber geredet, aber das hat alles nichts gebracht. Ich glaube, ich bin jetzt so weit, einen Eintrag für seine Personalakte zu schreiben. Aber wenn ich das tue, bekomme ich Ärger mit der Gewerkschaft. Und den kann wohl keiner von uns gebrauchen.	*Beschreibt den für sie wichtigen Aspekt des Plans – und dabei handelt es sich nicht um das Interventionsmodell.*
C.:	Zu allem Überfluß also noch etwas, das Ihnen Kopfschmerzen macht.	*Verbindet die vorige Äußerung durch eine Reflexion mit anderen Anforderungen, die sie belasten. Baut Rapport auf, aber fokussiert auf das Element der Zustandserhaltung.*

S: Und dann kommen auch noch all diese methodischen Neuerungen, und es kommt mir fast so vor, als löse eine die andere ab. Ich habe sowieso schon keine Zeit, und außerdem sollen die Familien an erster Stelle stehen.

Beschreibt ihre Ambivalenz bezüglich der Qualitätsförderungsinitiative.

C.: Es kommt Ihnen so vor, als würde man Sie mit neuen Anforderungen förmlich überhäufen. Und dann ist da auch noch Don. Und dann kommt jemand und erlegt Ihnen zu allem Überfluß noch eine so gewaltige neue Aufgabe auf – die neue Interventionstechnik zu erlernen und umzusetzen. Ich kann mir vorstellen, daß Sie das Gefühl haben, Sie könnten all dies keinesfalls zusammen in den Griff bekommen. Und ich kann mir auch denken, daß Sie ein wenig frustriert und vielleicht sogar sauer darüber sind, daß Sie sich jetzt auch noch mit diesem Interventionsmodell herumschlagen müssen.

Mit Hilfe einer Zusammenfassung und einer Metapher zollt der Coach der Tatsache Anerkennung, daß die Initiative eine Belastung darstellt. Auch steht der Aufbau von Rapport im Mittelpunkt, was gleichzeitig bedeutet, daß der Fokus in einem gewissen Maße auf Sustain-talk gerichtet ist.

S: Ja. Jetzt haben Sie's kapiert.

Fühlt sich verstanden, aber die Ambivalenz ist damit noch nicht aufgelöst.

C.: Und bei alldem versuchen Sie, Ihren Blick auf das eigentliche Ziel gerichtet zu halten: auf die Familien, die Sie betreuen. Sie scheinen Ihre Arbeit wirklich ernst zu nehmen, auch in Situationen, in denen es leichter wäre, einfach nur seine Pflicht zu tun, das Herz aus der Sache herauszuhalten und es mit Mauern zu umgeben.

Blumensträuße zusammenstellen. Diese kurze verbundende Zusammenfassung bestätigt die Stärken der Supervisorin, wobei sie auf eine potentielle Quelle der Motivation (Veränderungselemente), die neue Intervention zu nutzen, eingeht.

S: Natürlich bin ich engagiert. Deshalb bin ich ja immer noch im Geschäft. Es wird aber immer schwerer, besonders wegen der ständig steigenden Anforderungen, denen keine zusätzliche Hilfe gegenübersteht.

Bestätigt diese Motivation und hebt erneut hervor, daß sie sich einer gewaltigen Herausforderung gegenübersieht.

C.: Und so fühlt sich das jetzt für Sie an – »mehr Ziegel, weniger Stroh«*.	*Metapher*
S: Das haben Sie gesagt, aber – ja, stimmt.	*Die Supervisorin fühlt sich verstanden und mit dem Coach auf einer Wellenlänge, obwohl sie das Programm, das er ihr vermitteln will, immer noch nicht akzeptiert.*
C.: Ich würde Sie gern über ein paar Dinge informieren. [S: Ja.] Es geht uns natürlich nicht darum, Ihnen das Leben noch schwerer zu machen. Deshalb frage ich mich, ob Sie unsere Bemühungen in irgendeiner Hinsicht als Ihnen nützlich, statt als nur hinderlich, sehen könnten.	*Gibt zielgerichtete Informationen und stellt dann eine evozierende Frage, um festzustellen, ob die Klientin in der Lage ist, in einem Sich-Einlassen irgendwelche positiven Konsequenzen zu sehen.*
S: Würde es mir gelingen, mein Problem mit Don zu lösen, wäre das ein guter Anfang.	*Die Supervisorin äußert sich sehr klar.*
C.: Es wäre für Sie ein guter Anfang, wenn Ihnen bei Ihrem Problem mit Don geholfen würde.	*Blumen pflücken*
S: Könnten Sie mit ihm reden?	*Wahrscheinlich ist der Supervisorin klar, daß das neue System so nicht funktioniert. Trotzdem ist bei ihr immer noch Ambivalenz bezüglich des Sich-Einlassens zu spüren.*
C.: So funktioniert das Modell nicht. Wir versuchen, unseren Klienten zu helfen, mit solchen Don-Typen selbst besser fertig zu werden – unter anderem. Treten dann Probleme wie diese auf, fühlen sie sich in der Lage, darauf einzugehen. Man würde dann die Hoffnung darauf richten, daß Sie mehr Resultate der Art, die Sie gern erreichen würden, erzielen könnten.	*Die Informationen des Coachs beziehen sich auf die Ambivalenz und auf Versuche, den Anteil, der der Supervisorin zugute kommen könnte, zu aktivieren. Kommt der Überzeugung allmählich näher.*
S: Sie werden also nicht mit ihm sprechen?	*Spürt die Überzeugung und vertritt noch einmal nachdrücklich das eigene Interesse.*
C.: Nein, aber vielleicht gibt es andere Möglichkeiten.	*Antwortet direkt, aber bietet eine andere Möglichkeit an.*

* Anspielung auf Exodus 5:18, Anm. d. Übers.

S: Na ja, vielleicht könnte ich ein Treffen mit ihm vereinbaren, und Sie könnten zuschauen und sich selbst davon überzeugen, wie schwierig es ist, mit ihm fertig zu werden.	*Beschreibt selbst eine Möglichkeit.*
C.: Das wäre für Sie von Nutzen.	*Coach pflückt die Blume und verstärkt diesen Ausdruck von Engagement.*
S: Vielleicht kommen Sie dadurch auf ein paar Ideen, und gleichzeitig sehen Sie, womit ich zu kämpfen habe.	*Das Engagement ist geweckt, aber immer noch zaghaft. Dies ist der Anfang des Weges von der Ambivalenz zur Veränderung.*
C.: Sie sehen einen Hoffnungsschimmer, bleiben aber realistisch. Und Sie möchten, daß auch ich realistisch bin. Das ist für uns beide ein wichtiger Wert. Wahrscheinlich werden wir nichts finden, was diese Situation im Laufe einer einzigen Sitzung in Ordnung bringt. Aber vielleicht können wir ja die Zeit, die Sie auf Probleme verwenden, die mit Don zusammenhängen, auf die Hälfte verringern, beispielsweise von den bisherigen 30 Minuten auf 15 Minuten. Was halten Sie davon?	*Den Blumenstrauß zusammenstellen. Der Coach bietet zusätzliche Informationen über realistische Erwartungen an und stellt im Anschluß daran evozierende Fragen.*
S: Das würde meine Kopfschmerzen auf die Hälfte reduzieren.	*Buy-in*
C.: Es wäre ein Anfang. Worauf sollte ich bei einem solchen Treffen achten, um Ihnen zu helfen?	*Verstärkt Change-talk. Macht sich daran, die Intervention auf die Bedürfnisse der Supervisorin zu richten und das Engagement zu verstärken.*

Probieren Sie dies aus

Den Umgang mit Ambivalenz zu üben ist schwierig, wenn man dabei nicht mit anderen reden kann. Wir werden trotzdem mit einigen Imaginationsübungen sowie mit selbstfokussierter Arbeit beginnen und dann zu Übungen im Dialog übergehen.

Übung 8.1 Die Balance entscheidend verändern

Bei dieser Übung geht es um Imagination und Ambivalenz. Sie finden auf den folgenden Seiten ein Arbeitsblatt, auf dem Problembereiche vermerkt sind, mit denen MI-Therapeuten häufig konfrontiert werden. Sie sollen sich für jeden dieser Bereiche vorstellen, was das beschriebene Verhalten bzw. den Status quo aufrechterhält und was dabei problematisch sein könnte. Anschließend sollen Sie eine evozierende Frage formulieren, die den Veränderungsaspekt der betreffenden Ambivalenz stärkt.

Übung 8.2 Blumen finden und pflücken

In dieser Übung trainieren Sie das Identifizieren und Verstärken der Bereiche, in denen in einer Äußerung des Klienten *Change-talk* zum Ausdruck gelangen könnte. Sie werden üben, diese »Blume« zu finden und sie mit Hilfe von Reflexionen zu verstärken. Da es manchmal schwierig ist, die Blume zu erkennen, müssen Sie genau hinschauen.

Übung 8.3 Einen Blumenstrauß binden

Verfassen Sie auf der Grundlage der in Übung 8.1 gewonnenen Informationen eine Zusammenfassung, die Ihnen hilft, das Material so zu organisieren und zu präsentieren, daß die Veränderungselemente herausgestellt werden. Die Fragen finden Sie auf dem entsprechenden Arbeitsblatt, wo auch genügend Raum für Ihre Zusammenfassung ist. Allerdings brauchen Sie für die Übung die ausgefüllten Formblätter zu Übung 8.1. Auf dem Arbeitsblatt finden Sie ein Beispiel, das Sie studieren können.

Übung 8.4 Ordnen Sie Ihre Werte

In dieser Übung sollen Sie Ihre eigenen Werte ordnen und im Hinblick auf ein Verhalten, das Sie verändern wollen, über sie nachdenken. Beschaffen Sie sich zunächst die Werte-Karten von der Website *www.gp-probst.de.* Wenn Sie diese haben, dann decken Sie die Karten auf, und sortieren Sie sie nach den Kategorien »unwichtig« und »wichtig«. Wählen Sie aus den Karten der Kategorie »wichtig« die fünf wichtigsten Werte aus, und beantworten Sie dann die Fragen auf dem Arbeitsblatt zu Übung 8.4.

Übung 8.5 Alltägliche Ambivalenz

Diese Übung gibt Ihnen die Möglichkeit, nach der Ambivalenz in Alltagsbegegnungen zu fragen. Sie können dabei mit Freunden, Familienangehörigen oder Arbeitskollegen beginnen und sich allmählich zu Fremden vorarbeiten. Versuchen Sie, günstige Gelegenheiten zu erkennen, oder fragen Sie nach Themen, die in der Regel mit Ambivalenz verbunden sind. Wenn in Ihrer Region eine Wahl ansteht, können neue Kandidaten ein geeignetes Thema sein, aber Sie können auch nach augenblicklich amtierenden

Politikern fragen. Sie finden auf dem Arbeitsblatt Beispielfragen, die Ihnen bei diesem Prozeß helfen sollen.

Arbeit mit einem Partner

Sie können alle Aktivitäten in diesem Abschnitt mit einem Partner ausführen. Bei Übung 8.1., *Die Balance entscheidend verändern*, kann dies zu einem Spiel werden. Wechseln Sie sich mit Ihrem Partner darin ab, der Liste neue Punkte hinzuzufügen. Derjenige, der als Letzter etwas Neues hinzufügt, gewinnt einen Punkt. Jede evozierende Frage wird mit zwei Punkten bewertet. Und wer die meisten Punkte erntet, gewinnt. Vereinbaren Sie einen für den Verlierer harmlosen Preis, beispielsweise daß er dem Gewinner einen Kaffee spendiert. Sie können die Fragen in Übung 8.5 auch benutzen, um mit Ihrem Partner ein Gespräch zu führen, und Sie können den VCS mit Ihrem Partner zusammen durchführen. Benutzen Sie die Instruktionen in diesem Kapitel bezogen auf eine Verhaltensänderung, die Ihr Partner in Erwägung zieht. Benutzen Sie in jedem Fall die angeführten Stichpunkte.

Übung 8.6 Mein Klient verändert sich nicht

Denken Sie an einen Klienten, der eigentlich gute Gründe hätte, sich zu verändern, und es trotzdem nicht tut. Spielen Sie dann diesen Klienten, und lassen Sie Ihren Partner den VCS durchführen. Dabei geht es nicht darum, daß Sie Ihren Klienten karikieren, sondern Sie sollen zu erraten versuchen, was sich bei ihm unter der Oberfläche abspielt. Denken Sie daran, daß Menschen Dinge gewöhnlich aus ganz bestimmten Gründen tun. Versuchen Sie, auf diese Weise zu neuen Erkenntnissen zu gelangen.

Ergänzende Gedanken

Wenn Sie mehr Informationen über einen bestimmten Bereich bekommen wollen, könnte Ihnen die »Was sonst noch«-Frage sehr gute Dienste leisten. Auch ein subtiler Wechsel zu einer geschlossenen Frage (z. B. »Sonst noch etwas?«) kann von Nutzen sein, wenn man eine Diskussion eingrenzen will. Das Schöne an dieser Art von Fragen ist, daß die Klienten gewöhnlich die Veränderung erkennen, und wenn es mehr zu sagen gibt, geben sie es in der Regel preis. Obwohl auf diese Weise ein Bereich abgeschottet werden kann, wird der Klient dadurch nicht zum Schweigen gebracht und auch nicht respektlos behandelt.

Übung 8.1 Die Balance entscheidend verändern

Bei dieser Übung geht es um Imagination und Ambivalenz. Auf dem Arbeitsblatt finden Sie verschiedene Problembereiche, mit denen MI-Therapeuten häufig konfrontiert werden. Die meisten dieser Themen spielen in Ihrem speziellen Arbeitsbereich wahrscheinlich keine Rolle. Versuchen Sie, sich für jeden Bereich vorzustellen, was das betreffende Verhalten bzw. den Status quo aufrechterhalten könnte. Anschließend sollen Sie möglichst viele Beispiele dieser Kategorie zu finden versuchen. Einige Kategorien überschneiden sich offensichtlich, doch andere sind einzigartig. Versuchen Sie, für jeden Bereich so viele Beispiele wie möglich zusammenzustellen. Formulieren Sie anschließend eine evozierende Frage, die einige Aspekte des Veränderungsastes der Ambivalenz aktivieren könnte, und wirken Sie auf die Balance ein.

Warum ißt ein Diabetiker weiterhin bevorzugt Nahrungsmittel mit hohem Zuckergehalt?

Erhält den Status quo	Probleme mit dem Status quo
1.	1.
2.	2.
3.	3.
4.	4.
5.	5.

Evozierende Frage:

Warum pflegt ein auf Bewährung aus der Haft Entlassener weiter mit problematischen Freunden aus seinem alten Wohnviertel Umgang?

Erhält den Status quo	Probleme mit dem Status quo
1.	1.
2.	2.
3.	3.
4.	4.
5.	5.

Evozierende Frage:

Warum fährt ein junger Mann (eine junge Frau) fort, sich beim Sex mit wechselnden Partnern nicht vor Krankheiten zu schützen?

Erhält den Status quo	Probleme mit dem Status quo
1.	1.
2.	2.
3.	3.
4.	4.
5.	5.

Evozierende Frage:

Warum fährt ein frisch operierter Herzpatient mit dem Rauchen fort?

Erhält den Status quo	Probleme mit dem Status quo
1.	1.
2.	2.
3.	3.
4.	4.
5.	5.

Evozierende Frage:

Warum bleibt eine junge Mutter mit zwei Kindern bei ihrem Mann, obwohl dieser sie mißhandelt?

Erhält den Status quo	Probleme mit dem Status quo
1.	1.
2.	2.
3.	3.
4.	4.
5.	5.

Evozierende Frage:

Warum fahren Käufer fort, unnötige Dinge zu kaufen, nur weil sie »billig« angeboten werden, obwohl ihre Partner sich wegen der gemeinsamen Finanzen Sorgen machen?

Erhält den Status quo	Probleme mit dem Status quo
1.	1.
2.	2.
3.	3.
4.	4.
5.	5.

Evozierende Frage:

Warum fährt ein Teilnehmer eines Suchtbehandlungsprogramms fort, in seiner alten Bar Darts zu spielen?

Erhält den Status quo	Probleme mit dem Status quo
1.	1.
2.	2.
3.	3.
4.	4.
5.	5.

Evozierende Frage:

Warum fährt ein High-school-Student im ersten Studienjahr fort, Videospiele zu spielen, obwohl seine Zensuren ständig schlechter werden und seine Eltern wütend auf ihn sind?

Erhält den Status quo	Probleme mit dem Status quo
1.	1.
2.	2.
3.	3.
4.	4.
5.	5.

Evozierende Frage:

Beispielantworten zu Übung 8.1

Warum ißt ein Diabetiker weiterhin bevorzugt Nahrungsmittel mit hohem Zuckergehalt?

Evozierende Frage: *In welcher Hinsicht machen Sie sich wegen Ihrer Eßgewohnheiten Sorgen?*

Warum pflegt ein auf Bewährung aus der Haft Entlassener weiter mit problematischen Freunden aus seinem alten Wohnviertel Umgang?

Evozierende Frage: *Es gibt natürlich ein paar gute Dinge, wenn man mit alten Freunden Umgang pflegt, und es sind auch einige Gefahren damit verbunden. Welche Gefahren dieser Art sehen Sie persönlich für sich?*

Warum fährt ein junger Mann (eine junge Frau) fort, sich beim Sex mit wechselnden Partnern nicht vor Krankheiten zu schützen?

Evozierende Frage: *Was würde sich für Sie verbessern, wenn Sie sich entschließen würden, beim Sex ein wenig mehr auf Nummer Sicher zu gehen?*

Warum fährt ein frisch operierter Herzpatient mit dem Rauchen fort?

Evozierende Frage: *Welche Vorteile hätte es nach Ihrer Meinung, wenn Sie mit dem Rauchen aufhören würden?*

Warum bleibt eine junge Mutter mit zwei Kindern bei ihrem Mann, obwohl dieser sie mißhandelt?

Evozierende Frage: *Was könnten Sie sich entweder für sich selbst oder für Ihre Kinder davon erhoffen, daß Sie eine neue Beziehung eingehen würden?*

Warum fahren Käufer fort, unnötige Dinge zu kaufen, nur weil sie »billig« angeboten werden, obwohl ihre Partner sich wegen der gemeinsamen Finanzen Sorgen machen?

Evozierende Frage: *Wenn Sie Ihr Einkaufsverhalten verändern würden, wie würde sich das positiv auf Ihren Partner auswirken?*

Warum fährt ein Teilnehmer eines Suchtbehandlungsprogramms fort, in seiner alten Bar Darts zu spielen?

Evozierende Frage: *Worin könnten andere Leute Risiken beim Dartspielen für Sie sehen?*

Warum fährt ein High-school-Student im ersten Studienjahr fort, Videospiele zu spielen, obwohl seine Zensuren ständig schlechter werden und seine Eltern wütend auf ihn sind?

Evozierende Frage: *Wie würde sich Ihr Leben verbessern, wenn Ihre Eltern nicht ständig hinter Ihnen her wären?*

Übung 8.2 Blumen finden und pflücken

In dieser Übung werden Sie üben, Bereiche zu identifizieren und zu verstärken, in denen die Äußerung eines Klienten *Change-talk* beinhalten könnte. Sie werden trainieren, diese »Blume« zu finden und zu pflücken. Dies geschieht mit Hilfe einer Reflexion. Manchmal müssen Sie dabei zu erraten versuchen, was die Äußerungen eines Klienten implizieren.

»Ich wünschte mir, ich würde nicht ständig von allen auf mein Rauchen hin angesprochen. Ich bin schließlich kein Idiot. Je häufiger mir jemand sagt, daß ich aufhören muß, um so ärgerlicher werde ich.«

»Ich habe geglaubt, Wein zu trinken sei gut für mein Herz. Und jetzt sagen Sie, daß ich damit aufhören muß und dazu auch noch auf meine Lieblingsspeisen verzichten soll. Das erscheint mir als absolut unsinnig. Ist ein Leben, in dem man auf all das verzichten muß, denn überhaupt noch lebenswert?«

»Es funktioniert einfach nicht. Die Kinder benehmen sich weiterhin daneben und streiten sich ständig. Sie hören nur damit auf, wenn ich brülle.«

»Ich bin zufrieden damit, wie die Dinge sind, wirklich. Dieses Thema mag alle anderen interessieren, mich ganz bestimmt nicht. Wenn sie die Klappe halten würden, ginge es mir bestens. Ich versuche nur, ein bißchen abzunehmen und gesund zu sein.«

»Hanf ist eine natürliche Pflanze, die seit Hunderten, vielleicht sogar seit Tausenden von Jahren genutzt wird. Hanf erzeugt keine körperliche Sucht. Ich fühle mich einfach fokussierter und bin besser in der Lage, Dinge zu erledigen, wenn ich ein wenig geraucht habe.«

»Sie kennen mich nicht. Sie wissen nicht, womit ich fertig werden mußte und wie schwer das für mich war. Wenn Sie das wirklich wüßten, würden Sie mir kaum so dämliche Vorschläge machen.«

Beispielantworten zu Übung 8.2

»Ich wünschte mir, ich würde nicht ständig von allen auf mein Rauchen hin angesprochen. Ich bin schließlich kein Idiot. Je häufiger mir jemand sagt, daß ich aufhören muß, um so ärgerlicher werde ich.«

Ihnen ist zwar klar, daß Sie in einer Gefahr schweben, aber Sie sind einfach nicht bereit, etwas dagegen zu unternehmen.

»Ich habe geglaubt, Wein zu trinken sei gut für mein Herz. Und jetzt sagen Sie, daß ich damit aufhören muß und dazu auch noch auf meine Lieblingsspeisen verzichten soll. Das erscheint mir als absolut unsinnig. Ist ein Leben, in dem man auf all das verzichten muß, denn überhaupt noch lebenswert?«

Sie können sich nur schwer vorstellen, daß sich Ihre Lebensweise so katastrophal auf Ihre Gesundheit auswirkt.

»Es funktioniert einfach nicht. Die Kinder benehmen sich weiterhin daneben und streiten sich ständig. Sie hören nur damit auf, wenn ich brülle.«

Sie waren bereit, es auszuprobieren, weil Ihnen klar war, daß damit einige Vorteile verbunden sind.

»Ich bin zufrieden damit, wie die Dinge sind, wirklich. Dieses Thema mag alle anderen interessieren, mich ganz bestimmt nicht. Wenn sie die Klappe halten würden, ginge es mir bestens. Ich versuche nur, ein bißchen abzunehmen und gesund zu sein.«

In diesem Fall sind in praktisch jedem Satz potentiell nützliche Elemente enthalten. Einige davon werden im folgenden demonstriert.

Sie sind völlig zufrieden damit, wie Sie Ihr Gewicht unter Kontrolle halten.
Sie wollen gesund sein, und es verwirrt Sie, daß andere Ihr Verhalten als ungesund ansehen.

»Hanf ist eine natürliche Pflanze, die seit Hunderten, vielleicht sogar seit Tausenden von Jahren genutzt wird. Hanf erzeugt keine körperliche Sucht. Ich fühle mich einfach fokussierter und bin besser in der Lage, Dinge zu erledigen, wenn ich ein wenig geraucht habe.«

Sie sind ein Mensch, der bereit ist, sich mit den Tatsachen zu beschäftigen und sie selbst zu beurteilen.

»Sie kennen mich nicht. Sie wissen nicht, womit ich fertig werden mußte und wie schwer das für mich war. Wenn Sie das wirklich wüßten, würden Sie mir kaum so dämliche Vorschläge machen.«

Wenn ich Sie kennen würde, könnte ich Ihnen vielleicht einige nützliche Vorschläge machen; das war bisher nicht der Fall.

Übung 8.3 Einen Blumenstrauss binden

Schreiben Sie unter Verwendung der Informationen, die Sie in Übung 8.1 zusammengetragen haben, eine Zusammenfassung, die Ihnen hilft, die Information zu organisieren und sie so zu präsentieren, daß die Veränderungselemente im Mittelpunkt stehen. Die Fragen sind im folgenden aufgelistet, und Sie finden dort auch Leerraum für Ihre Zusammenfassung. Wählen Sie beliebige drei Fragen für die Übung aus. Sie brauchen nicht auf alle angeführten Punkte einzugehen. Aber Sie benötigen Ihre ausgefüllten Formulare zu Übung 8.1. Weiter unten finden Sie ein Beispiel, das sich auf ein anderes Szenario als die zuvor präsentierten bezieht.

Beispiel:
Warum trinkt dieser Mensch weiter, obwohl völlig klar ist, welche gesundheitlichen Risiken für ihn damit verbunden sind, und obwohl er vom Arzt der Familie gewarnt worden ist?

Dient der Erhaltung des Status quo

1. *Hat nicht das Gefühl, sich verändern zu können.*
2. *Glaubt, daß er nur sich selbst schadet.*
3. *Lindert die Probleme, unter denen er in seinem Leben leidet.*
4. *Will nicht, daß andere ihm vorschreiben, was er tun soll.*
5. *Glaubt, daß er es gern tut.*

Probleme mit dem Status quo

1. *Seine Gesundheit leidet.*
2. *Sein Verhalten wirkt sich auf andere Menschen aus.*
3. *Andere machen sich Sorgen.*
4. *Er könnte Angst haben.*
5. *Vielleicht erhält er im Leben nicht viele von den anderen Dingen, die er haben möchte.*

Blumenstrauß/Zusammenfassung:

»Es gibt ein paar Probleme, die Ihre Gesundheit betreffen, und das macht anderen Menschen und vielleicht ja auch Ihnen selbst Sorgen. Sie trinken schon ziemlich lange gern, und vielleicht haben Sie das Gefühl, daß Sie dadurch ein wenig Ruhe von der Welt und von Ihren Problemen finden. Sie lassen sich zwar nicht gern sagen, was Sie tun sollen, aber vielleicht ist Ihnen trotzdem klar, daß jene anderen mit Ihrer Besorgnis irgendwo recht haben, und vielleicht haben ja auch Sie selbst ein wenig Angst davor, was Sie erwarten könnte, wenn Sie nicht ein paar Dinge verändern. Vielleicht gibt es noch ein paar andere Dinge im Leben, die Ihnen Freude machen, und vielleicht wäre es Ihnen lieber, wenn nicht ständig andere an Ihnen herumkritteln.«

Warum ißt ein Diabetiker weiterhin Nahrungsmittel mit hohem Zuckeranteil?

Blumenstrauß/Zusammenfassung:

Warum pflegt ein auf Bewährung aus der Haft Entlassener weiter mit problematischen Freunden aus seinem alten Wohnviertel Umgang?

Blumenstrauß/Zusammenfassung:

Warum fährt ein junger Mann (eine junge Frau) fort, sich beim Sex mit wechselnden Partnern nicht vor Krankheiten zu schützen?

Blumenstrauß/Zusammenfassung:

Warum fährt ein frisch operierter Herzpatient mit dem Rauchen fort?

Blumenstrauß/Zusammenfassung:

Warum bleibt eine junge Mutter mit zwei Kindern bei ihrem Mann, obwohl dieser sie mißhandelt?

Blumenstrauß / Zusammenfassung:

Warum fahren Käufer fort, unnötige Dinge zu kaufen, nur weil sie »billig« angeboten werden, obwohl ihre Partner sich wegen der gemeinsamen Finanzen Sorgen machen?

Blumenstrauß / Zusammenfassung:

Warum fährt ein Teilnehmer eines Suchtbehandlungsprogramms fort, in seiner alten Bar Darts zu spielen?

Blumenstrauß / Zusammenfassung:

Warum fährt ein High-school-Student im ersten Studienjahr fort, Videospiele zu spielen, obwohl seine Zensuren ständig schlechter werden und seine Eltern wütend auf ihn sind?

Blumenstrauß / Zusammenfassung:

Übung 8.4 Ordnen Sie Ihre Werte

In dieser Übung werden Sie Ihre eigenen Werte sortieren und über sie in Zusammenhang mit einem Verhalten nachdenken, das Sie gern verändern würden. Wählen Sie ein Verhalten aus, das zu verändern Sie sich abgemüht haben oder das jemand anders Ihnen zu verändern empfohlen hat. Besorgen Sie sich zunächst die Werte-Karten von der Website (www.gp-probst.de), schneiden Sie die Karten aus, und sortieren Sie sie nach den Kategorien »unwichtig« und »wichtig«. Wählen Sie aus den Karten der Kategorie »wichtig« die fünf für Sie wichtigsten Werte aus, und beantworten Sie dann folgende Fragen.

Notieren Sie in den folgenden Leerräumen die für Sie wichtigsten Werte und was sie jeweils für Sie bedeuten.

1. Wert: ______________________________ Dieser Wert bedeutet für mich:

____

____

____

2. Wert: ______________________________ Dieser Wert bedeutet für mich:

____

____

____

3. Wert: ______________________________ Dieser Wert bedeutet für mich:

____

____

____

4. Wert: ______________________________ Dieser Wert bedeutet für mich:

____

____

____

5. Wert: ______________________________ Dieser Wert bedeutet für mich:

____

____

____

Wählen Sie nun einen dieser Werte aus, der Ihnen als für Sie besonders wichtig erscheint, und beantworten Sie anschließend folgende Fragen. Sie können diese Seite kopieren und die Übung für jeden der gewählten Werte wiederholen.

Wert: ______________________________

Inwiefern gelingt es Ihnen, diesem Wert gemäß zu leben?

____

____

____

____

____

Inwiefern gelingt es Ihnen nicht, diesem Wert gemäß zu leben?

____

____

____

____

____

Wie paßt Ihr Zielverhalten (dasjenige, das Sie verändern möchten) zu diesem Wert? Wie beeinflußt das Zielverhalten Ihre Fähigkeit, diesem Wert gemäß zu leben? Treten dabei irgendwelche Konflikte oder Spannungen auf?

____

____

____

____

____

Was bräuchten Sie oder müßten Sie tun, um diesen Wert vollständiger auszuleben?

____

____

____

____

____

Übung 8.5 Alltägliche Ambivalenz

Diese Übung gibt Ihnen die Möglichkeit, nach der Ambivalenz in Alltagsbegegnungen zu fragen. Dazu können Sie mit Freunden, Familienmitgliedern oder Arbeitskollegen beginnen und sich dann allmählich zu Fremden vorarbeiten. Versuchen Sie, günstige Gelegenheiten zu erkennen, oder fragen Sie nach Themen, die in der Regel mit Ambivalenz verbunden sind. Wenn in Ihrer Region eine Wahl ansteht, können neue Kandidaten ein geeignetes Thema sein, aber Sie können auch nach augenblicklich amtierenden Politikern fragen.

Es folgen einige Beispiele für Fragen, die Sie stellen können:

- »Was halten Sie von unserem Bundeskanzler (Präsidenten/Gouverneur/Bürgermeister)? Was gefällt Ihnen an seiner Arbeit? Worüber sind Sie weniger erfreut? *[Vergessen Sie nicht, nach Beispielen zu fragen.]* Auf welche seiner Entscheidungen haben Sie eine unmittelbare Reaktion verspürt?«
- »Was denken Sie über die bevorstehende Wahl? Wen von den Kandidaten mögen Sie? Was macht Ihnen Sorgen?«

Andere Bereiche oder Themen, die Sie auf diese Weise erforschen könnten, sind die globale Erwärmung, Tourismus, Filme, Kinder und Fernsehen oder Video-Spiele, Überprüfungen des Leistungsniveaus in Schulen, subventionierte Gesundheitspflege, Großhandelsläden im Gegensatz zu Tante-Emma-Läden, die Wirkung von Handys auf die Gesellschaft usw. Sie könnten dazu folgende beiden Fragen benutzen:

- »Was denken Sie über das, was Forscher und Politiker zur globalen Erwärmung sagen? Worauf basiert Ihre Einstellung dazu? Gibt es etwas, das Sie zögern läßt?«
- »Viele Menschen scheinen zum Tourismus eine Liebe-Haß-Beziehung zu haben. Was denken Sie über die Touristen hier? Was meinen Sie, weshalb einige die Tourismusindustrie so positiv (bzw. negativ) sehen? Welchen Vorteil sehen diese Leute darin? Und was ist mit denjenigen, die den Tourismus nicht mögen?«

Fragen zu stellen, kann manchmal ein wenig unpassend erscheinen. Versuchen Sie deshalb, sie so in Ihre Gespräche einfließen zu lassen, daß es zu Ihrem normalen Kommunikationsstil paßt. Vergessen Sie nicht, nach dem Für und Wider zu fragen, und versuchen Sie, den Befragten dazu zu bringen, Beispiele anzuführen. Denken Sie auch daran, daß es nicht darum geht, andere Menschen von einer bestimmten Auffassung zu überzeugen; versuchen Sie vielmehr die Ansichten der anderen zu verstehen, und erforschen Sie Bereiche, in denen Ambivalenzen auftauchen könnten. Das ist nicht das gleiche wie das, was Sie beim MI tun; es hilft Ihnen vielmehr, Erfahrung im Hervorlocken dieser Informationen zu sammeln.

Übung 8.6 Mein Klient verändert sich nicht

Denken Sie an einen Klienten, der eigentlich gute Gründe hätte, sich zu verändern, und es trotzdem nicht tut. Spielen Sie dann diesen Klienten, und lassen Sie Ihren Partner den VCS durchführen. Dabei sollen Sie Ihren Klienten jedoch nicht karikieren, sondern zu erraten versuchen, was sich bei diesem unter der Oberfläche abspielt. Denken Sie daran, daß Menschen Dinge gewöhnlich aus ganz bestimmten Gründen tun. Versuchen Sie, auf diese Weise zu neuen Erkenntnissen zu gelangen. Die von Allan Zuckoff für das VCS entwickelten Instruktionen finden Sie im nun folgenden.*

- Fordern Sie Ihre Klienten auf, die Karten in zwei Stapel nach den Kategorien »nicht wichtig« und »wichtig« aufzuteilen. Wenn viele Karten auf dem Stapel für »wichtig« landen – was praktisch immer passiert –, dann nehmen Sie sich einen Moment Zeit, um zu bekräftigen, daß für diesen Klienten viele Dinge wichtig sind. Weisen Sie anschließend darauf hin, daß viele von uns in der Tat viele Werte haben, die sich manchmal nicht miteinander vereinbaren lassen, und daß dies uns manchmal wichtige Entscheidungen erschwert. (Dies hilft, die wahrscheinlichen Gefühle der Frustration des Klienten sowie seine Wut und/oder seinen Selbstekel darüber, daß er so lange nicht weitergekommen ist, zu entschärfen.)
- Fordern Sie den Klienten auf, die Karten vom Stapel »wichtig« zwei neuen Kategorien, »wichtig« und »besonders wichtig« zuzuordnen, wobei auf dem Stapel der Kategorie »besonders wichtig« nicht mehr als fünf Karten landen sollten.
- Bitten Sie den Klienten, in beliebiger Reihenfolge zu erklären, was das jeweilige Wort auf den Wertekarten auf dem Stapel der Kategorie »besonders wichtig« für ihn bedeutet. Hören Sie empathisch zu, und bemühen Sie sich, die besondere Bedeutung zu verstehen, die jede dieser Karten für den Klienten hat; und lauschen Sie auch nach untergründigen Themen, Verbindungen oder Anspannungen.
- Fragen Sie den Klienten, wie gut es ihm zur Zeit gelingt, diese Werte auszuleben: Hören Sie empathisch zu, und bitten Sie den Klienten, sich ausführlicher zu äußern und konkrete Beispiele anzuführen. (Dies fördert selbstbestätigende Äußerungen zutage und ermöglicht dem Therapeuten, Affirmationen zu entwickeln und anzubieten.)
- Fragen Sie Ihre Klienten, ob Sie diese Werte zur Zeit nicht so vollständig leben, wie sie es gern tun würden. (Auf diese Weise entsteht eine Diskrepanz, was beabsichtigt ist, um die Klienten auf Veränderung hin zu orientieren. Dies fordert ihnen viel Vertrauen ab, und es kann dazu führen, daß sie sich zumindest zeitweise noch schlechter als vorher fühlen.)

* Adaptiert mit Genehmigung.

- Fragen Sie die Klienten, wie das Zielverhalten zu diesen Werten paßt (oder welche Wirkung das Zielverhalten auf ihre Fähigkeit, den Werten gemäß zu leben, hat).
- Wenn Klienten nicht spontan irgendwelche Konflikte zwischen ihren Werten und dem Zielverhalten beschreiben, sollten Sie sie nach solchen Konflikten oder Spannungen fragen.
- Fragen Sie die Klienten, was Sie tun oder verändern müßten, um in stärkerem Maße ihren wichtigsten Werten gemäß zu leben.

[9] Informationen übermitteln, eine Sorge äußern und Rat geben

Auftakt

»Mein Arzt meinte, ich sollte zu Ihnen kommen und mit Ihnen über meine Diabetes sprechen. Aber ich finde, er macht deswegen zuviel Aufhebens.«

Walt lümmelte sich auf der Couch, während er sprach. Er war 29 Jahre alt und schleppte 50 Pfund Übergewicht sowie einen entsprechend großen Komplex mit sich herum. Auf seinem Kopf saß keck eine Baseball-Kappe. Sein Arzt hatte im Überweisungsbrief darauf hingewiesen, daß er in den letzten vier Monaten zweimal in der Notaufnahme gewesen war. Sein Blutzuckerspiegel war so hoch gewesen, daß sein Blutzuckermeßgerät den Wert nicht mehr hatte erfassen können (über 600, wobei der Normalbereich zwischen 80 und 120 liegt). Sein letzter HbA1c-Test hatte den Wert 14 ergeben, wobei sein Zielbereich unter 7 lag. Die Diabetes war bei Walt im Alter von sechs Jahren diagnostiziert worden. Seine alleinerziehende Mutter hatte ihr Bestes versucht, um ihn zu einer guten Selbstfürsorge zu erziehen, doch ihr Sohn war im Laufe der Jahre immer aufsässiger geworden. In der Schule hatte er immer Probleme gehabt, und bevor er im Senior-Jahr die High-school verlassen hatte, hatte er eine Sonderförderung erhalten. Danach hatte er zehn Jahre wechselnde Jobs gehabt oder war arbeitslos gewesen, und augenblicklich nahm er in einer Gewerbeschule an einem Schweißerkurs teil. Beschrieben wird hier das erste Zusammentreffen mit Walt und ein Ausschnitt aus dem mittleren Teil des Gesprächs, in dem der Therapeut auf Walts Äußerungen eingeht.

»Zuviel Aufhebens ...«

»Ja. Er will, daß ich meinen Blutzuckerspiegel häufiger prüfe, und er nervt mich ständig, ich solle trainieren und mich beim Essen zusammenreißen.«

»Sie fühlen sich von ihm genervt.«

»Genauso wie von meiner Mutter.«

»Ihre Mutter macht es genauso.«

»Sie hat ständig etwas an mir zu kritisieren. Sie sagt, ich sei schlampig, und wenn ich mich nicht um meine Diabetes kümmern würde, würde ich blind werden, oder meine Nieren würden dann nicht mehr funktionieren, oder sie würden meine Füße amputieren. Sie ist voll Sch... Sorry.«

»Es macht mir nichts aus, wenn Sie fluchen, solange Sie Ihre Flüche richtig buchstabieren können.«

Walt lacht. »Meine Sehfähigkeit und die anderen Sachen sind alle in Ordnung. Ich kümmere mich ziemlich gut um meine Diabetes. Sie will mir nur angst machen.«

»Und Ihr Arzt macht das auch.«

»Na ja, nicht so wie sie. Aber er sagt immer wieder, daß wir diese Sache unter Kontrolle bringen müssen, weil sonst etwas Schlimmes passieren könnte.«

»Und das können Sie nicht so richtig glauben, weil bisher noch nichts Schlimmes passiert ist.«

»Jedenfalls noch nichts richtig Schlimmes.«

»Aber es sind schon ein paar Dinge passiert, die Ihnen ein bißchen Sorgen gemacht haben.«

»Hat mein Arzt Ihnen gesagt, warum er mich hierhergeschickt hat?«

»Er hat mir Ihre Situation ein wenig erklärt. Er hat gesagt, daß Sie Schwierigkeiten hätten, den HbA1c-Wert in den Bereich zu bekommen, wo er ihn gern hätte, und daß Sie in den letzten Monaten ein paarmal in die Notaufnahme mußten.«

»Ja, das letzte Mal ging es mir ziemlich beschissen. Ich dachte, ich hätte eine Grippe. Ich mußte kotzen und war völlig von der Rolle. Ich versuchte, meinen Blutzucker zu testen, aber es gab kein Ergebnis.«

»Kein Ergebnis ...«

»Das Glukometer zeigte an, daß mein Blutzuckerspiegel nicht angezeigt werden könnte, weil er zu hoch sei. Ich hatte schon eine Schiffsladung Insulin injiziert; deshalb war mir klar, daß ich ein Problem hatte. Ich rief meine Mutter herbei, und sie hat sofort die Notfallnummer angerufen.«

»Sie waren erschrocken.«

»Ich war nicht erschrocken ... Ich brauchte nur Hilfe.«

»... und das war schwierig für Sie, weil Sie nicht wie ein Kind behandelt werden wollen. Sie wollen Ihre Entscheidungen selbst treffen.«

»Was meinen Sie damit?«

»Vielleicht habe ich Sie falsch verstanden. Sie scheinen jemand zu sein, der es nicht mag, wenn andere Leute an ihm herumnörgeln und ihm sagen, was er tun soll. Sie wollen selbst entscheiden.«

»Das stimmt.«

»Und so war es auch, als Sie nicht mehr allein mit der Situation zurecht kamen.«

»Ja, und jetzt nerven mich alle und machen ein Mordsgeschiß wegen dieser Sache und zwingen mich, zu Ihnen zu kommen.«

»Das gefällt Ihnen überhaupt nicht, und doch sind Sie hergekommen. Ich frage mich warum.«

»Ich denke, das Ganze macht mir schon ein bißchen Sorgen. Aber ich werde doch nicht blind werden, oder?«

Der Therapeut gab sich große Mühe, zu Walt Rapport aufzubauen. Während dieses Prozesses (bei dem der Interviewer hauptsächlich zuhörte) fing Walt vorsichtig an, sich ein wenig zu öffnen und *Change-talk* zu produzieren. Am Schluß fragte er den Therapeuten nach dessen Meinung über seine Situation. Was würden Sie in solch einem Fall sagen? Falls Sie nicht mit Diabetikern arbeiten und auch nicht mit Klienten, die andere gesundheitliche Probleme haben, meinen Sie vielleicht, Sie hätten keine nützlichen Informationen anzubieten. Deshalb möchte ich Sie bitten, einmal über Ihre eigene konkrete Arbeitssituation hinauszudenken und sich mit den Informationen auseinanderzusetzen, die der Arzt dem Therapeuten in unserem Beispiel gegeben hatte: (1) Der Klient mußte zweimal in der Notaufnahme behandelt werden, weil er einen sehr hohen Blutzuckerspiegel hatte. (2) Sein HbA1c-Wert (ein Laborwert, der einen Durchschnittswert des Blutzuckerspiegels für die letzten 90 Tage bildet) ist sehr hoch (14 statt der angestrebten 7). Und (3) sein Arzt macht sich so große Sorgen, daß er ihn zu einer Beratung geschickt hat. Was würden Sie in Kenntnis dieser Fakten sagen? Und *wie* würden Sie es sagen?

Ein tieferer Einblick

Rollnick *et al.* (2008) beschreiben in ihrem neuesten Buch, *Motivational Interviewing in Health Care**, drei Kommunikationsstile (Lenken [directing], Folgen [following] und Geleiten [guiding]) und drei primäre Kommunikationswerkzeuge, die man im Rahmen dieser Stile nutzen kann, nämlich Fragen, Zuhören und Informieren. Jeder der drei Kommunikationsstile eignet sich für bestimmte Situationen, für andere hingegen nicht. MI-Therapeuten sollten nicht nur einen dieser Stile gut beherrschen, sondern je nach Erfordernissen der konkreten Situation flexibel und kunstfertig von einem zum anderen wechseln können.

Der *Kommunikationsstil des Lenkens (directing)* erfordert, daß der Therapeut seine fachlichen Kenntnisse nutzt, was häufig in Form eines Rats oder der Entwicklung eines Handlungsplans geschieht. Dabei ist ein Problemlösungsaspekt im Spiel. Die lenkende Person hat in der Regel eine verantwortliche Funktion inne. Bevor Chirurgen einen Herzschrittmacher/Defibrillator implantieren, teilen Sie dem Patienten mit, worin das Problem besteht, wie es gelöst werden könnte und wie sie diese Lösung umsetzen wol-

---

* Erscheint 2012 im G.P. Probst Verlag; Anm. d. Übers.

len. Die fachlichen Kenntnisse, die ein Therapeut in solch einer Situation anwendet, können für den Klienten sehr nützlich sein, doch wird auf diese Weise implizit eine Ungleichheit in der Beziehung konstatiert. Der Klient ist, wenn es um Entscheidungen, Ratschläge und Aktivitäten geht, vom Therapeuten abhängig. Der Kommunikationsstil des Lenkens kann lebensrettend wirken. Das ist beispielsweise dann der Fall, wenn ein Kind auf die Straße läuft und ein Erwachsener daraufhin blitzschnell »Halt!« ruft und dadurch einen Unfall verhindert. Durch den Kommunikationsstil des Lenkens wird implizit die Botschaft vermittelt: »Ich habe eine Vorstellung davon, wie man das Problem in der momentanen Situation lösen könnte.«

Beim *Kommunikationsstil des Folgens (following)* hingegen orientiert sich der Therapeut an den Äußerungen und Aktivitäten des Klienten, während dieser einen bestimmten Bereich erforscht. Wenn der Stil des Folgens angewandt wird, bestimmt hauptsächlich der Klient, was geschieht. Der Therapeut bemüht sich in diesem Fall, möglichst gut zuzuhören und die Situation zu verstehen. Er stellt seine eigenen Besorgnisse zurück und konzentriert sich auf die Sicht des Klienten. Nehmen wir beispielsweise an, jemand denkt darüber nach, ob er weiterhin für einen zuverlässigen Arbeitgeber, der ihn schätzt, tätig sein will, obwohl ihn seine Arbeit für diesen nicht völlig befriedigt, oder ob er sich besser selbständig machen sollte, was für ihn zwar befriedigender sein könnte, aber auch mit einem beträchtlichen finanziellen Risiko verbunden ist. Da man in solch einem Fall nicht zweifelsfrei sagen kann, daß eine der beiden Möglichkeiten grundsätzlich die »richtige« Wahl wäre, hilft der Therapeut dem Klienten, seine Situation klarer zu sehen, was er hauptsächlich dadurch erreicht, daß er gut zuhört und es vermeidet, dem Klienten Ratschläge zu geben. Der Kommunikationsstil des Folgens ist wahrscheinlich besonders nützlich, wenn ein Klient sich mit einer wichtigen Neuigkeit konfrontiert sieht oder wenn er sich von einer Emotion überwältigt fühlt. Das Gespräch verläuft in einem Tempo, das der Klient selbst vorgibt, und in die von ihm eingeschlagene Richtung. Die implizite Botschaft des Therapeuten lautet: »Ich akzeptiere Ihr Wissen darüber, was in dieser Situation getan werden muß, und ich vertraue darauf.«

Der *Kommunikationsstil des Geleitens (guiding)* erfordert, daß Klient und Therapeut als Team zusammenarbeiten. Beide »gehen« gemeinsam, doch weist der Therapeut den Klienten in diesem Fall auf bestimmte Wege und Möglichkeiten hin, stellt ihm also sein Wissen über vorhandene Möglichkeiten, Lösungsansätze anderer in ähnlichen Fällen sowie über Risiken und positive Auswirkungen der erwogenen Möglichkeiten zur Verfügung. Indem der Therapeut auf gangbare Pfade hinweist, hilft er dem Klienten, die für ihn am besten geeignete Richtung zu wählen. Letztlich muß auch in diesem Fall der Klient die Entscheidung treffen. Beim Kommunikationsstil des Geleitens kommt nach Rollnick *et al.* (2008) die implizite Botschaft zum Ausdruck: »Ich helfe

Ihnen, dieses Problem selbst zu lösen.« MI ist im Grunde eine verfeinerte Form des geleitenden Kommunikationsstils.

Alle drei genannten Kommunikationsstile gestehen Therapeuten die Möglichkeiten des Zuhörens, Fragenstellens und des Gebens von Ratschlägen beziehungsweise des Übermittelns von Informationen zu, wobei jeder der drei Stile eine der drei genannten Kommunikationsfertigkeiten bevorzugt nutzt. Und man kann alle drei Stile auf eine den MI-Prinzipien entsprechende oder widersprechende Weise anwenden. Schließlich ist noch zu bedenken, daß die Unterscheidung der drei Stile zwar intuitiv als sinnvoll erscheinen mag, es aber in der Realität schwierig sein kann, sie klar voneinander abzugrenzen, da es in der Praxis oft notwendig ist, vom Folgen zum Geleiten und von dort zum Lenken überzugehen. Praktisch ist die Abgrenzung der drei Stile von geringer Bedeutung, da es ohnehin nicht darum geht, nur einen Stil zu beherrschen, sondern darum, sich fließend zwischen allen drei Stilen hin- und herbewegen zu können und jeweils zu entscheiden, welcher Stil in einer konkreten Situation wahrscheinlich der effektivste ist.

In diesem Kapitel wird erklärt, wie wir Informationen übermitteln, eine Sorge äußern und Rat geben können, indem wir den geleitenden und den lenkenden Kommunikationsstil anwenden. Zu diesem Zweck werden wir uns zunächst mit einigen Grundlagen der Informationsvermittlung, des Mitteilens von Sorgen und des Ratgebens beschäftigen.

Grundlegende Konzepte

Folgende Punkte sollten Sie bedenken, wenn Sie einem Klienten neue Informationen übermitteln, die dem, was er bisher als richtig angesehen hat, widersprechen. Viele dieser Gedanken können und sollten miteinander verbunden werden.

- *Bieten Sie Informationen an, zwingen Sie sie nicht auf.* Sie mögen meinen, daß Ihre Klienten die Tatsachen völlig falsch sehen; doch wenn Sie auf der Richtigkeit Ihrer Informationen (oder auf der Fehlerhaftigkeit der Schlußfolgerungen der Klienten) beharren, rufen Sie wahrscheinlich Widerstand hervor. Vergessen Sie nie, daß es uns nicht darum geht, in einem Ringkampf einen Gegner zu neutralisieren.
- *Stellen Sie zunächst fest, ob ein Klient überhaupt zusätzliche Informationen wünscht.* Wenn ein Klient Sie nach Ihrer Meinung zu einer Sache fragt, dann überprüfen Sie zunächst die Situation, bevor Sie ihn informieren. Andere Menschen fragen uns oft, was wir über eine Sache denken, um uns selbst ihre Gedanken zu diesem Thema mitzuteilen. Im Falle Walts aus unserem obigen Beispiel könnten Sie sagen: »Ich gebe Ihnen gern eine Antwort, aber vorher möchte ich hören, was Sie darüber denken.«

- *Bitten Sie Klienten insbesondere dann um Erlaubnis, sie zu informieren, wenn die Betreffenden nicht selbst um Informationen gebeten haben.* Manchmal verfügen wir über Informationen, von denen wir glauben, sie würden einem Klienten sehr dabei helfen, mit seiner Situation ins Reine zu kommen. Aber das ist nur dann von Nutzen, wenn der Klient selbst die Informationen wirklich erhalten will. In Reaktion auf Walt könnten Sie sagen: »Ich habe ein paar Informationen, die für Sie von Nutzen sein könnten. Wären Sie interessiert, sie zu hören?« Die meisten Klienten antworten auf diese Frage mit ja; doch wenn jemand »nein« sagt, sollten Sie den Wunsch des Betreffenden respektieren. Andernfalls mißachten Sie die Autonomie des Klienten und rufen bei ihm wahrscheinlich Widerstand hervor. Doch abgesehen davon gibt es sicherlich Situationen, in denen Sie nicht erst um Erlaubnis bitten, jemandem bestimmte Informationen zu übermitteln – beispielsweise wenn die Gefahr besteht, daß andere geschädigt werden. Und sobald ein Klient eingewilligt hat, sich informieren zu lassen, brauchen Sie nicht immer wieder neu um Erlaubnis zu bitten. Es besteht sogar die Gefahr, daß Sie dann eine ärgerliche Reaktion hervorrufen. Trotzdem sollte man sich hin und wieder erneut zur Übermittlung von Informationen autorisieren lassen, beispielsweise in folgender Form: »Ist es für Sie in Ordnung, wenn ich Ihnen noch ein wenig mehr mitteile?«
- *Geben Sie Informationen, indem Sie sich auf Situationen anderer Klienten beziehen.* Als Therapeuten verfügen wir häufig über einen reichen Schatz an Erfahrungen, die für eine bestimmte Interaktion relevant ist. Nutzen Sie diesen Fundus, um Ihren Klienten Ideen oder Lösungsansätze nahezubringen. Sie könnten nun sagen: »Bei meiner Arbeit mit Klienten, wie Sie einer sind, Walt, habe ich herausgefunden ...« Die Klienten reagieren auf Dinge, die andere getan haben, meist erstaunlich positiv. Außerdem verhindert diese Herangehensweise, daß eine Dynamik entsteht, die Klienten Ihnen gegenüber in den Widerstand treibt, wenn sie unter Ihren Empfehlungen keine finden, die sie als auf ihre persönliche Situation passend ansehen.
- *Erlauben Sie Klienten implizit oder explizit, eine andere Meinung als Sie zu vertreten.* Dadurch erhöhen Sie die Chance, daß Ihre Klienten sich anhören können, was Ihnen Sorgen macht. Dies können Sie durch eine Einleitung in Form einfacher Sätze wie der folgenden erreichen:

  »Was jetzt kommt, könnte Ihre Besorgnis wecken, muß es aber nicht ...«
  »Ich weiß nicht, ob Sie das, was jetzt kommt, verstehen werden, aber ...«
  »Vielleicht sehen Sie diese Angelegenheit anders als ich, aber ...»

- *Stellen Sie eine »Speisekarte« verschiedener Möglichkeiten zusammen.* Meist gibt es mehr als nur eine sinnvolle Möglichkeit, ein Problem zu lösen. Auch in dieser Hinsicht kann uns unsere Erfahrung gute Dienste leisten. Bieten Sie mehr als nur eine Möglichkeit, ein Problem zu lösen, an, und fragen Sie den Klienten, welche davon ihm als die passendste erscheint. Sie können diesen Punkt mit einem vorher erläuterten Konzept verbinden und die von Ihrem Klienten bevorzugten Möglichkeiten benutzen, um zu demonstrieren, daß Erfolg auf vielerlei Arten zu erzielen ist. Auf das Beispiel Walts bezogen könnten Sie in diesem Sinne sagen: »Es gibt mehr als eine Möglichkeit, eine bessere Kontrolle über die eigene Situation zu entwickeln. Manche Klienten dokumentieren die Ergebnisse ihrer Blutzuckertests in einer Tabelle. Andere konzentrieren sich darauf, sich nach festen Regeln zu ernähren – immer zur gleichen Zeit, immer bestimmte Arten von Nahrung und jeden Tag die gleichen Mengen. Wieder andere versuchen es mit einem verstärkten Körpertraining und mit häufigerer Kontrolle ihres Blutzuckerspiegels. Welche dieser Möglichkeiten erscheint Ihnen persönlich als die sinnvollste?« Auf diese Weise können wir es vermeiden, eine Empfehlung nach der anderen anzubieten und dann zusehen zu müssen, wie die Klienten diese Empfehlungen nacheinander »abschießen« wie beim Tontaubenschießen die Tonscheiben.

- *Nutzen Sie Äußerungen des Klienten selbst.* Beim MI fungiert der Therapeut für den Klienten als Spiegel. Dies ermöglicht es letzterem zu beobachten, was er selbst gesagt hat, und die verschiedenen Elemente des Gesagten zu organisieren und in einen Sinnzusammenhang zu bringen. Indem wir die Äußerungen der Klienten aufgreifen, erinnern wir sie sehr nachdrücklich daran, wie sie selbst die betreffende Situation zuvor gesehen haben. In diesem Zusammenhang ist Bems Selbstwahrnehmungstheorie und die Bedeutung von *Change-talk* zu erwähnen. Mit Walts Äußerungen konfrontiert, könnten Sie sagen: »Zwar machen andere zweifellos zuviel Aufhebens, aber andererseits wissen Sie, daß Ihr Blutzuckerspiegel etwas damit zu tun hat, daß Sie sich in letzter Zeit ziemlich schlecht fühlen und daß Sie Hilfe brauchen, die Sie sich lieber sparen würden.«
- *Übermitteln Sie Informationen, die auf Fakten oder Normen basieren, statt nur Ihre Meinung zu äußern.* Präsentieren Sie Ihre Informationen als Fakten, mit denen sich der Klient auseinandersetzen soll. Weil allgemeine Informationen oft nicht besonders nützlich sind, sollten Sie Informationen auswählen, die sich auf die Situation oder das Verhalten eines bestimmten Klienten beziehen. Bezogen auf das Diabetesbeispiel wäre folgendes eine globale, unspezifische Information: »Es besteht das Risiko einer schlechten Kontrolle des Blutzucker. Der DCCT (*Diabetes Control and Complications Trial* – DCCT Research Group 1993), eine Untersuchung, die Anfang der 1990 Jahre abgeschlossen wurde, ergab, daß ein ungünstiger oder wechselhafter Blutzuckerspiegel bei 80 Prozent der betroffenen Patienten schwerwiegende Nebenwirkungen hervorrief, unter anderem Erblinden, die Notwendigkeit der Amputation von Gliedmaßen, Nierenversagen und Tod.« Sinnvoller ist es, spezifischere Forschungsergeb-

nisse anzuführen, beispielsweise: »Verglichen mit der Situation vor einem Jahr hat die Untersuchung Ihres Sehfeldes eine verringerte Sensibilität in zwei Quadranten ergeben.« Oder: »Im vorigen Jahr lag Ihr HbA1c-Wert bei 7.0, heute liegt er bei 14.0.«

- *Fordern Sie die Klienten auf, sich selbst darüber klar zu werden, was die vermittelten Informationen für sie bedeuten.* Therapeuten neigen häufig dazu, selbst Schlüsse aus den vorliegenden Daten zu ziehen. Es ist jedoch wesentlich wirksamer (und ruft mit geringerer Wahrscheinlichkeit Widerstand hervor), wenn die Klienten selbst sich Gedanken über die Implikationen machen. Beispielsweise können Sie sagen: »In einem typischen Jahr braucht ein Durchschnittsdiabetiker die Notaufnahme kein einziges Mal aufzusuchen. Sie hingegen waren in den letzten vier Monaten zweimal dort. Was denken Sie über diese Fakten?«
- *Vergessen Sie nie, daß Ihr Klient eine Person ist, also nicht nur ein »Informationsempfänger« bzw. ein »Gefäß, das Informationen aufnimmt«.* Dieser nützliche Hinweis stammt aus Rollnick *et al.* (2008). Manchmal haben wir das Gefühl, daß ein Klient bestimmte wichtige Informationen unbedingt kennen *müßte*, und wir fühlen uns deshalb unter Druck, sie ihm auf der Stelle zu übermitteln. In solchen Situationen werden unsere Expertenkenntnisse leicht zum Hindernis. Weil wir in unserer Ausbildung gelernt haben, daß Klienten über diese Informationen verfügen sollten, belegen wir die Betreffenden mit einem wahren Datensperrfeuer. Dieses Thema ist für Sie von besonderer Bedeutung, wenn eine Ihrer beruflichen Aufgaben im Übermitteln von Informationen besteht. Da es uns selbst viele Jahre gekostet hat, uns dieses Wissen anzueignen, ist realistischerweise nicht zu erwarten, daß Klienten dies alles innerhalb weniger Minuten aufnehmen und verarbeiten können.

Auf der Grundlage der soeben beschriebenen Prinzipien werde ich nun einige Techniken vorstellen, die Sie für den von Rollnick *et al.* (2008) so genannten »Informationsaustausch« nutzen können.

Informationen austauschen

Rollnick *et al.* (2008) weisen auf die kontextuelle Vielfalt hin, die häufig erkennbar wird, wenn wir uns mit Klienten über bestimmte Probleme austauschen. Werden Informationen adäquat übermittelt, handelt es sich um einen interaktiven Prozeß. Wir geben den Klienten Informationen, und diese geben uns daraufhin ihrerseits Informationen. Bei diesem Prozeß handelt es sich um einen Dialog, nicht um einen Monolog. Wenn wir diesen Vorgang als Informationsübermittlung bezeichnen, fällt sein interaktiver Charakter unter den Tisch; deshalb bevorzugen wir den »benutzerfreundlicheren« Ausdruck *Informationen austauschen.*

Es gibt viele Möglichkeiten, Informationen auszutauschen. Abgesehen von denjenigen, die auf den weiter oben erläuterten Prinzipien basieren (z. B. »um Erlaubnis bitten«), können Sie auch eine der im folgenden beschriebenen Techniken anwenden.

Elicit-Provide-Elicit (E-P-E)

Diese Methode, die Rollnick und Kollegen in ihrem Buch *Health Behavior Change* (Rollnick *et al.* 1999) beschrieben haben, beinhaltet, daß der Klient zunächst gefragt wird, was er über ein Thema, das ihn interessiert, schon weiß (oder was er darüber wissen will) *(elicit)*. Sobald der Klient beschrieben hat, was er schon weiß, kann der Therapeut dem bereits Bekannten etwas hinzufügen *(provide)*. Dadurch wird verhindert, daß der Klient sich Dinge anhören muß, die er schon weiß, weiterhin wird seinen bereits vorhandenen Fertigkeiten und seinem Wissen Respekt erwiesen, und außerdem erhält der Therapeut so die Möglichkeit, dem Klienten nur die Informationen zu übermitteln, die er wirklich braucht. Darüber hinaus kann der Therapeut den Klienten bei einem solchen Vorgehen fragen, was er über die ihm angebotenen Informationen denkt *(elicit)*. Im folgenden Beispiel geht es um einen Studenten, der unter Prüfungsangst leidet:

»Was wissen Sie schon über Möglichkeiten, Prüfungsangst zu verringern?«

»Ich weiß nur, daß es gut wäre, wenn ich es könnte.«

»Das kann ich mir vorstellen. Und ich nehme an, daß Sie in dieser Hinsicht schon einige Dinge ausprobiert haben.«

»... so wie mir einzureden, daß ich mir nicht so große Sorgen machen sollte.«

»Und das hat nicht viel gebracht.«

»Genau.«

»Ich könnte mir vorstellen, daß Sie interessiert, was andere in Ihrer Situation versucht haben.«

»Deshalb bin ich ja hier.«

»Etwas, das einige ausprobieren, sind einfache Atemübungen. Andere haben mit Hilfe unseres Biofeedback-Geräts gelernt, ihren Körper bei Bedarf zu entspannen. Und wieder andere haben es mit unterschiedlichen Lernplänen versucht. Außerdem gibt es noch diejenigen, die ihr Problem in den Griff zu bekommen versuchen, indem sie ihre äußere Situation verändern, beispielsweise indem sie sich mehr Zeit nehmen oder indem sie die Prüfungen in einer ruhigen Umgebung absolvieren, wo nicht viele andere Menschen um sie herum sind. Was halten Sie von diesen Möglichkeiten?«

Chunk-Check-Chunk

Dies ist eine Variante des E-P-E-Modells (Rollnick *et al.* 2008). Sie ist nützlich, wenn ein Therapeut eine große Menge an Informationen übermitteln muß und gewährleisten möchte, daß der Klient bei der Sache bleibt. Deshalb übermittelt der Therapeut zunächst einen »Brocken« (*chunk*) von Information. Damit ist eine Informationseinheit gemeint, die in sich zusammenhängend und so plausibel ist, daß man sie separat übermitteln kann. Schauen Sie sich einmal den folgenden Informations-»Brocken« über Verstöße gegen die Straßenverkehrsordnung an, der einem Autofahrer übermittelt wurde, der innerhalb eines Jahres vier Strafzettel wegen Geschwindigkeitsüberschreitung erhalten hatte:

> »Ein Autofahrer im Staate Washington erhält im Durchschnitt null Strafzettel wegen Verstößen gegen die Straßenverkehrsordnung einschließlich solcher wegen zu schnellen Fahrens. Dieser Gruppe gehören 85 Prozent der Führerscheininhaber im Staate Washington an. Rechnen wir die Zahl derjenigen, die ein einziges Mal einen Strafzettel wegen zu schnellem Fahren bekommen haben, hinzu, sind 95 Prozent der Führerscheininhaber erfaßt. Weniger als ein Fahrer unter Hundert hat vier oder mehr Strafzettel wegen Geschwindigkeitsüberschreibung in einem oder fünf in zwei Jahren erhalten. Was denken Sie in Anbetracht dieser Informationen?«

Nachdem der Therapeut dem Klienten den »Brocken« übermittelt hat, hört er auf, mit ihm über diese Informationen zu reden. Dem kurzen Austausch darüber folgt die Übermittlung eines weiteren Informationsbrockens. Ich werde jetzt einen längeren Dialog wiedergeben, der für meine Evaluationspraxis typisch ist:

»Ich möchte Ihnen nun ein wenig erläutern, was wir heute hier tun werden. Die Berufsgenossenschaft hat mich aus verschiedenen Gründen gebeten, diese Einschätzung durchzuführen. Erstens braucht sie eine Diagnose, die sie berechtigt, Ihnen Leistungen anzubieten. Eine solche Diagnose kann beispielsweise Depression, Angststörungen, Substanzkonsum oder Lernbehinderung sein. Nach dem, was ich gehört habe, haben Sie unter Depression gelitten und einige Lernprobleme gehabt. Deshalb werden wir einige Zeit darauf verwenden, diese Bereiche genauer zu untersuchen. Sind Sie mit dem, was ich bis jetzt gesagt habe, einverstanden?«

»Es klingt sinnvoll. Ich weiß, daß im Vorgespräch über Lernbehinderungen gesprochen wurde.«

»Das ist eigentlich nicht überraschend.«

»Stimmt.«

»Abgesehen von den genannten Bereichen werde ich mich auch ein wenig über Ihre Lebensgeschichte und Ihre Interessen informieren. Ich möchte verstehen, wie diese Dinge zum Gesamtbild Ihres Lebens passen. Deshalb werde ich Ihnen einige Fragen über Ihre Familie, Ihre Schulzeit, eventuelle gesundheitliche Probleme und andere Dinge dieser Art stellen. Sobald ich mir über all dies ein klareres Bild gemacht habe, kann ich besser etwas über die vorher genannten Punkte aussagen. Was halten Sie davon?«

»Ich meine auch, daß Sie diese Dinge wissen müßten.«

»Das könnte mir helfen, Sie besser zu verstehen.«

»Genau.«

»Ein letzter Punkt, über den die Berufsgenossenschaft informiert werden möchte, sind Ihre Fertigkeiten und Fähigkeiten und, sofern eine zusätzliche Ausbildung erforderlich werden sollte, welche Arbeitssituation für Sie die beste wäre. Um darüber etwas sagen zu können, werde ich Sie einige Tests ausführen lassen, bei denen es um Ihre Art, zu denken und Probleme zu lösen, geht. Den Sinn einiger dieser Tests werden Sie sofort verstehen, während andere Ihnen vermutlich ein bißchen albern vorkommen werden; doch sie alle helfen mir zu verstehen, wie Ihr Gehirn funktioniert. Ich werde Ihnen auch ein paar Aufgaben stellen müssen, die Sie wahrscheinlich an die Schule erinnern werden; ich muß mir nämlich ein Bild davon machen, wie es um Ihre Fähigkeiten im Lesen und Schreiben sowie in Mathematik steht. Das sind sicher nicht Ihre besonderen Stärken, aber darum geht es hier nicht; tun Sie einfach Ihr Bestes. Was halten Sie davon?«

»Ich hasse Mathematik, aber ich nehme an, daß Sie das testen müssen.«

»Sie würden lieber nichts damit zu tun haben, aber Sie verstehen, daß wir uns damit beschäftigen müssen, um herauszufinden, was es mit Ihren Lernproblemen auf sich hat.«

»Machen wir.«

In diesem Dialog werden viele Informationen übermittelt, und in gewissen Abständen wird überprüft, ob diese »angekommen« sind. Die Antworten des Klienten sind kurz, aber zeigen, daß er das Übermittelte verstanden hat. Am Ende des Dialogs bewegt sich der Klient im Einklang mit mir und ist bereit, mit der Arbeit zu beginnen. Es ist offensichtlich, daß in Verbindung mit den beschriebenen Verfahren auch noch andere MI-Fertigkeiten benutzt werden müssen.

Eine Sorge äußern

Im gesamten vorliegenden Buch wird immer wieder erwähnt, daß MI-Therapeuten sichere Situationen schaffen, indem Sie Äußerungen ihrer Klienten über deren Sicht von Situationen akzeptieren – was nicht gleichbedeutend mit einer Zustimmung zu diesen Auffassungen ist. MI-Therapeuten *sollten* ihre Sorgen bezüglich schädlicher oder nachteiliger Entscheidungen oder Auffassungen ihrer Klienten zur Sprache bringen; entscheidend ist dabei jedoch das *Wie*. Sie bieten Ihren Klienten eine alternative Sichtweise oder zusätzliche Informationen an, die deren eigene Sicht verändern könnten. In solchen Fällen ist es verführerisch zu versuchen, die Klienten durch »überwältigende« Beweise zu überzeugen. Doch Überzeugungsversuche rufen oft Widerstand hervor – entweder passiven oder offenen. Auch hier gilt, daß es den Klienten letztlich selbst überlassen bleiben muß, ob sie die Äußerungen des Therapeuten als zutreffend und für sie wichtig ansehen.

Beispielsweise hatte der Therapeut in der Szene mit Walt zu Beginn dieses Kapitels Informationen über die Schwierigkeiten des Klienten, mit seiner Diabetes unter Berücksichtigung der HbA1c-Tests umzugehen, und er war über die beiden Behandlungen in der Notaufnahme informiert – Fakten, die den Beteuerungen des Klienten, er gehe mit seiner Diabetes »gut um«, völlig entgegengesetzt waren. Auf dieser Basis konnte der Therapeut, auch ohne Spezialist für Diabetes zu sein, wie folgt eine Sorge äußern:

> »Wenn Sie sich die Situation anschauen, dann haben Sie zunächst einmal das Gefühl, daß Sie mit Ihrer Diabetes gut umgehen. Ich sehe aber auch ein paar Dinge, über die Sie weniger glücklich sind. Bei einem Blick auf die Gesamtsituation machen mir ein paar Dinge Sorgen, über die ich gern mit Ihnen reden würde. Ist es für Sie in Ordnung, wenn ich Sie darüber informiere [*um Erlaubnis bitten*]?«
>
> Ihr HbA1c zeigt, daß Sie trotz Ihrer Bemühungen, Ihren Blutzuckerspiegel unter Kontrolle zu halten, Probleme damit haben, die Ziele zu erreichen, die Ihr Arzt für wichtig hält. Außerdem mußten Sie in den letzten Monaten ein paarmal in die Notaufnahme, und das gefällt Ihnen wahrscheinlich selbst nicht besonders – einmal abgesehen davon, daß in solchen Situationen andere Entscheidungen für Sie fällen müssen. Wir haben ja schon darüber gesprochen, daß Sie gern derjenige sind, der sagt, wo's lang geht. Deshalb bin ich etwas besorgt darüber, daß Ihre Bemühungen, Ihre Situation unter Kontrolle zu halten, nicht zu den Ergebnissen führen, die Sie sich wünschen [*hier werden mehrere Sorgen geäußert*].
>
> Das sind meine Gedanken. Wie sehen Sie diese Dinge [*den Klienten nach seiner Ansicht fragen*]?«

Wie bereits in Kapitel 7 erwähnt wurde, ist das Äußern einer Sorge nützlich, wenn wir über ein Thema sprechen müssen, zu dem es keinen »natürlichen« (bzw. naheliegenden) Zugang gibt. Versuchen Sie, sich in das nun folgende Beispiel einzufühlen, in dem jemand offensichtlich unter gesundheitlichen Problemen leidet, diese aber in einem Gespräch mit einem Bewährungshelfer nicht erwähnt.

> »Janine, wir haben über verschiedene Dinge geredet. Ich würde aber gern noch eine andere Sache mit Ihnen besprechen, wenn Sie einverstanden sind. Mir ist während unserer letzten Treffen aufgefallen, daß Sie viel müder wirkten als vorher. Ich habe

> Sie die Treppe hinaufkommen sehen, und Sie wirkten ziemlich erschöpft, als Sie oben ankamen. Außerdem hat Ihre Haut eine leicht gelbe Färbung. Diese Anzeichen lassen sich mit einer Erkältung oder Grippe nicht erklären. Ich bin natürlich kein Arzt. Aber ich mache mir Sorgen um Ihre Gesundheit. Was ist los?«

Wie bereits erwähnt wurde, kann ein solches Vorgehen, selbst wenn man dabei sehr umsichtig ist, zu einer »Dissonanz« in der Beziehung führen. Tritt das ein, konzentrieren wir unsere Arbeit zunächst darauf, die Beziehung wieder ins Lot zu bringen. Außerdem teilen wir den Klienten manchmal auch direkt mit, daß wir mit ihren Entscheidungen oder Verhaltensweisen nicht einverstanden sind. Es folgt ein Beispiel für eine Interaktion mit einer achtzehnjährigen Studentin.

> »Ich mache mir Sorgen wegen Ihrer Entscheidung, an der Party des Senior-Jahrgangs teilzunehmen. Sie haben mir berichtet, daß Sie in solchen Situationen gern Alkohol, Marihuana und ›X‹ konsumieren und daß diese Drogen Sie dazu verleitet haben, sich auf riskante sexuelle Situationen einzulassen. Sie genießen dann die Aufmerksamkeit und den Sex, fühlen sich aber, wie Sie mir sagten, anschließend unbehaglich, und die Sache ist Ihnen peinlich. Außerdem haben Sie erklärt, sie wollten nicht noch einmal in eine solche Situation kommen. Natürlich müssen Sie selbst entscheiden, was für Sie richtig ist. Was denken Sie über meine Sorgen?«

Wie bereits in Kapitel 7 erwähnt wurde, umfaßt diese Äußerung drei Elemente. Erstens enthält sie einen direkten Bericht über die Sorgen des Therapeuten. Dieser wird ohne jedes Urteil vorgetragen, und er bezieht sich, so weit möglich, auf frühere Äußerungen der Klientin selbst. Außerdem wird klargestellt, daß die Klientin für ihre Entscheidung und für eine eventuelle Veränderung verantwortlich ist. Und schließlich wird sie aufgefordert, ihre Sicht der Dinge zu äußern.

Einen Rat geben

Über das Ratgeben wurde schon in früheren Zusammenhängen vielfältig gesprochen. Doch da viele Menschen meinen, Ratschläge zu geben sei ein wichtiger Bestandteil Ihrer beruflichen Aufgabe, werden wir uns nun damit beschäftigen, wie die zuvor in diesem Kapitel behandelten Aspekte (*Grundlegende Konzepte*, *Informationen austauschen* und *Eine Sorge äußern*) in den Kontext des Ratgebens hineinpassen. Deshalb werden wir uns mit einigen Arten von Sitzungen beschäftigen, in denen Ratschläge nicht nur als wichtig, sondern sogar als unverzichtbar erscheinen mögen.

Einige MI-Therapeuten arbeiten in Zusammenhängen, in denen Klienten zu Verhaltensweisen neigen, die sie selbst oder andere Menschen schädigen. Beispielsweise wird jemand, der in einer Einrichtung für die Behandlung von Eßstörungen arbeitet, regelmäßig mit Klienten konfrontiert, die zu selbstschädigendem und manchmal sogar lebensbedrohlichem Verhalten tendieren. Solche Therapeuten oder Helfer verspüren oft einen starken Drang, ihren Klienten vorzuhalten, daß sie sterben könnten, wenn sie sich nicht verändern. Natürlich geht es hier nicht darum, ob man solche Warnungen überhaupt aussprechen sollte, sondern darum, wie man dies möglichst effektiv tun kann.

Noch stärker fühlen sich solche Helfer zum Handeln gezwungen, wenn das Verhalten eines Klienten nicht nur dessen eigenes Leben, sondern auch das anderer gefährdet – insbesondere das Leben von Kindern. Verläßt beispielsweise eine mißhandelte Frau ein schützendes Frauenhaus, um zu ihrem gewalttätigen Partner zurückzukehren, und nimmt sie die Kinder in diese gefährliche Situation mit, fällt es Helfern manchmal sehr schwer, sich weiter im Rahmen eines klientzentrierten Ansatzes zu verhalten. Sie empfinden es als zu gefährlich, etwas anderes zu tun, als die Mutter auf das Nachdrücklichste mit den potentiellen Konsequenzen ihres Tuns zu konfrontieren, um die Kinder zu schützen.

Wie »konfrontieren« wir solche Klienten? *Erstens* ist zu bedenken: Wenn das Ziel ist, ein bestimmtes Verhalten zu verändern, und wir nicht in der Lage sind, alle Aspekte des Lebens unseres Klienten zu beeinflussen, ist unsere Macht, Veränderungen zu erzwingen, begrenzt. Deshalb sind wir darauf angewiesen, daß sich der Klient selbst an der Veränderung beteiligt. In manchen Fällen reicht es aus, eine schreckliche Situation nüchtern zu beurteilen. In anderen Fällen – beispielsweise wenn ein Kind auf die Straße läuft – übermitteln wir unsere Botschaft so nachdrücklich, wie wir können. *Zweitens* müssen wir uns darüber im klaren sein, daß der Klient unsere düsteren Voraussagen wahrscheinlich beiseite wischen wird, wenn andere ihm bereits ähnliches vorausgesagt haben. Und *drittens* müssen wir berücksichtigen, in welchem Kontext der Klient lebt. Die Möglichkeit, für die er sich entscheidet, mag ihm wie die einzig verfügbare vorkommen. Hingegen hat das, worauf der Helfer oder Therapeut ihn hinweist, in seiner Prioritätenliste einen so niedrigen Stellenwert, daß andere Optionen ihm als wesentlich wichtiger erscheinen. Bezüglich der Frau, die zu ihrem gewalttätigen Partner zurückkehrt, möchte ich Sie bitten, über diese kontextuellen Faktoren nachzudenken und sich dann mit den im folgenden veranschaulichten Ansätzen zu beschäftigen, von denen der eine dem MI entspricht, der andere hingegen nicht. Wir beginnen mit dem zweiten.

> »Das können Sie nicht machen! Wenn Sie das tun, gefährden Sie nicht nur Ihr eigenes Leben, sondern auch das Ihrer Kinder. Dieser Kerl hat Sie so übel zugerichtet, daß Ihre Kinder Sie nicht mehr erkannt haben. Er hat Sie gewürgt, bis Ihnen schwarz vor Augen wurde. Ich weiß, daß ihm das jetzt leid tut, aber er wird es leider

immer wieder tun. Er hat sein Versprechen schon einmal gebrochen! Es ist schon früher passiert, und es wird wieder vorkommen. Da seine Gewalttätigkeit im Laufe der Zeit viel stärker geworden ist, ist für mich völlig klar, daß er Sie eines Tages umbringen wird. Vielleicht wird es auch die Kinder treffen. Sie haben mir doch gesagt, daß Sie Ihre Kinder lieben und daß Sie sie in Sicherheit wissen möchten. Hab ich recht? Wenn ja, wie können Sie dies dann Ihren Kindern antun?«

Das ist starke Medizin. Manchmal kann solch eine »Standpauke« eine Frau aufrütteln und sie dazu bringen, ihre Situation akkurat einzuschätzen. In anderen Fällen kann ein solches Vorgehen aktiven oder passiven Widerstand hervorrufen. Im folgenden wird eine eher MI-gerechte Konfrontation beschrieben.

»Ich muß Ihnen nun etwas Wichtiges erklären. Ehrlich gesagt bin ich entsetzt über Ihre Entscheidung, zu Ihrem Partner zurückzukehren. Ich sehe alle möglichen Anzeichen dafür, daß seine Gewalttätigkeit stärker werden wird. Sie haben selbst beschrieben, daß die Gewalt Ihres Partners im Laufe der Zeit stärker wurde. Letztes Mal hat er Sie so lange gewürgt, bis Sie ohnmächtig wurden. Ihr Gesicht war so übel zugerichtet, daß Ihre Kinder Sie nicht erkannt haben. Ich weiß, daß es für Ihren Entschluß, zu Ihrem Partner zurückzukehren, die verschiedensten Gründe gibt, darunter auch sein Versprechen, Sie nie mehr so schlecht zu behandeln – was Sie nur zu gerne glauben möchten. Und ich weiß auch, daß Ihnen in Anbetracht einer solchen Äußerung deutlich vor Augen steht, was in der Vergangenheit geschehen ist. Mir ist auch klar, daß Sie Ihre Kinder lieben und daß es für Sie schwer sein muß, daran zu denken, wie dies alles auf die Kinder wirkt – wobei natürlich auch die Gefahr, in der Sie Ihre Kinder sehen, eine Rolle spielt. Ich kann nicht für Sie entscheiden. Sie selbst müssen das tun – und ich muß Ihnen sagen, ich hoffe wirklich sehr, daß Sie sich anders entscheiden werden, als Sie es vor hatten.«

Beide Äußerungen enthalten starke Warnungen. Beide drängen die Klientin, ihre Entscheidung zu revidieren. Im ersten Fall wird ihr erklärt, daß sie das Beabsichtigte nicht tun könne, während die zweite Äußerung der Tatsache Rechnung trägt, daß es einzig und allein ihr zusteht, eine Entscheidung zu treffen. Beide Aufforderungen übermitteln Informationen, wobei im ersten Fall die Ansicht untermauert wird, daß die Mutter sich ändern muß, wohingegen im zweiten Fall die Auffassung des Therapeuten/Helfers unterstützt wird, daß die Frau sich in einem völlig verängstigten Zustand befindet. Beide gehen auf die Mißhandlungserlebnisse der Frau ein und bekunden Sorge über das Schicksal der Kinder. Auch die Übermittlung der Informationen erfolgt unterschiedlich, wobei sie im zweiten Fall in den Kontext der Erlebnisse und der Sichtweise der Klientin eingebettet werden, im ersten Fall hingegen die bereits vorgetragene

Auffassung untermauert wird. Beide enden mit der dringenden Aufforderung, die schon getroffene Entscheidung noch einmal zu überdenken, wobei die zweite Version einerseits der Klientin die Entscheidung überläßt und ihr andererseits einen Weg zu einer neuen Sichtweise aufzeigt, wohingegen die erste praktisch einer Kapitulationsaufforderung gleichkommt. Abschließend ist zu diesem konkreten Beispiel noch anzumerken, daß in der Fachliteratur immer wieder davon die Rede ist, daß Frauen, die Opfer häuslicher Gewalt geworden sind, oft zu den Partnern, die sie mißhandelt haben, zurückkehren. Die zweite Aufforderung erleichtert es der Frau vermutlich, später den Kontakt zu Ihrem Helfer wieder aufzunehmen, nachdem sie zunächst nach Hause zurückgekehrt war und später von dort erneut fliehen mußte. Eine Botschaft dieser Art läßt die Tür offen und erleichtert es der Klientin möglicherweise, nötigenfalls zum Therapeuten zurückzukehren.

Wie bereits gesagt wurde, kann es durchaus sein, daß die zuerst beschriebene Methode bei einigen Klienten zum Erfolg führt. Vielleicht »funktioniert« sie auch generell bei bestimmten Helfern und Therapeuten. Wenn das bei Ihnen so ist, sollten Sie sie unbedingt benutzen. Es wäre unsinnig, etwas zu verändern, das zuverlässig wirkt. Doch wenn diese Vorgehensweise bei Ihnen nur manchmal zu Erfolgen führt, könnten Sie alternativ den zweiten Ansatz ausprobieren.

Bei der Auseinandersetzung mit diesen Dingen haben wir uns mit vielen Ideen befaßt. Es folgen einige klare Leitlinien, die beim Ratgeben von Nutzen sein können. Die Anfangsbuchstaben dieser Leitlinien ergeben im Englischen das Wort FOCUS, in dem ebenfalls ein wichtiger Gedanke bezüglich Rat im allgemeinen zum Ausdruck kommt.

- **F***irst ask permission – Bitte zuerst um Erlaubnis.* Stellen Sie sicher, daß der Klient an dem, was Sie ihm anbieten wollen, tatsächlich interessiert ist.
- **O***ffer ideas – Biete Ideen an.* Versuchen Sie nicht zu überzeugen.
- **C***oncise – Fasse dich kurz.* Reden Sie nicht weitschweifig. Äußern Sie sich direkt und prägnant. Wenn Sie zu viele Sorgen zur Sprache bringen, helfen Sie Ihren Klienten nicht, ihre Situation zu organisieren und effektiv auf sie zu reagieren.
- **U***se a menu – Benutze eine »Speisekarte«.* Bieten Sie dem Klienten unterschiedliche Arten von Möglichkeiten oder Ideen an, die er benutzen kann, um mit seiner Situation besser fertig zu werden. Tun Sie dies, indem Sie ihm eine »Speisekarte« vorlegen, von der er eine oder mehrere Möglichkeiten wählen kann, die ihm zum Erfolg verhelfen.
- **S***olicit what the client thinks – Frage den Klienten, was er denkt.* Beginnen und enden Sie stets beim Klienten.

Konzept-Quiz – Testen Sie sich!

Richtig oder falsch

1. R F Ein MI-Anwender sollte das Lenken nicht als Kommunikationsstil benutzen.
2. R F MI beinhaltet hauptsächlich, Klienten zu geleiten.
3. R F MI-Anwender sollten versuchen, flexibel zwischen den Kommunikationsstilen Lenken, Folgen und Geleiten zu wechseln.
4. R F Die implizite Botschaft beim Geleiten lautet: »Ich helfe Ihnen, dieses Problem selbst zu lösen.«
5. R F Wenn Klienten ungenau wahrnehmen, ist es im MI-Rahmen akzeptabel, ihre fehlerhaften Wahrnehmungen zu korrigieren.
6. R F Man muß stets um Erlaubnis bitten, bevor man im MI-Rahmen Informationen übermittelt.
7. R F In der Regel empfinden Klienten persönliche Informationen über ein Verhalten als nützlicher als allgemeine Informationen.
8. R F Klienten interessiert gewöhnlich nicht, was andere getan haben, um entweder mit ähnlichen Problemen fertig zu werden oder um vergleichbare Probleme zu lösen.
9. R F Es ist oft nützlich, in die Informationsübermittlung frühere Äußerungen der betreffenden Klienten selbst einzubeziehen.
10. R F Weil Klienten aufgrund mangelnden Spezialwissens nicht in der Lage sind, bestimmte Arten von Informationen zu verstehen, ist es unsere Aufgabe, sie mit unseren Schlußfolgerungen darüber, was dies für sie bedeutet, vertraut zu machen.

Antworten

1. F Tatsächlich nutzen MI-Praktiker das Lenken, wenn dies erforderlich ist. Die Frage ist, wie man es effektiv nutzt. Alle drei Kommunikationsstile können sowohl auf MI-gerechte Weise wie auch auf eine mit MI nicht zu vereinbarende Weise genutzt werden.
2. R MI ist nach Rollnick *et al.* (2008) eine verfeinerte Form des Geleitens. MI-Anwender stellen ihr Expertenwissen und ihre Anleitung zur Verfügung, sie informieren aber auch über andere Optionen und ermöglichen es ihren Klienten, die Richtung einzuschlagen, die ihnen selbst als sinnvoll erscheint.
3. R Wie bereits in den beiden vorherigen Antworten angedeutet, wird das Geleiten als Kommunikationsstil beim MI wahrscheinlich bevorzugt, doch der MI-Anwender muß in jedem Fall flexibel und in allen drei Kommunikationsstilen geübt sein, um erfolgreich arbeiten zu können. Je nach Situation sind unterschiedliche Fertigkeiten erforderlich, genauso wie man je nach Art des Problems im Haushalt unterschiedliche Werkzeuge benötigt. Ein Stift, ein Hammer und ein Saugkolben sind jeweils in bestimmten Situationen genau die richtigen Werkzeuge, in anderen hingegen die falschen.

4. R Wir haben uns in diesem gesamten Arbeitsbuch darauf konzentriert, die Klienten in der Nutzung ihrer eigenen Ressourcen zur Lösung ihrer Probleme zu bestärken. Der Kommunikationsstil des Geleitens entspricht diesem Ansatz. Wir mögen viele Möglichkeiten haben, die zu nutzen schwerer oder leichter ist, doch letztlich liegt die Entscheidung beim Klienten, und er ist es auch, der sein Vorhaben umsetzen muß. Unsere Aufgabe besteht darin, diese Bemühungen zu unterstützen.
5. R Wir sollten Falschwahrnehmungen korrigieren. Allerdings kommt es darauf an, *wie* wir dies tun. Manchmal verstärkt die Übermittlung konträrer Informationen bei einem streitlustigen Klienten nur den Widerstand. Es kann dann sinnvoll sein, die Auseinandersetzung mit der Thematik zu verschieben oder völlig darauf zu verzichten, sofern es sich um einen unwichtigeren Aspekt handelt. Doch selbst in Situationen, in denen eine zeitweilige Meinungsverschiedenheit (und somit Widerstand) entstehen könnte, ist es manchmal angezeigt, Informationen zu übermitteln, die der Auffassung des Klienten entgegengerichtet sind. Wenn ein Heranwachsender sagt: »Marihuana kann nicht schädlich sein, weil es eine natürliche Substanz ist«, könnten Sie entgegnen: »Es ist interessant, daß diese Ansicht immer noch so populär ist. Wahrscheinlich hängt das damit zusammen, daß Autoritätspersonen so viel falsche Informationen über Marihuana verbreitet haben. Tatsächlich liegen mittlerweile wissenschaftliche Untersuchungen vor, die zeigen, daß Gras auf Teenager eine negative Wirkung haben kann. Wenn sie wollen, kann ich Ihnen Genaueres darüber berichten.«
6. F Zwar ist es oft sehr nützlich, um Erlaubnis zu bitten, aber es gibt auch Situationen, in denen man Informationen übermitteln sollte, ohne daß man vorher um Erlaubnis gebeten hat. Wie bereits erwähnt wurde, schreiben uns in Situationen, in denen die Sicherheit eines Klienten oder anderer Menschen unmittelbar bedroht ist, unsere ethischen Grundsätze vor zu handeln. In anderen Fällen – beispielsweise wenn wir große Mengen an Informationen übermitteln wollen – würde es einen Klienten verärgern, wenn er ständig um Erlaubnis gebeten würde. Dann ist eine gelegentliche Rückversicherung beim Klienten, daß er mit der Fortsetzung der Informationsübermittlung einverstanden ist, nützlicher als ständiges Bitten um Erlaubnis.
7. R Obwohl auch allgemeine Informationen sehr nützlich sein können, profitieren Klienten am meisten von der Anwendung solcher Informationen auf ihre persönliche Situation. Menschen möchten wissen, was für *sie* wichtig ist. Für sie geht es nicht darum, daß bei Rauchern die Gefahr, an Lungenkrebs zu erkranken, größer ist, sondern darum, daß die Entdeckung abnormer Zellen in Verbindung mit langjährigem Rauchen und Krebsfällen in der Familie einen Klienten eher dazu bringt, ernsthaft über eine Veränderung seiner Lebensgewohnheiten nachzudenken.
8. F Klienten empfinden es oft als sehr nützlich, Berichte darüber zu hören, wie andere Menschen mit Problemen, die ihren eigenen ähneln, fertig geworden sind. Solche Berichte

informieren nicht nur über andere Möglichkeiten, sondern übermitteln auch eine hoffnungsvolle Botschaft und kommunizieren explizit, daß viele Wege zum Erfolg führen. Die Übermittlung von Informationen dieser Art kann außerdem die heilsame Wirkung haben, Sie daran zu erinnern, daß Veränderungen auch in schwierigen Situationen möglich sind, und es kann Ihre Erwartungen bezüglich der Entwicklungsfähigkeit eines Klienten verbessern. Schon in Kapitel 2 wurde erklärt, daß unsere Erwartungen einen starken Einfluß auf den letztendlichen Erfolg eines Klienten haben.

9. R »Einen Spiegel vorhalten«, indem man Äußerungen des Klienten selbst wiederholt, kann sowohl benutzt werden, um den Betreffenden daran zu erinnern, was er schon über die Situation gesagt hat, als auch als Werkzeug, das ihm hilft, seine Erlebnisse zu organisieren. Dabei ist es wichtig, die eigenen Worte der Klienten nicht gegen sie zu verwenden, weil das wahrscheinlich Widerstand hervorruft. Besser versteht man solche Äußerungen als Bestandteile eines vom Klienten präsentierten Mosaiks, das manchmal in sich widersprüchlich ist.

10. F Das ist ein schwieriges Thema. Es trifft zu, daß wir das Expertenwissen mitbringen und Informationen übermitteln können, die Klienten helfen, Informationen zu verstehen. Aber es ist *nicht* unsere Aufgabe, Klienten zu sagen, was die übermittelten Informationen *für sie* bedeuten; das herauszufinden ist einzig und allein ihre Sache. Uns obliegt es, einen Kontext zu bieten und es dann ihnen zu überlassen, darüber zu befinden, wie sich die übermittelten Informationen auf ihre Situation übertragen lassen und wie sie diese Situation betreffen. Beispielsweise können wir Klienten darüber informieren, daß Alkoholkonsum das Verhalten ab einem Blutpegel von 0,6 Promille zu beeinflussen beginnt und daß starke Veränderungen der Reaktionsgeschwindigkeit bei 0,8 Promille einsetzen. Aber sie selbst müssen letztlich entscheiden, ob der Wert von 0,85 Promille Blutalkohol signifikant war oder »nur ein bißchen über der gesetzlich festgelegten Grenze« lag.

Praxisbeispiel

Es folgt die Beschreibung einer Situation, die viele von uns nur zu gut kennen: das Gespräch mit unserer Zahnhygienikerin über den Gebrauch von Zahnseide (oder deren Nichtgebrauch). Dies ist ein praktisches Beispiel für Informationsübermittlung. Es veranschaulicht zwar bestimmte Techniken, ist aber mit Absicht ganz und gar nicht perfekt.

»Sie wissen sicher, daß wir den Gebrauch von Zahnseide bei der Zahnpflege für sehr wichtig halten. Nur ist mir nicht klar, ob Sie auch wissen, *warum* wir das finden.«

»Nun, ich weiß, daß Kariesbefall entstehen kann, wenn man es nicht tut.«

»Das stimmt. Kariesbefall und Paradontose sind möglich.«

»Ist das schlimm? Ich meine richtig schlimm?«

»Es können schon einige unangenehme Dinge passieren. Erstens können sich kleine Bakterienherde bilden, die Zahnverfall verursachen können, und was dann passiert, wissen Sie selbst. Außerdem kann sich Ihr Zahnfleisch zurückbilden, was die Gefahr der Freilegung von Zahnwurzeln mit sich bringt. Dadurch können Wurzelkanalentzündungen entstehen und letztlich Zähne verloren gehen.«

»Aber keiner meiner Zähne tut im Moment weh!«

»Darüber bin ich sehr froh. Man kann ein paar Dinge tun, wenn sich Ihr Zahnfleisch zurückbildet, aber die sind nicht besonders angenehm. Deshalb versuchen wir, unsere Patienten dazu zu bringen, sich so zu verhalten, daß das erst gar nicht passiert. Natürlich müssen Sie selbst entscheiden, was Sie für sinnvoll halten.«

»Ich benutze ja manchmal Zahnseide. Ich spare es mir nur häufig, wenn ich am Morgen spät dran bin oder wenn besonders viel zu tun ist. Ich denke dann, daß ich es später nachholen werde, und manchmal vergehen dann ein paar Tage, und ich bekomme Schmerzen.«

»Zahnseide zu benutzen ist also wichtig. Natürlich ist es schwer, regelmäßig daran zu denken. Wahrscheinlich ist Ihnen dies zeitweise leichter gefallen, und in anderen Fällen hatten Sie größere Probleme damit. Wie haben Sie es damit gehalten, als Sie regelmäßiger daran gedacht haben?«

»Meist erinnere ich mich häufiger daran, wenn ich gerade hier bei euch gewesen bin. In solchen Zeiten denke ich, daß ich mir mehr Mühe damit geben muß.«

»Es hilft Ihnen also, auf Ihr Ziel konzentriert zu bleiben, wenn jemand oder etwas von außen Sie daran erinnert.«

»Ich halte dann an verschiedenen Stellen im Haus jederzeit Zahnseide griffbereit – beispielsweise unten im Badezimmer und in meinem Büro – das hilft.«

»Wie ist es, wenn Sie sich unter Zeitdruck fühlen? Das scheint für Sie ja eine besonders schwierige Situation zu sein.«

»Das ist wirklich schwer für mich.«

»Würde es Sie interessieren zu hören, was andere getan haben, wenn sie wenig Zeit hatten, um ihre Zähne mit Zahnseide zu pflegen?«

»Klar.«

»Ich habe darüber im Laufe der Zeit viele verschiedene Dinge gehört. Einige stellen ihren Wecker auf einen Zeitpunkt ein, der drei Minuten vor ihrer regulären Aufstehzeit liegt. Da es nur um drei Minuten geht, erscheint ihnen dies nicht wie eine große Sache, und sie nutzen die drei Minuten tatsächlich, um ihre Zähne mit Zahnseide zu pflegen. Andere verlegen die Zahnseidepflege auf die Zeit nach dem Abendessen vor dem Zubettgehen, weil sie sich dann nicht unter Zeitdruck fühlen. Wieder andere bewahren einen Zahnseidebehälter in einer Schale im Wohnzimmer auf, um ihre Zähne während einer Nachrichtensendung mit Zahnseide behandeln zu können – was dann im Laufe der Zeit zu einer Gewohnheit wird. Es gibt auch Menschen, die Zahnseide nicht mögen und deshalb Dentalbürstchen oder ähnliches benutzen, die sie dann stets griffbereit halten – beispielsweise dort, wo sie sich Fernsehsendungen anschauen oder lesen. Es gibt keine einzig und allein richtige Art, dies zu tun. Welche der beschriebenen Möglichkeiten erscheint Ihnen persönlich als besonders sinnvoll?«

»Eines meiner Probleme mit der Zahnseide ist, daß ich nicht so richtig damit zurechtkomme, wie ich den Faden halten muß. Ich frage mich, ob mir nicht mit Zahnstochern besser gedient wäre.«

»Und die möchten Sie morgens anstelle der Zahnseide benutzen?«

»Nein, das scheint mir keine so gute Idee zu sein. Aber ich könnte es als eventuelle Ersatzmaßnahme einplanen.«

»... Sie meinen, falls Sie morgens mal wieder spät dran sind.«

»Genau.«

»Was wissen Sie über die Verwendung von Zahnstochern?«

»Ehrlich? Nicht viel.«

»Hielten Sie es für nützlich, wenn wir ein paar Minuten darauf verwenden, daß ich Ihnen demonstriere, wie Sie einen Zahnstocher benutzen können, und wenn ich Sie anschließend eine kleine Übung ausführen ließe? Manchmal ist es wichtig, daß Menschen ein Gefühl dafür entwickeln, ob sie etwas richtig machen. Natürlich bleibt es Ihnen überlassen, das zu entscheiden.«

»Wie lange wird es dauern?«

»Weniger als fünf Minuten.«

»Wir können das machen, aber danach möchte ich wieder auf die Zahnseide zurückkommen.«

»Okay, ich erkläre Ihnen das mit den Zahnstochern. Aber vorher möchte ich wissen – ich meine, es klingt, als hielten Sie es für wichtig, Zahnseide zu benutzen.«

»Ja, das ist so. Ich halte Zahnseide für sehr wichtig. Ich muß mir nur manchmal einen Ruck geben, damit ich sie benutze.«

»Und Sie haben das Gefühl, daß Sie heute einen entscheidenden Anstoß bekommen haben.«

»Ja.«

»Sehr gut.«

Die Zahnhygienikerin rührt hier an ein sehr verbreitetes Problem und fragt zu diesem Zweck zunächst den Klienten, was er weiß. Sie liefert zielgerichtete Informationen, und dann macht sie sich ein Bild über die bisherigen Bemühungen des Klienten, und sie verstärkt diese. Andere Anstrengungen des Klienten werden benutzt, um Ideen darüber zu entwickeln, wie man effektiver handeln kann. Sobald der Klient sich für ein bestimmtes Vorgehen entschieden hat, versucht sie außerdem, sein Engagement zu festigen.

Probieren Sie dies aus!

Übung 9.1 Nachkarten

Wie jeder Sportfan Ihnen bestätigen wird, besteht ein Teil der Freude des Anschauens von Sportveranstaltungen im »Wiederkäuen« von Wettkämpfen und im Entwickeln von Theorien darüber, wie man selbst sich in der betreffenden Situation verhalten hätte. Das Folgende ähnelt dieser Aktivität. Sie werden sich mit einem Dialog zwischen einem Therapeuten und einem Klienten auseinandersetzen und sollen entscheiden, welche Art von Reaktion der Therapeut benutzt hat, und dann Alternativen vorschlagen. Daß Sie über keinerlei Erfahrung in dem dargestellten Bereich verfügen, sollte Sie nicht davon abhalten, Ihre Gedanken zu äußern!

Übung 9.2 Fragen Sie Frau ...

In dieser Übung lesen Sie Briefe an einen imaginären Ratgeber aus einer Zeitung und sollen Fragen in seinem Namen beantworten. Wenn Ihnen diese Übung als nützlich erscheint, können Sie sich in der Ratgeberspalte Ihrer Lokalzeitung weiteres Übungsmaterial beschaffen und die dort veröffentlichten Fragen für Ihre Zwecke nutzen. Die Aufgabe besteht darin, jemandem, der um Hilfe gebeten hat, im Sinne des MI Rat zu geben.

Übung 9.3 »Das kann ich reparieren!«

Hier sollen ein paar Ratschläge ein wenig umgemodelt werden. Die meisten sind konfrontativ. Notieren Sie, wie Sie sie »zurechtbiegen« würden.

Übung 9.4 »Das kann ich bauen!«

In dieser Übung sollen Sie zu einigen Szenarien selbst einen Rat entwickeln. Versuchen Sie, mit Hilfe der FOCUS-Leitlinien MI-gerechte Antworten zu entwickeln.

Übung 9.5 Praxis im Leben

Diese Übung nutzt Alltagssituationen. In unseren alltäglichen Begegnungen erleben wir, daß Menschen über ihre Schwierigkeiten und Kämpfe im Leben berichten. Halten Sie nach entsprechenden Situationen in Ihrem Alltag Ausschau, und versuchen Sie, den Rat zu formulieren, den Sie in der betreffenden Situation wahrscheinlich gegeben hätten. Aber tun Sie es so, daß es mit den Fertigkeiten, um die es hier geht, in Einklang steht. Sie können die Übung auch bei Ihrer Arbeit mit Klienten ausprobieren.

Arbeit mit einem Partner

Die ersten vier Übungen, die in diesem Kapitel vorgestellt werden, lassen sich problemlos auch mit einem Partner ausführen. Geben Sie dabei abwechselnd Antworten. Wenn Sie üben wollen, in einer aktuellen Situation zu reagieren, können Sie Ihren Partner eine der in Übung 9.4 beschriebenen Situationen spielen lassen. Dabei muß er die Situation beschreiben und Sie dann um Rat bitten. Außerdem können Sie für die Arbeit mit einem Partner auch Übung 9.6 nutzen.

Übung 9.6 »Mein Dilemma ist ...«

In dieser Übung schildert Ihr Partner Ihnen ein Problem oder eine Sorge, das oder die ihn momentan drückt.

Es braucht nicht unbedingt um das tiefste und dunkelste Geheimnis Ihres Partners zu gehen, aber es sollte sich schon um etwas handeln, das für ihn eine gewisse Bedeutung hat und worüber er ein paar Minuten lang reden kann. Wenn Sie das Gefühl haben, über die betreffende Situation ausreichend informiert zu sein, können Sie selbst ein paar ergänzende Informationen beisteuern, eine Sorge äußern oder einen Rat geben. Nutzen Sie in jedem Fall Ihre MI-Fertigkeiten, ganz gleich, wie Ihr Partner darauf reagiert. Tauschen Sie schließlich die Rollen, und wiederholen Sie die Übung.

Versuchen Sie, die Übung mit dem ihr angemessenen Ernst auszuführen, aber seien Sie sich darüber im klaren, daß es dabei um Situationen gehen kann, mit denen Sie so gut wie nichts anfangen können und die Sie dementsprechend verwirren (z. B. daß Ihr Übungspartner Tiefseetaucher werden will). Bitten Sie in solchen Fällen um eine Auszeit, und fragen Sie Ihren Übungspartner, wie er sich einen Rat von Ihnen in dieser Angelegenheit vorstellt. Kehren Sie nach einer Weile in die Sitzung zurück, und geben Sie, wenn Sie können, Ihren Rat. Sie können aber auch mit Ihrem Übungspartner verabreden, daß die Situation, mit der Sie sich gemeinsam beschäftigen, erfunden sein darf. Unter dieser Voraussetzung kann die Übung sehr lustig werden. Bemühen Sie sich aber in jedem Fall, den Rahmen der MI-Methode nicht zu sprengen.

Führen Sie die Übung für so viele Probleme aus, wie Sie in der vorgegebenen Zeit abhandeln können. Beispielsweise kann es dabei um internationale Politik, lokale Sportteams, eine bevorstehende Wahl, die Veränderung einer Gewohnheit oder Beziehungsprobleme gehen.

Ergänzende Gedanken

Behalten Sie den Kontext im Blick. Die Informationen oder Ratschläge, die Sie in einer bestimmten Sitzung geben, mögen aus *Ihrer* Sicht das Wichtigste sein, was der betreffende Klient sich merken sollte; vergessen Sie aber nicht, daß der Klient aus *seiner* Sicht noch viele andere Dinge im Blick behalten und damit fertig werden muß. Ein Verhalten, das in einem bestimmten Zusammenhang als völlig dysfunktional erscheint, kann in einem anderen eine wichtige Funktion erfüllen. Außerdem könnte es noch andere Probleme geben, die erheblich schwerwiegender und wichtiger sind als das, worum Sie sich sorgen.

Ein gutes Beispiel hierfür ist Walt: Aus unserer Sicht mag sein wichtigstes Ziel eine bessere Kontrolle über seinen Blutzuckerspiegel sein; doch er selbst macht sich vielleicht hauptsächlich Sorgen wegen seiner finanziellen Situation sowie über die Frage, wie kostspielig es wäre, sich »besser« zu ernähren, oder was Nahrungsmittel für Diabetiker ihn kosten würden. Als junger Mann um die Dreißig ringt er möglicherweise um seine Identität und versucht, in seinem Leben eine Orientierung zu finden. Daß er Diabetiker ist, rangiert auf seiner persönlichen Prioritätenliste möglicherweise relativ weit unten. Vielleicht sorgt er sich, daß seine Lehrer, die ihn wegen seines chronischen Gesundheitsproblems für nicht besonders fähig halten, ihm nicht das enthusiastische Empfehlungsschreiben geben werden, das er bräuchte, um eine gute Arbeitsstelle zu finden. All dies oder nichts davon könnte zutreffen und sich darauf auswirken, wie er einen Rat aufnimmt. Wir können Informationen dieser Art nur richtig einschätzen, wenn Walt sie uns erläutert. Unter anderem deshalb ist es so wichtig, sich danach zu erkundigen, wie die Klienten selbst die sie betreffenden Informationen einschätzen; erst aufgrund ihrer Antworten auf diese Frage können wir einige der übrigen wichtigen kontextuellen Faktoren richtig einschätzen.

Übung 9.1 Nachkarten

Wie jeder Sportfan Ihnen bestätigen wird, besteht die Freude des Anschauens von Sportveranstaltungen z. T. im »Wiederkäuen« von Wettkämpfen und Entwickeln von Theorien, wie man selbst sich in der Situation verhalten hätte. Im Folgenden geht es um eine ähnliche Aktivität: Ein Dialog eines Klienten mit einer Zahnpflegerin wird wiedergegeben, deren Äußerungen grau hinterlegt sind. Wahrscheinlich sind die meisten Leser dieses Buches selbst keine Zahnpfleger, aber sicher sind Sie alle schon einmal von einer Zahnpflegerin behandelt worden, und diese hat Ihnen einen Vortrag darüber gehalten, wie wichtig es ist, Ihre Zähne mit Zahnseide zu pflegen. Entscheiden Sie aufgrund dieses persönlichen Erlebnisses, welche Art von Reaktion jeweils in dem Beispieldialog benutzt wurde (z. B. *Reflexion, Um Erlaubnis bitten, E-P-E*), und beschreiben Sie auf der Grundlage Ihrer persönlichen Erfahrungen mit dieser Situation auch selbst eine Reaktionsmöglichkeit, die Sie im Rahmen eines solchen Dialogs benutzt hätten. Das Beispiel stellt keine »perfekte« Interaktion dar, aber andererseits sind die Antworten, die darin gegeben werden, auch nicht »schlecht« oder »problematisch«; vielmehr geht es hier um nichts weiter, als daß es immer alternative Möglichkeiten gibt. Zwar sollten Sie auch die Äußerungen des Klienten lesen, doch besteht Ihre eigentliche Aufgabe darin, Reaktionen auf die Äußerungen der Zahnpflegerin zu entwickeln. Wie beim Nachkarten hält uns die Tatsache unseres relativ spärlichen Wissens über das Thema, um das es geht, nicht davon ab, ausgiebig unsere Meinung zu äußern. Und falls Sie doch zufällig selbst Zahnpflegerin sind, um so besser: Nur zu, lassen Sie die Expertin zu Wort kommen!

Äußerung	*Art der Reaktion und Alternativreaktion*
»Sie wissen sicher, daß wir den Gebrauch von Zahnseide bei der Zahnpflege für sehr wichtig halten. Nur ist mir nicht klar, ob Sie auch wissen, *warum* wir das finden.«	
»Nun, ich weiß, daß Kariesbefall entstehen kann, wenn man es nicht tut.«	
»Das stimmt. Kariesbefall und Paradontose sind möglich.«	
»Ist das schlimm? Ich meine richtig schlimm?«	

»Es können schon einige unangenehme Dinge passieren. Erstens können sich kleine Bakterienherde bilden, die Zahnverfall verursachen können, und was dann passiert, wissen Sie selbst. Außerdem kann sich Ihr Zahnfleisch zurückbilden, was die Gefahr der Freilegung von Zahnwurzeln mit sich bringt. Dadurch können Wurzelkanalentzündungen entstehen und letztlich Zähne verloren gehen.«	
»Aber keiner meiner Zähne tut im Moment weh!«	
»Darüber bin ich sehr froh. Man kann ein paar Dinge tun, wenn sich Ihr Zahnfleisch zurückbildet, aber die sind nicht besonders angenehm. Deshalb versuchen wir, unsere Patienten dazu zu bringen, sich so zu verhalten, daß das erst gar nicht passiert. Natürlich müssen Sie selbst entscheiden, was Sie für sinnvoll halten.«	
»Ich benutze ja manchmal Zahnseide. Ich spare es mir nur häufig, wenn ich am Morgen spät dran bin oder wenn besonders viel zu tun ist. Ich denke dann, daß ich es später nachholen werde, und manchmal vergehen dann ein paar Tage, und ich bekomme Schmerzen.«	
»Zahnseide zu benutzen ist also wichtig. Natürlich ist es schwer, regelmäßig daran zu denken. Wahrscheinlich ist Ihnen dies zeitweise leichter gefallen, und in anderen Fällen hatten Sie größere Probleme damit. Wie haben Sie es damit gehalten, als Sie regelmäßiger daran gedacht haben?«	
»Meist erinnere ich mich häufiger daran, wenn ich gerade hier bei euch gewesen bin. In solchen Zeiten geht mir durch den Sinn, daß ich mir mehr Mühe damit geben muß.«	
»Es hilft Ihnen also, auf Ihr Ziel konzentriert zu bleiben, wenn jemand oder etwas von außen Sie daran erinnert.«	
»Ich halte dann an verschiedenen Stellen im Haus jederzeit Zahnseide griffbereit – beispielsweise unten im Badezimmer und in meinem Büro – das hilft.«	
»Wie ist es, wenn Sie sich unter Zeitdruck fühlen? Das scheint für Sie ja eine besonders schwierige Situation zu sein.«	
»Das ist wirklich schwer für mich.«	

<table>
<tr><td>»Würde es Sie interessieren zu hören, was andere getan haben, wenn sie wenig Zeit hatten, um ihre Zähne mit Zahnseide zu pflegen?«</td><td></td></tr>
<tr><td colspan="2">»Klar.«</td></tr>
<tr><td>»Ich habe darüber im Laufe der Zeit die verschiedensten Dinge gehört. Einige stellen ihren Wecker auf einen Zeitpunkt ein, der drei Minuten vor ihrer gewohnten Aufstehzeit liegt. Da es nur um drei Minuten geht, erscheint ihnen dies nicht wie eine große Sache, und sie nutzen die Zeit tatsächlich, um ihre Zähne mit Zahnseide zu pflegen. Andere verlegen die Zahnseidepflege auf die Zeit vor dem Zubettgehen, weil sie sich dann nicht unter Zeitdruck fühlen. Wieder andere bewahren den Zahnseidebehälter in einer Schale im Wohnzimmer auf, um ihre Zähne während einer Nachrichtensendung mit Zahnseide zu säubern – was dann im Laufe der Zeit zu einer Gewohnheit wird. Es gibt auch Menschen, die Zahnseide nicht mögen und deshalb Dentalbürstchen oder ähnliches benutzen, die sie stets griffbereit halten – z. B. dort, wo sie sich Fernsehsendungen anschauen oder lesen. Es gibt keine einzig und allein richtige Art, dies zu tun. Welche der beschriebenen Möglichkeiten erscheint Ihnen persönlich als besonders sinnvoll?«</td><td></td></tr>
<tr><td colspan="2">»Eines meiner Probleme mit der Zahnseide ist, daß ich nicht so richtig damit zurechtkomme, wie ich den Faden halten muß. Ich frage mich, ob mir nicht mit Zahnstochern besser gedient wäre.«</td></tr>
<tr><td>»Und die möchten Sie morgens anstelle der Zahnseide benutzen?«</td><td></td></tr>
<tr><td colspan="2">»Nein, das scheint mir keine so gute Idee zu sein. Aber ich könnte es als eventuelle Ersatzmaßnahme einplanen.«</td></tr>
<tr><td>»... Sie meinen, falls Sie morgens mal wieder spät dran sind.«</td><td></td></tr>
<tr><td colspan="2">»Genau.«</td></tr>
</table>

<table>
<tr><td>»Was wissen Sie über die Verwendung von Zahnstochern?«</td><td></td></tr>
<tr><td colspan="2">»Ehrlich? Nicht viel.«</td></tr>
<tr><td rowspan="2">»Hielten Sie es für nützlich, wenn wir ein paar Minuten darauf verwenden, daß ich Ihnen zeige, wie Sie einen Zahnstocher benutzen können, und wenn ich Sie dann eine kleine Übung ausführen ließe? Manchmal ist es wichtig, daß Menschen ein Gefühl dafür entwickeln, ob sie etwas richtig machen. Natürlich bleibt es Ihnen überlassen, das zu entscheiden.«</td><td></td></tr>
<tr><td></td></tr>
<tr><td colspan="2">»Wie lange wird es dauern?«</td></tr>
<tr><td rowspan="2">»Weniger als fünf Minuten.«</td><td></td></tr>
<tr><td></td></tr>
<tr><td colspan="2">»Wir können das machen, aber danach möchte ich wieder auf die Zahnseide zurückkommen.«</td></tr>
<tr><td rowspan="2">»Okay, ich erkläre Ihnen das mit den Zahnstochern. Aber vorher möchte ich wissen – ich meine, es klingt, als hielten Sie es für wichtig, Zahnseide zu benutzen.«</td><td></td></tr>
<tr><td></td></tr>
<tr><td colspan="2">»Ja, das ist so. Ich halte Zahnseide für sehr wichtig. Ich muß mir nur manchmal einen Ruck geben, damit ich sie benutze.«</td></tr>
<tr><td rowspan="2">»Und Sie haben das Gefühl, daß Sie heute einen entscheidenden Anstoß bekommen haben.«</td><td></td></tr>
<tr><td></td></tr>
<tr><td colspan="2">»Ja.«</td></tr>
<tr><td rowspan="2">»Sehr gut.«</td><td></td></tr>
<tr><td></td></tr>
</table>

Übung 9.2 Fragen Sie Frau ...

Ratgeberspalten gibt es mittlerweile in vielen Zeitungen auf der ganzen Welt. Leser senden den Verfassern solcher Kommentare ihre Probleme zu, und die Ratgeber beantworten sie dann. In der nun folgenden Übung sollen Sie eine Anzahl fiktiver Briefe beantworten, die an unseren imaginären Ratgeber »Onkel Todd« gerichtet sind. Wenn Sie diese Übung für nützlich halten, können Sie sich weiteres Übungsmaterial beschaffen, indem Sie sich die Ratgeberspalte Ihrer Lokalzeitung anschauen und die dort veröffentlichten Anfragen im hier beschriebenen Sinne nutzen: jemandem, der Sie um Hilfe gebeten hat, einen MI-gerechten Rat zu geben. Dabei können Sie, wie jeder gute Ratgeber-Kolumnist, durchaus ein wenig Humor zeigen.

Lieber Onkel Todd,
Ich habe eine Freundin »Hannah«. Wir bewohnen im College gemeinsam ein Zweibettzimmer. Wir gehören einer Gruppe von vier sehr engen Freundinnen an, möchten aber gern Kontakte zu mehr Menschen aufbauen, denn wir befinden uns alle im ersten College-Jahr. Leider konzentriert Hannah ihre ganze Energie ausschließlich auf unsere Vierergruppe. Sie hält sich ständig in dem Zimmer auf, das ich mit ihr bewohne, und sie fragt mich immer wieder, was ich als nächstes zu tun vorhabe. Genauso macht sie es auch mit den anderen beiden Frauen aus unserer Gruppe. In letzter Zeit habe ich oft Schuldgefühle, weil ich auch ohne sie etwas unternehmen möchte. Ich habe ihr manchmal gesagt, ich ginge zur Bibliothek, obwohl ich in Wahrheit andere Freunde treffen wollte. Ich habe das Gefühl, daß sie meine Privatsphäre ignoriert und daß ich mich ihr gegenüber verschließen muß, obwohl ich das andererseits eigentlich nicht will. Bitte, Onkel Todd, helfen Sie mir!

Ihre »in Frischhaltefolie gewickelt«

Liebe »In ...«,

Ihr Onkel Todd

Lieber Onkel Todd,
Die Feiertage sind wieder einmal gekommen. Versteh' mich bitte nicht falsch: Ich liebe meine Familie. Aber ich habe immer das Gefühl, daß ziemlich starke Anspannung zwischen uns besteht. Wir haben Gäste von auswärts, und das verändert die Situation im Haushalt völlig. Alle schlafen nicht so gut wie sonst und werden deshalb ein bißchen griesgrämig. Mein Onkel trinkt manchmal zuviel und wird dann eigensinnig. Wir verbringen viele Stunden mit den Vorbereitungen auf den großen Tag, und wenn er dann gekommen ist, geht alles so schnell, daß alle immer ein wenig enttäuscht sind. Ein Teil von mir möchte sich diesen ganzen Ärger am liebsten sparen; aber wenn ich damit Ernst machen würde, wäre mir das Resultat wohl auch nicht recht. Natürlich gibt es bei solchen Festlichkeiten auch Augenblicke, die mir sehr wichtig sind – nur sind es leider nicht genug. Wie kann ich erreichen, daß die Situation weniger angespannt ist?

Ihr Holiday Blues

Lieber Holiday Blues!

Ihr Onkel Todd

Beispielantworten zu Übung 9.2

Liebe »In Frischhaltefolie ...«,

Sie klingen wie luftdicht verpackt. Sie wollen die Gefühle dieser Frau nicht verletzen, doch Ihre momentanen Entscheidungen bringen Sie in Gefahr, genau das zu tun. Außerdem sieht es ganz so aus, als ob Ihre Mitbewohnerin Sie allmählich auf die Palme bringt. Ich hätte ein paar Ideen für Sie.

Einige College-Neulinge äußern sich in solchen Situationen sehr konkret darüber, welche Ziele sie haben – neue Bekanntschaften zu machen –, aber deswegen schicken sie ihre bisherigen Freunde nicht in die Wüste. Etwas anderes, das einige junge Frauen ausprobiert haben, ist, direkt darüber zu reden, wie sie das Verhalten der klammernden Freundin empfinden, und sich dann Gedanken darüber zu machen, ob es Möglichkeiten gibt, dieser Frau zu helfen, selbst andere Freunde zu finden. Weiterhin könnte man die Vertrauensstudentin hinzuziehen und sie fragen, ob sie Möglichkeiten zur Lösung des Problems sieht. Und schließlich gibt es noch einige, die spezielle gemeinsame Abende verabreden, damit zum Klammern neigende Freunde oder Freundinnen sicher sein können, daß sie den betreffenden Abend mit den begehrten Personen verbringen werden. Andere Abende hingegen bleiben Aktivitäten ohne die zudringlichen Freunde vorbehalten.

Nun, liebe »In Frischhaltefolie ...«, welche dieser Möglichkeiten erscheint Ihnen als die für Sie beste?

Ihr Onkel Todd

Lieber Holiday Blues,

es klingt, als ob Sie in einer ziemlichen Zwickmühle stecken. Am besten würde man in einer Situation wie der Ihren fliehen, aber ich glaube nicht, daß Sie dazu bereit sind. Sie müssen mit der Situation also irgendwie fertig werden, so gut Sie können. Mir sind ein paar Dinge dazu eingefallen, aber Sie selbst müssen entscheiden, ob es unter ihnen etwas gibt, das Sie für nützlich halten.

Einige Familien versuchen, den Ablauf von Feiertagen ein wenig zu strukturieren. Sie entwikkeln einen groben Plan für solche Tage. Das verhindert offenbar, daß die Familienmitglieder das Gefühl bekommen, zuviel Zeit zu haben. Einige Familien veranstalten große Ausflüge, andere legen Puzzles, und wieder andere backen oder kochen gemeinsam. Gemeinsame Tätigkeit wirkt fokussierend.

Eine weitere manchmal genutzte Möglichkeit besteht darin, die Verantwortung aufzuteilen. Jeder ist an einem bestimmten Tag für den gesamten Ablauf einschließlich der Mahlzeiten zuständig. Manchmal tun sich zu diesem Zweck auch zwei Familienmitglieder zusammen, wenn die Aufgabe für eine Person zu umfangreich ist. Diese Vorgehensweise scheint zu verhindern, daß sich ein Einzelner oder eine kleine Gruppe überlastet fühlen.

(Fortsetzung nächste Seite)

Offenbar ist der Alkoholkonsum an Feiertagen häufig ein Problem. Ich habe dazu verschiedene Empfehlungen gehört. Einige servieren zu alkoholischen Getränken Snacks, damit niemand auf den leeren Magen trinkt. Andere schenken nur begrenzte Mengen Alkohol aus oder bieten nur eine bestimmte Art von alkoholischem Getränk an. Wieder andere nehmen einen Anwesenden, der mit dem Alkohol offensichtlich Probleme hat, zur Seite und teilen ihm ihre Sorge mit. Und manche entscheiden sich dafür, gar keinen Alkohol oder nur Getränke mit sehr geringem Alkoholgehalt anzubieten.

Der letzte Aspekt, zu dem ich mich hier äußern möchte, ist, daß Sie an Ihren eigenen Reaktionen auf eine Situation dieser Art arbeiten können. Einige Menschen bringen sich durch ihre Erwartungen in Schwierigkeiten – weshalb es nützlich sein kann, diese zu verändern. Andere sagen, die Situation könnte durch ihre Reaktionen eskalieren, und deshalb müßten sie äußerst vorsichtig agieren. Und schließlich gibt es einige, die annehmen, ihr Fokus sei das Problem. Wenn sie sich auf Dinge, die sie mögen oder wollen, konzentrieren, sind sie viel glücklicher – auch wenn dabei etwas schief geht –, als wenn sie sich mit negativen Aspekten oder auftauchenden Problemen auseinandersetzen. Und seien wir doch ehrlich: Wenn ein ganzes Haus mit Familienangehörigen gefüllt ist, tauchen mit ziemlich hoher Wahrscheinlichkeit Probleme auf.

Das war jetzt eine ziemlich lange Antwort, Blues. Ob Sie wohl mit einigen meiner Gedanken etwas anfangen können?

Ihr Onkel Todd

ÜBUNG 9.3 »DAS KANN ICH REPARIEREN!«

Die folgenden Zitate müssen ein wenig überarbeitet werden. Die meisten dieser Äußerungen sind konfrontativ. Versuchen Sie, den konfrontativen Charakter mit Hilfe der Techniken, die Sie in diesem Kapitel kennengelernt haben, ein wenig zu mildern. Einiges von dem, was Sie vorfinden, mag so, wie es ist, in Ordnung sein; Sie müssen also wie bei jeder Reparaturarbeit entscheiden, was bleiben und was ersetzt oder aufgearbeitet werden muß. In einigen Fällen müssen Sie vielleicht ganz von vorn anfangen. Notieren Sie, wie Sie die einzelnen Äußerungen verbessern oder völlig neu formulieren könnten. Sie brauchen dabei nicht besonders eng an den vorgegebenen Formulierungen zu bleiben; aber bemühen Sie sich, die in den einzelnen Beispielen enthaltenen Gedanken adäquat zum Ausdruck zu bringen.

1. »Sie müssen sich wirklich angewöhnen, mehr Obst zu essen und Gebratenes zu vermeiden. Wenn Sie das nicht tun, riskieren Sie, noch einen Herzinfarkt zu bekommen. Und leider ist es nun einmal so, daß der zweite Herzinfarkt mit höherer Wahrscheinlichkeit tödlich ist. Diese Veränderungen sind also wirklich sehr wichtig für Sie.«

2. »Ich weiß, daß die Medikamente, die Sie bekommen, einige Nebenwirkungen haben. Aber Sie können sie nicht nur dann einnehmen, wenn Sie glauben, es sei nötig. So kann man mit Antidepressiva nicht umgehen, weil sie dann nicht wirken. Diese Mittel müssen im Körper einen bestimmten Spiegel erreichen. Wenn Sie sie nur alle paar Tage einnehmen, wird das therapeutisch wirksame Niveau nicht erreicht, und Sie erleben zwar die unangenehmen Nebenwirkungen, profitieren aber nicht von der positiven Wirkung.«

3. »Ich halte es für ziemlich schlecht, wenn Sie wieder zu trinken anfangen; das gilt insbesondere jetzt. Sie haben zwar bisher noch kein Problem mit Alkohol gehabt, aber Sie sind ein Mensch, der schon unter anderen Abhängigkeiten gelitten hat. Deshalb besteht bei Ihnen die Gefahr, daß Sie eine Sucht gegen eine andere eintauschen. Im übrigen leiden Sie unter einer Depression, und Alkohol würde diesen Zustand wahrscheinlich noch verstärken. Sie haben ja auch Ihren Sponsor nicht benachrichtigt – wohl weil Ihnen klar war, daß er ›Nein!‹ gesagt hätte. – Sie genießen also keine Unterstützung bei diesem riskanten Experiment. Sie spielen mit dem Feuer!«

4. »Natürlich ist es Ihr Leben. Aber ich glaube nicht, daß es Ihnen reicht, Sex mit Leuten zu haben, die nicht an einer Beziehung interessiert sind. Freier Sex gibt Ihnen vielleicht ein Gefühl sexueller Macht, aber wer gibt und wer bekommt dabei etwas? Geben die Empfänger etwas zurück? Meist ist die Frau die Gebende. Und seien wir doch ehrlich: Der Ruf eines Mannes wird durch freien Sex nicht beschädigt. Bei Ihnen kann das anders sein.«

5. »Mein Problem ist, daß ich Ihnen nicht die Kinder fortnehmen will. Ich glaube, daß Ihre Kinder Ihnen wichtig sind und daß Sie gut für sie sorgen. Aber wenn Sie sich weiter so verhalten, bin ich gezwungen, Ihnen die Kinder wegzunehmen. Und sicher wollen Sie mich nicht in eine Zwangslage bringen, in der ich das tun muß. Deshalb müssen Sie einen dieser Kurse für Eltern besuchen. Andernfalls muß ich Ihnen die Kinder wegnehmen, und Schuld daran sind dann Sie, nicht ich.«

6. »Wenn Sie sich nicht besser um Ihre Diabetes kümmern, werden immer üblere Folgen eintreten – möglicherweise sogar tödliche. Ihr HbA1c-Wert lag bei 14; das ist doppelt so hoch, wie es eigentlich sein sollte. Ihr Empfindungsvermögen in einem Fuß ist schon deutlich verringert – die Diabetes hat also schon Ihren Blutkreislauf und Ihre Nerven geschädigt. Sie könnten einen Fuß oder sogar eine Niere verlieren. In Ihrer Familie gab es einige Schlaganfälle, und zwar bei Familienangehörigen, die nicht zusätzlich noch Diabetesprobleme hatten. Ihr Vater ist an einem Herzinfarkt gestorben. Alles wird nur immer schlimmer. Das ist jetzt kein Witz. Wenn Sie diese Sache nicht unter Kontrolle bringen – und zwar schnell! –, bekommen Sie riesige Schwierigkeiten!«

Beispielreaktionen zu Übung 9.3

1. »Sie müssen sich wirklich angewöhnen, mehr Obst zu essen und Gebratenes zu vermeiden.«

   Sorgen: Der Rat ist fundiert, und der Kontext ist problematisch. Es wird nicht um Erlaubnis gebeten, und es wird vor schrecklichen Folgen gewarnt. Die Reaktion könnte verbessert werden, indem man zunächst um Erlaubnis bittet und dann Informationen übermittelt oder das E-P-E-Verfahren anwendet.

   Reaktion: »Was wissen Sie schon über Ernährung und die Rolle, die sie spielt, wenn man einen erneuten Herzinfarkt verhindern will?«
   »Sie haben Recht – mehr Obst und Gemüse zu essen ist wichtig für die Gesundheit des Herzens; und ebenso wichtig ist es, Gebratenes zu meiden.«
   »Was wissen Sie über die Gefährlichkeit eines zweiten Herzinfarkts?«
   »Wenn das Herz schon einmal geschädigt wurde, besteht die Gefahr, daß ein zweiter Infarkt noch üblere Folgen als der erste hat – beispielsweise kann er zum Tod führen. Was fällt Ihnen zu diesen Informationen ein?«

   Techniken: E-P-E

2. »Ich weiß, daß die Medikamente, die Sie bekommen, einige Nebenwirkungen haben. Aber Sie können sie nicht nur dann einnehmen, wenn Sie glauben, es sei nötig.«

   Sorgen: Wie im vorigen Beispiel ist auch in diesem der Rat ein Versuch, den Klienten zu überzeugen. Auch hier wäre es wahrscheinlich wirksamer, um Erlaubnis zu bitten, Informationen zu übermitteln, und die Sicht des Klienten zu verstehen. Alternativ könnte man die Chunk-Check-Chunk-Technik benutzen.

   Reaktion: »Soll ich Ihnen ein wenig erklären, wie Antidepressiva wirken? Falls Sie etwas davon schon wissen, unterbrechen Sie mich bitte.«
   »Bei dieser Art von Medikamenten dauert es einige Zeit, bis eine therapeutisch wirksame Dosis erreicht ist. Und wenn das dann eingetreten ist, muß man diesen Spiegel aufrechterhalten, und dazu muß man das Mittel jeden Tag einnehmen. War Ihnen das schon bekannt?«
   »Wenn Sie Medikamente nicht jeden Tag einnehmen, erreichen Sie nicht die Dosis, in der die Stoffe die gewünschte Wirkung entfalten. Statt dessen stellen sich Nebenwirkungen ein. Sie nur hin und wieder einzunehmen hilft Ihnen nicht.«
   »Ich bin zwar der Ansicht, daß die Medikamente Ihnen helfen könnten, aber die Entscheidung darüber, ob Sie sie einnehmen wollen oder nicht, liegt allein bei Ihnen. Was denken Sie darüber?«

   Techniken: Um Erlaubnis bitten, Chunk-Check-Chunk

3. »Ich halte es für ziemlich schlecht, wenn Sie wieder zu trinken anfangen; das gilt insbesondere jetzt.«

   Sorgen: In diesem Fall verfügt der Helfer über viele nützliche Informationen, aber er versucht, der Wichtigkeit seiner Argumente durch Schimpfen zu mehr Gewicht zu verhelfen. Besser wäre es, sich beim Äußern von Sorgen um eine neutrale Haltung zu bemühen, weil sonst die Gefahr besteht, daß sich Widerstand aufbaut.

   Reaktion: »Ich mache mir wegen Ihrer Entscheidung Sorgen. Darf ich Ihnen erklären warum?« »Das hat verschiedene Gründe. Sie haben über Depressionen geklagt, und Alkohol kann depressive Empfindungen verstärken, auch wenn Sie sich nach dem Alkoholkonsum anfangs ein wenig besser fühlen. Und wenn Ihr Sponsor nichts davon weiß, müssen Sie auf Ihr Unterstützungs- und Feedbacksystem verzichten, und das in einer Situation, in der es für Sie sehr nützlich sein könnte, wenn jemand anders aufmerksam beobachtet, was mit Ihnen geschieht. Obwohl Ihre bisherigen Abhängigkeitsprobleme Sie nicht daran hindern, diese Entscheidung zu treffen, deuten die Ergebnisse aller bekannten wissenschaftlichen Untersuchungen zu dieser Thematik darauf hin, daß bei Ihnen das Risiko der Entstehung anderer Substanzkonsumprobleme sehr hoch ist. Das ist der Grund meiner Sorgen. Was meinen Sie dazu?«

   Techniken: Äußern einer Sorge, um Erlaubnis bitten, Informationen übermitteln und die Sicht des Klienten überprüfen

4. »Natürlich ist es Ihr Leben. Aber ich glaube nicht, daß es Ihnen reicht, Sex mit Leuten zu haben, die nicht an einer Beziehung interessiert sind.«

   Sorgen: Dies ist ein Thema, bei dem die meisten Menschen empfindlich reagieren. Der Helfer sollte sich um einen weniger barschen Ton bemühen und stärker seine Besorgnis zum Ausdruck bringen. Viele Elemente des obigen Satzes können bleiben, wie sie sind, doch es sind auch warnende Aspekte darin enthalten, und dem Helfer ist mehr damit gedient, wenn er die Informationsübermittlung mit den Äußerungen anderer Frauen in Verbindung bringt.

   Reaktion: »Ist es für Sie in Ordnung, wenn ich Ihnen ein paar Informationen gebe, die ich von anderen jungen Frauen wie Sie erhalten habe? Sie sagen, daß man sich bei dieser Art sexueller Aktivität sehr mächtig fühlt. Und das mögen sie – jedenfalls im allgemeinen. Doch es gibt dabei auch ein paar Aspekte, die Ihnen weniger angenehm sind. Einer davon ist die Einseitigkeit solcher Beziehungen: Sie geben und bekommen selbst nicht viel. Was meinen Sie dazu?«

   »Etwas anderes, das diesen anderen Frauen nicht gefällt – und das ist vielleicht noch frustrierender für sie –, ist, daß die Vorliebe für schnellen Sex mit wechselnden Partnern von der Gesellschaft unterschiedlich bewertet wird, je nachdem, ob es um Männer oder Frauen geht. Männer profitieren von dieser Vorliebe immer noch tendenziell, doch bei Frauen ist das nicht der Fall. Und das macht sie wütend. Haben Sie darüber schon einmal nachgedacht? Und zu welchem Ergebnis sind Sie gekommen?«

   Techniken: Um Erlaubnis bitten, Chunk-Check-Chunk

(Fortsetzung nächste Seite)

5. »Mein Problem ist, daß ich Ihnen nicht die Kinder fortnehmen will. Ich glaube, daß Ihre Kinder Ihnen wichtig sind und daß Sie gut für sie sorgen. *Aber* wenn Sie sich weiter so verhalten, bin ich gezwungen, Ihnen die Kinder wegzunehmen. Und sicher wollen Sie mich nicht in eine Zwangslage bringen, in der ich das tun muß. Deshalb müssen Sie einen dieser Kurse für Eltern besuchen. Andernfalls muß ich Ihnen die Kinder wegnehmen, und Schuld daran sind dann Sie, nicht ich.«

   Sorgen: Auch diese Äußerung enthält viele nützliche Elemente. Doch hüten Sie sich vor dem »aber«, denn es wischt die Sorge weg, auf die der Helfer die Klientin aufmerksam gemacht hat. Außerdem klingt das Element der Verantwortung am Ende der Äußerung nach einer Beschuldigung, und das wird höchstwahrscheinlich den Zorn der Klientin wecken.

   Reaktion: »Ich bin in einem Dilemma. Das Gericht verlangt, daß bestimmte Dinge geschehen müssen, damit die Kinder bei Ihnen bleiben können; dazu gehört auch, daß Sie an Kursen über Elternaufgaben teilnehmen müssen. Ich muß dem Gericht mitteilen, ob Sie diese Auflagen erfüllt haben. Ich muß bei der Wahrheit bleiben, nicht nur wegen des Gerichts, sondern um Ihrer selbst und der Kinder willen. Ich nehme Ihnen ab, daß Ihnen die Kinder wichtig sind, und es gibt diese Auflagen, die erfüllt werden müssen. Ich kann nicht für Sie entscheiden, hoffe aber sehr, daß Sie die Auflagen um Ihrer selbst und der Kinder willen erfüllen werden. Aber ob Sie es wirklich tun, ist Ihre Sache. Wie denken Sie darüber?«

   Techniken: Chunk-Check-Chunk

6. »Wenn Sie sich nicht besser um Ihre Diabetes kümmern, werden immer üblere Folgen eintreten – möglicherweise sogar tödliche.«

   Sorgen: Legitime Sorgen wegen realer Probleme. Außerdem ist die Äußerung eine einseitige [im Gegensatz zu einer doppelseitigen] Reflexion. Eine stärker auf Zusammenarbeit zielende Strategie wäre nützlicher.

   Reaktion: Was wissen Sie über die Risiken, denen Sie momentan wegen Ihrer Diabetes ausgesetzt sind?« *(Klient antwortet.)*
   »Es gibt da noch ein paar andere Dinge, die Sie wissen sollten. Die verringerte Empfindungsfähigkeit in den Füßen ist so eine Art Kanarienvogel im Kohlebergwerk. Sie weist darauf hin, daß noch andere Gefahren bestehen könnten. Ganz allgemein deutet dieses Anzeichen auf Durchblutungsprobleme in Ihrem Körper hin. Das ist bei Diabetikern nicht selten. Wenn diese Anzeichen aufzutreten beginnen, werden die Risiken wesentlich größer. Was wissen Sie über diese schwerwiegenderen Risiken?«

   Techniken: E-P-E

ÜBUNG 9.4 »DAS KANN ICH BAUEN!«

In dieser Übung werden Sie Szenarien lesen und selbst einen Rat formulieren. Beschrieben werden Situationen, die Sie entweder selbst schon im Alltagsleben kennengelernt oder über die andere Ihnen berichtet haben. Versuchen Sie, mit Hilfe der FOCUS-Leitlinien MI-gerechte Ratschläge zu formulieren. (Die FOCUS-Leitlinien werden zur Erinnerung im folgenden nochmals wiedergegeben.) Diese Übung kann sehr schwierig sein. Versuchen Sie, sich so intensiv wie möglich vorzustellen, daß man Sie bittet, in der geschilderten Situation einen Rat zu geben, und vergegenwärtigen Sie sich, welche Möglichkeiten bzw. Gedanken Sie im konkreten Fall anführen könnten. Vielleicht haben Sie das Gefühl, Sie bräuchten mehr Detailinformationen über die Situation, um einen kompetenten Rat geben zu können; doch ich habe mich bewußt entschieden, nicht zu viele Einzelheiten zu beschreiben, damit Sie mehr Möglichkeiten haben, Gedanken anzuführen, die Ihnen selbst als wichtig und sinnvoll erscheinen.

- *First ask permission.* Bitte zuerst um Erlaubnis.
- *Offer ideas.* Biete Ideen an.
- *Concise.* Fasse dich kurz.
- *Use a menu.* Benutze eine »Speisekarte«.
- *Solicit what the client thinks.* Frage den Klienten, was er denkt.

Ein College auswählen

Ihr 18-jähriger Sohn berichtet Ihnen von seinen Schwierigkeiten, zwischen mehreren guten College-Angeboten zu wählen. Einige der in Frage kommenden Colleges liegen in der Nähe, andere nicht; einige sind staatlich, andere privat. Die Colleges in der Nähe sind preiswerter, bieten aber weniger Auswahl an Hauptfächern und Extras an. Bei den privaten Colleges gibt es Begabtenstipendien, aber ihr Besuch würde trotzdem mehr kosten, als Sie sich leisten können, weshalb Ihr Sohn mit Ihrem Einverständnis ein größeres Darlehen aufnehmen müßte. Der individuelle Kontakt zum Lehrpersonal und die persönliche Betreuung sind an privaten Colleges wahrscheinlich besser als an staatlichen. Den Rat, »dem eigenen Herzen zu folgen«, können Sie sich sparen, weil Ihr Sohn ja ohnehin schon bestimmte Colleges ausgewählt und sich dort beworben hat. Er ringt nun mit seiner Ambivalenz.

Rat:

Eine berufliche Veränderung

Ihre Freundin denkt über eine berufliche Veränderung nach. Seit Sie sie kennen, hat sie immer mehrere Jobs gleichzeitig gehabt, um über die Runden zu kommen. Angefangen hat sie damit aus ökonomischer Notwendigkeit, weil sie aus einer Doppelverdienerehe in die Situation einer alleinerziehenden Mutter wechselte. So hat sie sich 15 Jahre lang durchgeschlagen. Zwar hat sich mittlerweile eine neue Beziehung angebahnt, aber ihr neuer Partner verdient wesentlich weniger als sie und arbeitet auch viel weniger. Sie hat nun die Möglichkeit, als unabhängige Beraterin mit einem umfangreichen Vertrag für ein großes Unternehmen zu arbeiten. Der Vertrag sichert ihr ein Jahr lang ein sehr gutes Einkommen, und außerdem hat sie genügend Zeit, um andere Aspekte ihres Beratungsgeschäfts aufzubauen. Allerdings müßte sie deswegen eine Teilzeitbeschäftigung aufgeben, die sie bisher finanziell abgesichert hat. Sie ist begeistert über das neue Angebot, macht sich aber Sorgen wegen der allgemeinen Wirtschaftslage, die auf dem Weg in eine Rezession ist, und die Unsicherheit, die sie nach dem gesicherten ersten Jahr erwartet, gibt ihr auch zu denken. Sie fragt Sie, was Sie meinen, das sie tun soll.

Rat:

Alte Eltern

Ihr Arbeitskollege vertraut Ihnen an, daß er vor einer schweren Entscheidung steht. Seine schon sehr alten Eltern lebten bis vor kurzem in einer weiter entfernten Stadt. Sein Vater, dessen Gesundheitszustand immer schlechter geworden war, war im letzten Jahr gestorben. Die Mutter hatte danach keine übereilte Entscheidung treffen wollen, aber es war klar, daß sie kaum in der Lage sein würde, weiter selbständig zu leben. Sie hatte zunächst die Hilfe eines häuslichen Pflegedienstes in Anspruch genommen, aber ihre Ersparnisse gingen zur Neige. Deshalb mußte nun entschieden werden, ob sie in ein Altersheim oder in sein Haus ziehen sollte. Seine Frau verhielt sich bei dieser Entscheidung zwar neutral, doch ihm war klar, daß er selbst mit seiner Mutter immer am besten zurechtgekommen war, wenn er eine gewisse Distanz zu ihr gewahrt hatte. Die jetzt zu entscheidende längerfristige Verpflichtung jedoch würde zwangsläufig zu ständigem engerem Kontakt führen. Da Ihr Arbeitskollege ohnehin mehrere Kinder hat, wäre die Aufnahme der Mutter ins eigene Haus mit größeren Umorganisationen verbunden und würde die Veränderung zahlreicher Gewohnheiten erforderlich machen. Die Kinder hätten die Großmutter zwar gern in ihrer Nähe, aber andererseits haben sie sich schon darüber beklagt, daß sie dann enger zusammenrücken und Räume miteinander teilen müßten. Die Altersheime, die sich Ihr Kollege angeschaut hat, variieren zwischen trostlos und akzeptabel. Keines davon ist ideal, und er fühlt sich schon schuldig, wenn er auch nur daran denkt, seine Mutter in einer solchen Einrichtung unterzubringen. Er hat seinem Vater versprochen, sich nach seinem Tod um die Mutter zu kümmern. Nun möchte er, daß Sie ihm raten, was er tun soll.

Rat:

Ihre beste Freundin heiratet

Sie kennen diese Freundin seit Ihrer Kindheit. Sie haben an Ihrer Hochzeitsfeier teilgenommen, und Sie haben sie getröstet, als ihre erste Ehe zerbrach. Sie haben ihr zur Seite gestanden, als ihr Vater an Alzheimer erkrankte, und ihr Unterstützung angeboten, als ihre Mutter mit dem Krebs rang und schließlich daran starb. Seit Sie sie kennen, wollte sie stets zwei Dinge: einen Partner, den sie lieben konnte, und ein eigenes Kind. Sie hat nun einen Partner gefunden, aber er will kein Kind. Deshalb hat sie die Beziehung immer wieder beendet und später wieder angefangen, während sie sich darüber klarzuwerden versuchte, ob sie auch ohne ein Kind würde leben können. In einer der Phasen, in denen sie die Beziehung schon aufgegeben hatte, hat sie sich sogar nach den Möglichkeiten einer Adoption erkundigt, weil sie aus medizinischen Gründen selbst nicht schwanger werden kann. Nun sitzen Sie mit dieser Freundin zusammen beim Essen, und sie eröffnet Ihnen, der Termin für die Hochzeit stehe fest. Tapfer erklärt sie, sie werde für die Kinder anderer Tante sein, und das reiche ihr. Sie kennen Ihre Freundin gut, und es sieht so aus, als habe sie nun der ewigen Unsicherheit, unter der sie so gelitten hat, ein Ende gemacht. Andererseits ist Ihnen klar, daß sie unglücklich werden wird, wenn sie bei dieser Entscheidung bleibt. Sie fragt Sie, was Sie über die Situation denken.

Rat:

Beispielantworten zu Übung 9.4

Ein College auswählen

Ihr 18-jähriger Sohn berichtet Ihnen von seinen Schwierigkeiten, zwischen mehreren guten College-Angeboten zu wählen.

»Ich habe ein paar Ideen dazu, aber zuerst möchte ich wissen, ob es für dich okay ist, wenn ich sie dir mitteile. Ich nehme an, daß du selbst schon ein paar Dinge ausprobiert hast, um dieses Problem zu lösen, und ich möchte nichts wiederholen, worauf du selbst schon gekommen bist. Was hast du denn probiert?« (Der junge Mann antwortet.)

»Ich habe mich bei anderen Eltern erkundigt und rate dir deshalb, über folgende Dinge nachzudenken. Eine Möglichkeit ist, in den Colleges, die für dich in Frage kommen, ein wenig Zeit zu verbringen, am besten auch einen Tag lang am Unterricht teilzunehmen. Schlafe im Studentenwohnheim, nimm an Kursen teil, und iß in der Cafeteria der Schule. Eine andere Möglichkeit wäre, mit älteren Geschwistern deiner Freunde über ihre Entscheidung zu sprechen und darüber, was für sie dabei ausschlaggebend war. Manchmal ist es nützlich, sich anzuhören, was für sie entscheidend war und als wie wichtig sich diese Faktoren tatsächlich erwiesen, als sie im College waren. Andere rufen ein paar Studierende eines in Frage kommenden Colleges an und erkundigen sich bei diesen, wie ihnen die Schule gefällt. Meist bereiten sie eine Liste von Fragen vor, um von allen Befragten ähnliche Informationen zu erhalten. Auch nach den Gründen für die Wahl einer bestimmten Schule zu fragen kann nützlich sein. Was hältst du von diesen Vorschlägen?«

Eine berufliche Veränderung

Ihre Freundin denkt über eine berufliche Veränderung nach.

»Bist du sicher? Manchmal stellen Menschen solche Fragen, obwohl sie eigentlich nur selbst mehr darüber sagen wollen, was sie denken, und das ist völlig in Ordnung. Ich weiß natürlich, daß du dir große Sorgen machst, ob du genug Geld haben und versichert sein wirst; deshalb habe ich Verständnis dafür, daß du soviel Zeit darauf verwendest, dir deine Entscheidung genau zu überlegen. Und ich staune darüber, wie glücklich dich diese neue Möglichkeit offenbar macht. Vielleicht mißtraut ein Teil von dir dieser Möglichkeit, glücklich zu werden, und trotzdem hast du alles dafür Notwendige in die Wege geleitet. Nun frage ich mich, ob dir vielleicht ohnehin klar ist, was du tun willst, und ob es dir nur darum geht, dir diese Entscheidung wirklich zu erlauben und dir von anderen Menschen, die dir etwas bedeuten, bestätigen zu lassen, daß das, was du willst, in Ordnung ist. Ich persönlich halte diese Sache für eine großartige Chance, aber es steht mir absolut nicht zu, das für dich zu entscheiden. Was denkst du darüber?«

(Fortsetzung nächste Seite)

Alte Eltern

Ihr Arbeitskollege vertraut Ihnen an, daß ihm eine schwerwiegende Entscheidung bevorsteht.

> *»Das ist eine schwierige Situation. Dabei sind viele Dinge zu bedenken. Du weißt, daß deine Mutter mehr Zuwendung braucht, als sie im Moment bekommt, und du möchtest dein Versprechen deinem Vater gegenüber erfüllen. Allerdings ist nicht völlig klar, was für alle Beteiligten das Beste wäre. Mir scheint, daß du dich bei keiner der Alternativen, die du hast, völlig wohl fühlen wirst, auch wenn du dir genau das wünschst. Ich habe ein paar Gedanken dazu, welche Faktoren du auf jeden Fall in deine Überlegungen einbeziehen solltest. Darf ich sie dir mitteilen?*
> *Du hast nicht erwähnt, wie deine Mutter die Situation sieht. Das scheint mir aber ziemlich wichtig zu sein. Was denkt sie?*
> *Außerdem interessiert mich, was ›mich um meine Mutter kümmern‹ für dich bedeutet. Ich glaube, du meinst, es bedeute, daß du mit ihr zusammen leben mußt; es könnte aber auch etwas völlig anderes bedeuten. Wenn du deinen Horizont in dieser Hinsicht ein wenig weiten würdest, wäre das sicher sehr nützlich. Was meinst du?*
> *Und dann frage ich mich, ob dein Entscheidungsproblem vielleicht teilweise damit zusammenhängt, daß du einfach nicht alle Beteiligten glücklich machen können wirst – oder sogar, daß du dich dafür verantwortlich fühlst, daß alle glücklich sind. Vielleicht würde es dir leichter fallen, dich zu entscheiden, wenn du dich von diesem inneren Zwang lösen würdest. Wie siehst du das selbst?«*

Ihre beste Freundin heiratet

Sie kennen diese Freundin seit Ihrer Kindheit.

> *»Bist du sicher? Ich mache mir wegen dieser Entscheidung ein wenig Sorgen. Nicht weil ich meine, daß dein Partner eine schlechte Wahl ist. Er ist in Ordnung, und ich weiß, daß du ihn liebst; das hat die Entscheidung ja so schwierig gemacht. Ich weiß sehr gut, wie sehr du dich nach einem Kind gesehnt hast und wie schwer es für dich ist, mit diesem Problem fertig zu werden. Es macht mir aber Sorgen, daß du diese Entscheidung getroffen hast, um der Unsicherheit ein Ende zu machen, und ich glaube, daß du deine Entscheidung später bereuen und ihm dann böse sein wirst, weil er dich ›gezwungen‹ hat, dich zu entscheiden. Das sind meine Sorgen. Was denkst du, wenn du dies hörst?«*

Übung 9.5 Praxis im Leben

Dies ist eine Übung, die an spontan sich ergebende Alltagssituationen gebunden ist. Im Alltagsleben kommt es immer wieder vor, daß Menschen über ihre Kämpfe berichten. Freunde, denen wir schon früher freizügig unsere Meinung mitgeteilt haben, sind möglicherweise offen für Empfehlungen. Halten Sie nach Gelegenheiten Ausschau, und versuchen Sie, Rat der Art zu geben, die Sie normalerweise geben würden, aber tun Sie es im Einklang mit den in diesem Buch vermittelten Fertigkeiten.

Das gleiche gilt, wenn Sie die Tendenz haben, Ihren Klienten Ratschläge zu geben. Entscheiden Sie sich in Situationen, in denen dies der Fall ist, eine der MI-gerechten Formen der Informationsübermittlung auszuprobieren, indem Sie beispielsweise eine Sorge äußern oder einen Rat geben. Berücksichtigen Sie dabei aber unbedingt die Reaktion Ihres Klienten.

Wenn Sie normalerweise keine Ratschläge geben, können Sie nach Situationen Ausschau halten, in denen es für Ihren Klienten nützlich wäre, eine zusätzliche Anleitung zu erhalten, und bieten Sie ihm dann entsprechende Informationen an.

Wie immer gilt auch hier: Seien Sie großzügig mit der Nutzung der OARS-Fertigkeiten!

Übung 9.6 »Mein Dilemma ist ...«

In dieser Übung soll Ihr Partner Ihnen über ein Problem oder eine Sorge berichten, das oder die ihn zur Zeit plagt. Das braucht kein tiefes, dunkles Geheimnis zu sein – so etwas wäre sogar ungünstig –, sondern es reicht etwas einigermaßen Wichtiges, worüber er ein paar Minuten lang sprechen kann. Beginnen Sie das Gespräch mit der Frage: »Was ist dein Dilemma?« Nutzen Sie anschließend alle Ihre MI-Fertigkeiten, während der Partner sein Dilemma beschreibt. Wenn Sie das Gefühl haben, über genug Informationen zu verfügen, können Sie selbst einige Informationen übermitteln, eine Sorge äußern oder einen Rat geben. Fahren Sie anschließend mit der Anwendung Ihrer MI-Fertigkeiten fort, ganz gleich, wie Ihr Partner darauf reagiert.

Wiederholen Sie die Übung anschließend mit vertauschten Rollen. Grundsätzlich sollten Sie versuchen, die Übung ernsthaft auszuführen; es kann jedoch Situationen geben, die Sie völlig verwirren. Bitten Sie in solchen Fällen um eine Auszeit, und fragen Sie Ihren Übungspartner, wie er sich den Rat, den er von Ihnen bekommen will, vorstellt. Fangen Sie anschließend von vorn an. Oder geben Sie einander vor Beginn der Übung die Erlaubnis, Dinge zu erfinden. Dadurch kann die Übung sehr lustig werden. Versuchen Sie aber in jedem Fall, sich an den MI-Grundsätzen zu orientieren.

Wiederholen Sie die Übung mit so vielen Problemen, wie Sie finden, oder mit so vielen, wie Sie aus zeitlichen Gründen durcharbeiten können. Geeignete Themen können die internationale Politik, lokale Sportteams, eine bevorstehende Wahl, die Veränderung einer Gewohnheit oder eine verfahrene Situation in einer Beziehung sein.

[10] *Die Schlüsselfrage*

Auftakt

Tanya hatte folgende Nachricht auf meinem Anrufbeantworter hinterlassen:

> »Ich habe mein Bestes versucht, aber ich bin jetzt am Ende. Dieses ganze Jahr war für mich die Hölle, und meine Situation wird einfach nicht besser. Normalerweise glaube ich nicht an solche Dinge, aber ich muß jetzt einfach ganz dringend etwas tun. Ich habe mehreren Leuten ähnliche Nachrichten zukommen lassen, und ich hoffe, daß ich einen davon sehr bald treffen kann. Bitte rufen Sie mich so schnell wie möglich an.«

Daß Tanya diese Botschaft mehreren Therapeuten übermittelt hatte, deutet darauf hin, daß sie bereit ist, sich zu verändern. Ihre Bemühungen lassen eine gewisse Dringlichkeit erkennen, obwohl wir nicht wissen, worin das Problem besteht und was sie schon ausprobiert hat. Eindeutig ist sie jedoch bereit, etwas zu verändern. Auf dieser Einschätzung basierende Fragen würden darauf zielen, was geschehen ist, wie sie ihre Situation zu verändern wünscht und über welche Möglichkeiten sie selbst schon nachgedacht bzw. welche sie ausprobiert hat. Im folgenden Transkript eines Gesprächs wird die Einleitung ausgelassen, und die Darstellung beginnt mit einer Äußerung des Therapeuten.

»Ihre Botschaft begann mit: ›Ich habe mein Bestes versucht, aber ich bin jetzt am Ende.‹ Was ist denn passiert?«

»Es hat damit angefangen, daß ich mir bei der Arbeit den Rücken verletzte. Ich bin von einem Regalgestell heruntergefallen, als ich dort Ersatzteile heraussuchte. Ich hätte nicht auf das Regal klettern sollen, aber das haben alle getan, um ihr Leistungssoll zu erfüllen. Man soll eigentlich eine Leiter nehmen; aber wenn ich das für jedes Teil, das ich suche, tun würde, könnte ich unmöglich soviel schaffen, wie ich muß. Die Firma weiß, daß das so ist, ignoriert es aber einfach, bis etwas passiert. Und dann heißt es, wir seien selbst schuld. Jedenfalls bin ich gefallen, habe mir den Rücken verletzt und konnte seither wegen ständiger Schmerzen nicht mehr arbeiten. Ich bin eigentlich ein sehr aktiver Mensch. Ich habe jede Woche in einer Fußballmannschaft mitgespielt, bin mit meinen Kindern zu allen Sportveranstaltungen gegangen und habe auch Rucksackurlaube gemacht und bin gewandert. Jetzt kann ich nicht einmal mehr schlafen, weil ich nicht entspannt liegen kann. Ich kann auch nichts mehr heben, und es fällt mir schwer, längere Strecken als um den nächsten Häuserblock zu gehen. Ich fühle mich richtig elend, und das wirkt sich auf meine Stimmungslage, meine Kinder und meinen Mann aus. Ach ja, zu allem Überfluß waren wir – mein Mann und ich – auch noch gerade dabei, unsere Küche umzubauen. Das Haus ist ein einziges Chaos. Wir haben die Arbeiten zusammen erledigt. Sagen Sie es meinem Mann bitte nicht, aber ich bin ein besserer Zimmermann als er. Und jetzt muß er alles allein hinbekommen. Er muß dafür sorgen, daß die Kinder morgens rechtzeitig fertig sind und zur Schule gehen können, er muß sie zu allen möglichen Terminen fahren, er muß kochen – all das, was ich vorher erledigt habe. Können Sie sich vorstellen, wie das ist?«

Unsere Vermutungen bezüglich der Veränderungsbereitschaft scheinen sich zu bestätigen. Tanya wirkt hochmotiviert, ihre Situation zu verbessern. Doch nun müssen wir ihr helfen, diesen Wunsch in konkrete Verhaltensweisen und Situationen zu übersetzen, die sie anstreben kann, und wir müssen sicherstellen, daß sie sich für ihre Pläne, diese Dinge zu verändern, wirklich engagieren wird. Wie läßt sich das am besten machen? Was würden Sie als nächstes tun? Und welche Frage(n) könnten Sie stellen, um zu diesem Punkt zu gelangen?

Ein tieferer Einblick

Wie bereits in Kapitel 1 erwähnt wurde, beschäftigen sich die Kapitel 3 bis 9 mit Phase I der MI-Arbeit, in der Therapeuten oder Helfer versuchen, auf die Wichtigkeit einer Veränderung hinzuweisen, die Zuversicht zu stärken und Ambivalenz aufzulösen. In Phase II stärkt der Therapeut das Engagement des Klienten für eine Veränderung und handelt mit ihm einen Veränderungsplan aus. Die Schwelle zwischen diesen beiden Phasen ist ein wichtiger Zeitpunkt. Der Klient befindet sich auf dem Weg zu einer Veränderung, hat sich aber noch nicht dafür entschieden, diese Veränderung wirklich vorzunehmen. Dies ähnelt der Situation, in der ein Schwimmer am Rand des Beckens steht und überlegt, ob er wirklich ins Wasser springen soll.

In dieser Situation ist gutes Timing wichtig. Der Therapeut muß reagieren, sobald der Klient bereit ist, weil dieser andernfalls in eine geringere Handlungsbereitschaft zurückfallen kann. Es ist ganz einfach zu unangenehm, über längere Zeit einer psychischen Diskrepanz gewahr zu bleiben und unterdessen nichts zu unternehmen. Verharrt jemand zu lange in diesem Zustand, verringert er mit Sicherheit auf irgendeine Weise die Gefahrenwahrnehmung. Der Schwimmer kommt dann auf den Gedanken, daß es zu kalt ist, das Wasser zu tief oder momentan einfach nicht der richtige Zeitpunkt zum Schwimmen, und entfernt sich daraufhin vom Beckenrand. Deshalb muß der Therapeut sich sehr genau darüber im klaren sein, ob und wann der Klient bereit ist, und auf diesen Zustand der Bereitschaft muß er eingehen, indem er ihm hilft, sich zu einer Veränderung zu verpflichten und im Anschluß daran einen Plan umzusetzen.

Anzeichen für Veränderungsbereitschaft

Autoren und Forscher haben Daten darüber gesammelt und Modelle darüber entwikkelt, welche Faktoren auf Veränderungsbereitschaft hinweisen und diese beeinflussen. DiClemente (2003) bezeichnet diese Faktoren als *Marker für Veränderung (markers of change)* und weist auf die Bedeutung der Entscheidungswaage (Janis & Mann 1977; Prochaska, DiClemente & Norcross 1992; Prochaska, Velicer *et al.* 2004) und der Selbstwirksamkeit (Bandura 1997; Carbonari & DiClemente 2000) hin. Außerdem erwähnt DiClemente (2003, S. 36) auch andere Faktoren wie die »intrinsische und extrinsische Motivation (Curry, Wagner & Grothaus 1990; DiClemente 1999), Rationalisierung und Minimierung von Schädigungen (Daniels 1998) sowie Überzeugungen und Veränderungshindernisse (Werch & DiClemente 1994)«. Miller und Rollnick (2002/2004, dt. S. 174) haben eine Liste potentieller Marker für Veränderungsbereitschaft zusammengestellt und treten für die weitere wissenschaftliche Untersuchung dieses Aspekts ein (siehe Abbildung 10.1).

Die sieben in Abbildung 10.1 aufgeführten Anzeichen deuten darauf hin, daß ein Klient über eine Veränderung nicht mehr nur nachdenkt, sondern sich tatsächlich anschickt, sie zu vollziehen. Sobald der Therapeut diese Anzeichen erkennt, geht er dazu über, andere Strategien und Kommunikationsstile anzuwenden. Das Folgen tritt in den Hintergrund, und Lenken und Geleiten werden wichtiger, wobei alle Aktivitäten weiterhin im Einklang mit MI bleiben. Der Abschnitt mit der Überschrift »Ergänzende Gedanken« in diesem Kapitel beschreibt die Tücken, auf die man in dieser Phase gefaßt sein muß; doch zunächst geht es um die ersten beiden Komponenten von Phase II: Rekapitulationen und Schlüsselfragen. Mit der dritten Komponente, dem Aushandeln von Veränderungsplänen, befassen wir uns in Kapitel 11.

Rekapitulation

Diese Komponente beginnt in der Regel mit einer überleitenden Zusammenfassung, die das Ende von Phase I überbrückt und zur Schlüsselfrage führt. Da Zusammenfassungen dem Klienten helfen, seine Erlebnisse zu organisieren, besteht das Ziel hier darin, die notwendigen Elemente einzubeziehen, ohne den Klienten mit Informatio-

Anzeichen für Veränderungsbereitschaft

Verringerter Widerstand. Die »Segel des Widerstandes« werden nicht mehr vom Wind gebläht. Dissonanzen in der Beziehung zum Therapeuten nehmen ab und der Widerstand ebenfalls.

Die Diskussion über das Problem verliert an Heftigkeit. Der Klient scheint über das, was ihn quält, genug geredet zu haben. Hat er vorher Fragen über den problematischen Bereich gestellt, versiegen diese nun. Ein Gefühl zumindest teilweisen Erfolgs oder das Warten auf den nächsten Schritt bestimmt die Situation.

Entschlossenheit. Der Klient ist offenbar zu einem Entschluß gelangt, und es mag sein, daß er nun friedlicher, entspannter, ruhiger, unbelasteter oder entschiedener wirkt. Dies kann auch von Untertönen wie einem Verlustgefühl, Traurigkeit oder Resignation begleitet werden.

Change-talk. Während der Widerstand abnimmt, wird der Change-talk stärker. Die Klienten äußern sich nun direkt über ihren Wunsch, sich zu verändern, die Fähigkeit, sich zu verändern, die Gründe für eine beabsichtigte Veränderung, deren positive Auswirkungen sowie deren Notwendigkeit (bzw. über die Nachteile des Status quo). Außerdem kann es sein, daß sie sich über ihre Absicht, sich zu verändern, äußern.

Fragen über Veränderung. Die Klienten fangen an, danach zu fragen, was sie bezüglich ihres Problems tun können, wie Menschen sich verändern, nachdem sie sich dazu entschlossen haben, und dergleichen.

Zukunftsvorstellungen. Die Klienten sprechen darüber, wie ihr Leben nach einer Veränderung aussehen könnte. Dies kann irrtümlich als Widerstand gedeutet werden. Die Vorstellung einer zukünftigen Veränderung bewirkt häufig, daß Klienten durch die erwartete Veränderung verursachte Schwierigkeiten oder positive Auswirkungen auf sich zukommen sehen.

Experimentieren. Möglicherweise hat der Klient seit der letzten Sitzung angefangen, mit Aktivitäten zu experimentieren, die zu einer Veränderung führen.

Abbildung 10.1. Anzeichen für Veränderungsbereitschaft.
Adaptiert nach Miller und Rollnick (2002/2004). Copyright 2002 by The Guilford Press. Nutzung mit Genehmigung.

nen zu überhäufen. Sich möglichst kurz zu fassen bleibt auch hier wichtig; allerdings ist zu bedenken, daß überleitende Zusammenfassungen generell etwas länger werden. Nach Miller und Rollnick (2002/2004, dt. S. 179) sollte eine überleitende Zusammenfassung folgende Elemente umfassen:

- eine Äußerung, aus der hervorgeht, daß Sie zusammenfassen, was der Klient gesagt hat;
- eine Zusammenfassung der Problemsicht des Klienten einschließlich der Gründe für eine Veränderung, so wie der Klient sie als vorliegend sieht;
- eine Zusammenfassung der Ambivalenz des Klienten unter Einbeziehung der Vorteile des Status quo;
- Erwähnung der objektiven Beweise für die Wichtigkeit einer Veränderung;
- Wiederholung des Veränderungswunsches, der Bekräftigung der Fähigkeit, sich zu verändern und der Selbstverpflichtung des Klienten, diese Veränderung auch tatsächlich anzustreben;
- Ihre Einschätzung der Situation des Klienten, insbesondere wenn sie den Sorgen des Klienten selbst entspricht.

Für Therapeuten und Helfer ist es oft schwierig, alle diese Elemente im Blick zu behalten, insbesondere wenn die Betreffenden noch nicht lange mit MI arbeiten. Deshalb empfehle ich angehenden MI-Anwendern, die oben genannten Elemente noch stärker zu vereinfachen und sie sich mit Hilfe des Akronyms I CAN (»Ich kann«) zu merken:

- **I***ndicate* – Weisen Sie darauf hin, daß es sich um eine Zusammenfassung handelt, und beziehen Sie
- **C***hange-talk* und
- **A***mbivalenz* ein, und fragen Sie dann nach dem
- **N***ächsten Schritt*.

Wenn Therapeuten sich mit diesem Übergang vertrauter gemacht haben, können Sie die übrigen von Miller und Rollnick (2002/2004) empfohlenen Elemente hinzunehmen. Ziel beider Vorgehensweisen ist, daß die Klienten zum letzten Element (d. h., zum »nächsten Schritt«) gelangen, ihrer Ambivalenz bewußt und ihrer Motivation, sich zu verändern, vollständig gewahr.

Die Schlüsselfrage

Miller und Rollnick (1991, 2002/2004) haben das Konzept der Schlüsselfrage als einer Möglichkeit, das Engagement für eine Veränderung zu festigen, entwickelt. Es ist nicht deshalb von einem »Schlüssel« die Rede, weil es sich um einen ganz bestimmten, zentralen Inhalt handelt; denn es gibt viele Möglichkeiten, eine Schlüsselfrage zu stellen. Dies geschieht, wenn der Klient unmittelbar vor einer Veränderung wie vor einem tiefen Abgrund steht; seine Antwort zeigt in dieser Situation, ob er bereit ist zu springen.

Miller und Rollnick (2002/2004) vergleichen Phase I der MI-Arbeit mit dem schwierigen Aufstieg auf einen Berggipfel mit Schneeschuhen und Phase II mit der Abfahrt mit Skiern auf der anderen Seite des Berges. Die Schlüsselfrage soll klären, ob der Klient für die Abfahrt bereit ist. Im Grunde läßt sich der Inhalt einer Schlüsselfrage reduzieren auf: »Was kommt jetzt?« Sie entlockt dem Klienten, was er selbst über eine Veränderung denkt, statt ihm die Auffassung des Therapeuten aufzuzwingen. Beispiele für Schlüsselfragen sind:

»Wenn wir davon ausgehen, was Sie mir berichtet haben, was meinen Sie dann, werden Sie als nächstes tun?«

»Was meinen Sie, wohin Sie von hier aus gehen möchten?«

»Was wird Ihr nächster Schritt sein?«

Manchmal kommt eine klare Zusammenfassung zustande, und eine Schlüsselfrage wird gestellt. Aber in anderen Fällen – und so war es bei Tanya – gibt es viele Verhaltensweisen, an denen man arbeiten könnte, und folglich gibt es auch viele Schlüsselfragen. Solche Erkundungen können an verschiedenen Punkten in Phase II stattfinden, und sie können auf bestimmte Bereiche zielen.

In dieser Zeit bitten Klienten häufig um Rat. Wenn man von den in Kapitel 10 beschriebenen Fertigkeiten ausgeht, kann es Klienten sehr helfen, wenn ihnen konkrete Ideen angeboten werden. Auch hier gilt natürlich, daß es sehr wichtig ist, diese Aktivitäten auf MI-gerechte Weise auszuführen. Kapitel 11 befaßt sich mit diesen Themen eingehender.

Konzept-Quiz – Testen Sie sich

Richtig oder falsch

1. R F Die Ziele der Phase II bestehen in der Stärkung der Selbstverpflichtung des Klienten, sich zu verändern und einen Veränderungsplan auszuhandeln.
2. R F Wenn ein Therapeut zu lange braucht, um in Phase II zu wechseln, kann der Klient in Defensivreaktionen verfallen.
3. R F Wenn Klienten anfangen, danach zu fragen, wie sie sich verändern könnten, kann das ein Zeichen dafür sein, daß sie bereit sowie auch in der Lage sind, mit Phase II zu beginnen.
4 R F Wenn Klienten über Schwierigkeiten infolge einer Veränderung zu reden beginnen, zeigen sie, daß sie noch nicht bereit sind, sich zu verändern.
5. R F Eine Schlüsselfrage taucht in der Regel beim Übergang von Phase I in Phase II auf.

6. R F Eine Schlüsselfrage ist nicht wegen ihres Inhalts von zentraler Bedeutung, sondern aufgrund des Zeitpunktes, zu dem sie aufgeworfen wird, und aufgrund der mit ihr verbundenen Intention.
7. R F Nur eine Schlüsselfrage ist erforderlich, um die Selbstverpflichtung des Klienten sicherzustellen und mit der Planung des Veränderungsprozesses zu beginnen.
8. R F Die Kommunikationsstile des Therapeuten oder Helfers in Phase II sind die gleichen wie in Phase I.
9. R F Klienten wirken in der Regel gefaßter und weniger widerständig, wenn sie bereit sind, in Phase II überzuwechseln.
10. R F Ambivalenz spielt in Phase II keine Rolle mehr.

Antworten

1. R Während in Phase I an der Stärkung der Veränderungsmotivation gearbeitet wird, stärkt Phase II das Engagement für eine konkrete Veränderung und hilft dem Klienten, einen Plan zu entwickeln, der zu diesem Ziel führt.
2. R In diesem Bereich sollte der MI-Anwender es vermeiden, zu weit vorauszueilen oder zurückzubleiben. Wo sich in Studien zeigt, daß mit MI keine guten Ergebnisse erzielt wurden (Project MATCH Research Group, 1997b, 1998b), scheint es sich um Klienten zu handeln, die ohnehin veränderungsbereit waren. In dieser Situation kann es eine Veränderung behindern, wenn man weiter die Ambivalenz erforscht oder die Motivation zu stärken versucht. Miller und Rollnick (2002/2004) weisen darauf hin, daß Klienten in solchen Fällen in Defensivreaktionen verfallen können.
3. R Beginnen Klienten nach Veränderungsmöglichkeiten zu fragen, so zeigt dies häufig, daß sie in erhöhtem Maße veränderungsbereit sind. Dies gilt insbesondere dann, wenn solche Fragen gestellt werden und gleichzeitig andere Signale zu beobachten sind, z. B. eine Verringerung des Widerstandes und ein vermehrtes Auftreten von *Change-talk*.
4. F Zukunftsvorstellungen entwickeln Klienten gewöhnlich, um sich darüber klar zu werden, wie ihre Situation nach einer Veränderung aussehen könnte. Dabei können einige der mit der Veränderung verbundenen Schwierigkeiten angesprochen werden. Erinnern Sie sich noch daran, wie in Kapitel 2 erstmals das Konzept der Ambivalenz angesprochen wurde? Wenn in Zusammenhang mit einer Veränderung Schwierigkeiten auftreten, ist fast immer Ambivalenz im Spiel, und es ist ganz und gar nicht verwunderlich, daß sie sich in einem so wichtigen Augenblick bemerkbar macht. Passiert dies in Verbindung mit einem eher mäßigen Engagement für die Veränderung, muß der Therapeut möglicherweise zur Erforschung der Ambivalenz und der Motivation zurückkehren, bevor er weiter an der Stärkung des Engagements arbeitet.
5. F Obwohl die Schlüsselfrage gewöhnlich beim Übergang von Phase I zu Phase II auftaucht, beginnt der Prozeß in der Regel mit einer überleitenden Zusammenfassung,

die dem Klienten hilft, seine Gedanken über die angestrebte Veränderung zu organisieren. Das Akronym »I CAN« wurde als vereinfachte Repräsentation der Elemente einer solchen Zusammenfassung vorgestellt.

6. R Schlüsselfragen müssen nicht auf spezielle Art formuliert werden; vielmehr handelt es sich gewöhnlich um offene Fragen, durch die der Klient auf seine Gedanken über eine angestrebte Veränderung hin angesprochen wird. Der »Schlüssel« ist hier die Intention der Frage in Verbindung mit dem Zeitpunkt, zu dem sie gestellt wird.
7. F Es wäre schön, wenn das so wäre. Obwohl die Beantwortung einer Schlüsselfrage zur Stärkung des Engagements für eine Veränderung beitragen kann, muß man sich häufig mit zahlreichen Themen, Verhaltensweisen und Plänen befassen, für die alle eventuell auch besondere Schlüsselfragen gestellt werden müssen. Obwohl eine Schlüsselfrage die Sitzung in das Stadium der Behandlungsplanung befördern kann, ist das nicht immer und nicht einmal meist der Fall. Allerdings ist es ein wichtiger Meilenstein und somit ein Marker.
8. F Obwohl der Therapeut weiterhin den gleichen geleitenden Stil und die gleichen Mikro-Fertigkeiten benutzt wie in Phase I, findet gleichzeitig ein Wechsel zu einem direktiveren Stil statt. Dabei kann mit der Anwendung der beiden Stile unterschiedlich viel Zeit verbracht werden.
9. R Um Miller und Rollnick zu paraphrasieren: Es kann sich so anfühlen, als würde der Wind die »Segel des Widerstandes bzw. des *Sustain-talks*« nicht mehr blähen. Dies kann zu einer Beruhigung führen, und ein neuartiges Gefühl der Entschlossenheit kann auftauchen.
10. F Zurück zu unserem Mantra: Ambivalenz ist normal, auch wenn Menschen sich aktiv einem Prozeß der Planung und Veränderung widmen. Allerdings läßt die Intensität der Ambivalenz in dieser Phase meist nach. Starker *Sustain-talk* kann anzeigen, daß die Arbeit an der Auflösung der Ambivalenz intensiviert werden muß, statt daß nur an der Stärkung der Selbstverpflichtung für die Veränderung gearbeitet wird.

Praxisbeispiel

Wir kommen nun noch einmal auf den Dialog mit Tanya zurück. Sie hatte die zahlreichen Schwierigkeiten beschrieben, mit denen sie sich auseinandersetzen mußte. In solchen Fällen ist die allgemeine Motivation sehr stark, aber die Klientin muß ein Zielverhalten definieren und sich dann konkret dazu verpflichten, einen Plan umzusetzen. Deshalb ist eine Kombination aus überleitenden Zusammenfassungen, Schlüsselfragen und der Festlegung eines Veränderungsplans erforderlich.

	Äußerung	*Kommentar*
T.:	Es klingt, als hätten Sie ein Höllenjahr erlebt. Sie haben sich verletzt, können die Dinge, die Ihnen Freude machen, nicht mehr tun, ganz abgesehen von dem, was Sie tun müssen. Fast jeder Bereich Ihres Lebens ist betroffen. Das muß sich ziemlich übel anfühlen.	*Beginn der überleitenden Zusammenfassung*
K.:	Genau. Ich bin es leid, ständig Schmerzen zu haben. Ich habe es mit Physiotherapie versucht und habe meine Übungen wirklich sehr gewissenhaft ausgeführt; das hat zwar ein wenig geholfen, aber wirklich nicht sehr. Mein Hausarzt hat mich zu einem Berater für Rückenoperationen geschickt; ich würde das lieber nicht auf mich nehmen, wenn es nicht sein muß – aber vielleicht muß es doch sein. Ich nehme Oxytocin gegen die Schmerzen, und das hilft mir, aber deshalb fühle ich mich immer ein wenig benebelt. Mir gefällt nicht, wie ich mich wegen dieses Mittels fühle. Ich habe meinen Arzt um ein paar Kortisoninjektionen gebeten, aber er schien von dem Vorschlag nicht sonderlich begeistert zu sein. Er glaubt nicht, daß mir das helfen wird. Ich bin verzweifelt und manchmal sehr deprimiert. Deshalb habe ich mich entschlossen herauszufinden, ob Ihr Therapeuten mir helfen könnt.	*Klientin gibt weitere Informationen.*
T.:	Das klingt, als ob Sie bereit wären, etwas zu tun, obwohl Sie sich nicht ganz sicher sind, was von dem, was wir hier machen, Ihnen helfen könnte.	*Setzt die Zusammenfassung fort und verstärkt die Selbstverpflichtung der Klientin bzw. ihre Bereitschaft, aktiv zu werden. Außerdem erkennt der Therapeut ihre Unsicherheit an, überläßt sie dieser aber nicht.*
K.:	Genau. Was schlagen Sie vor?	*Klientin bittet um Informationen.*

T.: Ich habe ein paar Ideen, weil ich weiß, was andere Menschen in einer ähnlichen Situation getan haben. Aber ich möchte auch herausfinden, welcher Bereich Ihnen als der wichtigste erscheint. Wo würden Sie am liebsten anfangen?	*Therapeut ist bereit, auf die Bitte einzugehen, möchte aber zunächst über die Prioritäten der Klientin informiert werden; dies führt zur Schlüsselfrage.*
K.: Wenn wir mit den Schmerzen anfangen könnten, wäre das wunderbar.	*Klientin antwortet direkt.*
T.: Der Schmerz fühlt sich für Sie so an, als ob er »am Steuer säße«.	*Vergleich/Metapher*
K.: Ja. Ich meine, wenn ich mich körperlich ein bißchen besser fühlte, wäre wohl auch alles andere für mich leichter. Verstehen Sie, was ich meine?	*Klientin beginnt, einen Weg zur Veränderung zu beschreiben.*
T.: Ja, sicher. Wenn Sie den Schmerz ein wenig verringern, würden Sie mit all dem anderen Lärm besser fertig.	*eine weitere komplexe Reflexion*
K.: Genau.	
T.: Ihnen scheint ziemlich klar zu sein, wie dies alles bei Ihnen funktioniert. Können Sie mir vielleicht ein wenig erklären, was Sie darüber wissen, wie Emotionen – und speziell Depression – und Schmerz einander beeinflussen?	*Bestärkung und anschließender Beginn von E-P-E*
K.: Wenn ich Schmerzen habe, kann ich nichts machen, und ich fühle mich nicht gut. Ich halte mich dann von Freunden fern und werde schneller wütend. Ich fahre meine Kinder und meinen Mann an. Und wenn das passiert, fühle ich mich beschissen und werde depressiv.	*Klientin stellt eine klare Verbindung her.*
T. Sie sehen also: Sich niedergeschlagen fühlen beginnt mit Schmerzen und den damit zusammenhängenden Dingen. Die andere Seite – und die kennen Sie vielleicht auch	*Übermittelt zuerst Informationen und bemüht sich dann, die Sicht der Klientin selbst zutage zu fördern.*

	schon – ist, daß das Gefühl der Niedergeschlagenheit den Schmerz verstärken kann. Was denken Sie darüber?	
K.:	Das scheint mir plausibel. Wenn ich deprimiert bin, fühlt sich alles noch viel schlimmer an.	*Klientin bestätigt die Sicht des Therapeuten.*
T.:	Menschen mit ähnlichen Schwierigkeiten haben unter anderem herausgefunden, daß andere Dinge – auch ihre Schmerzen – erträglicher werden, wenn es ihnen gelingt, ihre Depression in den Griff zu bekommen. Die Schmerzen sind dann zwar nicht völlig verschwunden, aber sie werden oft erträglicher. Können Sie damit etwas anfangen?	*Gibt der Klientin, anknüpfend an ihrer Antwort, weitere Informationen. Entlockt ihr erneut eine Reaktion.*
K.:	Das ist ein guter Ausgangspunkt.	*Klientin stimmt zu. Dies ist der Anfang eines gemeinsamen Plans.*
T.:	Wahrscheinlich haben Sie schon ein paar Dinge ausprobiert, um Ihre Gefühle zu mäßigen. Vielleicht können Sie mir ein wenig darüber berichten, was Sie schon versucht haben oder welche Methoden oder Techniken bei Ihnen in früheren Situationen gewirkt haben.	*Versucht der Klientin Informationen über aktuelle oder frühere Bemühungen, in diesem Bereich etwas zu verändern, zu entlocken. Möglicherweise wäre es besser, diese Erkundung auf eine Frage zu reduzieren.*
K.:	Nun ja ... ich habe mit meinem Arzt darüber gesprochen, und er hat mir Antidepressiva empfohlen, aber ich bin nicht begeistert darüber, so etwas einzunehmen. Es kommt mir vor wie eine Krücke.	*Klientin gibt wichtige Informationen.*
T.:	Sie haben also über Antidepressiva nachgedacht. Gab es sonst noch etwas?	*Registriert ganz sachlich die Fakten, äußert sich aber nicht über Sinn und Unsinn von Psychopharmaka. Versucht, weitere Informationen zu bekommen.*
K.:	Bevor das Problem mit dem Rücken auftrat, habe ich meinen Körper trainiert, und das hat mir immer sehr geholfen, wenn ich mich deprimiert fühlte.	*weitere Informationen*

T.: Aus dem Haus zu gehen und aktiv zu sein hat Ihnen geholfen.	*Komplexe Reflexion, gibt der vorherigen Äußerung der Klientin einen etwas anderen Dreh.*
K.: Aber das kann ich jetzt nicht mehr.	*Möglicherweise eine leichte Verstärkung des Widerstandes?*
T.: Jedenfalls nicht mehr so, wie Sie es gemacht haben. Gab es sonst noch Versuche?	*Erneute Reorientierung, gefolgt von einer erneuten Untersuchung.*
K.: Ich habe es früher schon einmal mit einer Gesprächstherapie versucht – als es mir mal ziemlich dreckig ging –, und das hat mir damals wohl geholfen, einfach daß ich einen Ort hatte, wo ich mit jemandem über Probleme reden konnte.	*weitere Informationen*
T.: Einen Ort, wo Sie sich mit einigen Ihrer Kämpfe in Ruhe auseinandersetzen konnten. Sonst noch etwas?	*Reflexion und Untersuchung, die einen möglichen Abschluß des Gesprächs signalisiert.*
K.: Das ist so ziemlich alles.	*Klientin stimmt zu.*
T.: Sie kennen also ein paar Dinge, die Ihnen geholfen haben oder die Ihnen helfen könnten, aber andererseits machen Sie sich Sorgen, daß Dinge nicht wirken könnten. Wäre es okay für Sie, wenn ich Ihnen Informationen über einige Dinge dieser Art gebe?	*Zusammenfassung und Bitte um Erlaubnis, direkt Informationen zu übermitteln.*
K.: Aber sicher. Deshalb bin ich doch hier.	*Zustimmung*
T.: Es kommt gar nicht selten vor, daß Menschen Antidepressiva sehr skeptisch gegenüberstehen. Es gibt gute Gründe für die Sorge, daß solche Medikamente viel zu häufig verschrieben werden, und zwar insbesondere wenn es um Menschen geht, die sie gar nicht benötigen. Doch nach allem, was Sie mir bisher berichtet haben, nehme ich an, daß es in Ihrem Fall richtig wäre, sie einzunehmen. Allerdings müßten Sie zunächst	*Spricht eventuelle Besorgnisse an, die mit der Einnahme von Psychopharmaka verbunden sein können. Bringt die Medikamenteneinnahme in den Kontext anderer therapeutischer Maßnahmen. Übermittelt außerdem klare Informationen darüber, daß diese Zielrichtung konkret für die Klientin nützlich sein könnte. Und übermittelt schließlich einige Fakten über den Einsatz von Psychopharmaka. Fragt*

mit einem Arzt darüber reden, damit wir ganz sicher gehen. Ich kann Ihnen sagen, daß Sie Grund zur Hoffnung haben. *Erstens* helfen Medikamente gerade bei Depression häufig. *Zweitens* können bestimmte Arten von Beratung bei Depression helfen. Und *drittens* scheint beides zusammen die besten Behandlungsresultate zu erzielen. Was denken Sie darüber?

zum Abschluß nach den Wahrnehmungen der Klientin selbst.

K.: Was Sie sagen, erscheint mir sinnvoll. Ich möchte nur nicht von diesen Mitteln abhängig werden und dann das Gefühl haben, ich müßte sie ständig einnehmen. Ich will ich selbst sein und bleiben.

Klientin äußert ihre Sorgen.

T.: Das macht Ihnen Sorgen ... daß Sie auf irgendeine Weise Ihre Fähigkeit verlieren, selbst darüber entscheiden zu können.

Einige weitere Reflexionen vertiefen das Gespräch.

K.: Ja, genau. Ich weiß zwar, daß das eigentlich nicht so ist, aber ich habe trotzdem Angst davor.

Der Klientin gelingt es, einen gewissen Abstand zu schaffen.

T.: Ein Teil von Ihnen hat diese Angst, aber ein anderer Teil weiß, daß das, was Sie befürchten, sehr wahrscheinlich nicht der Fall ist und daß die Medikamente nützlich sein könnten.

Doppelseitige Reflexion, welche die Ambivalenz anerkennt und die Hoffnung verstärkt.

K.: Ich glaube schon, daß es mir helfen würde. Wahrscheinlich mußte ich das nur einmal laut aussprechen. Nachdem ich das getan habe, mache ich mir deswegen nicht mehr so große Sorgen. Ich werde dadurch doch nicht süchtig, oder?

Klientin verstärkt die Hoffnung, bemüht sich aber immer noch um Bestätigung.

T.: So wirken diese Mittel nicht. Es ist nicht das gleiche, wie wenn Menschen von Alkohol oder Heroin abhängig werden – es ist nicht so, daß sie ohne diese Mittel nicht mehr leben können.

Nachdem die Klientin durch ihre Frage die Erlaubnis gegeben hat, übermittelt der Therapeut faktische Informationen, die sich auf die Angst vor der Sucht beziehen.

K.: Das weiß ich. Freunde von mir haben zeitweise solche Mittel eingenommen; sie haben gesagt, das habe ihnen wirklich geholfen.

Die Klientin präsentiert eine ausgewogenere und hoffnungsvollere Sicht.

T.: Es gibt ein paar Gründe anzunehmen, daß die Einnahme von Psychopharmaka Ihnen helfen würde, wobei die Entscheidung darüber, ob Sie das ausprobieren wollen, natürlich letztlich bei Ihnen liegt. Von einigen Ärzten weiß ich, daß Antidepressiva nicht nur die Depression lindern, sondern aufgrund ihrer Wirkung auf das Gehirn auch unmittelbar das Schmerzempfinden beeinflussen. Deshalb bin ich der Meinung, daß in Ihrem Fall einiges dafür spricht, über die Einnahme eines Antidepressivums nachzudenken. Was meinen Sie?

Therapeut verstärkt diese Überlegung und fügt ihr weitere Informationen hinzu. Auch in diesem Fall erkundigt er sich nach der Meinung der Klientin zu dem, was er gesagt hat.

K.: Ja, ich glaube auch, daß ich es ausprobieren sollte.

Change-talk; aber man beachte, daß hier ein Wunsch zum Ausdruck kommt, also keine eindeutige Verpflichtung eingegangen wird.

T.: Es klingt, als würden Sie sich ziemlich intensiv darüber Gedanken machen. Allerdings bin ich bei diesem Thema in einer Hinsicht stur. Ich halte es nämlich für wichtig, daß Menschen, die sich zu einer solchen Maßnahme entschließen, mit einem Psychiater darüber sprechen, also nicht nur mit ihrem Hausarzt. Der Grund für meine Sturheit ist, daß Psychiater die Spezialisten für diese Behandlung sind. Solche Mittel sind nicht mit Medikamenten wie etwa Antibiotika zu vergleichen. Es ist z. B. ziemlich wichtig, daß man genau das richtige Mittel findet und die richtige Dosierung wählt. Deshalb möchte ich, daß Klienten, die dies ausprobieren wollen, mit Experten für diese Art von Behandlung sprechen. Was halten Sie davon?

Verstärkt den Change-talk und gibt ihm ein wenig Nachdruck. Der Therapeut, der nun zu einem direktiven Kommunikationsstil übergegangen ist, fügt eine Meinung hinzu, die er als solche kennzeichnet, und erläutert die Gründe dahinter. So arbeitet er auf die Verwirklichung eines Plans hin, den er für besonders nützlich hält. Wieder wird die Klientin nach ihrer Sicht gefragt.

K.: Das klingt für mich sinnvoll.	*Klientin stimmt zu.*
T.: Wie sehen Sie das mit der Medikamenteneinnahme jetzt?	*Schlüsselfrage, die zur Selbstverpflichtung auffordert*
K.: Ich werde es machen.	*Selbstverpflichtung!*
T.: Sie sind also fest entschlossen.	*Verstärkung*

Dies ist ein Beispiel für eine ausführliche Diskussion an dem Punkt, wo der Übergang zu einem Plan stattfindet. Tanya läßt Veränderungsbereitschaft erkennen, bezieht diese aber nicht auf ein spezifisches Zielverhalten. Deshalb bleibt ihre Veränderungsbereitschaft diffus. Das Gespräch und die Schlüsselfrage führen zu der Verpflichtung zu einer bestimmten Handlungsweise. Der Kommunikationsstil ist eine Kombination aus Lenken und Geleiten. Der obige Ausschnitt veranschaulicht auch, wie der Informationsaustausch in diesen Prozeß eingewoben ist und inwiefern die Entwicklung eines Handlungsplans eine fortlaufende Aktivität bleiben kann. Außerdem ist dies eine natürliche Überleitung in den ausgehandelten Plan, mit dem wir uns in Kapitel 11 befassen werden.

Probieren Sie dies aus!

Es folgen nun einige Übungen, die Ihre Fähigkeiten, in sprachlichen Äußerungen Ansätze von Selbstverpflichtung zu erkennen, überleitende Zusammenfassungen zu formulieren und Schlüsselfragen zu stellen, schulen sollen. Die Arbeit mit einem Partner ermöglicht Ihnen, sich in der Handhabung der interaktiven Aspekte dieser Themen zu üben. Doch wie in den vorherigen Kapiteln ist es auch in diesem wichtig, daß Sie beginnen, diese Fertigkeiten in Ihre klinische Arbeit einzubeziehen. Falls Ihnen das immer noch schwerfällt, sollten Sie sich jetzt um ein zusätzliches Training und/oder eine Supervision oder um Coaching bemühen. Selbst wenn Sie keine Schwierigkeiten haben, MI im Rahmen Ihres gewohnten beruflichen Umfeldes anzuwenden, geht aus entsprechenden Untersuchungen klar hervor, daß Supervision und Coaching für die Aneignung und Erhaltung von Fertigkeiten ungeheuer wichtig sind. (Damit beschäftigen wir uns in Kapitel 12.)

Übung 10.1 Sind sie bereit?

In dieser Übung lesen Sie Äußerungen von Klienten und entscheiden dann – unter Heranziehung der in Abbildung 10.1 beschriebenen sieben Anzeichen für Veränderungsbereitschaft –, ob der Klient bereit ist, in Phase II zu wechseln. Beschreiben Sie, wie Sie zu Ihrer Entscheidung gekommen sind.

Übung 10.2 Zwischen den Phasen

Nachdem Sie daran gearbeitet haben, die Bereitschaft für den Wechsel in Phase II zu erkennen, sollen Sie in der nun folgenden Übung trainieren, überleitende Zusammenfassungen zu entwickeln. Wenden Sie in den ersten drei Zusammenfassungen die »I CAN«-Strategie an, und wechseln Sie danach für die letzten drei Beispiele zu der nuancierteren Strategie von Miller und Rollnick. (P. S.: Tatsächlich wird sich das Resultat wahrscheinlich nicht stark unterscheiden.)

Übung 10.3 Was passiert als nächstes?

Nachdem Sie sich darin geübt haben, die Bereitschaft für den Wechsel nach Phase II zu erkennen und überleitende Zusammenfassungen zu formulieren, erhalten Sie nun die Möglichkeit, sich im Stellen von Schlüsselfragen zu üben. Es werden Übungsmöglichkeiten für verschiedene Situationen, in denen Schlüsselfragen gestellt werden können, angeboten (z. B. Selbstverpflichtung, Ziele und Möglichkeiten). Üben Sie, Ihre Fragen für jede dieser Formen zu entwickeln.

Arbeit mit einem Partner

Die Übungen 10.1 bis 10.3 eignen sich auch für die Arbeit mit einem Partner. Im folgenden werden modifizierte Instruktionen für die Ausführung dieser Übungen mit einem Partner angegeben.

Übung 10.1 Sind sie bereit?

Lesen Sie die Äußerungen der Klienten, und entscheiden Sie dann unabhängig – unter Verwendung der sieben in Abbildung 10.1 beschriebenen Anzeichen für Veränderungsbereitschaft –, ob der betreffende Klient bereit ist, in Phase II zu wechseln. Beschreiben Sie auch Ihre Begründung. Wenn Ihre Meinung nicht mit der Ihres Partners übereinstimmt, dann reden Sie mit ihm so lange darüber, bis Sie sich geeinigt haben (oder kommen Sie darin überein, daß Sie sich uneins sind).

Übung 10.2 Zwischen den Phasen

In dieser Übung sollen Sie trainieren, überleitende Zusammenfassungen zu formulieren. Entwickeln Sie zu jeder Klientenäußerung möglichst zwei unterschiedliche Zusammenfassungen. Wenn Sie besonders ehrgeizig sind, können Sie auf jedes Beispiel nacheinander die »I CAN«-Strategie und die Miller-Rollnick-Strategie anwenden. Sprechen Sie miteinander darüber, welcher Ansatz jeweils Ihnen und Ihrem Partner besonders liegt oder Ihnen hilft, das Darzustellende am besten zu organisieren.

Übung 10.3 Was passiert als nächstes?

Stellen Sie ausgehend von den gestellten Aufgaben abwechselnd Schlüsselfragen. Daraus können Sie ein Spiel machen. Dazu wechseln Sie sich mit dem Fragenstellen ab und schauen, wem zuerst die »originellen« Fragen ausgehen.

Ergänzende Gedanken

Mit dem Übergang zu Phase II und mit der Arbeit in ihr können spezielle Probleme verbunden sein. Miller und Rollnick (2002/2004, dt. S. 177f) erwähnen konkret drei Gefahren: Die Ambivalenz kann unterschätzt werden, es können zu stark einschränkende Anweisungen gegeben werden, und die Anleitung kann unzureichend sein. Mit der Gefahr des Unterschätzens der Ambivalenz werden wir uns in diesem Kapitel beschäftigen; um die beiden anderen Gefahren wird es in Kapitel 11 gehen.

Es kann ein langwieriger und harter Kampf sein, zum Gipfel der Motivation zu gelangen. Wenn wir mit Klienten zu diesem Punkt gelangt sind, kann es auf uns erschrekkend wirken, plötzlich mit einem Wiederaufleben der Ambivalenz eines Klienten konfrontiert zu werden. Obwohl wir Veränderung als einen Prozeß bezeichnet haben, also nicht unbedingt als transformierendes (punktuelles) Ereignis (vgl. Miller & C'de Baca 2001), bei dem der Klient plötzlich die Veränderungsintentionen erkennt und sie umsetzen muß, kann das plötzliche Wiederauftauchen von Ambivalenz sogar bei den Kompetentesten unter uns den Wunsch wecken, den Klienten gewaltsam in eine Veränderung hineinzustoßen. Es ist dann, als hätten wir unseren MI-Spirit völlig aufgegeben und dem nachgegeben, wovon wir »wissen«, daß es für den Klienten »gut« sein wird. Leider scheint ein solcher Umschwung bei den Klienten die Art von Reaktionsmuster hervorzurufen, die bereits in Kapitel 6 erwähnt wurde. Miller hat Untersuchungsergebnisse beschrieben (Amrhein *et al.* 2003; Miller *et al.* 2003), die darauf hindeuten, daß die Motivation drogensüchtiger Klienten in den letzten Augenblicken einer MI-Sitzung nachließ, wenn ihre Therapeuten sie aufforderten, einen Veränderungsplan umzusetzen. Es ist wichtig, diese Ambivalenz ausdrücklich als ganz normale Erscheinung hinzustellen, darüber zu sprechen und, sofern der Klient dazu bereit ist, mit der Arbeit fortzufahren. Falls der Klient sich noch in dem Stadium befindet, in dem er über eine

Veränderung zwar nachdenkt, aber noch nicht bereit ist zu handeln, ist es ratsam, zu Strategien zurückzukehren, die sich besser eignen, wenn Menschen Hilfe bei der Auflösung ihrer Ambivalenz benötigen. Dann ist das Zuhören Ihr wichtigster Verbündeter.

Beim Nachdenken über das hier Beschriebene fallen Ihnen wahrscheinlich Ausnahmen ein. Vielleicht haben wir ja tatsächlich Situationen erlebt, in denen ein »freundlicher Klaps« zur richtigen Zeit uns oder unseren Klienten geholfen hat, eine Veränderung weiterzuverfolgen. So etwas kommt sicher vor, aber die meisten Menschen reagieren in Situationen dieser Art, indem sie Widerstand entwickeln. Deshalb lautet mein Rat, diese Tendenz möglichst zu vermeiden, sofern Sie sich nicht völlig sicher sind, daß ein »Klaps« in der konkreten Situation etwas Positives bewirken wird. Zaudernden Schwimmern ist in der Regel wesentlich mehr damit gedient, wenn wir sie bei der Hand nehmen und ihnen anbieten, mit ihnen zusammen ins Wasser zu springen, statt ihnen einen Schubs zu geben.

Übung 10.1 Sind Sie bereit?

Lesen Sie im folgenden die Klientenäußerungen, und entscheiden Sie dann – mit Hilfe der sieben Zeichen für Veränderungsbereitschaft –, ob der Klient bereit ist, zu Phase II überzugehen. Beschreiben Sie Ihre Gründe für diese Auffassung.

Anzeichen für Veränderungsbereitschaft*

- *Verringerter Widerstand.* Die »Segel des Widerstandes« werden nicht mehr vom Wind gebläht. Dissonanzen in der Beziehung zum Therapeuten nehmen ab und der Widerstand ebenfalls.
- *Die Diskussion über das Problem verliert an Heftigkeit.* Der Klient scheint über das, was ihn quält, genug geredet zu haben. Hat er vorher Fragen über den problematischen Bereich gestellt, versiegen diese nun. Ein Gefühl zumindest teilweisen Erfolgs oder das Warten auf den nächsten Schritt bestimmt die Situation.
- *Entschlossenheit.* Der Klient ist offenbar zu einem Entschluß gelangt, und es mag sein, daß er nun friedlicher, entspannter, ruhiger, unbelasteter oder entschiedener wirkt. Dies kann auch von Untertönen wie einem Verlustgefühl, Traurigkeit oder Resignation begleitet werden.
- *Change-talk.* Während der Widerstand abnimmt, wird der Change-talk stärker. Die Klienten äußern sich nun direkt über ihren Wunsch, sich zu verändern, die Fähigkeit, sich zu verändern, die Gründe für eine beabsichtigte Veränderung, deren positive Auswirkungen sowie deren Notwendigkeit (bzw. über die Nachteile des Status quo). Außerdem kann es sein, daß sie sich über ihre Absicht, sich zu verändern, äußern.
- *Fragen über Veränderung.* Die Klienten fangen an, danach zu fragen, was sie bezüglich ihres Problems tun können, wie Menschen sich verändern, nachdem sie sich dazu entschlossen haben, und dergleichen.
- *Zukunftsvorstellungen.* Die Klienten sprechen darüber, wie ihr Leben nach einer Veränderung aussehen könnte. Dies kann irrtümlich als Widerstand gedeutet werden. Die Vorstellung einer zukünftigen Veränderung bewirkt häufig, daß Klienten durch die erwartete Veränderung verursachte Schwierigkeiten oder positive Auswirkungen auf sich zukommen sehen.
- *Experimentieren.* Möglicherweise hat der Klient seit der letzten Sitzung angefangen, mit Aktivitäten zu experimentieren, die zu einer Veränderung führen.

* Adaptiert nach Miller und Rollnick (2002/2004). Copyright 2002 by The Guilford Press. Nutzung mit Genehmigung.

Beispiel

Das hatte ich nicht erwartet. Ich hatte angenommen, Sie würden mich wegen Alkohol am Steuer zur Schnecke machen. Aber das hier war ja eher ein Workshop als eine Gefängnisstrafe. Es hat mich dazu gebracht, über ein paar Dinge nachzudenken, und damit hatte ich ehrlich gesagt nicht gerechnet.

Signalisieren diese Äußerungen möglicherweise die Bereitschaft, in Phase II überzuwechseln?

nein _____ ja __X__

Und wenn ja, welche Signale deuten darauf hin?

X	verringerter Widerstand		Fragen über Veränderung
	weniger Diskussionen über das Problem		Zukunftsvorstellungen
	Entschlossenheit		Experimentieren
	Change-talk		

Gründe für Ihre Entscheidung?

Der Klient redet offensichtlich darüber, daß seine Erwartungen nicht erfüllt wurden und daß es dadurch zu einer Veränderung gekommen ist. Ob er tatsächlich bereit ist, sich zu verändern, oder nicht, ist nicht klar, aber die Reaktion deutet darauf hin, daß es möglich ist.

Äußerung 1

Was sagen Ihre anderen Klienten darüber?

Signalisieren diese Äußerungen möglicherweise die Bereitschaft, in Phase II überzuwechseln?

nein _____ ja _____

Und wenn ja, welche Signale deuten darauf hin?

	verringerter Widerstand		Fragen über Veränderung
	weniger Diskussionen über das Problem		Zukunftsvorstellungen
	Entschlossenheit		Experimentieren
	Change-talk		

Gründe für Ihre Entscheidung?

Äußerung 2

Auch ich bin der Meinung, daß es gut wäre, nicht so oft Risiken einzugehen. Aber ich möchte auch mit meinen Freunden meinen Spaß haben. Es macht mir einfach so viel Freude, mit ihnen zusammen zu sein.

Signalisieren diese Äußerungen möglicherweise die Bereitschaft, in Phase II überzuwechseln?

nein _____ ja _____

Und wenn ja, welche Signale deuten darauf hin?

	verringerter Widerstand		Fragen über Veränderung
	weniger Diskussionen über das Problem		Zukunftsvorstellungen
	Entschlossenheit		Experimentieren
	Change-talk		

Gründe für Ihre Entscheidung?

Äußerung 3

Das verstehst du nicht. Diese Leute werden »Nein danke« nicht als Antwort akzeptieren. Sie werden mich jagen. Ich muß mir etwas Wirksameres ausdenken.

Signalisieren diese Äußerungen möglicherweise die Bereitschaft, in Phase II überzuwechseln?

nein _____ ja _____

Und wenn ja, welche Signale deuten darauf hin?

	verringerter Widerstand		Fragen über Veränderung
	weniger Diskussionen über das Problem		Zukunftsvorstellungen
	Entschlossenheit		Experimentieren
	Change-talk		

Gründe für Ihre Entscheidung?

Äußerung 4

Ich werde nicht mehr in diese Situation kommen. Sie macht mich fertig. Das Ganze ist mir so peinlich.

Signalisieren diese Äußerungen möglicherweise die Bereitschaft, in Phase II überzuwechseln?

nein _____ ja _____

Und wenn ja, welche Signale deuten darauf hin?

	verringerter Widerstand		Fragen über Veränderung
	weniger Diskussionen über das Problem		Zukunftsvorstellungen
	Entschlossenheit		Experimentieren
	Change-talk		

Gründe für Ihre Entscheidung?

Äußerung 5

Sie wissen, daß es mir schwerfällt, mich in Gesellschaft frei auszudrücken. Ich habe aber versucht, Klartext zu reden.

Signalisieren diese Äußerungen möglicherweise die Bereitschaft, in Phase II überzuwechseln?

nein _____ ja _____

Und wenn ja, welche Signale deuten darauf hin?

	verringerter Widerstand		Fragen über Veränderung
	weniger Diskussionen über das Problem		Zukunftsvorstellungen
	Entschlossenheit		Experimentieren
	Change-talk		

Gründe für Ihre Entscheidung?

Äußerung 6

Ich halte es für sinnlos, darüber zu sprechen.

Signalisieren diese Äußerungen möglicherweise die Bereitschaft, in Phase II überzuwechseln?

nein _____ ja _____

Und wenn ja, welche Signale deuten darauf hin?

	verringerter Widerstand		Fragen über Veränderung
	weniger Diskussionen über das Problem		Zukunftsvorstellungen
	Entschlossenheit		Experimentieren
	Change-talk		

Gründe für Ihre Entscheidung?

Äußerung 7

Ich habe das Gefühl, daß wir uns bei der Auseinandersetzung mit dieser Sache im Kreis drehen. Ich hab's kapiert. Ich muß nur noch herausfinden, wie ich es angehen kann.

Signalisieren diese Äußerungen möglicherweise die Bereitschaft, in Phase II überzuwechseln?

nein _____ ja _____

Und wenn ja, welche Signale deuten darauf hin?

	verringerter Widerstand		Fragen über Veränderung
	weniger Diskussionen über das Problem		Zukunftsvorstellungen
	Entschlossenheit		Experimentieren
	Change-talk		

Gründe für Ihre Entscheidung?

Lösungen zu Übung 10.1

Äußerung 1
Was sagen Ihre anderen Klienten darüber?

Ja, Frage über Veränderung.
Obwohl wir nicht den gesamten Kontext kennen, deutet die Frage auf Neugierde bezüglich des Themas und Interesse daran, die Ansichten anderer zu hören.

Äußerung 2
Auch ich bin der Meinung, daß es gut wäre, nicht so oft Risiken einzugehen. Aber ich möchte auch mit meinen Freunden meinen Spaß haben. Es macht mir einfach so viel Freude, mit ihnen zusammen zu sein.

Nein.
Diese Äußerung enthält in ihrem ersten Teil *Change-talk*, der dann durch das »aber« negiert wird. »Ja, aber« könnte auf starke Ambivalenz hindeuten.

Äußerung 3
Das verstehst du nicht. Diese Leute werden »Nein danke« nicht als Antwort akzeptieren. Sie werden mich jagen. Ich muß mir etwas Wirksameres ausdenken.

Ja, Zukunftsvorstellungen.
Dieser Mann scheint darüber nachzudenken, wie es wäre, etwas zu verändern, insbesondere im Hinblick auf die Probleme, mit denen er dadurch konfrontiert werden könnte. Er denkt darüber nach, welche Konsequenzen es für ihn hat, wenn die Veränderung gelingt.

Äußerung 4
Ich werde nicht mehr in diese Situation kommen. Sie macht mich fertig. Das Ganze ist mir so peinlich.

Ja, *Change-talk* und offensichtlich Entschlossenheit.
Die Klientin äußert sich sehr klar und begründet auch, warum das so ist.

Äußerung 5
Sie wissen, daß es mir schwerfällt, mich in Gesellschaft frei auszudrücken. Ich habe aber versucht, Klartext zu reden.

Ja, Experimentieren.
Der Klient probiert neue Verhaltensweisen aus. Natürlich kennen wir das Zielverhalten nicht, und es wäre möglich, daß die obige Äußerung nichts mit dem Problem zu tun hat, dessentwegen der Klient Hilfe gesucht hat. In der Äußerung ist aber ein Bemühen um Veränderung zu erkennen.

Äußerung 6

Ich halte es für sinnlos, darüber zu sprechen.

Nein.
Obwohl es denkbar ist, daß das Bedürfnis, über die Situation zu sprechen, bei diesem Klienten abgenommen hat, reichen die vorliegenden Informationen nicht aus, um dies mit Sicherheit feststellen zu können. Isoliert betrachtet handelt es sich offenbar um eine Äußerung von Widerstand oder *Sustain-talk*.

Äußerung 7

Ich habe das Gefühl, daß wir uns bei der Auseinandersetzung mit dieser Sache im Kreis drehen. Ich hab's kapiert. Ich muß nur noch herausfinden, wie ich es angehen kann.

Ja. Verringertes Bedürfnis zu reden.
Außerdem ist Widerstand zu erkennen. Dieser könnte hervorgerufen worden sein, weil es dem Therapeuten nicht gelungen ist, mit dem Klienten Schritt zu halten. Der Klient streitet nicht ab, daß eine Veränderung notwendig ist. Er wünscht sich Hilfe bei seinem Bemühen, eine Vorstellung darüber zu entwickeln, wie er eine Veränderung bewerkstelligen könnte.

Übung 10.2 Zwischen den Phasen

Nachdem Sie daran gearbeitet haben, die Bereitschaft für den Wechsel in Phase II zu erkennen, werden Sie in der nun folgenden Übung trainieren, überleitende Zusammenfassungen zu entwickeln. In den ersten drei Zusammenfassungen wenden Sie die »I CAN«-Strategie an und wechseln danach für die letzten drei Beispiele zu der nuancierteren Strategie von Miller und Rollnick. (P. S.: Das Resultat wird sich wahrscheinlich nicht besonders stark unterscheiden.) Zur Erinnerung noch einmal die »I CAN«-Strategie:

- *Indicate* – Weisen Sie darauf hin, daß es sich um eine Zusammenfassung handelt; beziehen Sie
- *Change-talk* und
- *Ambivalenz* ein, und fragen Sie dann nach dem
- *Nächsten Schritt.*

Folgende Elemente empfehlen Miller und Rollnick (2002/2004):

- eine Äußerung, aus der hervorgeht, daß Sie zusammenfassen, was der Klient gesagt hat;
- eine Zusammenfassung der Problemsicht des Klienten einschließlich der Gründe für eine Veränderung, so wie der Klient sie als vorliegend sieht;
- eine Zusammenfassung der Ambivalenz des Klienten unter Einbeziehung der Vorteile des Status quo;
- Erwähnung der objektiven Beweise für die Wichtigkeit einer Veränderung;
- Wiederholung des Veränderungswunsches, der Bekräftigung der Fähigkeit, sich zu verändern und der Selbstverpflichtung des Klienten, diese Veränderung auch tatsächlich anzustreben;
- Ihre Einschätzung der Situation des Klienten, insbesondere wenn sie den Sorgen des Klienten selbst entspricht.

Klientenäußerung 1

Zielverhalten: Lernen für die Schule

»Ich möchte nicht, daß meine Mutter ins Spiel gebracht wird. Ich sehe nicht, wozu das gut sein soll. Ich weiß selbst, daß sich einige Dinge ändern müssen, und ich habe schon mit meinem Vater darüber gesprochen. Ich lebe mit ihm zusammen, und er bezahlt die Rechnungen; deshalb erscheint es mir sinnvoll, mit ihm darüber zu reden. Mir ist klar, daß ich ein paar Dinge auf die Reihe bekommen muß,

wenn ich den Abschluß schaffen will. Ich habe schon mit meinen Lehrern gesprochen – mehr oder weniger –, und ich glaube, ich weiß, was ich zu tun habe. Ich mache mir ein wenig Sorgen wegen all der Dinge, die ich von jetzt ab bis zum Jahresende schaffen muß.«

Klientenäußerung 2

Zielverhalten: Schreiben

»Gestern habe ich schon wieder einen Abend vergeudet. Ich habe mich zum Schreiben hingesetzt, und dann habe ich angefangen, Dateien von meinem alten Computer auf den neuen zu übertragen. Anschließend habe ich mich mit meinem eMail-Konto beschäftigt, weil mir einfiel, daß ich noch eine Mail versenden mußte. Danach habe ich mich noch mit meinem persönlichen Account beschäftigt und dort ein paar Dinge in Ordnung gebracht. Dann ist mein Computer abgestürzt, und irgendwann war es plötzlich 21 Uhr, und ich war immer noch nicht über die erste Seite hinausgekommen. In den letzten Wochen war ich nicht besonders produktiv, weil mir immer wieder etwas dazwischen gekommen ist; und die Zeit wird allmählich echt knapp. Wenn ich es nicht packe, bin ich erledigt!«

Klientenäußerung 3

Zielverhalten: Eine intime Beziehung verbessern

»Ich bin ja bereit, mich zu entschuldigen, aber er muß auch zugeben, daß er mir auch unrecht getan hat. Ich hätte das nicht sagen sollen. Aber er hat auch ein paar Dinge gesagt, die ziemlich gemein waren, und das will er einfach nicht wahr haben. Wir waren zusammen in einer Clique, und nun haben sich alle unsere Freunde gegen mich gewendet. Trotzdem ist es natürlich nicht gut für mich, auf meiner Wut sitzen zu bleiben. Ich fühle mich dann nur immer schlechter und werde depressiv. Mir ist klar, daß ich eigentlich loslassen sollte, aber das fällt mir schwer.«

Klientenäußerung 4

Zielverhalten: Nachdenken über eine medikamentöse Behandlung

»Mir hat es nicht gefallen, wie ich mich durch die Medikamente gefühlt habe. Es gab einfach zu viele Nebenwirkungen. Deshalb habe ich damit aufgehört. Ich habe seit meinem 18. Lebensjahr nie etwas eingenommen. Ich habe einfach nie ein gutes Gefühl dabei. Und ich habe immer Angst. Ich fühle mich dann ziemlich unwohl. Manchmal sitze ich zu Hause herum, weil es mir zu mühsam ist auszugehen. Aber das deprimiert mich, und dann ist nichts mehr mit mir anzufangen. An diesem Punkt bin ich im Moment. Heute habe ich das erste Mal seit drei Wochen das Haus verlassen.«

Klientenäußerung 5

Zielverhalten: gesünder Essen

»Ich habe mich entschlossen, mich gesünder zu ernähren. Ich denke, daß das für meine Gesundheit besser wäre. Meine Absichten sind gewöhnlich besser als die Umsetzung, und ich gebe zu, daß ich gern Süßes esse. Aber ich habe versucht, mit diesen Dingen verantwortungsbewußter umzugehen. Ich würde gern mehr Salat essen. Salat zu Mittag würde mir sehr gefallen. Frühstück und Mittagessen und sogar das Abendessen sind meist in Ordnung. Die einzige Gewohnheit, die mir im Moment Sorgen macht, ist, daß ich mir abends spät noch einmal etwas gönne. Eiscreme ist mein Problem. Obst als Ersatz dafür zu essen funktioniert bei mir nicht, obwohl es sicher besser für mich wäre. Bei den regelmäßigen Mahlzeiten kann ich mich zusammenreißen, aber an meinen nächtlichen Eßgewohnheiten muß ich unbedingt etwas ändern.«

Klientenäußerung 6

Zielverhalten: Alkoholkonsum

»Als ich hierherkam, habe ich gedacht, ich hätte einfach nur Pech gehabt, weil man mich erwischt hatte. Schließlich lag mein Blutalkoholspiegel nur bei einem Promille, als der Bulle mich anhielt. Ich hatte wirklich nicht besonders viel getrunken, aber ich war müde, und von Ihnen weiß ich, daß Müdigkeit und Alkohol einander verstärken können. Mittlerweile bin ich froh, daß ich niemanden verletzt habe. Ich bin zwar noch nicht bereit, das Trinken völlig aufzugeben, aber ich denke intensiv darüber nach, wie ich die Risiken minimieren kann. So etwas bringt doch einfach nichts. Schließlich will ich nicht noch einmal hier landen und dies noch einmal durchmachen müssen.«

Beispielantworten zu Übung 10.2

Klientenäußerung 1 Zielverhalten: Lernen für die Schule
»Ich möchte nicht, daß meine Mutter ins Spiel gebracht wird. …«

(überleitende Zusammenfassung / »I CAN«)
Ich will einmal schauen, ob ich das alles richtig verstanden habe. Sie haben Ihren Vater über die Situation informiert, aber sind sich nicht sicher, ob Sie Ihre Mutter auch noch in diese Diskussion einbeziehen wollen. Sie möchten Ihren Abschluß machen, und Sie machen sich Sorgen, weil Sie fürchten, das nicht hinzubekommen. Sie wissen selbst, daß sich einiges in Ihrem Leben ändern muß. Was meinen Sie, was Sie tun werden?

Klientenäußerung 2 Zielverhalten: Schreiben
»Gestern habe ich schon wieder einen Abend vergeudet. …«

(überleitende Zusammenfassung / »I CAN«)
Schauen wir mal, ob ich alles richtig verstanden habe. Es gibt einen festen Abgabetermin, der näher rückt, und Sie haben noch längst nicht alles geschafft, was Sie sich vorgenommen hatten. Sie versuchen, diese Dinge zu erledigen, aber es gibt andere Aufgaben, die dringender erledigt werden müssen, wenn Sie mal wieder die Zeit finden, sich zum Schreiben hinzusetzen. Dieser Mangel an Produktivität macht Ihnen große Sorgen. Sie sind bereit, etwas dagegen zu unternehmen, nur wissen Sie noch nicht so recht, was es sein könnte. Was passiert jetzt?

Klientenäußerung 3 Zielverhalten: Eine intime Beziehung verbessern
»Ich bin ja bereit, mich zu entschuldigen, aber er muß zugeben, daß er mir auch unrecht getan hat. …«

(überleitende Zusammenfassung / »I CAN«)
Ich glaube, ich habe es verstanden; aber ich will es zur Vorsicht noch einmal überprüfen. Sie haben das Gefühl festzusitzen, weil Sie es nicht schaffen, Ihre Wut zu zügeln. Sie fühlen sich durch seine mangelnde Bereitschaft, seinen Anteil an den Problemen zuzugeben, gelähmt. Andererseits ist Ihnen klar, daß es für Sie auf die Dauer nicht gut wäre, sich auf diese Sichtweise festzulegen. Was meinen Sie, was Sie machen können, statt auf seine Entschuldigung zu warten?

Klientenäußerung 4 Zielverhalten: Nachdenken über eine medikamentöse Behandlung
»Mir hat es nicht gefallen, wie ich mich durch die Medikamente gefühlt habe. …«

(überleitende Zusammenfassung nach Miller und Rollnick)
Schau'n wir mal, ob ich Sie richtig verstanden habe. Im Moment fühlen Sie sich überall schlecht, sowohl zu Hause als auch draußen. Und obwohl Sie möchten, daß sich Ihr Zustand bessert,

machen Sie sich auch Sorgen wegen der Medikamente. Sie fühlten sich in letzter Zeit so gelähmt, daß Sie heute das erste Mal seit drei Wochen aus dem Haus gegangen sind. Sie glauben, Sie müßten etwas tun. Nach dem, was Sie mir berichtet haben, erscheint es mir als sinnvoll, daß wir einmal über das Thema Psychopharmaka reden. Wie sieht Ihre Einstellung dazu aus?

KLIENTENÄUSSERUNG 5 Zielverhalten: Gesünder Essen

»Ich habe mich entschlossen, mich gesünder zu ernähren. …«

(überleitende Zusammenfassung nach Miller und Rollnick)
Es gibt hier verschiedene Ansatzpunkte. Sie haben sich entschieden, sich besser zu ernähren und generell gesünder zu leben, und dann haben Sie sich konkret Gedanken darüber gemacht, wie Sie Ihre Eßgewohnheiten verändern könnten. Ihre größten Probleme sind in dieser Hinsicht Ihre Vorliebe für Süßes und daß Sie spät abends gern noch etwas essen. Obst wäre rein theoretisch eine gute Alternative, aber das scheint bei Ihnen nicht zu funktionieren. Trotzdem ist es Ihnen mit Ihrem Vorhaben sehr ernst. Sie wollen gesünder werden und haben in dieser Hinsicht gewisse Erfolge erzielt. Wie könnte nach Ihrer Meinung der nächste Schritt aussehen?

KLIENTENÄUSSERUNG 6 Zielverhalten: Alkoholkonsum

»Als ich hierherkam, habe ich gedacht, ich hätte einfach nur Pech gehabt, weil man mich erwischt hatte. …«

(überleitende Zusammenfassung nach Miller und Rollnick)
Das sind viele Veränderungen in kurzer Zeit. Sie sind mit einer bestimmten Vorstellung über das, was geschehen ist, hierher gekommen, und Ihre Sicht hat sich deutlich verändert. Sie fühlen sich nicht mehr unglücklich, sondern glücklich. Sie sind sich nicht sicher, ob Sie wirklich ganz mit dem Alkoholkonsum aufhören wollen, aber Ihnen ist zumindest klar, daß es von Vorteil wäre, in dieser Hinsicht möglichst geringe Risiken einzugehen. Wahrscheinlich wäre es ziemlich problematisch für Sie, noch einmal wegen Trunkenheit am Steuer erwischt zu werden. Das ist eine ziemlich große Veränderung, und sie scheint bei Ihnen gut anzuschlagen. Was wird als nächstes geschehen?

ÜBUNG 10.3 WAS PASSIERT ALS NÄCHSTES?

Sie können nun üben, Schlüsselfragen zu stellen. Es gibt einige typische Situationen, in denen man Schlüsselfragen stellen kann (z. B. wenn man nach Anzeichen für Selbstverpflichtung, nach Zielen oder nach verschiedenen Möglichkeiten sucht). Üben Sie, Fragen für jede dieser Situationen zu entwickeln.

Wenn Sie nach Anzeichen für die *Selbstverpflichtung zur Realisierung einer Veränderung* suchen.

Beispielreaktion: *Wo stehen Sie nach alldem?*

1.

2.

3.

Wenn Sie nach *spezifischen Zielen* fragen.

Beispielreaktion: *Wie wären Sie gern anders?*

1.

2.

3.

Wenn Sie nach der *Entwicklung eines Plans* fragen.

Beispielreaktion: *Wie könnten Sie dies in die Tat umsetzen?*

1.

2.

3.

Wenn Sie nach einer *Selbstverpflichtung zur Umsetzung des Plans* forschen.

Beispielreaktion: *Wie weit sind Sie nach der Entwicklung Ihres Plans mit dessen Umsetzung gediehen?*

1.

2.

3.

Wenn Sie nach der *Festlegung eines Startsignals* fragen.

Beispielreaktion: *Wenn im Moment die Zeit für diese Aktion noch nicht reif ist, woran würden Sie dann erkennen, daß der richtige Zeitpunkt gekommen ist?*

1.

2.

3.

Wenn Sie *um eine Nachsorgebesprechung ersuchen*, nachdem der Klient seiner Selbstverpflichtung nicht nachgekommen ist.

Beispielreaktion: *Als wir das letzte Mal miteinander gesprochen haben, waren Sie noch nicht völlig bereit, sich wirklich zu engagieren. Deshalb frage ich mich, wie es damit jetzt steht.*

1.

2.

3.

Beispielreaktionen zu Übung 10.3

Wenn Sie nach Anzeichen für die *Selbstverpflichtung zur Realisierung einer Veränderung* suchen.

1. *Was geschieht jetzt?*
2. *Was meinen Sie, was Sie nun tun werden?*
3. *Was wollen Sie hieran anschließend tun?*

Wenn Sie nach *spezifischen Zielen* fragen.

1. *Wie wünschen Sie sich eine Verbesserung der Situation?*
2. *Auf welche Veränderung genau hoffen Sie?*
3. *Welche Veränderung müßte nach Ihrer Auffassung zuerst erfolgen?*

Wenn Sie nach der *Entwicklung eines Plans* fragen.

1. *Über welche Handlungsmöglichkeit haben Sie nachgedacht?*
2. *Was wäre der erste Schritt?*
3. *Was funktioniert nach Ihren bisherigen Erfahrungen?*

Wenn Sie nach einer *Selbstverpflichtung zur Umsetzung des Plans* forschen.

1. *Wann werden Sie damit anfangen?*
2. *Was halten Sie davon, diesen Plan umzusetzen?*
3. *Was macht Ihnen wegen dieses Plans Sorgen?*
   (Diese letzte Frage ist ein wenig gefährlich, weil sie Ambivalenz hervorrufen kann – allerdings auch eine Konsolidierungsreaktion.)

Wenn Sie nach der *Festlegung eines Startsignals* fragen.

1. *Woran würden Sie erkennen, daß sich dies verändert?*
2. *Was müßte sich verändern, damit Sie das Gefühl hätten, daß jetzt der richtige Zeitpunkt gekommen ist?*
3. *Worauf würden Sie achten, um zu erkennen, wann der richtige Zeitpunkt gekommen ist?*

Wenn Sie *um eine Nachsorgebesprechung ersuchen*, nachdem der Klient seiner Selbstverpflichtung nicht nachgekommen ist.

1. *Was denken Sie im Augenblick über dieses Thema?*
2. *Was haben Sie sich zu diesem Thema seit unserem letzten Treffen gedacht?*
3. *Was ist bezüglich dieser Entscheidung inzwischen in Ihnen vorgegangen?*

[11] *Aushandeln eines Behandlungsplans*

Auftakt

»Ich habe mein Bestes versucht, aber ich bin jetzt am Ende. Dieses ganze Jahr war für mich die Hölle, und meine Situation wird einfach nicht besser. Normalerweise glaube ich nicht an solche Dinge, aber ich muß jetzt einfach ganz dringend etwas tun. Ich habe mehreren Leuten ähnliche Nachrichten zukommen lassen, und ich hoffe, daß ich einen davon sehr bald treffen kann. Bitte rufen Sie mich so schnell wie möglich an.«

Dies war Tanyas Botschaft auf dem Anrufbeantworter, über die bereits in Kapitel 10 berichtet wurde. Anschließend konnten wir dort verfolgen, wie ein Therapeut sie an den Punkt geleitete, an dem er eine Schlüsselfrage stellen konnte. Wir kehren nun zum Ende dieses Vorgangs zurück. Vielleicht erinnern Sie sich noch, daß Tanya beschlossen hatte, sich auf ihre Depression zu konzentrieren, um an der Bewältigung ihrer Schmerzen zu arbeiten, und daß das Gespräch auf die Frage der Nutzung von Psychopharmaka gekommen war. Es folgt nun zunächst das Ende des Dialogs aus Kapitel 10. Wir beginnen an dem Punkt, an dem der Therapeut Tanya Informationen über Antidepressiva übermittelt.

»Es kommt gar nicht selten vor, daß Menschen Antidepressiva sehr skeptisch gegenüberstehen. Es gibt gute Gründe für die Sorge, daß solche Medikamente viel zu häufig verschrieben werden, und zwar insbesondere wenn es um Menschen geht, die sie gar nicht benötigen. Doch nach allem, was Sie mir bisher berichtet haben, nehme ich an, daß es in Ihrem Fall richtig wäre, sie einzunehmen. Allerdings müßten Sie zunächst mit einem Arzt darüber reden, damit wir ganz sicher gehen. Ich kann Ihnen sagen, daß Sie Grund zur Hoffnung haben. *Erstens* helfen Medikamente gerade bei Depression häufig. *Zweitens* können bestimmte Arten von Beratung bei Depression helfen. Und *drittens* scheint beides zusammen die besten Behandlungsresultate zu erzielen. Was denken Sie darüber?«

»Was Sie sagen, erscheint mir sinnvoll. Ich möchte nur nicht von diesen Mitteln abhängig werden und dann das Gefühl haben, ich müßte sie ständig einnehmen. Ich will ich selbst sein und bleiben.«

»Das macht Ihnen Sorgen ... daß Sie auf irgendeine Weise Ihre Fähigkeit verlieren, selbst darüber entscheiden zu können.«

»Ja, genau. Ich weiß zwar, daß das eigentlich nicht so ist, aber ich habe trotzdem Angst davor.«

»Ein Teil von Ihnen hat diese Angst, aber ein anderer Teil weiß, daß das, was Sie fürchten, wahrscheinlich nicht der Fall ist und daß die Medikamente nützlich sein könnten.«

»Ich glaube schon, daß es mir helfen würde. Wahrscheinlich mußte ich das nur einmal laut aussprechen. Nachdem ich das getan habe, mache ich mir deswegen nicht mehr so große Sorgen. Ich werde dadurch doch nicht süchtig, oder?«

»So wirken diese Mittel nicht. Es ist nicht das gleiche, wie wenn Menschen von Alkohol oder Heroin abhängig werden – es ist nicht so, daß sie ohne diese Mittel nicht mehr leben können.«

»Das weiß ich. Einige Freunde von mir haben zeitweise solche Mittel eingenommen; sie haben gesagt, das habe ihnen wirklich geholfen.«

»Es gibt ein paar Gründe anzunehmen, daß die Einnahme von Psychopharmaka Ihnen helfen würde, wobei die Entscheidung darüber, ob Sie das ausprobieren wollen, natürlich letztlich bei Ihnen liegt. Von einigen Ärzten weiß ich, daß Antidepressiva nicht nur die Depression lindern, sondern aufgrund ihrer Wirkung auf das Gehirn auch unmittelbar das Schmerzempfinden beeinflussen. Deshalb bin ich der Meinung, daß in Ihrem Fall einiges dafür spricht, über die Einnahme eines Antidepressivums nachzudenken. Was meinen Sie?«

»Ja, ich glaube auch, daß ich es ausprobieren sollte.«

»Es klingt, als würden Sie sich ziemlich intensiv darüber Gedanken machen. Allerdings bin ich bei diesem Thema in einer Hinsicht ziemlich stur. Ich halte es nämlich für wichtig, daß Menschen, die sich zu einer solchen Maßnahme entschließen, mit einem Psychiater darüber sprechen, also nicht nur mit ihrem Hausarzt. Der Grund für meine Sturheit ist, daß Psychiater die Spezialisten für diese Art von Behandlung sind. Solche Mittel sind nicht mit Medikamenten wie etwa Antibiotika zu vergleichen. Beispielsweise ist es ziemlich wichtig, daß man genau das richtige Mittel findet und die richtige Dosierung auswählt. Deshalb möchte ich, daß Klienten, die dies ausprobieren wollen, mit Experten für diese Art von Behandlung sprechen. Was halten Sie davon?«

»Das klingt für mich sinnvoll.«

»Wie sehen Sie das mit der Medikamenteneinnahme jetzt?«

»Ich werde es machen.«

»Sie sind also fest entschlossen.«

Im Laufe dieses Dialogs hat Tanya ihre Ambivalenz aufgelöst. Sie ist nun bereit, eine Behandlung mit Medikamenten auszuprobieren. Aber es existiert noch kein Plan für die Umsetzung des Vorhabens. Wir müssen ihr nun helfen, ihre Selbstverpflichtung in konkretes Verhalten zu übersetzen, das zur Veränderung führt. Was würden Sie in dieser Situation als nächstes tun? Welche Frage(n) könnte man stellen, um dies zu erreichen?

Ein tieferer Einblick

In Kapitel 10 wurde erwähnt, daß Phase II aus zwei Hauptteilen besteht: Stärkung der Selbstverpflichtung und Aushandeln eines Plans für die Realisierung der beabsichtigten Veränderung. Wir haben diese beiden Aspekte getrennt voneinander beschrieben, um es den Lesern zu erleichtern, sie zu verstehen. Doch in der Realität befinden sie sich in einem ständigen dynamischen Wechselspiel. Obwohl sich der Klient mittlerweile mitten in Phase II befindet, werden wir auf den Aspekt der Selbstverpflichtung auch im Rahmen der Aushandlung des Veränderungsplans zurückkommen.

Was den in Kapitel 10 erwähnten Vergleich mit dem Skifahren angeht, so merken Miller und Rollnick (2002/2004, dt. S. 177) an, daß dieser Planungsprozeß wesentlich leichter werden kann – wie wenn man auf Skiern einen Hang hinunterjagt – obwohl die Therapeuten ihre Klienten weiter aktiv geleiten. Wenn die Ski-Anfänger ihre Skier für die Abfahrt in Position bringen, rufen sie nicht einfach nur: »Viel Glück!« Miller und Rollnick (2002/2004) verweisen auf vier wichtige Bestandteile eines wirksamen Veränderungsplans. Ich habe diese vier Elemente so umformuliert, daß ihre Anfangsbuchstaben im Englischen das Wort SOAR (*to soar* = »emporsteigen«) ergeben:

s*et goals* (Ziele setzen)
sort **o***ptions* (Optionen prüfen)
a*rrive at a plan* (einen Plan entwickeln)
r*eaffirm commitment* (die Selbstverpflichtung bestärken)

Ziele setzen

Wir bleiben im Einklang mit den MI-Prinzipien, während wir unseren Klienten zu entscheiden helfen, welche Ziele für sie wichtig sind. Was wir uns wünschen, steht nicht unbedingt mit den Bedürfnissen der Klienten selbst und der jeweiligen Situation im Einklang. Deshalb müssen wir uns sicher sein, daß wir wirklich ihre Hoffnungen und Erwartungen erforschen, und diese müssen wir dann auf konkrete Ziele reduzieren.

Diese Informationen können wir ausgezeichnet mit Hilfe von Fragen gewinnen.

»Wie wünschen Sie sich, daß Ihr Leben sich verändert?«

»Was sähen Sie gern verändert?«

»Wenn die Situation besser wäre, was wäre dann anders als jetzt?«

»Wovon wünschen Sie sich mehr und wovon weniger?«

Nach dieser Erforschung der aktuellen Situation mit Hilfe von Fragen sollten andere OARS-Fertigkeiten genutzt werden, insbesondere Reflexionen und Zusammenfassungen. Miller und Rollnick (2002/2004) weisen MI-Anwender darauf hin, daß Sie anfangs den Fokus möglichst breit halten sollten, weil es sonst leicht passieren kann, daß sie sich so stark auf ein bestimmtes Problem fixieren, daß andere wichtige Aspekte im Leben eines Klienten unberücksichtigt bleiben. Nach der Festlegung der Ziele ist es jedoch sinnvoll, den Fokus auf die erreichbaren Ziele einzuschränken und sich dann mit konkreten Möglichkeiten, Veränderungen tatsächlich herbeizuführen, zu befassen.

Optionen prüfen

In diesem Bereich kann sich die Kompetenz des MI-Anwenders für Klienten besonders positiv auswirken. Das E-P-E-Modell *(Elicit-Provide-Elicit)* kann bei der Bewältigung dieser Aufgabe sehr nützlich sein. Stellen Sie fest, welche Ideen der Klient selbst zur Umsetzung seines Vorhabens entwickelt hat, und ergänzen Sie diese dann.

Wie bei vielen Problemlösungsansätzen ist es auch in diesem Fall nützlich, den Klienten zunächst in Form eines Brainstorming eine Anzahl von Ideen entwickeln zu lassen, unter denen sich durchaus auch solche befinden können, die Ihnen als unangemessen erscheinen mögen. Diese Vorbereitung erleichtert es dem Therapeuten, sich bei der Entwicklung eines Plans für die beabsichtigte Veränderung in die Denkweise des Klienten hineinzuversetzen. Wenn Klienten sich nicht in der Lage fühlen, selbst entsprechende Ideen zu entwickeln, können Sie ihnen eine Anzahl von Möglichkeiten vorstellen, unter denen sich auch einige extreme Vorschläge befinden. Auch in diesem Fall wird der Klient die Möglichkeiten auswählen, die ihm am besten »liegen«.

Einen Plan entwickeln

Das Entwickeln eines Plans geschieht im MI-Sinne in Form einer Verhandlung. Der Therapeut sitzt also nicht untätig da, während sein Klient einen in allen Einzelheiten ausgeklügelten oder aber viel zu groben Plan entwickelt. Vielmehr hilft er dem Klienten, die Details bestimmter Möglichkeiten zu durchdenken, potentielle Schwierigkeiten und den Umgang mit ihnen zu erwägen, sich über die für das Vorhaben notwendigen Ressourcen klarzuwerden und die Effektivität des entwickelten Plans einzuschätzen. Dieser Prozeß beginnt gewöhnlich mit einer offenen Frage.

»Was werden Sie zuerst tun?«

»Welche konkreten Schritte müssen in die Wege geleitet werden?«

»Wie sieht Ihr Plan aus?«

Im Projekt MATCH (Miller *et al.* 1992) verwendeten Therapeuten, die nach der Methode der MET *(Motivational Enhancement Therapy)* behandelte Untersuchungsteilnehmer betreuten, einen Veränderungsplan, der das schriftliche Festhalten konkreter Schritte zur Veränderung vorsah. Miller und Rollnick (2002/2004, dt. S. 187) stellen in ihrem Buch einen ähnlichen schriftlichen Plan vor. Bei manchen Klienten ist solch ein schriftliches Dokument sehr nützlich. Andere empfinden es als künstlich, beängstigend oder schlicht unnötig. In jedem Fall sollte der Klient selbst darüber entscheiden, ob der Plan schriftlich fixiert wird; allerdings kann der Therapeut oder Helfer ihn darüber informieren, weshalb manche Klienten die schriftliche Fixierung als nützlich empfinden (z. B. weil sie Klarheit schafft, als Erinnerungshilfe dient, die Selbstverpflichtung verstärkt). Außerdem können Therapeuten ein Formular für einen solchen Plan entwickeln, der ihre typische Arbeitssituation und die Bedürfnisse ihrer Klienten berücksichtigt. Ein Beispiel für einen solchen Veränderungsplan, der auf den von Miller *et al.* (1992 – MATCH) und Miller und Rollnick (2002/2004) entwickelten Formularen basiert, wird in Übung 11.2 vorgestellt. Sie können ein solches Formular Ihren Klienten mit folgenden Worten vorstellen:

»Wir haben darüber gesprochen, was Sie tun könnten. Einige Klienten halten es für nützlich, verschiedene Möglichkeiten schriftlich festzuhalten, um diese Aufzeichnungen später konsultieren zu können. Sie gut sichtbar irgendwo aufzuhängen trägt ebenfalls zur Stärkung des eigenen Engagements bei. Es gibt Untersuchungen, aus denen hervorgeht, daß Menschen, die ihre Absichten schriftlich festhalten und sie anderen mitteilen, die gewünschten Veränderungen erfolgreicher realisieren. Außerdem ist ein schriftliches Dokument eine visuelle Erinnerungshilfe. Aber Sie selbst müssen wissen, ob Sie das wollen, und manche Klienten verzichten lieber darauf. Wie sehen Sie das?«

Der Therapeut sollte seine Besorgnis äußern, wenn ihm irgendein Aspekt des Plans als undurchführbar erscheint. Dieses Feedback sollte er auf die in Kapitel 9 beschriebene Weise geben. Es folgt das Feedback eines Therapeuten zu einem zu ausgeklügelten Plan:

»Offensichtlich wünschen Sie sich sehr, diese Veränderung zu realisieren, und Sie haben sich vorgenommen, an vielen Aspekten gleichzeitig zu arbeiten. Das macht mir ein wenig Sorgen. Darf ich Ihnen konkret sagen, weswegen ich mich sorge?

Viele meiner Klienten haben die Erfahrung gemacht, daß sie nicht alle ihre Ziele erreichen, wenn sie sich zu viele Dinge gleichzeitig vornehmen. Das führt dazu, daß sie ihr Scheitern erleben, und das kann ihr Engagement unterminieren. Viele haben festgestellt, daß es nützlich ist, zunächst nur in einem ganz bestimmten Bereich einen Erfolg anzustreben und sich erst allmählich auch anderen Bereichen zuzuwenden. Was halten Sie von dieser Möglichkeit?«

Wenn der Plan eines Klienten zu wenig differenziert ist, kann der Therapeut wie folgt darauf reagieren:

»Sie haben mir gesagt, Sie brächten nicht gern viel Zeit damit zu, über Dinge *nachzudenken*, sondern Sie *täten* lieber etwas. Sobald Sie sich entschieden haben, eine Sache anzupacken, wollen Sie auch wirklich loslegen. Dieser Drang zur Aktivität kann sich für Sie günstig auswirken. Außerdem möchte ich Ihnen helfen, Ihre Handlungen so gut zu strukturieren, daß sie Erfolg haben können. Im Moment ist meine Sorge, daß Sie selbst sich nicht die beste Chance gegeben haben, erfolgreich zu sein. Darf ich Ihnen erklären warum?«

Wenn der Klient einverstanden ist, kann der Therapeut ihm seine Sorgen erläutern und ihn dann einladen, seine eigene Sicht darzulegen. Da der Klient selbst den Plan umsetzen und seine Realisation überwachen soll, wird er den Rat des Therapeuten möglicherweise ignorieren. In solch einem Fall kann es nützlich sein, eine Alternative zum platten »Nein« des Klienten anzubieten. Der Therapeut könnte sich zu diesem Zweck wie folgt äußern:

»Sie machen sich so große Sorgen wegen dieser Dinge. Sie haben das Gefühl, Sie könnten nötigenfalls improvisieren, und oft scheint es Ihnen, als würde ein weniger stark vorstrukturierter Plan Ihnen die Freiheit geben, die Entscheidungen zu treffen, die einer bestimmten Situation am besten gerecht werden. Ich frage mich, ob es für Sie okay wäre, wenn wir uns mit dieser Entscheidung in der nächsten Sitzung wieder befassen. Wir könnten dann überprüfen, wie sie sich bisher ausgewirkt hat, und wir könnten auch über die anderen Aspekte Ihres Plans reden. Wie finden Sie das?«

Die Selbstverpflichtung bestärken

Die letzte Aufgabe, die Miller und Rollnick (2002/2004) in ihrem Buch beschreiben, besteht darin, die Selbstverpflichtung des Klienten zur Umsetzung seines Plans zu bestärken. Manchmal ist diese Selbstverpflichtung bereits offensichtlich, und es wäre unnötig oder würde sogar bevormundend wirken, ihn zu einer spezifischen Verpflichtung aufzufordern. In anderen Fällen jedoch und insbesondere nach wichtigen Verhandlungen, kann es nützlich sein, sich den Plan noch einmal vorzunehmen und eine einfache geschlossene Frage zu stellen: *»Ist es das, was Sie zu tun vorhaben?«*

Außerdem sollten Therapeuten und Helfer in dieser Situation ganz besonders genau auf eventuelles Zögern des Klienten achten. Oft taucht an diesem Punkt plötzlich Ambivalenz auf. Diese kann in der Verwendung weniger »entschlossener« Verben wie »hoffen«, »versuchen« oder »erwägen« zum Ausdruck kommen. Wenn der Klient unsicher ist, hilft der Therapeut ihm entweder, seine Selbstverpflichtung zu stärken, oder er erforscht die Wurzel der Ambivalenz und hilft dem Klienten dann durch die Auseinandersetzung mit dieser Situation. Manchmal reicht bei dieser Exploration eine einfache doppelseitige Reflexion aus. Ein Beispiel:

> »Es macht Ihnen Sorgen, daran zu denken, was Sie aufgeben müssen, um diesen Plan zu verwirklichen. Andererseits ist Ihnen klar, daß Sie die Dinge nicht weiter so belassen können, wie sie im Augenblick sind.«

Wenn der Klient nicht bereit ist, sich verbindlich der Veränderung zu verpflichten, sollten Sie nicht darauf bestehen, daß er dies tut, denn das ist eine Falle. Solche Augenblicke können für Therapeuten und Helfer besonders belastend sein, weil sie sich große Mühe gegeben haben, den Klienten auf den Berggipfel zu befördern, und weil sie dann erleben müssen, daß er sich wieder genau in die Richtung bewegt, aus der er gerade gekommen ist. Deshalb werden Sie sich wahrscheinlich noch größere Mühe geben, die Sache zum Abschluß zu bringen, obwohl eben das wahrscheinlich das Engagement des Klienten unterminiert und bei ihm entweder aktiven oder passiven Widerstand hervorruft. So schwierig es auch sein mag, empfiehlt es sich in solchen Momenten, zur Nutzung der OARS-Fertigkeiten zurückzukehren und dafür zu sorgen, daß die Tür offen bleibt, damit sich der Klient später erneut mit der Thematik befassen kann. Eine in solchen Fällen wichtige Technik lautet: »Den Wecker stellen«. Dies bedeutet, daß Sie die Uhr nur stellen, um selbst morgens aufzuwachen, daß Sie also keineswegs den Einbruchsalarm aktivieren. Im Sinne dieses Ansatzes erkennen Sie nur die Position des Klienten an:

> »Es klingt, als ob Sie noch nicht ganz an dem Punkt wären, dies jetzt in die Tat umzusetzen. Wenn Sie die Straße hinabschauen, was sehen Sie dann? Und was müßten Sie sehen, damit Sie das Ziel in Angriff nehmen könnten?«

Hier wird ganz bewußt vermieden, Widerstand zu aktivieren, und der Klient wird ermutigt, bezüglich seiner Sicht des Lebens in Zukunft eine aktive statt einer passiven Rolle zu spielen. Das gleiche gilt für seine Haltung Ereignissen gegenüber, die er möglicherweise erst erleben muß, damit seine Handlungsbereitschaft verstärkt wird. Der Therapeut fordert den Klienten auch auf, sich Gedanken darüber zu machen, zu welchem zukünftigen Zeitpunkt diese Veränderung stattfinden könnte. Wenn wir den Wecker stellen, damit wir morgens geweckt werden, ist das bloße Stellen des Weckers noch keine Garantie dafür, daß wir tatsächlich aufstehen, doch die Wahrscheinlichkeit, daß wir es tun, wird dadurch größer. Ebenso stellen wir den »Wecker« für eine potentielle zukünftige Veränderung.

Schließlich ist es auch nützlich zu prüfen, ob ein Klient bei seiner Entscheidung für eine Veränderung bleibt – zumindest für den Moment. Wenn man auf diese vorherige Entscheidung zurückkommt, ist die Wahl des sprachlichen Ausdrucks sehr wichtig. Statt der Frage *»Haben Sie eine Entscheidung getroffen?«* empfiehlt sich: *»Wie sehen Sie diese Entscheidung jetzt?«* Dadurch wird eine geschlossene Frage vermieden und der Möglichkeit Raum gegeben, über diesen Bereich zu sprechen.

Konzept-Quiz – Testen Sie sich!

Richtig oder falsch

1. R F In Phase II ist aktive Anleitung für die Klienten weniger wichtig.
2. R F SOAR bezeichnet die vier Elemente, die beim Aushandeln eines Veränderungsplans eine Rolle spielen.
3. R F Sobald sich der Klient zu einer Veränderung verpflichtet, sollten Sie mit ihm zusammen Ideen für die Umsetzung sammeln.
4. R F Es ist nützlich, weit gesteckte Ziele so zu konzentrieren, daß sie erreichbar werden.
5. R F Wir sollten unsere Klienten auffordern, bestehende Möglichkeiten umfassend auszuloten und dabei auch Extreme einzubeziehen.
6. R F Da die Klienten selbst die Veränderung herbeiführen müssen, müssen Sie auch den Plan, der sie zu diesem Ziel führt, selbst entwickeln; das bedeutet, daß sie unseren Rat auch ignorieren können.
7. R F Da die Klienten selbst ihre Pläne entwickeln, sollten wir nicht eingreifen, wenn sie problematische Ziele wählen.
8. R F Die Klienten sollten ihre Veränderungspläne schriftlich fixieren.
9. R F »Die Selbstverpflichtung bestärken« beinhaltet sicherzustellen, daß die Klienten ihren Veränderungsplan auch tatsächlich umsetzen.
10. R F Wenn Klienten in Phase II vor ihrer Selbstverpflichtung, eine Veränderung herbeizuführen, zurückscheuen, kann man sie durch «Stellen des Weckers« zu aktiver Arbeit an der Verwirklichung einer Veränderung zurücklenken.

Antworten

1. F In Phase II wird die aktive Anleitung noch wichtiger, als sie vorher schon war. Die Therapeuten arbeiten mit den Klienten aktiv an der Entwicklung von Veränderungsplänen, die sie tatsächlich umsetzen können. Informationen über verschiedene Handlungsmöglichkeiten und die mit ihnen verbundenen Gefahren und positiven Auswirkungen können Klienten sehr nützlich sein.
2. R Nach Miller und Rollnick (2002/2004) spielen beim Aushandeln eines Veränderungsplans vier Elemente eine wichtige Rolle. Diese habe ich so umbenannt, daß sie das Kunstwort SOAR ergeben: ***s**et goals* (»Ziele setzen«), *sort **o**ptions* (»Möglichkeiten prüfen«), ***a**rrive at a plan* (»einen Plan entwickeln«) und ***r**eaffirm commitment* (»die Selbstverpflichtung bestärken«).
3. F Brainstorming ist eine wichtige Strategie, die gewöhnlich nach der Einschätzung der Veränderungsziele des Klienten benutzt wird. Demnach besteht der erste Schritt nach einer auf Selbstverpflichtung hinweisenden Äußerung des Klienten darin herauszufinden, was er gern verändern möchte, und im Anschluß daran müssen Strategien zur Arbeit an den betreffenden Bereichen entwickelt werden. Zu diesem Zweck erfolgt gewöhnlich das Brainstorming.
4. R Wenn wir Ziele herausarbeiten, beginnen wir mit einem breiten Fokus. Dies ermöglicht uns, eventuell auch andere, möglicherweise ebenfalls wichtige Bedürfnisse und Kontexte zu berücksichtigen. Nachdem diese breiter gefaßten Ziele definiert sind, hilft deren Verdichtung zu fokussierteren und erreichbareren Zielen den Klienten, sachdienliche Strategien zu entwickeln, ihre Fortschritte zu messen und festzustellen, ob sie ihre Strategien verändern sollten.
5. R Obwohl wir Klienten nicht zu leichtsinnigem Handeln animieren wollen, ist uns daran gelegen, daß sie umfassend und kreativ darüber nachdenken, welche Handlungsmöglichkeiten in ihrem Fall die wirksamsten sein könnten. So wie bei vielen anderen Problemlösungsansätzen kann das Einbeziehen von Extremen Menschen helfen, neuartige oder bisher noch nicht genutzte Wege zum Erfolg zu entdecken.
6. R Da die Klienten selbst für die Veränderung verantwortlich sind, müssen sie sich mit dem Veränderungsplan identifizieren. Sie müssen das Gefühl haben, daß es ihr Plan ist, nicht unserer. Wenn sie nicht das Gefühl haben, daß der Plan von ihnen selbst stammt, ist es weniger wahrscheinlich, daß es ihnen gelingt, eine dauerhafte Veränderung zu erreichen.
7. F Als gute Geleitende lassen wir nicht zu, daß die Klienten problematische Ziele wählen, ohne unsere Besorgnis darüber zum Ausdruck zu bringen. Die Klienten müssen ihre Ziele zwar selbst wählen, doch nehmen wir dies nicht stumm zur Kenntnis. Noch einmal sei darauf hingewiesen, daß es dem Wesen einer guten MI-Praxis entspricht, daß wir lernen, unser Feedback auf eine MI-gemäße Weise zum Ausdruck zu bringen.

8. F Das Aufschreiben eines Veränderungsplans ist zwar aus vielen Gründen nützlich, aber andererseits ist dies nicht die einzige Möglichkeit, einen solchen Plan zu entwickeln, und für einige Klienten ist diese Methode völlig ungeeignet. In manchen Situationen kann ihre Anwendung sogar gefährlich sein. Beispielsweise wird Opfern interpersonaler Gewalt meist dringend geraten, einen Plan zur Gewährleistung ihrer Sicherheit zu entwickeln, um vor ihrer Rückkehr zu ihrem Partner etwas Entscheidendes zur Veränderung ihrer Lebenssituation zu tun. In der Regel wird ihnen jedoch nicht geraten, diesen Plan schriftlich festzuhalten.
9. R Auch wenn ein Klient schon eine generelle Bereitschaft, sich zu verändern, hat erkennen lassen, sichert dieser Schritt die spezifische Verpflichtung zur Umsetzung des soeben ausgehandelten Veränderungsplans. Doch kann dieser Schritt manchmal als überflüssig oder bevormundend erscheinen. Deshalb sollte sich der Therapeut vergewissern, ob eine erneute Bestärkung der Selbstverpflichtung auf der Basis des soeben ausgehandelten Veränderungsplans wirklich notwendig ist. Wenn Unschlüssigkeit zu erkennen ist, kann es sinnvoll sein, den Klienten erneut zu einer Selbstverpflichtung aufzufordern.
10. R Zögern und Ambivalenz sind normal. Manche Klienten merken, daß sie noch nicht bereit sind, aktiv zu werden. Indem man ihnen hilft, »den Wecker zu stellen«, versetzt man sie in einen aktiveren Modus, in dem sie auf Anzeichen für Handlungsbereitschaft bei sich achten.

Praxisbeispiele

Wir kehren nun zu dem Gespräch mit Tanya zurück. Sie hat sich soeben entschlossen, Antidepressiva einzunehmen, aber es wurde noch kein entsprechender Plan entwickelt. Im folgenden wird ein kurzer, aber effektiver Planungsprozeß beschrieben.

	Äußerung	*Kommentar*
T.:	Wie stehen Sie jetzt zu der Idee, ein Medikament einzunehmen?	*Schlüsselfrage, die auf die Selbstverpflichtung zielt*
K.:	Ich werde es machen.	*Selbstverpflichtung!*
T.:	Sie sind fest entschlossen.	*Verstärkung*
K.:	Ja, das bin ich. Ich glaube, ich kenne jemanden, mit dem ich über Psychopharmaka reden könnte. Ich habe kürzlich mit einer Freundin gesprochen, und sie hat mir den Namen ihrer Psychiaterin genannt; ich habe den Zettel noch zu Hause liegen. Sie fand diese Frau gut.	*Erklärt ihr Einverständnis und äußert sich dann zu Möglichkeiten der Umsetzung. Dies ist gleichzeitig Setzen von Zielen und Nachdenken über Möglichkeiten.*

Dialog	Kommentar
T.: Das scheint mir eine gute Möglichkeit zu sein. Und was ist, wenn sie keinen Termin frei hat?	*Verstärkung und Erkundigung danach, wie mit eventuellen Hindernissen umgegangen werden könnte. Dies ist eine Form des Prüfens von Möglichkeiten.*
K.: Ich denke, daß ich mich dann in ihrer Praxis nach einer anderen Empfehlung erkundigen werde.	*Die Klientin nennt eine Möglichkeit.*
T.: Ich könnte Ihnen auch ein paar Namen nennen.	*Bietet Möglichkeiten an, was aber als Versuch, ihre eigenen Vorstellungen durchzusetzen, verstanden werden könnte.*
K.: Ich werde es zunächst einmal mit der Frau, die meine Freundin mir genannt hat, versuchen. Wenn das nicht klappt, rufe ich Sie an.	*Die Klientin beharrt auf ihrer Autonomie und entscheidet sich für ein Vorgehen, das ihr selbst als sinnvoll erscheint.*
T.: Es klingt, als ob Sie einen Plan hätten. Was meinen Sie, wann Sie es tun werden?	*Verstärkt den Plan. Stellt eine weitere Schlüsselfrage, nämlich die nach dem anvisierten Zeitpunkt der Umsetzung.*
K.: Wahrscheinlich gleich, wenn ich heute nach Hause komme.	*eine etwas unverbindliche Äußerung*
T.: Wahrscheinlich ...	*Weist auf die Schwachstelle der Äußerung hin und fordert die Klientin auf, ihre Selbstverpflichtung erneut zu bestätigen.*
K.: *(Lacht)* Okay, sobald ich nach Hause komme.	*Die Klientin folgt dem Therapeuten und wird problemlos mit dieser kleinen Konfrontation fertig.*
T.: *(Lacht)* Andere Klienten haben mich gelehrt, daß es gut ist, eine ziemlich klare Vorstellung vom Wann zu haben.	*Verstärkt die vorherige Äußerung der Klientin und zieht als Beispiele andere Klienten heran.*
K.: Ich verstehe, was Sie meinen. Also heute. Ich werde es heute erledigen.	*Klare Verpflichtung zur Umsetzung des Plans.*

Dies ist ein Beispiel dafür, daß ein Plan nicht schriftlich festgehalten wurde; es werden aber spezifische Elemente darin beschrieben, und es gibt eine Zeitachse. Der Therapeut oder Helfer versucht festzustellen, ob die Klientin über die zur erfolgreichen Umsetzung des Plans erforderlichen Ressourcen verfügt. Er folgt dem Klienten, geht aber auch auf die Möglichkeit ein, daß eine Ambivalenz auftauchen oder die Selbstverpflichtung nicht klar genug ausfallen könnte. Der hier benutzte Kommunikationsstil ist eine Kombination aus Lenken und Geleiten. Vorher haben wir beobachtet, wie der Austausch von Informationen in diesen Prozeß eingewoben wurde, was allerdings auch hier in kleinen Dosen geschehen ist. Dieser Plan wurde auch ausgehandelt. Obwohl Tanya diesem Planungsprozeß später andere Elemente hinzufügen mag, wird hinsichtlich des hier verhandelten Punktes [der Konsultation eines Psychiaters] eine klare Übereinkunft getroffen – bezüglich dessen, was geschehen soll, wann es geschehen soll und was beim Auftauchen eines Problems zu tun ist. Im übrigen ist der Plan realisierbar, und die Klientin fühlt sich in der Lage, ihn umzusetzen. Beachten Sie, wie sich ihre Stimmung und Einstellung im Laufe der Begegnung verändern.

Probieren Sie dies aus!

Es folgen einige Übungen, die Ihre Fertigkeiten im Aushandeln eines Veränderungsplans verbessern sollen. Indem Sie diese Übungen zusammen mit einem Partner ausführen, können Sie den Umgang mit den interaktiven Aspekten dieser Situation trainieren. Allerdings sollten Sie diese Fertigkeiten auch im Rahmen Ihrer klinischen Tätigkeit üben. Auch hier gilt: Falls es Ihnen trotz der aufgezeigten Möglichkeiten weiterhin schwerfällt, mit diesem Aspekt der MI-Methode umzugehen, ist es wahrscheinlich an der Zeit für Sie, an einem Fortbildungskurs teilzunehmen und/oder sich um Supervision oder Coaching zu bemühen.

Übung 11.1 Einen Veränderungsplan aushandeln

Bei dieser Übung geht es nochmals um die Interaktion mit Tanya, und wir üben uns darin, Veränderungspläne für die Bereiche zu entwickeln, die in dem Gespräch zwar erwähnt, aber nicht in die Arbeit (bzw. den Plan) einbezogen wurden.

Übung 11.2 Entwickeln eines Formulars für einen Veränderungsplan

Sie können nun Ihr persönliches Formular entwickeln, das Sie dann für die Arbeit mit Ihren Klienten benutzen können. Gehen Sie von dem Formular aus, das in der Übung am Ende dieses Kapitels abgedruckt ist, und modifizieren Sie es so, daß es Ihrem Stil, Ihrer Arbeitssituation und Ihren Klienten entspricht. Probieren Sie das neu entwickelte Formular in Ihrer Arbeit mit Ihren Klienten aus. Vergessen Sie nicht, eine kurze Einführung zu schreiben, die Sie für Ihre Arbeit benutzen können. Es geht nicht darum, daß Sie diese Einführung Ihren Klienten vorlesen, sondern sie ist nur als Hilfsmittel für die Organisation Ihrer Gedanken gedacht. Überarbeiten Sie das Formular nach dem Ausprobieren nötigenfalls, und probieren Sie die modifizierte Form mit einem anderen Klienten erneut aus. Fahren Sie damit so lange fort, bis Sie mit der Einführung und mit der Benutzung des Formulars im Reinen sind.

Arbeit mit einem Partner

Übung 11.1 eignet sich auch für die Arbeit mit einem Partner zusammen. Arbeiten Sie mit Ihrem Übungspartner an der Vervollständigung dieser Interaktion mit Tanya, und entwickeln Sie in diesem Zusammenhang Veränderungspläne für die übrigen Aspekte der Situation.

Übung 11.3 Zurück in die Zukunft

Wenn Sie das Gefühl haben, mehr Gelegenheiten zum Üben zu brauchen, können beide Partner sich die ausgefüllten Arbeitsblätter zu Übung 10.2 noch einmal vornehmen und sie für Verhandlungen über Veränderungspläne nutzen. Der eine Partner spielt den in dem Szenario beschriebenen Klienten. Sie arbeiten auf einen Abschluß und auf eine Bestätigung der Selbstverpflichtung hin (sofern Ihnen das als sinnvoll erscheint). Wählen Sie anschließend ein anderes Szenario aus, und tauschen Sie mit Ihrem Übungspartner die Rollen. Außerdem können Sie einen Klienten spielen, der unsicher wird und sich gegen eine Veränderung entscheidet. Üben Sie, in diesem Szenario den Alarmknopf zu drücken.

Ergänzende Gedanken

In Phase II ist mit einigen zusätzlichen Problemen zu rechnen. Mit einem der von Miller und Rollnick (2002/2004, dt. S. 177) in ihrem Buch beschriebenen haben wir uns bereits in Kapitel 10 beschäftigt. Nun werden wir uns mit den beiden anderen befassen: mit *zu einschränkenden Anweisungen* und mit *unzureichender Lenkung*.

Zu einschränkende Anweisungen sind eine Variante des Unterschätzens von Ambivalenz. Es geht hier um das Versäumnis dessen, beim Planungsprozeß ausreichend auf die Ressourcen und Bedürfnisse der Klienten einzugehen. Unsere Erfahrung und unsere fachlichen Kenntnisse können für unsere Klienten wichtige Ressourcen sein; dies gilt aber nur, wenn sie den Vorstellungen der Klienten darüber entsprechen, wie sie eine Veränderung erreichen können. Sie müssen dazu unsere Ideen als für *ihre* Situation passend und geeignet erkennen. Andernfalls riskieren wir, einen zwar vielleicht eleganten, aber letztlich zum Scheitern verurteilten Veränderungsplan zu entwickeln, weil wir den wichtigsten Aspekt der ganzen Angelegenheit ignoriert haben – die Person, die die Veränderung vornehmen muß. Eine »Ja, aber ...«-Reaktion sollte als Hinweis darauf verstanden werden, daß der Klient das Gefühl hat, die vorgeschlagene Lösung sei nicht seine, sondern unsere.

Das letzte potentielle Problem, auf das ich hier eingehen werde, ist das Gegenteil einer zu einschränkenden Anleitung. In solch einem Fall haben wir den Klienten völlig seinen eigenen Ressourcen überlassen. Das ist so, als würden wir uns auf das Folgen verlegen, obwohl der Klient es weiterhin bräuchte, von uns gelenkt oder sogar geleitet zu werden. Reflexionen spielen zwar auch hier eine Rolle – insbesondere wenn Ambivalenz im Spiel ist –, aber es sollten Informationen über Möglichkeiten und die damit verbundenen positiven Auswirkungen und Gefahren gegeben werden. Entwickelt ein Klient einen Plan, der schwerwiegende Mängel enthält, begnügen sich gute Therapeuten nicht damit, die Achseln zu zucken und zu sagen: »Schließlich ist es *sein* Plan.« Vielmehr bringen sie ihre Sorgen direkt zum Ausdruck, insbesondere wenn der Klient auf dem Weg zu einer Entscheidung ist, die ihn in Gefahr bringen könnte. Aber das ist der Unterschied zwischen dem Äußern einer Sorge und dem Aussprechen einer Warnung. Eine Warnung ist beispielsweise: »Wenn Sie weiter trinken, werden Sie beim schlechten Zustand Ihrer Leber wahrscheinlich nicht mehr lange leben.« Eine Sorge hingegen klingt beispielsweise so: »Ich bin sehr besorgt wegen Ihrer Entscheidung, weiter zu trinken, denn Ihre Leber ist sowieso schon ziemlich angeschlagen. Ich befürchte, daß sie nicht mehr lange mitspielen wird, und das bedeutet, daß Ihnen nicht mehr viel Zeit bleibt. Natürlich ist und bleibt es Ihre Sache, wozu Sie sich entscheiden; darauf habe ich keinen Einfluß. Aber ich mache mir wegen Ihrer Situation große Sorgen. Was denken Sie darüber?«

Übung 11.1 Einen Veränderungsplan aushandeln

Wir kehren nun zu der Interaktion mit Tanya zurück und üben uns darin, Veränderungspläne für die Bereiche zu entwickeln, die zwar in dem Gespräch erwähnt, aber nicht in die Arbeit (bzw. den Plan) einbezogen wurden. Der Dialog, der Ihnen bereits aus Kapitel 10 bekannt ist, wird im folgenden noch einmal in Verbindung mit einem Kommentar wiedergegeben.

Der erneuten Wiedergabe des Austauschs folgen Anleitungen zur Fokussierung der Aufmerksamkeit auf einen bestimmten Punkt des Dialogs, an dem die Interaktion produktiv in eine andere Richtung hätte verlaufen können. Anschließend führt der Dialog Sie dann tatsächlich in diese neue Richtung. In dem abgedruckten Formular werden Sie aufgefordert, auf bestimmte Stichworte einzugehen und sich dann die Reaktion des Klienten auf Ihre Äußerungen vorzustellen. Vervollständigen Sie den Dialog sowohl für die Position des Therapeuten als auch für die des Klienten. Fahren Sie damit bis zum Ende des Formulars fort. Dies gibt Ihnen noch eine weitere Übungsmöglichkeit.

	Ursprünglicher Dialog	*Kommentar*
T.:	Das klingt, als ob Sie bereit wären, etwas zu tun, obwohl Sie sich nicht ganz sicher sind, was von dem, was wir hier machen, Ihnen helfen könnte.	*Verstärkt die Selbstverpflichtung zum Handeln. Außerdem erkennt der Therapeut ihre Unsicherheit an, überläßt sie dieser aber nicht hilflos.*
K.:	Genau. Was schlagen Sie vor?	*Klientin bittet um Informationen.*
T.:	Ich habe ein paar Ideen, weil ich weiß, was andere Menschen in einer ähnlichen Situation getan haben. Aber ich möchte auch herausfinden, welcher Bereich Ihnen als der wichtigste erscheint. Wo würden Sie am liebsten anfangen?	*Therapeut ist bereit, auf die Bitte einzugehen, möchte aber zunächst über die Prioritäten der Klientin informiert werden.*
K.:	Wenn wir mit den Schmerzen anfangen könnten, wäre das wunderbar.	*Klientin antwortet direkt.*
T.:	Der Schmerz fühlt sich für Sie so an, als ob er am Steuer säße.	*Vergleich/Metapher*
K.:	Ja. Ich meine, wenn ich mich körperlich ein bißchen besser fühlte, wäre wohl auch alles andere für mich leichter. Verstehen Sie, was ich meine?	*Klientin beginnt, einen Weg zur Veränderung zu beschreiben.*
T.:	Ja, sicher. Wenn Sie den Schmerz ein wenig verringern könnten, würden Sie mit all dem anderen Lärm besser fertig werden.	*eine weitere komplexe Reflexion*

K.:	Genau.	
T.:	Ihnen scheint ziemlich klar zu sein, wie dies alles bei Ihnen funktioniert. Können Sie mir vielleicht ein wenig erklären, was Sie darüber wissen, wie Emotionen – und speziell Depression – und Schmerz einander beeinflussen?	*Bestärkung, anschließend Beginn von E-P-E*
K.:	Wenn ich Schmerzen habe, kann ich nichts machen, und ich fühle mich nicht gut. Ich halte mich dann von Freunden fern und werde schneller wütend. Ich fahre meine Kinder und meinen Mann an. Und wenn das passiert, fühle ich mich beschissen und werde depressiv.	*Klientin stellt klare Verbindungen her.*

Ein neuer Zweig

Fokussieren Sie auf die Äußerung »Ich kann nichts machen, und ich fühle mich nicht gut. Ich halte mich von Freunden fern.« Lesen Sie den hier einsetzenden neuen Dialog, und ergänzen Sie die einzelnen Positionen im Sinne der vorgegebenen Stichworte. Dabei spielt es keine Rolle, ob Sie als Therapeut die genauen Einzelheiten dieses Bereichs kennen. Orientieren Sie sich einfach an Ihrem Gefühl und Ihrer Erfahrung, um herauszufinden, was einem Menschen, der unter Schmerzen leidet, helfen könnte. Wenn Sie die Reaktionen des Klienten formulieren, dann versuchen Sie sich vorzustellen, wie es für Sie wäre, selbst unter chronischen Schmerzen zu leiden. Auch hier geht es darum, einen Veränderungsplan auszuhandeln.

T.:	Sie können dann nichts machen.	*Einfache Reflexion, die auf einen bestimmten Bereich zielt.*
K.:	Ja, ich habe nur noch zu Hause herumgesessen und nichts getan. In solchen Situationen beschäftigt mich nur, wie schlecht ich mich fühle.	*Klientin gibt weitere Informationen.*
T.:	Eins kommt zum anderen, so wie der Maurer Stein auf Stein setzt.	*Eine etwas tiefer reichende Reflexion – die Metapher könnte Ausdruck emotionaler Resonanz sein.*
K.:	Und schließlich fühle ich mich unter all dem begraben.	*Die Klientin bestätigt die Äußerung des Therapeuten. Dies ist der Anfang der gemeinsamen Entwicklung eines Plans.*
T.:		*Fördert Informationen über aktuelle oder frühere Bemühungen, in diesem Bereich eine Veränderung zu erreichen, zutage.*

K.:		*Klientin liefert wichtige Informationen.*
T.:		*Erkennt das Mitgeteilte an, verlegt sich aber danach nicht gleich auf das Problemelösen. Forscht nach weiteren Informationen.*
K.:		*Klientin liefert weitere Informationen.*
T.:		*leichte Umdeutung der Antwort*
K.:		*Klientin liefert weitere Informationen.*
T.:		*Reflexion und Sondierung, die einen möglichen Abschluß des Gesprächs signalisiert.*
K.:		*Klientin stimmt zu.*
T.:		*Zusammenfassung und Schlüsselfrage*
K.:		*Klientin verpflichtet sich zu einer Veränderung, konkretisiert aber nicht, wie sie diese erreichen will.*
T.:		*Reflexion und anschließende Schlüsselfrage über die Ziele der Klientin*
K.:		*Klientin nennt, was sie gern hätte bzw. gern vermeiden oder nicht haben würde.*
T.:		*ein bis zwei Reflexionen*

K.:		*Klientin fügt ein bis zwei weitere Ziele hinzu.*
T.:		*Zusammenfassung und Schlüsselfrage zur Umsetzung dieser Ziele*
K.:		*Klientin ist sich unsicher über weiteres Vorgehen.*
T.:		*Stellen Sie einige Möglichkeiten in Form einer Speisekarte zur Auswahl. Vergessen Sie nicht, vorher um Erlaubnis zu bitten.*
K.:		*Klientin akzeptiert alle Vorschläge.*
T.:		*Helfen Sie Tanya, diese Auswahl einzuschränken. Erklären Sie ihr, warum ein fokussierterer Plan bessere Ergebnisse bringen kann.*
K.:		*Klientin erklärt sich mit dem Vorschlag einverstanden und erläutert, wie sie den Plan umsetzen könnte.*
T.:		*Fügen Sie dem Plan eine Idee hinzu, und fragen Sie die Klientin nach ihrer Ansicht darüber.*
K.:		*Klientin ist mit dem Plan einverstanden.*
T.:		*Schlüsselfrage nach der Selbstverpflichtung zur Umsetzung des Plans.*
K.:		*Selbstverpflichtung erfolgt.*
T.:		*Verstärkung der Selbstverpflichtung*

Wenden Sie nun die gleiche Strategie auf die folgenden Äußerungen an. Beachten Sie, daß sich die Stichworte ein wenig verändert haben.

»Ich werde schneller wütend.«

»Ich fahre meine Kinder und meinen Mann an.«

T.:	Sie werden leichter wütend, und die Art, wie Sie auf die übrigen Mitglieder Ihrer Familie reagieren, gefällt Ihnen selbst nicht.	*einfache Reflexion, gefolgt von einer Umdeutung*
K.:	Ja, so bin ich nie gewesen. Jetzt bringen mich schon winzige Kleinigkeiten in Rage. Es ist, als wüßte ich nicht, wen ich da vor mir hätte.	*Klientin liefert zusätzliche Informationen.*
T.:	Als hätten Sie es mit einem völlig Unbekannten zu tun, nicht mit jemandem, an dem Ihnen eigentlich viel liegt.	*eine etwas tiefer reichende Reflexion*
K.:	Manchmal verdienen sie es auch. Sie bekommen einfach nicht mit, wie unwohl ich mich fühle.	*Ein gewisser Widerstand gegen die tiefere Reflexion zeigt sich.*
T.:		*Reaktion auf den Widerstand und Rückkehr zur Sorge der Klientin.*
K.:		*Klientin offenbart wichtige Informationen.*
T.:		*Zollt dem Mitgeteilten Anerkennung, verlegt sich dann aber nicht gleich auf das Problemlösen. Forscht nach weiteren Informationen.*
K.:		*Klientin liefert weitere Informationen.*
T.:		*leichte Umdeutung der Antwort*
K.:		*Klientin liefert weitere Informationen, läßt aber auch Ambivalenz erkennen.*
T.:		*Zusammenfassung, Kenntnisnahme der Ambivalenz, Stellen einer Schlüsselfrage*

K.:		*Klientin verpflichtet sich, eine Veränderung herbeizuführen, konkretisiert aber nicht, wie sie dies erreichen will.*
T.:		*Reflexion und anschließende Schlüsselfrage über die Ziele der Klientin*
K.:		*Klientin nennt Dinge, die sie gern hätte bzw. gern vermeiden oder nicht haben würde.*
T.:		*ein bis zwei Reflexionen*
K.:		*Klientin stimmt zu, bemerkt aber erneut eine Ambivalenz.*
T.:		*Zusammenfassung, die auf die Ambivalenz eingeht. Schlüsselfrage darüber, wie die Klientin diese Ziele erreichen könnte.*
K.:		*Klientin ist sich unsicher über das weitere Vorgehen.*
T.:		*Stellen Sie einige Möglichkeiten in Form einer Speisekarte zur Auswahl. Vergessen Sie nicht, zuvor um Erlaubnis zu bitten.*
K.:		*Klientin ist sich unsicher, ob ihr die vorgestellten Möglichkeiten zusagen.*
T.:		*Untersuchen Sie, was ihr Sorgen macht.*

K.:		*Klientin beschreibt ihre Sorgen und erklärt, wie sie das Ziel erreichen könnte.*
T.:		*Schlagen Sie ihr eine Änderung des Plans vor, und fragen Sie sie, was sie von diesem Vorschlag hält.*
K.:		*Klientin ist mit dem Plan einverstanden.*
T.:		*Schlüsselfrage nach Selbstverpflichtung zur Verwirklichung des Plans*
K.:		*vage Äußerung über Selbstverpflichtung*
T.:		*Untersuchen Sie die Unsicherheit der Klientin.*
K.:		*Klientin ist nicht bereit, sich zu verpflichten.*
T.:		*Fokussieren Sie Ihre Aufmerksamkeit so, daß Sie mitbekommen, wann sie zur Umsetzung der Veränderung bereit ist.*
K.:		*Klientin äußert, wann sie dazu bereit sein könnte.*
T.:		*Entwickeln Sie eine Zusammenfassung.*

Übung 11.2 Entwickeln eines Formulars für einen Veränderungsplan

Sie erhalten nun die Möglichkeit, ein auf Ihre persönliche Arbeitssituation zugeschnittenes Formular für die Arbeit mit Klienten zu entwickeln. Gehen Sie von dem auf der nächsten Seite wiedergegebenen Formular aus, und modifizieren Sie es so, daß es Ihren Gepflogenheiten, dem Kontext, in dem Sie arbeiten, und Ihren Klienten entspricht. Vergessen Sie nicht, eine kurze Einleitung zu schreiben, die speziell auf Ihre Arbeit mit Ihren Klienten abgestimmt ist. Nachdem Sie Ihr persönliches Formular entwickelt haben, können Sie es im Rahmen Ihrer Arbeit mit Klienten erproben. Nach diesem ersten Versuch können Sie es noch einmal überarbeiten und diese veränderte Form erneut erproben. Wiederholen Sie dies so lange, bis Sie mit Ihrer Einleitung und dem Formular zufrieden sind, und benutzen Sie dann beides regelmäßig.

Beispieleinleitung, bezogen auf das vorliegende Kapitel:

> *»Wir haben darüber gesprochen, was Sie tun könnten. Manche Klienten halten es für sehr nützlich, verschiedene Möglichkeiten aufzuschreiben, um jederzeit eine Auswahlliste zur Hand zu haben. Wenn Sie diese Liste an einer Stelle im Haus aufhängen, wo Sie sie ständig vor Augen haben, trägt das auch zur Realisation der Selbstverpflichtung bei. Uns liegen Untersuchungsergebnisse vor, nach denen Menschen, die ihre Absichten klar formulieren und sie anderen mitteilen, besser in der Lage sind, angestrebte Veränderungen erfolgreich durchzuführen. Das schriftliche Dokument erinnert Sie auch visuell an ihre Entscheidung. Ob Sie diese Möglichkeiten nutzen wollen oder nicht, ist Ihre Sache, und manche Klienten wollen so etwas nicht. Was meinen Sie, wie Sie es damit halten werden?«*

Ihre persönliche Einleitung:

Arbeitsblatt Veränderungsplan*

Meine wichtigsten Gründe für diese Veränderung sind:

Meine wichtigsten Ziele bei dieser Veränderung sind:

Ich werde konkret folgendes tun, um meine Ziele zu erreichen:

konkrete Handlung	*Wann?*

Andere Menschen könnten mir wie folgt helfen, die Veränderung zu erreichen:

Person	*Hilfsmöglichkeiten*

Faktoren, die die Veränderung behindern könnten, und Möglichkeiten des Umgangs mit ihnen:

Potentielle Veränderungshindernisse	*Reaktionsmöglichkeiten*

Ob mein Plan zu den angestrebten Resultaten geführt hat, erkenne ich an folgenden Faktoren:

* aus Miller und Rollnick (2002). Copyright 2002 by The Guilford Press. Genehmigte Nutzung.

Übung 11.3 Zurück in die Zukunft

Für diese Übung benötigen Sie ausgefüllte Arbeitsblätter aus Übung 10.2. Benutzen Sie die beschriebenen Szenarien, um Veränderungspläne auszuhandeln. Dabei spielt einer der Übungspartner den in einem Szenario beschriebenen Klienten.

Der Vorgang verläuft wie folgt:

- Der Partner, der den Therapeuten/Helfer spielt, verfaßt eine überleitende Zusammenfassung und stellt anschließend eine Schlüsselfrage. Diese sollten Sie lesen und sie anschließend in eigenen Worten wiederholen, statt sie nur vorzulesen; dies stärkt die Authentizität.
- Der »Klient« reagiert affirmativ auf die Schlüsselfrage und erfindet im Laufe der Übung den Rest der Geschichte.
- Der »Therapeut« arbeitet daran, einen Veränderungsplan auszuhandeln. Vergessen Sie nicht, die vier SOAR-Elemente zu benutzen. Arbeiten Sie an einem Abschluß und an einer Bestätigung der Selbstverpflichtung.
- Wählen Sie anschließend ein anderes Szenario, und tauschen Sie die Rollen.
- Spielen Sie auch durch, daß ein Klient zu zögern beginnt und sich dafür entscheidet, sich nicht zu verändern. Üben Sie, in diesem Szenario »den Wecker zu stellen« (bzw. das Alarmsignal für Veränderungsbereitschaft zu identifizieren).

[12] Motivierende Gesprächsführung erlernen

Sinn und Zweck dieses Buches ist es, die Auseinandersetzung mit grundlegenden MI-Konzepten zu ermöglichen und Lesern Gelegenheit zu geben, ihre MI-Kompetenz weiterzuentwickeln. Das Buch ist jedoch nicht als Ersatz für die Teilnahme an einer MI-Ausbildung gedacht. Auf den folgenden Seiten wird erläutert, weshalb nichts dafür spricht, daß man MI-Fertigkeiten ausschließlich aufgrund von Lektüre entwickeln kann. Weniger Klarheit herrscht darüber, inwieweit sich schon vorhandene Fertigkeiten und Fähigkeiten durch Arbeit mit einem Buch wie diesem deutlich verbessern lassen.

Meine Arbeit als MI-Trainer hat mich zu der Überzeugung gebracht, daß eine Verlangsamung der Trainingsaktivitäten vielen Teilnehmern beim Erlernen von Fertigkeiten eindeutig zugute kommt. MI-Fertigkeiten wirken auf den ersten Blick oft täuschend einfach. Die häufig gehörte Weisheit, einfach und leicht seien nicht identisch, gilt für Fertigkeiten der hier beschriebenen Art ganz besonders. Tatsächlich hat Simpson (2002) im Rahmen einer Evaluation der Komplexität von Interventionen bei Substanzmißbrauch MI als besonders komplex eingestuft. Wegen dieser Komplexität folge ich in meinen Ausbildungskursen oft einem Fünf-Schritte-Ansatz:

1. Tell / Erklären – kurzer Vortrag oder kurze Übung, die dazu dienen, Informationen zutage zu fördern.
2. See / Sehen – Beobachten oder Erkennen der betreffenden Fertigkeit in Aktion.
3. Do / Tun in Zeitlupe – oft eine Schreibaufgabe oder das Üben einer isolierten Fertigkeit, meist in einem Gruppenrahmen ausgeführt.
4. Perform / Ausführen – Fertigkeiten isolieren und in Echtzeit ausführen.
5. Build / Aufbauen – Emporarbeiten von leichteren zu komplexeren Aufgaben und Verknüpfen komplizierterer Fertigkeiten.

Für diese Art des Vorgehens gibt es vier Gründe:

1. Die Nutzung mehrerer Modalitäten erfordert den Einsatz verschiedener Lernstile.
2. Wenn man das Lerntempo so verlangsamt, daß die Nuancen sichtbar werden, kann der Lernende die Komplexität der Fertigkeiten erleben.

3. Man kann die Ausbildungsteilnehmer schrittweise zur Anwendung der Fertigkeit geleiten, bevor man sie auffordert, diese »in Echtzeit« auszuführen; dies stärkt ihr Vertrauen in ihre Fähigkeit, die betreffende Fertigkeit zu erlernen.
4. Bei dieser Art des Vorgehens sind die Ausbildungsteilnehmer eher bereit, sich komplexe Fertigkeiten zu eigen zu machen und die Nuancen der Technik zu lernen.

Das vorliegende Arbeitsbuch ist aus diesem Denkansatz heraus entstanden. Bei der Gestaltung und Zusammenstellung der Übungen habe ich versucht, von weniger komplexen zu komplexeren Aufgaben und vom Erkennen der beschriebenen Phänomene zu ihrer jeweils separaten Produktion und schließlich zu ihrer kombinierten Nutzung in realen Situationen zu führen. So wohlbegründet die Absicht, der diese Vorgehensweise entspringt, sein mag, liegen uns doch bisher nur anekdotische Berichte über ihre Zweckmäßigkeit vor. Das bedeutet, daß die Struktur meiner Lehrmethode, und somit auch dieses Buch, auf einer Überzeugung basiert, also nicht auf Ergebnissen wissenschaftlicher Untersuchungen. Allerdings existieren einige Untersuchungen über das Erlernen von MI-Fertigkeiten. Dieses Kapitel gibt einen detaillierten Überblick über alle zur Zeit existierenden Erkenntnisse über die Wirkmechanismen beim Erlernen von MI.

Alle Aspekte, die das Erlernen von MI-Fertigkeiten betreffen, lassen sich vier grundlegenden Fragen zuordnen.

1. Kann man die MI-Fertigkeiten erlernen?
2. Welche Methoden eignen sich am besten zum Erlernen von MI?
3. Spielt der Grad der Kompetenz bezüglich MI für die Resultate, die ein Klient erreichen kann, eine Rolle?
4. Was empfehlen wir angesichts dieser Erkenntnisse für das Erlernen bzw. die Vermittlung von MI?

Kann man die MI-Fertigkeiten erlernen?

Die einfache Antwort lautet ja. Es ist belegt, daß bestimmte MI-Aspekte erlernbar sind. Die umfassende Antwort ist jedoch deutlich komplexer als ein einfaches Ja. Fragen wie »Welche Instrumente wurden zur Einschätzung des Lernerfolgs benutzt?«, »Worauf fokussiert der Untersuchende?« und »Wer ist der Lernende?« beeinflussen unser Verständnis des Lernprozesses. Eine gründliche Untersuchung dieser Faktoren ginge über Sinn und Zweck dieses Arbeitsbuches weit hinaus; dennoch werde ich mich im Laufe dieses Überblicks damit auseinandersetzen.

Die Grundprinzipien des MI scheint man mit Hilfe vielfältiger Methoden relativ leicht vermitteln zu können. Beispielsweise beschreiben Voss und Wolf (2004) die Vermittlung der MI-Prinzipien und der Vorstellungen über entsprechende Fertigkeiten an Ärzte in der Facharztausbildung im Rahmen einer dreieinhalbstündigen Präsentation, die aus einer Kombination von Vortrag und videobasierter Demonstration bestand. Handmaker, Hester und Delaney (1999) lehren Geburtshelfern die Grundprinzipien und Mikro-Fertigkeiten des MI unter Verwendung eines zwanzigminütigen Videos; außerdem registrierten sie eine Verbesserung der Fähigkeiten, Empathie auszudrücken, die Defensivität von Patienten zu minimieren und den Glauben von Frauen an ihre Fähigkeit, sich zu verändern, zu unterstützen.

Weiterhin steigt mittlerweile die Zahl der Erkenntnisse über die *Aneignung von Fertigkeiten nach einem MI-Training*. Miller und Mount (2005) beschreiben einen Zuwachs an MI-gerechten Fertigkeiten nach einem zweitägigen Workshop und eine entsprechende Unterdrückung von MI-inadäquaten Fertigkeiten bei Bewährungshelfern. Die Autoren weisen auch darauf hin, daß es gar nicht so einfach ist, die neu erworbenen Fertigkeiten zu erhalten.

Baer *et al.* (2004) berichten ebenfalls über die Verbesserung von Fertigkeiten bei in der Drogenberatung und im psychiatrischen Bereich Tätigen. Diese Studie wies einen deutlichen Kompetenzzuwachs aufgrund der Auswertung von Fragebögen und aufgrund der Messung beobachteter Fertigkeiten nach; außerdem war in dieser Stichprobe sehr gut ausgebildeter Kliniker eine deutliche Verringerung des Bedürfnisses, problematische Verhaltensweisen zu unterdrücken, zu erkennen.

Miller *et al.* (2004) führten eine umfassendere Untersuchung durch, in der das Erlernen von MI-Fertigkeiten (mittels Lektüre und Anschauen von Videoaufnahmen) mit der Teilnahme an einem Workshop verglichen wurde. Anschließend wurden die Workshopteilnehmer einer der folgenden vier Situationen ausgesetzt: (1) keine weitere Betreuung, (2) Coaching, (3) Feedback, (4) Coaching und Feedback. Bei allen vier Workshop-Bedingungen war anschließend ein Zuwachs an MI-Fertigkeiten zu erkennen, wobei dies in der Gruppe am stärksten der Fall war, die nach dem Training sowohl Coaching als auch Feedback erhalten hatte; hingegen näherten sich die Fertigkeiten derjenigen, die nur an dem Workshop teilgenommen hatten, bald wieder der Ausgangssituation.

Schoener, Madeja, Henderson, Ondersma und Janisse (2006) berichten über einen Zuwachs an Fertigkeiten bei einer repräsentativen Stichprobe von Psychotherapeuten, wobei die Verbesserung in sechs von sieben untersuchten Bereichen beobachtet wurde. Von besonderer Bedeutung ist die Erkenntnis, daß es bei den Untersuchten zu einer deutlichen Steigerung des *Change-talk* ihrer Klienten nach der Workshop-Teilnahme kam. Die Verbesserung bei dieser Form von Klientenäußerungen während der Sitzungen ist deshalb bemerkenswert, weil frühere Untersuchungen dies mit Voraussagen über eine spätere Verhaltensänderung des Klienten in Verbindung gebracht hatten. Schoener *et al.* (2006) sammelten in dieser Studie allerdings keine Daten über das anschließende Klientenverhalten (d.h., über Verhaltensänderungen). Die Ergebnisse sind trotzdem wichtig, weil sie auf einer Patientenpopulation basieren, die gleichzeitig unter psychiatrischen Problemen und unter Substanzmißbrauchsproblemen litt – einer besonders schwer behandelbaren Gruppe.

Tober und Kollegen (Tober, Godfrey, Parrott, Copello, Farrin *et al.* 2005) berichten, daß Therapeuten, die am UK *Alcohol Treatment Trial* (UKATT) teilnahmen, dazu ausgebildet wurden, vorher festgelegte Kompetenzgrade bezüglich der MI-Fertigkeiten zu untersuchen; dies ist deshalb signifikant, weil die Therapeuten nicht speziell für diese Studie engagiert wurden, sondern ohnehin schon in entsprechenden Einrichtungen arbeiteten und nach dem Zufallsprinzip einer Interventionsbedingung zugeordnet wurden. Diese Vorgehensweise unterscheidet sich völlig von derjenigen, die bei Studien wie Project MATCH (Carroll, Kadden, Donovan, Zweben & Rounsaville 1994) benutzt wurde, bei denen Forschungstherapeuten aufgrund ihrer Fertigkeiten engagiert und dann in der Untersuchung der festgelegten Kriterien geschult wurden. Tober *et al.* (2005) stellte fest, daß Supervision für die Entwicklung von Kompetenz entscheidend war und daß die Schulung in der Anwendung bestimmter Kriterien im Falle des MI länger dauerte als bei einer alternativen Therapie *(Social Behavior and Network Therapy)*, von der ursprünglich angenommen worden war, sie zu erlernen erfordere mehr Zeit. Dieses Resultat spiegelt die Komplexität der beim MI erforderlichen Fertigkeiten.

Martino, Ball, Nick, Frankforter und Carroll (2008) haben berichtet, daß Sozialtherapeuten erfolgreich MI oder MET anwenden konnten, nachdem sie zunächst an einem zweitägigen Workshop teilgenommen und anschließend Supervision erhalten hatten. Diese Erkenntnisse sind sehr wichtig, weil diese Therapeuten, obwohl es sich um Freiwillige handelte, nicht nach dem Kriterium bereits vorhandener MI-Kenntnisse, -Fertigkeiten oder eines entsprechenden Potentials ausgewählt worden waren.

Andere haben ähnliche Resultate erzielt. Moyers *et al.* (2008) demonstrierten, daß Suchtberater im US-amerikanischen Militär nach einem zweitägigen MI-Workshop über deutlich verbesserte Fertigkeiten verfügten. Baer *et al.* (2009) demonstrierten ebenfalls verbesserte Fertigkeiten nach einem zweitägigen Workshop. Andere haben über Verbesserungen bei im medizinischen Bereich Tätigen wie Diätspezialisten (Brug *et al.* 2007), spezialisierten Krankenschwestern (Lane, Johnson, Rollnick, Edwards & Lyons 2003), Medizinstudenten (Martino, Haeseler, Belitsky, Pantalon & Fortin 2007; Poirier *et al.* 2004), Ärzten in der Facharztausbildung (Chossis *et al.* 2007) und Allgemeinmedizinern (Robak *et al.* 2006; Saitz, Sullivan & Samet 2000; Thijs 2007) berichtet.

Es ist nicht klar, ob Vorkenntnisse ein späteres Training beeinflussen. Moyers *et al.* (2008) beschreiben eine Studie, in der eine Wartelisten-Kontrollgruppe stärker von einem Training zu profitieren schien, als es schließlich stattfand, als zwei Gruppen, mit denen sofort ein Training durchgeführt wurde. Obgleich Moyers *et al.* (2008) diese Erkenntnis den eventuellen Auswirkungen der positiven Erwartung des Trainings zuschrieben, könnte es sich dabei auch um einen Priming-Effekt handeln, der auf vorherige Lektüre und auf das Anschauen entsprechender Videos zurückzuführen war. Es sollte jedoch auch darauf hingewiesen werden, daß Miller *et al.* (2004) bezüglich ihrer Wartelisten-Kontrollgruppe keine entsprechenden Resultate fanden. Auch unsere eigenen Untersuchungen haben ergeben, daß zwischen Berichten über vorangegangene MI-Trainings und dem Grundniveau der MI-Fertigkeiten eine Korrelation besteht (Baer *et al.* 2004, 2009).

Insgesamt deuten diese Erkenntnisse darauf hin, daß das Wissen und die Fertigkeiten, die zur Anwendung von MI erforderlich sind, gelehrt und erlernt werden können. Außerdem kann als gesichert gelten, daß ein großes Spektrum von Menschen und Berufsgruppen sich diese Fertigkeiten aneignen kann, also nicht nur die für das Erlernen von MI-Fertigkeiten prädisponierten Drogenberater.

Welche Methoden eignen sich am besten zum Erlernen von MI?

Miller, Sorensen, Selzer und Brigham (2006) weisen in einem Artikel über Praktiken der Verbreitung von Verfahren zur Behandlung von Substanzmißbrauch darauf hin, daß die meisten dieser Programme nur eine geringe Verbreitung finden und nur in relativ geringem Maße das beinhalten, was nach dem jeweils aktuellen Forschungsstand als wirksam gilt. Eine Durchsicht der MI-Literatur läßt vermuten, daß es sich in diesem Bereich ähnlich verhält.

Miller *et al.* (2004) vertreten die Auffassung, daß das Lesen eines Buches über MI und das Anschauen von Videoaufnahmen nicht ausreichen, um Therapeuten und Helfern solide MI-Fertigkeiten zu vermitteln. Allerdings könne dies ein wichtiger Vorbereitungsschritt sein. Miller und Kollegen (2006) bezeichnen dies als »Flugschule«, in der wichtige Grundlagen vermittelt würden, ohne daß die Schüler danach fliegen können, weil sie dazu eine praktische Unterweisung im Flugzeug benötigten.

Eine typische Einführung in die MI-Konzepte besteht in der Regel in einem zweitägigen Workshop, der sich aus Vorträgen, Beobachtungs- und Erlebensaktivitäten sowie Praxisübungen zusammensetzt. Zwar liegen Untersuchungen vor, die eine solche Kombination befürworten, doch wurde bisher wenig darüber geforscht, welche Elemente genau wichtig und erforderlich sind. Klar ist jedoch, daß dem Üben konkreter Fertigkeiten eine große Bedeutung zukommt.

Shafer, Rhode und Chong (2004) weisen darauf hin, daß sich die MI-Kenntnisse mit Hilfe von Methoden des Fernunterrichts verbessern ließen, doch habe es sich als schwierig erwiesen, das Verhalten von Klinikern zu verändern. Obwohl im Rahmen dieses innovativen Ansatzes das Üben von Fertigkeiten vorgesehen war, wurden Ausmaß und Qualität des Übens durch technische und logistische Probleme und durch das allgemeine lokale Kompetenzniveau stark beschränkt. Viele Forscher (z. B. Baer *et al.* 2004, 2009; Forrester, McCambridge, Waissbein, Emlyn-Jones & Rollnick 2008; Miller & Mount 2005; Miller *et al.* 2004; Moyers *et al.* 2008) berichten über verbesserte Fertigkeiten nach einem zweitägigen Workshop, in dessen Verlauf Fertigkeiten geübt wurden.

Einige Studien weisen auf zusätzliche Elemente hin, die Trainingsresultate verbessern können. Miller *et al.* (2004) berichten, daß entweder Feedback oder Coaching in Kombination mit Feedback sich positiv auf den Erwerb von Fertigkeiten sowie auf deren Verbesserung und längerfristige Erhaltung auswirkten. Interessant ist, daß die Studie Coaching allein nicht als ausreichend bezeichnete; nur Coaching in Verbindung mit Feedback führte zu einer Verbesserung der Fähigkeit der Ausbildungsteilnehmer, bei Klienten *Change-talk* zu fördern. Hingegen stellten Smith *et al.* (2007) fest, daß *Echtzeit-Coaching* nach der Teilnahme an einem Workshop die Leistung verbesserte. Das Echtzeit-Coaching, das mittels einer Telefonverbindung über Kopfhörer realisiert wurde, ermöglichte es dem Trainer, dem Therapeuten während einer laufenden Sitzung Interventionsempfehlungen zu übermitteln. Außerdem bestand die Möglichkeit, dem Therapeuten in einer Pause während der Sitzung sowie nach der Sitzung Ratschläge zu geben. Obwohl die positiven Auswirkungen dieses sehr intensiven Trainings bescheiden waren, demonstrierten die Resultate doch eine deutliche Verbesserung der erworbenen Fertigkeiten und deren Erhaltung bei einer Überprüfung drei Monate nach dem Training. Bezüglich der grundlegenden MI-Fertigkeiten (z. B. bezüglich des Verhältnisses zwischen Reflexionen und Fragen) war diese Verbesserung am deutlichsten zu erkennen.

Allerdings garantiert eine solche Erweiterung der Aktivitäten im Rahmen eines MI-Trainings nicht zwangsläufig, daß die erreichten Veränderungen dauerhaft erhalten bleiben, und auch signifikante Unterschiede bezüglich des Erwerbs von Fertigkeiten sind keineswegs selbstverständlich. Beispielsweise konnten Moyers *et al.* (2008) nicht feststellen, daß ein erweitertes Follow-up-Programm, das Coaching und Feedback einschloß, zu einer zuverlässigeren Erhaltung der erlernten Fertigkeiten über längere Zeit führt, als dies bei einem herkömmlichen Workshop ohne diese Nachsorge der Fall ist. Ebensowenig konnten Bennett *et al.* (2007) feststellen, daß eine Kombination von Trainingsaktivitäten im Anschluß an einen Workshop (in Form von wöchentlichen Selbstberichten über aufgenommene Sitzungen mit Klienten, Ausfüllen von Arbeitsblättern, zusätzlichem Coaching und der Möglichkeit, kodiertes Feedback zu Videoaufnahmen zu erhalten) bei MI-Therapeuten, die zuvor ein MI-Training erhalten hatten, zu stärkeren Kompetenzverbesserungen führten als einfache sechsstündige Auffrischungs-

Kurzworkshops (in Form einer Rekapitulation wichtiger Konzepte, von Feedback zu Einschätzungsinterviews und des Anschauens von Video-Demonstrationen von MI).

Bei allen genannten Untersuchungen ergab sich das Problem, daß Therapeuten häufig das Angebot zusätzlichen Feedbacks oder Coachings nicht wahrnahmen. Forrester und Kollegen (2007) stellten fest, daß Coaching die Kompetenz von Klinikern zwar verbesserte, daß aber nur sehr wenige ihr Angebot von Gratis-Coaching wahrnahmen und daß im Maximalfall drei der angebotenen fünf Coaching-Sitzungen genutzt wurden. Moyers *et al.* (2007) berichteten außerdem über ein geringes Compliance-Niveau bei Teilnehmern eines »angereicherten« Trainings. Bennett *et al.* (2007) stellten fest, daß die typische Zahl von Selbstberichten über Videoaufzeichnungen, von Coaching-Anrufen und der Abgabe von Videoaufzeichnungen zwecks Feedback eins war. Dieses Resultat deckt sich mit den anekdotischen Beobachtungen von MINT-Trainern, denen zufolge das Angebot von Follow-up-Coaching nur selten wahrgenommen wird, sofern die Organisation, die das Training durchführt, dies nicht ausdrücklich befürwortet oder sogar zur Pflicht macht.

Die positiven Wirkungen spezifischer Skills-Training-Methoden sind bisher weniger klar nachgewiesen. Beispielsweise haben Rollnick, Kinnersley und Butler (2002) für die Einführung kontextualisierter Trainings plädiert, in die standardisierte Patienten oder Schauspieler, die Klienten darstellen, einbezogen werden. Die genannten Forscher berichten über vielversprechende anekdotische Erkenntnisse; doch liegen bisher keine empirischen Bestätigungen für die Wirksamkeit dieses Ansatzes vor. Mounsey, Bovbjerg, White und Gazewood (2006) konnten aufgrund der Arbeit mit Schauspielern anstelle von rollenspielenden Teilnehmern keinen zusätzlichen Vorteil erkennen. Lane, Hood und Rollnick (2008) konnten ebenfalls nicht feststellen, daß die Einbeziehung standardisierter Patienten sich auf den Erwerb von Fertigkeiten *nicht* positiver auswirkte als die sonst übliche Praxis des Rollenspiels der Trainingsteilnehmer selbst. Ebensowenig wurde die Anwendbarkeit oder die allgemeine Akzeptanz in beiden Fällen als unterschiedlich wahrgenommen.

Unsere Forschungsgruppe führte kürzlich einen Test mit Rollnicks Modell durch, das wir als *context-tailored training* (CTT – »kontext-angepaßtes Training«) bezeichneten, wobei wir eine kleine randomisierte kontrollierte Studie (RCT) benutzten, um einen zweitägigen Standard-Workshop mit CTT zu vergleichen (Baer *et al.* 2009). Wir wählten für das CTT ein Spaced-Practice-Modell, das sich über einen Zeitraum von 9-10 Wochen erstreckte, und für die Interventionssitzungen einen standardisierten Patienten zum Üben der vermittelten Fertigkeiten. Die Trainer registrierten das Verhältnis zwischen offenen und geschlossenen Fragen, zwischen Reflexionen und Fragen sowie den MI-Spirit und gaben Feedback darüber. In beiden Gruppen kam es zu signifikanten Verbesserungen hinsichtlich der Fertigkeiten, doch bei einer Überprüfung drei Monate nach Abschluß des Trainings wurde ein Rückfall auf das Kompetenzniveau vor dem Training festgestellt. Bei den Teilnehmern der CTT-Gruppe wurde eine etwas höhere Zufriedenheit registriert. Somit deutet nichts darauf hin, daß infolge einer sorgfältigeren Abstimmung des Trainings auf die konkrete Praxis einer Gruppe von MI-Anwendern bessere Resultate erzielt wurden und diese länger erhalten blieben.

Es liegen auch einige Berichte über andere innovative Techniken vor. Beispielsweise beschreiben Villaume, Berger und Barker (2006) eine Skript-Schreibe-Übung für einen virtuellen Patienten-Prototyp. Dabei wurden Pharmakologiestudenten aufgefordert, Antworten auf Äußerungen von Patienten zu formulieren und auch die vermuteten Erwiderungen der Patienten darauf zu notieren. Dieses wiederholt angewandte Verfahren führte zu einem besseren Verständnis des MI und dessen, weshalb es seinen Zweck erfüllen könnte, sowie zur Entwicklung der Fähigkeit, MI-gerechte Antworten zu entwickeln, als dies bei der im Vorjahr benutzten Methode der Fall war, die darin bestand, den Stoff vorzutragen und anschließend Beobachtungsübungen durchzuführen. Carpenter, Watson, Raffety und Chabal (2003) beschreiben die Nutzung einer computerbasierten Anleitung, welche die Kompetenz von Klinikern analysiert und ein zielorientiertes Training in MI-Konzepten anbietet. Die ersten Resultate dieses Verfahrens besagen, daß Freiwillige nach einer 45-minütigen Anleitungsphase in der Lage sind, mehr MI-gerechte Reaktionen auf Raucherentwöhnungsszenarien zu entwickeln, als dies den Grundlinienwerten gemäß zu erwarten wäre.

Bezüglich des Erlernens und der Anwendung von MI-Fertigkeiten sind aber auch noch andere Aspekte zu bedenken. Miller *et al.* (2006) weisen darauf hin, daß das Ausmaß der Bereitschaft einer Organisation (Simpson 2002) und ihrer Unterstützung neuer Praktiken sich auf den Erwerb neuer Fertigkeiten bei ihren Mitarbeitern auswirkt. Unsere eigenen Untersuchungen deuten darauf hin, daß der Einfluß aktiver MI-Befürworter auf die Erhaltung erworbener MI-Fertigkeiten positiv wirkt (Hartzler, Baer, Dunn, Rosengren & Wells 2007). Demnach beeinflußt die Präsenz einer Person, die den Gebrauch von MI innerhalb einer Institution durch Initiieren entsprechender Aktivitäten aktiv fördert, die Erhaltung entsprechender erworbener Fertigkeiten positiv, wie Follow-up-Untersuchungen kurz nach einem Training zeigen. Die förderlichen Aktivitäten können sehr unterschiedlich sein. Beispiele hierfür sind Hinweisschilder, die Mitarbeiter an ihre MI-Fertigkeiten erinnern, die Organisation von Mitarbeiterversammlungen, in denen über die Anwendung von MI gesprochen wird, das Versenden von Erinnerungs-eMails, das Verfassen von Beiträgen über MI für Mitteilungsblätter der Institution, und das Organisieren von Nachbesprechungen und Auffrischungstreffen nach MI-Trainingsveranstaltungen. Die entsprechenden Untersuchungen befinden sich noch in einem frühen Stadium, und sie reichen nicht aus, um verbindlich Auskunft darüber geben zu können, welche Aktivitäten hier wesentlich sind; allerdings läßt sich schon jetzt sagen, daß die Erhaltung der Fertigkeiten in direkter Relation zur Zahl der entsprechenden Aktivitäten zu stehen scheint.

Weiterhin liegen Untersuchungen vor, denen zufolge die Nutzung von MI nicht kulturabhängig ist. So haben Miller *et al.* (2008) berichtet, daß bei afroamerikanischen, indianischen und spanisch sprechenden Suchttherapeuten das Erlernen von MI-Fertigkeiten aufgrund von Trainingsaktivitäten ebenso positiv oder noch positiver anschlägt als bei nicht-hispanischen europäisch-stämmigen Kollegen. Obwohl sich die Resultate dieser Studie aus methodischen Gründen nicht verallgemeinern lassen, deuten die Ergebnisse darauf hin, daß eine kulturübergreifende Dissemination von MI möglich ist.

Es liegen so gut wie keine weiteren Untersuchungen zu dieser Thematik vor. Doch in einer Anfrage an das MINT-eMail-Forum erklärten die meisten Trainer, daß manche Ausbildungsteilnehmer offener für MI seien und besser in der Lage, die MI-Fertigkeiten zu erlernen, als andere. Allerdings warnen die Trainer davor, bezüglich dieser Einschätzung den gleichen Fehler zu machen, den wir auch manchmal als MI-Anwender machen, wenn bei Klienten trotz unserer therapeutischen Bemühungen keine Besserung eintritt. In solchen Fällen neigen wir dazu, dem betreffenden Klienten die Schuld zu geben, statt uns kritisch mit unserer klinischen Methode auseinanderzusetzen. Ähnlich kann es sein, daß Trainer ihre Ausbildungsteilnehmer beschuldigen, wenn diese keine Lernerfolge erkennen lassen, obwohl in solchen Fällen eigentlich eine sorgfältigere Einschätzung der Trainingsmethoden angezeigt wäre. Dies bedeutet, daß das Problem nicht beim Ausbildungsteilnehmer zu suchen, sondern in unserer Art, die betreffenden Methoden zu lehren, begründet ist.

In diesem Zusammenhang ist es zu verstehen, wenn Miller und Moyers (2006) in ihrer Auseinandersetzung mit den Lernphasen des MI die Auffassung vertreten haben, daß Therapeuten, die von einem an Defiziten orientierten Behandlungsmodell ausgehen (»Meine Klienten leugnen, und es mangelt ihnen an Wissen, Einsicht oder Fertigkeiten«), größere Schwierigkeiten haben könnten, MI zu erlernen. Unsere Forschungsgruppe (Hartzler *et al.* 2007) fand Hinweise darauf, daß Therapeuten, die bezüglich der Suchtproblematik ein Krankheitsmodell vertreten, das viele der bereits genannten Ansichten über bestehende Mängel beinhaltet, sich beim Erwerb von MI-Fertigkeiten zwar nicht von anderen Trainingsteilnehmern unterscheiden, daß sie jedoch häufig zum Zeitpunkt einer Follow-up-Überprüfung drei Monate nach dem Training dazu neigen, in ihre vorherigen Verhaltensweisen zurückzufallen. Eine Möglichkeit der Deutung dieser Beobachtung ist, daß die Diskrepanzen zwischen dem MI-Modell und dem Überzeugungssystem aus der Zeit vor dem Training es dem betreffenden Teilnehmer erschweren könnten, die neuen Fertigkeiten zu verinnerlichen. Es sind wohl noch viele weitere Untersuchungen erforderlich, bis wir zu dieser Thematik zuverlässige Schlußfolgerungen ziehen können.

Spielt der Grad der MI-Kompetenz für die Resultate, die ein Klient erreichen kann, eine Rolle?

Eine Studie von Thrasher *et al.* (2005) deutet darauf hin, daß Forscher die Qualität von MI-Sitzungen einstufen könnten und daß eine höhere MI-Qualität (Adhärenz) unter bestimmten Bedingungen, jedoch nicht unter allen, auf ein höheres Maß von Therapietreue hinweisen könnte. Moyers *et al.* (2008) haben zudem darauf hingewiesen, daß bei höherer Qualität der MI-Arbeit auch ein höheres Maß an *Change-talk* bei den Klienten zu beobachten war und daß dieser Umstand Aussagen über das Klientenverhalten ermöglichte. Diesen Resultaten zufolge ist die MI-Qualität für das Ergebnis in der Tat wichtig.

Moyers und Martin (2006) beschreiben die Entwicklung eines Systems sequentieller Verarbeitung, das es ihnen ermöglicht, zu untersuchen, wie das Therapeutenverhalten sich auf die Wahrscheinlichkeit des späteren Auftretens bestimmter Verhaltensweisen beim Klienten auswirkt. Nach Auffassung dieser Forscher steigt die Wahrscheinlichkeit, daß die nächste Äußerung eines Klienten *Change-talk* beinhaltet, in dem Maße, wie die Therapeuten sich MI-gemäß verhalten; gleichzeitig fiel ihnen auf, daß ein nicht MI-gemäßes Therapeutenverhalten die Wahrscheinlichkeit der Manifestation von Widerstand oder *Sustain-talk* erhöht.

Moyers *et al.* (2008) ergänzten diese Erkenntnisse, indem sie demonstrierten, daß das Vorliegen von *Change-talk* Voraussagen über spätere Resultate bezüglich Menge und Häufigkeit von Alkoholkonsum zuläßt. Außerdem wiesen sie darauf hin, daß *Change-talk* nicht nur in Abhängigkeit von einer bestimmten therapeutischen Methode auftritt, sondern auch bei der Anwendung anderer Methoden (beispielsweise bei der kognitiv-behavioralen Therapie und bei 12-Schritte-Programmen) zu beobachten ist, verbunden mit der gleichen Prädiktionskraft. Außerdem erklären sie warnend, daß es sich hier lediglich um eine Korrelation handelt, die man nicht zur Erklärung einer Ursache-Wirkungs-Beziehung benutzen kann.

Was empfehlen wir angesichts dieser Erkenntnisse für das Erlernen bzw. die Vermittlung von MI?

Ein Ansatz zur Beantwortung dieser Frage liegt uns vor. Miller und Moyers (2006) beschreiben ein acht Phasen umfassendes Modell zum Erlernen von MI:

- Phase 1: Übermitteln des MI-Spirit
- Phase 2: Lehren der OARS-Fertigkeiten für die klientenzentrierte Beratung
- Phase 3: Erkennen und Verstärken von *Change-talk*
- Phase 4: Fördern und Stärken von *Change-talk*

- Phase 5: Mit dem Widerstand tanzen
- Phase 6: Einen Veränderungsplan entwickeln
- Phase 7: Konsolidieren der Selbstverpflichtung des Klienten
- Phase 8: Wechseln zwischen MI und anderen Beratungsmethoden

Dieses Modell wurde intuitiv entwickelt; allerdings existiert für das Entscheidungsfindungsmodell von Miller und Moyers eine gewisse empirische Unterstützung. Beispielsweise gibt es eine Untersuchung, der zufolge der MI-Spirit ein wichtiger Prädiktor für andere MI-Fertigkeiten ist (Moyers, Martin, Manuel, Hendrickson & Miller 2005), weshalb zu Beginn eines Trainings auf ihn fokussiert werden sollte. Das Modell ermöglicht sowohl einem MI-Lernenden als auch einem MI-Lehrer bzw. -Trainer, Methoden zu entwickeln, die auf die verschiedenen Phasen abgestimmt sind, und einzuschätzen, in welcher Phase sich ein Teilnehmer im Rahmen seines Lernprozesses befindet. Madson, Loigon und Lane (2008) haben eine systematische Auswertung von Studien über die Vermittlung von MI vorgelegt und in diesem Zusammenhang darauf hingewiesen, daß es anhand der Untersuchungsbeschreibungen möglich ist, die in die Auswertung einbezogenen Studien auf die acht obigen Lernaufgaben hin zu überprüfen.

Obgleich die von Miller und Moyers vorgelegten allgemeinen Kategorien sehr geeignet zu sein scheinen, werden Probleme sichtbar, wenn man auf dieser Grundlage einen phasenorientierten Ansatz zu entwickeln versucht. Beispielsweise implizieren Phasen die Festlegung einer bestimmten Reihenfolge, und sie beinhalten die Annahme, daß der Wechsel in die nächste Phase den Abschluß der vorherigen voraussetzt. Aus meiner Sicht als Forscher und Trainer ist es nicht klar, ob das Erlernen der OARS-Fertigkeiten einem Auszubildenden hilft, sich den MI-Spirit anzueignen, oder ob es sich umgekehrt verhält. Nützlicher scheint es mir zu sein, die Phasen als MI-Lernaufgaben zu verstehen. Diese semantische Veränderung neutralisiert die erwähnten Vorbehalte und ermöglicht es Lernenden, gleichzeitig oder bidirektional an bestimmten Aufgaben zu arbeiten, wobei das Bewußtsein aufrechterhalten bleibt, daß alle diese Dinge wichtige Elemente des Erlernens von MI sind. Vielleicht im Bewußtsein einiger dieser Probleme bezeichnen Miller und Kollegen (Arkowitz & Miller 2008) die Phasen als »acht Fertigkeiten«. Ungeachtet dessen bedarf dieses Modell nach wie vor einer empirischen Validierung, wie Miller und Moyers bereitwillig zugestehen, und dies betrifft auch die Entwicklung von Instrumenten für die Untersuchung der verschiedenen Elemente oder Fertigkeiten. Madson und Kollegen (2008) machen Vorschläge dazu, wie diese Forschungsarbeit durchgeführt werden könnte.

Hinsichtlich der Anleitung bei der Ausbildung angehender MI-Anwender entsprechen meine eigenen Empfehlungen denjenigen, die unser Forschungsteam bereits früher formuliert hat (Hartzler, Rosengren & Baer 2009).

Erstens könnten das Lesen schriftlicher Publikationen und das Anschauen von Videos über die MI-Praxis wichtige erste Schritte sein. Dies ist sowohl aufgrund von Eigeninitiative als auch infolge von Anleitung möglich, und bei einigen – insbesondere frühen MI-Anwendern – wurde auf diese Weise das Interesse an MI geweckt. Doch diese Vorbereitung allein reicht nicht aus, um die MI-Fertigkeiten kompetent zu erlernen, und sie braucht auch nicht unbedingt der erste Schritt dieses Lernprozesses zu sein. Trotzdem kann sie dazu beitragen, MI-Lernende auf die nächste Empfehlung vorzubereiten, insbesondere diejenigen unter ihnen, die analytisch und verbal veranlagt sind.

Zweitens scheint für das Erlernen der grundlegenden MI-Fertigkeiten ein mindestens zweitägiger Workshop erforderlich zu sein; eine kürzere Zeitspanne ist offenbar nicht ausreichend. Die vorliegenden Untersuchungen deuten darauf hin, daß ein solches Training das Üben konkreter Fertigkeiten einschließen sollte; weniger klar ist, wieviel Raum der Vermittlung theoretischer Grundlagen dabei zuzugestehen ist. Müssen alle kognitiven Aspekte, die mit den grundlegenden MI-»Aufgaben« verbunden sind, vermittelt werden, oder reicht ein Teil davon aus? Ob in ihrer Gesamtheit oder in Form einer Untergruppe, in jedem Fall scheint belegt zu sein, daß ein kohärenter kognitiver Verständnisrahmen unverzichtbar ist, der es ermöglicht, die erworbenen Fertigkeiten gezielt einzusetzen; dies entspricht den Resultaten anderer Untersuchungen, nach denen die Orientierung an einem theoretischen Rahmen die Resultate, die der Klient erreicht, verbessert (siehe z. B. Messer & Wampold 2002).

Drittens fangen die Ausbildungsteilnehmer nach einem zweitägigen Training wahrscheinlich an, MI-Kompetenz zu entwickeln (Miller *et al.* 2008; Rosengren *et al.* 2008). Das Erreichen eines höheren Kompetenzgrades erfordert zusätzliches Üben, Coaching und Feedback. Offenbar gibt es viele Möglichkeiten, sich diese Komponenten anzueignen (z. B. Fernunterricht, telefonische Supervision, Videoaufzeichnungen zu Beobachtungszwecken, Beobachtung in Echtzeit), wobei einige bei bestimmten Trainingsteilnehmern effektiver sind als andere. Vorläufige Untersuchungen zeigen, daß eine Kombination von Coaching und Feedback die beste Option ist, wobei das bloße Anbieten von Coaching und Feedback nicht ausreicht, weil die meisten vielbeschäftigten Therapeuten solche Angebote nicht nutzen. Unklarheit besteht auch darüber, wie lange eine solche Betreuung fortgesetzt werden muß, bis bezüglich der Fertigkeiten ein Expertenniveau erreicht ist – wobei zu erwähnen ist, daß erlebensorientiertes Training in Forschungssituationen darauf hindeutet, daß mindestens drei Monate erforderlich sind, um Fertigkeiten zu entwickeln, ihre Anwendung zur Gewohnheit werden zu lassen und sich dabei wohlzufühlen.

Viertens ist darauf hinzuweisen, daß die Erhaltung von Fertigkeiten und deren Beherrschung nicht das gleiche ist, obwohl beides auf ähnlichen Prozessen zu beruhen scheint. Institutionelle Unterstützung ist möglicherweise eine unverzichtbare Vorbedingung für die Erhaltung von Fertigkeiten. Außerdem könnten Lernende, die es gewöhnt sind, von einem Defizit-Modell auszugehen, ein höheres Maß an Aufmerksamkeit benötigen, wobei noch nicht klar ist, wie ihnen diese Aufmerksamkeit zugute kommen sollte.

Gedanken zum Schluß

Viele Frage zum Erlernen des MI bleiben offen (Arkowitz & Miller 2008; Madson *et al.* 2008). Vielleicht ist die größte unter ihnen: *Was außer einem zweitägigen Training ist erforderlich, um einen MI-Anwender kompetent zu machen?* Doch das ist nicht die einzige verbleibende Frage. Andere sind: *Welche Elemente sind für das Erlernen von MI unverzichtbar und welche überflüssig? Wie kann man spezifische Fertigkeiten am besten erlernen? Reagieren bestimmte Gruppen von Anwendern besonders gut auf bestimmte Arten von Trainingsaktivitäten? Wie stark trägt ein Training von einer bestimmten Dauer zum Erwerb von Fertigkeiten bei? Spielt die Person des Trainers eine wichtige Rolle?* Die Antworten auf all diese Fragen würden sehr nützliche Informationen für die Entwicklung von Methoden des Lehrens und Erlernens von MI liefern.

William Miller hat das Erlernen von MI mehr als einmal mit dem Erlernen des Klavierspiels verglichen (siehe z. B. Arkowitz & Miller 2008). Gewöhnlich benutzt er diesen Vergleich in Zusammenhang mit einer kurzen (z. B. zweistündigen) MI-Präsentation, die einige für eine ausreichende Voraussetzung für die MI-Anwendung halten. Mir scheint, daß sich dieser Vergleich auch auf das Durcharbeiten eines Arbeitsbuches wie des vorliegenden (und einer Klavierschule) beziehen läßt. Zwar mag es einigen gelingen, eine Klavierschule durchzuarbeiten und auf diese Weise die Grundlagen des Klavierspielens zu erlernen, doch in der Regel ist die Betreuung durch einen Klavierlehrer erforderlich, damit die Fertigkeiten eines angehenden Pianisten zum Leben erwachen.

Allerdings drängt sich in diesem Zusammenhang eine interessante Frage auf: Wie steht es mit Autodidakten, die es im Bereich der Musik ja hin und wieder gibt? Einige Menschen haben offenbar eine natürliche Begabung für Musik. Sie setzen sich ans Klavier und scheinen intuitiv zu begreifen, wie man damit umgehen muß, experimentieren damit und entwickeln durch eigenes Experimentieren die erforderlichen Fertigkeiten. Ähnlich habe ich in meinen Trainings Menschen beobachtet, die nicht als Berater ausgebildet waren, aber trotzdem eine erstaunliche natürliche Begabung erkennen ließen, wobei das Training ihnen zu dem, was sie intuitiv selbst entdeckt hatten, die verbalen Bezeichnungen und die kognitiven Strukturen lieferte. Sie scheinen von Natur aus mit dem MI-Spirit in Einklang zu sein und/oder die Anwendung der Mikro-Fertigkeiten intuitiv zu beherrschen. Wenn man ihnen dabei zuschaut, ist es so, als beobachte man eine Ente im Wasser. Die Nutzung dieses Arbeitsbuches kann solchen Menschen helfen, den inneren Prozeß zu unterstützen, der ohnehin schon in der Entwicklung ist. Bei den meisten Lernenden wird das vorliegende Arbeitsbuch als Ergänzung eines Trainings, von Coaching und Feedback und von fortlaufender institutioneller Unterstützung fungieren. In jedem Fall hoffe ich, daß das Buch Ihr Interesse an MI und Ihre entstehenden Fertigkeiten gefördert hat.

Und was ist der nächste Schritt, wenn Sie alles, was Sie gelernt haben, in der Praxis ausprobieren und Ihr Klient immer noch Wutanfälle bekommt? Zunächst einmal müssen Sie akzeptieren, daß MI zwar in vielen, aber nicht in allen Fällen wirkt. Manche Klienten sind sehr wütend und ständig auf der Suche nach Gründen, auf ihre Therapeuten oder Helfer wütend zu werden; dies könnte auch Ihnen passieren. Probieren Sie in solchen Fällen andere MI-gerechte Möglichkeiten aus, und wenn sich auch diese als unwirksam erweisen, dann wechseln Sie zu einem anderen Ansatz. Einer meiner früheren Professoren pflegte zu sagen: »Wenn das, was Sie tun, zu nichts führt, dann hören Sie um Himmels Willen damit auf, und tun Sie etwas anderes. Wenn es sein muß, stellen Sie sich auf den Kopf, aber tun Sie auf keinen Fall immer das selbe!«

Wenn allerdings viele Ihrer Klienten so reagieren, dann müssen Sie wahrscheinlich an Ihrem eigenen Verhalten etwas ändern. Sie könnten zwar mit Hilfe dieses Buches die Mikro-Fertigkeiten erneut üben, aber vielleicht erscheint es Ihnen dann doch als sinnvoller, sich von einem Experten korrigieren und coachen zu lassen. Vielleicht finden Sie eine geeignete Person über die MINT-Website *(www.motivationalinterviewing.org)*. Sie können sich diese Art von Coaching aber auch über das Internet oder über Telefon beschaffen. Auf meiner Website *(www.2sft.com)* erhalten Sie Informationen über weitere Möglichkeiten.

Vielleicht interessieren sich einige Leser auch für eine formellere Einschätzung ihrer MI-Fertigkeiten. Eine solche Möglichkeit existiert bereits, und weitere sind in der Entwicklung begriffen. VASE-R (Rosengren *et al.* 2008) ist ein System, das keinen Kontakt zu einem realen Klienten erfordert, sondern Therapeuten die Möglichkeit gibt, auf eine Anzahl von Video-Vignetten und standardisierten Stichworten hin schriftliche Reaktionen zu formulieren. VASE-R kann unabhängig ausgeführt werden. Ein Einschätzungshandbuch und Kopien von VASE-R sind kostenlos erhältlich; allerdings erfordert das Erlernen der Auswertungsverfahren einige Zeit.

Ein webbasiertes System wird von Jeff Allison und Rik Bes entwickelt. Es hat den Namen *MI Campus* und ermöglicht die Einschätzung der MI-Fertigkeiten über das Internet. Dieser Service ist kostenpflichtig und erfordert die elektronische Einreichung von Videoaufnahmen. Die Teilnahme an diesem Supervisionssystem wird durch ein Zertifikat bestätigt, das erneuerbar ist *(www.mi-campus.com)*.

Anhang

Der Aufbau einer MI-Lerngruppe

Abgesehen von der Arbeit mit einem Übungspartner haben Sie die Möglichkeit, eine MI-Lerngruppe aufzubauen. Um eine solche Gruppe zu leiten, brauchen Sie kein MI-Experte zu sein. Es reicht völlig, wenn Sie bereit sind, eine Lerngruppe ins Leben zu rufen. Im Rahmen unserer Forschungsarbeit bezeichnen wir jemanden, der dies auf sich nimmt, als MI-Champion. Weil solche Lerngruppen in vielen unterschiedlichen Settings entstehen können, sind die folgenden Empfehlungen sehr allgemein gehalten, weshalb Sie sie an Ihre konkrete Situation anpassen müssen.

Ein MI-Champion sein

Sie müssen einige grundlegende Vorbereitungen treffen, um eine MI-Lerngruppe ins Leben zu rufen. *Erstens* müssen Sie sich darüber klar werden, daß Sie sich viel davon versprechen, mehr über MI zu lernen und Ihre MI-Fertigkeiten zu verbessern. Der Kauf des vorliegenden Buches deutet darauf hin, daß Sie auf dem Weg dorthin sind. *Zweitens* müssen Sie Ihre Begeisterung anderen mitteilen. Obwohl eMails eine wunderbare Möglichkeit sind, Informationen an viele Menschen weiterzuleiten, haben wir festgestellt, daß sie nicht die gleiche Art von Reaktionen hervorrufen und Engagement aktivieren wie ein persönlicher Kontakt. Sprechen Sie deshalb entweder persönlich oder telefonisch mit Ihren Kollegen über Ihre Idee, eine MI-Lerngruppe aufzubauen. Wenn sie Interesse erkennen lassen, können Sie anschließend per eMail mit ihnen kommunizieren. *Drittens* müssen Sie alle Interessierten zu einem ersten Treffen einladen. Bei dieser Zusammenkunft erklären Sie den Anwesenden Ihr Vorhaben und versuchen, sich ein Bild von ihrem tatsächlichen Interesse zu machen. Stellen Sie die Teilnahme an diesem Treffen als Chance für die Teilnehmer hin, sich darüber klarzuwerden, ob Sie sich an dem Projekt beteiligen wollen, nicht als bereits eingegangene Verpflichtung. *Viertens* müssen Sie die näheren Einzelheiten der geplanten Treffen festlegen (z. B. wann sie stattfinden sollen, wo, wie oft, welche Struktur sie haben sollen – oder Sie müssen diese Struktur mit den übrigen Interessenten gemeinsam entwickeln). Während der Gründungsversammlung sollte ein Anwesender eine Art Protokoll führen. Schicken Sie nach dem Treffen allen Teilnehmern eine Information über das Ergebnis der Besprechung in Form der festgelegten Einzelheiten und des ersten Termins. Laden

Sie zu diesem Treffen auch diejenigen ein, die nicht an der Gründungsversammlung teilnehmen konnten, falls sie noch interessiert sind.

Als MI-Champion müssen Sie ein paar Dinge tun, um die Gruppe am Leben zu erhalten. Zunächst müssen Sie einen Versammlungsort festlegen und dann jeweils ein paar Tage vor dem vereinbarten Termin eine Benachrichtung per eMail oder Brief losschicken. Sorgen Sie auch dafür, daß alle Materialien, die Sie brauchen, am Ort sind. Wenn Sie mit der Gruppe beispielsweise eine Audioaufnahme anhören wollen, müssen Sie dafür sorgen, daß ein Abspielgerät vorhanden ist und daß Kodierungsinstrumente vorliegen (auf der Website *www.motivationalinterviewing.org/library* zu finden). Beginnen Sie mit der Veranstaltung zum vereinbarten Zeitpunkt, beenden Sie das Treffen wie geplant, und sorgen Sie dafür, daß die Gruppe auf ihr Ziel fokussiert bleibt. Das bedeutet nicht, daß Sie allein über den Verlauf der Arbeit entscheiden müssen, sondern nur, daß Sie dafür sorgen, daß Ihre Kollegen mit dem Gefühl nach Hause gehen, ihre Zeit produktiv und nützlich verbracht zu haben. Wenn solche Treffen nicht fokussiert verlaufen, verlieren derartige Vorhaben meist schnell an Intensität. Noch einmal sei gesagt, daß Sie als Organisator kein MI-Experte sein müssen; es reicht, daß Sie jemand sind, der enthusiastisch und bereit ist, sich für die Organisation einer MI-Lerngruppe zu engagieren. Sie können Mißverständnisse vermeiden, indem Sie allen Gruppenmitgliedern klar machen, worin Sie Ihre Rolle bei dieser Arbeit sehen.

Strukturieren einer MI-Lerngruppe

Es folgen einige Ideen, die MINT-Trainer bezüglich der Strukturierung einer MI-Lerngruppe entwickelt haben.

Setzen Sie regelmäßige Termine an

Der einzige Sinn und Zweck dieser Gruppe sollte die Arbeit an der Verbesserung der MI-Fertigkeiten sein. Vergeuden Sie die Gruppenzeit nicht mit der Klärung organisatorischer Details oder anderer Dinge. Ein einstündiges Treffen zweimal im Monat ist eine mögliche Struktur. Seltenere als monatliche Treffen wirken sich meist ungünstig auf den Zusammenhalt oder die Dynamik innerhalb der Gruppe aus. Wöchentliche Treffen sind für viele potentielle Teilnehmer aufgrund ihrer Arbeitssituation nicht möglich oder werden von ihnen als zu belastend empfunden.

Legen Sie ein Programm fest, aber gehen Sie flexibel damit um

Es kommt der Produktivität zugute, wenn die Teilnehmer im voraus wissen, was während eines Treffens geschehen wird. Das vorliegende Buch könnte die Aktivitäten einer solchen Gruppe strukturieren, wobei jedes Treffen einem bestimmten Kapitel gewidmet ist. Die Teilnehmer werden zu diesem Zweck aufgefordert, sich vor einem Treffen jeweils das behandelte Kapitel durchzulesen. Diese Methode ermöglicht es, alle MI-Fertigkeiten im Rahmen einer solchen Gruppe zu trainieren.

Eine andere Möglichkeit wäre, die von Miller und Moyers (2006) vorgeschlagene Sequenz der acht Phasen des Erlernens von MI zu benutzen. Sie könnten sich an diesen Phasen orientieren und jeweils zur nächsten Phase übergehen, wenn sich die Teilnehmer dazu in der Lage fühlen.

Eine dritte Möglichkeit ist, in den ersten Treffen andere schriftliche Quellen zu benutzen. Die Gruppe kann über Themen sprechen, die sie für besonders wichtig hält, und dann für das nächste Treffen ein anderes Thema auswählen. Auf den amerikanischen MI-Websites befinden sich umfangreiche Listen von Büchern und Artikeln, (auch die Zahl der deutschen MI-Publikationen wächst). Für diejenigen unter den Teilnehmern, die sich besonders für die MI-Forschung interessieren, könnte am Anfang oder Ende einer Gruppensitzung ein zwanzigminütiger »Zeitschriftenclub« einbezogen oder zusätzlich angeboten werden. Zeitschriftenartikel zum MI sind auf den MI-Websites oder im MINT-Bulletin (auf *www.motivationalinterviewing.org*) zu finden. Das Bulletin ist eine nützliche Ressource, die neue Einsichten über MI präsentiert, welche in Zeitschriften und Büchern noch nicht publiziert wurden.

Üben ist wichtig

Benutzen Sie für die Gruppenarbeit eventuell einige der Übungen aus diesem Buch oder aus dem Trainingsworkshop, an dem Sie teilgenommen haben. Sprechen Sie über die Übungen. Stellen Sie einige Stichworte zusammen, an denen Sie sich bei einer Nachbesprechung orientieren. Denken Sie über diese Punkte im voraus nach. Was war gut? Was war schwierig? Was würden Sie gern verbessern?

Schauen Sie sich Aufnahmen von MI-Experten bei der Arbeit an

Entsprechende Ressourcen sind gratis erhältlich, z. B. *Body & Soul*, produziert vom National Cancer Institute (2005). VASE-R ist ein kostenloses Einschätzungsinstrument, das die Gruppe benutzen, beurteilen und diskutieren kann. Sie können VASE-R auch benutzen, um Standard-Stichworte für das Üben von Fertigkeiten festzulegen. Das Video ist über John Baer erhältlich: jsbaer@u.washington.edu. Die verschiedenen Aufnahmen bieten unterschiedliche Lernmöglichkeiten. Wenn es auf einer Aufnahme nicht um bestimmte Fertigkeiten geht, können Sie im voraus einen Fokus für die Gruppe wählen und sich dann an diesem Aspekt orientieren. Das kann Spaß machen –

beispielsweise wenn Sie beim Anhören von Aufnahmen das von Steve Berg-Smith entwickelte *Drumming for Change-talk* aus Kapitel 5 praktizieren.

Kodieren von Aufnahmen

Statt sich eine Aufnahme nur anzuhören, können Sie auch eines der strukturierten Kodierungswerkzeuge benutzen. Diese helfen Ihnen, Ihre Ohren auf die verschiedenen Arten von Aktivitäten einzustimmen und auf den Prozeß der Interaktion fokussiert zu bleiben. Unter den Kodierungssystemen gibt es sehr einfache und sehr komplexe. Einige Beispiele sind:

- Zählen der Fragen und Reflexionen
- Kodieren der OARS-Fertigkeiten
- Kodieren der Reflexionstiefe (einfach / komplex)
- Zählen der *Change-talk*-Äußerungen des Klienten und registrieren dessen, was ihnen voranging
- Beobachten der Veränderungsbereitschaft des Klienten im Laufe der Sitzung und von entscheidenden Augenblicken der Veränderung

Kodierungsinstrumente (in Englisch) finden Sie auf der MI-Website. Die Teilnehmer können die gleichen Kodierungsformulare benutzen und ihre Ergebnisse vergleichen; sie können aber auch unterschiedliche Formulare wählen und auf verschiedene Aspekte der betreffenden Sitzung achten.

Anhören von Aufnahmen eigener Sitzungen

Eine wichtige Lernmöglichkeit ist das Anhören von Aufnahmen eigener MI-Sitzungen oder von Sitzungen anderer Gruppenmitglieder und anschließende Diskussion darüber. Für Teilnehmer, die nicht schon im Rahmen ihrer Ausbildung mit dieser Art von öffentlicher Zurschaustellung konfrontiert wurden, kann dies sehr schwierig sein; doch ist diese Methode äußerst nützlich, wenn Sie technische Fähigkeiten erlernen und verbessern wollen. Es folgen einige Anregungen zur Bewältigung dieses Unbehagens. *Erstens* sollten Sie mit dieser Aktivität nur beginnen, wenn die Gruppe diese Art des Übens gewöhnt ist. Ermöglichen Sie der Gruppe zunächst, mit Hilfe anderer, bereits erwähnter Aktivitäten ein gewisses Maß an Vertrauen zu entwickeln. *Zweitens* sollten Sie als MI-Champion bereit sein, Ihre Aufnahme zuerst zu präsentieren. *Drittens* sollten Sie bei der Arbeit aufgrund der Aufnahmen klare Aufgaben stellen. *Viertens* sollten Sie zu Beginn der Diskussion über eine Aufnahme stets zunächst auf den Teilnehmer, der seine Arbeit zur Schau gestellt hat, fokussieren. Fragen Sie ihn, was nach seiner Auffassung gut war, was er gern anders oder mehr gemacht hätte, und fordern Sie dann andere Mitglieder auf, etwas zur Diskussion beizutragen. Geben Sie schließlich auch selbst Feedback. Bedenken Sie bei alldem, daß es hier darum geht, etwas zu lernen, nicht darum, zur Perfektion zu gelangen. Teilnehmer, die Feedback erhalten, fühlen sich im allgemeinen verletzlich; deshalb sollten die Kommentare nicht nur aufrichtig, sondern auch unterstützend sein.

Bei der Aufnahme von Sitzungen sind einige technische Details zu beachten. Zunächst brauchen Sie ein Aufnahmegerät. Die Erfahrung lehrt, daß separate Mikrophone die besten Resultate liefern; allerdings gibt es mittlerweile auch kleine digitale Geräte, die sehr gute Aufnahmen ermöglichen. Eine höhere Klangqualität ist dem Lernprozeß förderlich. Stellen Sie einen Plan auf, aus dem hervorgeht, wann die einzelnen Teilnehmer an der Reihe sind und Aufnahmen machen können. Versuchen Sie, sich eine Aufnahme pro Sitzung anzuhören und anschließend darüber zu diskutieren. Meist reicht eine Aufnahme von zwanzig Minuten Dauer völlig aus. Wichtig ist, daß Sie sich von Klienten, deren Sitzungen Sie aufnehmen wollen, eine schriftliche Genehmigung geben lassen. In dieser sollte festgehalten werden, wie die Aufnahme benutzt werden soll, wer sie anhören wird und wie und wann sie vernichtet wird, und schließlich sollte sie Vereinbarungen mit den Hörern enthalten, die dem Klienten vertraulichen Umgang mit den durch die Aufnahme übermittelten Informationen zusichert.

Miller empfiehlt für diese Art der Arbeit mit Aufnahmen von Sitzungen noch einige andere Dinge. Wenn der MI-Anwender die übrigen Teilnehmer über den Hintergrund der wiedergegebenen Sitzung informiert, sollte er darauf hinweisen, welche Verhaltensänderungen durch die Arbeit angestrebt werden. Ohne diese Informationen ist es nicht möglich, *Change-talk* zu identifizieren, der zielspezifisch ist. Die Diskussion über jede Aufnahme sollte sich auch damit befassen, inwieweit die betreffende Sitzung dem MI-Spirit und der MI-Methode entspricht. Noch einmal sei hier darauf hingewiesen, daß es für die Person, die die aufgenommene Sitzung geleitet hat, nützlich ist, das Gespräch mit ihren eigenen Gedanken zu eröffnen. Anschließend können die übrigen Teilnehmer einander fragen: »Was hätte man tun können, um diese Sitzung MI-gerechter zu gestalten?«

Konsultationen über besonders schwierige Klienten

Bringen Sie Ihre Situation bei der Arbeit mit Klienten zur Sprache, die Sie als besonders schwierig empfinden, und hören Sie sich an, was Ihre Kollegen darüber zu sagen wissen, wie Sie MI-Ansätze nutzen könnten, um mit den Betreffenden zu arbeiten. Manchmal ist es nützlich, einen schwierigen Klienten im Rollenspiel darzustellen, wobei der Therapeut den Klienten spielt.

Denken Sie über ein zusätzliches gezieltes Training nach

MI-Trainer bieten in zunehmendem Maße nicht ortsgebundene Aktivitäten an. Vielleicht ist es möglich, eine Konferenzschaltung mit einem MI-Trainer zu organisieren, um ihn zu einer bestimmten Problematik zu befragen. Bereiten Sie sich auf eine solche Möglichkeit vor, indem Sie im voraus erklären, was Sie gern behandelt wissen möchten, und wie.

Strukturieren Sie das Ende Ihrer Treffen

Sorgen Sie dafür, daß Ihnen genügend Zeit bleibt, um den Termin für das nächste Treffen abzuklären, eventuell einen Plan dafür festzulegen und möglicherweise auch noch weitere Dinge zu klären. Erinnern Sie insbesondere diejenigen, die beim nächsten Treffen eine besondere Aufgabe erfüllen (z. B. ihre Aufnahme vorführen) sollen. Wenn die Gruppe sich monatlich trifft, kann der MI-Champion zur Monatsmitte eine Erinnerungs-Mail an alle Teilnehmer versenden.

Es gibt noch ein paar andere Dinge zu beachten. Wenn Ihr Arbeitsraum für eine MI-Lerngruppe zu klein ist, können Sie sich eventuell mit einer anderen Gruppe aus der gleichen Region zusammenschließen. Wenn Sie in privater Praxis arbeiten, können Sie andere Therapeuten aus der Umgebung kontaktieren, um festzustellen, ob diese Interesse an einer solchen Veranstaltung haben. Sie müssen entscheiden, ob die Gruppe über einen begrenzten Zeitraum zusammenkommen oder sich ohne zeitliche Begrenzung treffen soll, ob die Teilnahme von neu Hinzukommenden zugelassen werden soll und ob irgendwelche Erwartungen erfüllt werden sollen. Diese Art von Gesprächen am Anfang verringert die Zahl der später auftretenden Probleme. Und wie jeder Vierjährige uns bestätigen würde, lernen wir mehr, wenn wir dabei unseren Spaß haben. Sorgen Sie also dafür, daß diese Gruppe ihren Mitgliedern Freude macht!

Über den Autor

David B. Rosengren, Ph. D., arbeitet als Forscher am *Alcohol and Drug Abuse Institute* der *University of Washington*, weiterhin als Spezialist für klinische Forschung für das *Prevention Research Institute* in Lexington, Kentucky, als Berater und Trainer für *Motivational Interviewing* (MI – Motivierende Gesprächsführung) und als klinischer Psychologe in seiner Privatpraxis. Seine wichtigsten Interessengebiete im klinischen Bereich wie in der Forschung sind Motivation, der Veränderungsprozeß und Trainingsmethoden. Dr. Rosengren ist seit 1993 MI-Trainer und hat unter anderem als Master-Trainer für das *Motivational Interviewing Network of Trainers* (MINT) gearbeitet. Er ist Autor zahlreicher Buchbeiträge und Zeitschriftenartikel zu Themen, die das MI betreffen.

Literatur und weitere Quellen

Allison, J. (2006a). Resistant ramblings: Feedback on a consensus statement on change talk. *MINT Bulletin*, *13*(1), 4–5. Siehe: http://www.motivationalinterviewing.org/sites/default/files/MINT13.1.pdf.

— (2006b). *MI in practice: The Edinburgh interview.* CD – www.jeffallison.co.uk

Amrhein, P., Miller, W. R., Moyers, T. B. & Rollnick, S. (2005). A consensus statement on change talk. *MINT Bulletin*, 12(2), 3–4. Siehe: http://www.motivationalinterviewing.org/sites/default/files/MINT12.2.full_.pdf.

—, Miller, W. R., Yahne, C. E., Knupsky, A. & Hochstein, D. (2004). Strength of client commitment language improves with training in motivational interviewing. *Alcoholism: Clinical and Experimental Research*, 28(5), 74A.

—, —, —, Palmer, M. & Fulcher, L. (2003). Client commitment language during motivational interviewing predicts drug use outcomes. *Journal of Consulting and Clinical Psychology*, 71, 862–878.

Arkowitz, H. & Miller, W. R. (2008). Learning, applying and extending MI. In: H. Arkowitz, H. A. Westra, W. R. Miller & S. Rollnick (Hrsg.), *Motivational interviewing in the treatment of psychological problems* (pp. 1–25). New York: Guilford Press.

—, Westra, H. A., Miller, W. R. & Rollnick, S. (Hrsg.) (2008). *Motivational interviewing in the treatment of psychological problems.* New York: Guilford Press; dt. (2010). *Motivierende Gesprächsführung bei der Behandlung psychischer Störungen.* Weinheim: Beltz.

Baer, J. B., Wells, E., Rosengren, D. B., Hartzler, B., Beadnell, B. & Dunn, C. (2009). Context and tailored training in technology transfer: Evaluating motivational interviewing training for community counselors. *Journal of Substance Abuse Treatment, 37(2)*, 191–202.

—, Rosengren, D. B., Dunn, C. W., Wells, E. A., Ogle, R. L. & Hartzler, B. (2004). An evaluation of workshop training in motivational interviewing for addiction and mental health clinicians. *Drug and Alcohol Dependence*, 73, 99–106.

Bandura, A. (1997). *Self-efficacy: The exercise of control.* New York: Freeman.

Barth, T. (2006). Consensus and change talk: Feedback on a consensus statement on change talk. *MINT Bulletin*, 13(1), 5.

Bem, D. J. (1967). Self-perception theory: An alternative interpretation of cognitive dissonance. *Psychological Review*, 74, 183–200.

Bennett, G. A., Moore, J., Vaughan, T., Rouse, L., Gibbins, J. A., Thomas, P. et al. (2007). Strengthening motivational interviewing following initial training: A randomised trial of workplace-based reflective practice. *Addictive Behaviors*, *32*(12), 2963–2975.

Brug, J., Spikmans, F., Aartsen, C., Breedveld, B., Bes, R. & Ferieria, I. (2007). Training dietitians in basic motivational interviewing skills results in changes in their counseling style and lower saturated fat intakes in their patients. *Journal of Nutrition Education and Behavior*, *39*, 8–12.

Burke, B. L., Arkowitz, H. & Dunn, C. (2002). The efficacy of motivational interviewing: What we know so far. In: W. R. Miller & S. Rollnick, *Motivational interviewing: Preparing people for change* (2nd ed., pp. 217–250). New York: Guilford Press.

Carbonari, J. P. & DiClemente, C. C. (2000). Using transtheoretical model profiles to differentiate levels of alcohol abstinence success. *Journal of Consulting and Clinical Psychology, 68*(5), 810–817.

Carpenter, K. M., Watson, J. M., Raffety, B. & Chabal, C. (2003). Teaching brief interventions for smoking cessation via an interactive computer-based tutorial. *Journal of Health Psychology, 8*, 149–160.

Carroll, K. M., Kadden, R. M., Donovan, D. M., Zweben, A. & Rounsaville, B. J. (1994). Implementing treatment and protecting the validity of the independent variable in treatment matching studies. *Journal of Studies on Alcohol*, 12, 149–155.

Center for Substance Abuse Treatment. (1999). *Enhancing motivation for change in substance abuse treatment* (Treatment Improvement Protocol [TIP] Series, No. 35; DHHS Pub. No. [SMA] 99–3354). Washington, DC: U. S. Government Printing Office.

Chossis, I. C., Lane, C., Gache, P., Michaud, P. A., Pecoud, A., Rollnick, S. et al. (2007). Effect of training on primary care residents' performance in brief intervention: A randomized controlled trial. *Society of General Internal Medicine*, 22, 1144–1149.

Connors, G. J., Donovan, D. M. & DiClemente, C. C. (2001). *Substance abuse treatment and the stages of change: Selecting and planning interventions*. New York: Guilford Press.

Curry, S., Wagner, E. H. & Grothaus, L. C. (1990). Intrinsic and extrinsic motivation for smoking cessation. *Journal of Consulting and Clinical Psychology*, 58, 310–316.

Daniels, J. W. (1998). *Coping with the health threat of smoking: An analysis of the precontemplation stage of smoking cessation*. Unpublished doctoral dissertation, Psychology Department, University of Maryland, MD, Baltimore.

Davison, R. (1998). The transtheoretical model: A critical overview. In: W. R. Miller & N. Heather (Eds.), *Treating addictive behaviors* (2nd ed., pp. 25–38). New York: Plenum Press.

De Shazer, S., Berg, I., Lipchick, E., Nunelly, E., Molnar, A., Gingerich, W. et al. (1986). Brief therapy: A focused solution development. *Family Process*, 25, 207–222.

Diabetes Control and Complications Trial Research Group. (1993). The effect of intensive treatment of diabetes on the development and progression of long-term complications in insulin-dependent diabetes mellitus. *New England Journal of Medicine, 329*(14), 977–986.

DiClemente, C. C. (1991). Motivational interviewing and stages of change. In: W. R. Miller & S. Rollnick, *Motivational interviewing: Preparing people to change addictive behavior* (pp. 191–202). New York: Guilford Press.

— (1999). Motivation for change: Implications for substance abuse. *Psychological Science*, 10(3), 209–213.

— (2003). *Addiction and change: How addictions develop and addicted people recover*. New York: Guilford Press.

—, Prochaska, J. O. (1998). Toward a comprehensive, transtheoretical model of change: Stages of change and addictive behaviors. In: W. R. Miller & N. Heather (Eds.), *Treating addictive behaviors* (2nd ed., pp. 3–24). New York: Plenum Press.

Donovan, D. M., Rosengren, D. B., Downey, L., Cox, G. B. & Sloan, K. L. (2001). Attrition prevention with individuals awaiting publicly funded drug treatment. *Addiction*, 96, 1149–1160.

Downey, L., Rosengren, D. B. & Donovan, D. M. (2000). To thine own self be true: Self-concept and motivation for abstinence among substance users. *Addictive Behaviors*, 25, 743–757.

Engle, D. & Arkowitz, H. (2006). *Ambivalence in psychotherapy: Facilitating readiness to change.* New York: Guilford Press.

Festinger, L. (1957). *A theory of cognitive dissonance.* Palo Alto: Stanford University Press; dt. (1995). *Theorie der kognitiven Dissonanz.* Bern: Hans Huber.

Forrester, D., McCambridge, J., Waissbein, C., Emlyn-Jones, R. & Rollnick, S. (2008). Child risk and parental resistance: Can motivational interviewing improve the practice of child and family social workers in working with parental alcohol misuse? *British Journal of Social Work*, 38, 1302–1319.

Gordon, T. (1970). *Parent effectiveness training.* New York: Wyden.

Handmaker, N. S., Hester, R. K. & Delaney, H. D. (1999). Videotape training in alcohol counseling for obstetric care practitioners: A randomized control trial. *Obstetrics and Gynecology*, 93, 213–218.

Hartzler, B., Baer, J. S., Dunn, C., Rosengren, D. B. & Wells, E. A. (2007). What is seen through the looking glass: The impact of training on practitioner self-rating of motivational interviewing skills. *Behavioural and Cognitive Psychotherapy*, 35(4), 431–445.

—, Rosengren, D. B. & Baer, J. S. (2009). Motivational interviewing. In: L. M. Cohen, F. L. Collins, A. Young, D. E. McChargue & T. Leffingwell (Hrsg.), *The pharmacology and treatment of substance abuse: Evidence- and outcome-based perspectives.* Mahwah, NJ: Erlbaum.

Hecht, J., Borrelli, B., Breger, R. K. R., DeFrancesco, C., Ernest, D. A. & Resnicow, K. (2005). Motivational interviewing in community-based research: Experiences from the field. *Annals of Behavioral Medicine*, 29, 24–29.

Hettema, J., Steele, J. & Miller, W. R. (2005). Motivational interviewing. *Annual Review of Clinical Psychology*, 1, 91–111.

Janis, I. L. & Mann, L. (1977). *Decision making.* New York: Free Press.

Jones, E. E. & Harris, V. A. (1967). The attribution of attitudes. *Journal of Experimental Social Psychology*, 3, 1–24.

Lane, C., Hood, K. & Rollnick, S. (2008). Teaching motivational interviewing: Using role-play is as effective as using simulated patients. *Medical Education*, 42, 637–644.

—, Johnson, S., Rollnick, S., Edwards, K. & Lyons, M. (2003). Consulting about lifestyle change: Evaluation of a training course for diabetes nurses. *Practicing Diabetes International*, 20, 204–208.

Leake, G. J. & King, A. S. (1977). Effect of counselor expectations on alcoholic recovery. *Alcohol Health and Research World*, 11(3), 16–22.

Leffingwell, T. R., Neumann, C.A., Babitske, A. C., Leedy, M. J. & Walters, S. T. (2006). Social psychology and motivational interviewing: A review of relevant principles and recommendations for research and practice. *Behavioural and Cognitive Psychotherapy*, 35(1), 1–15.

Madson, M.B., Campbell, T.C., Barrett, D.E., Brondino, M.J. & Melchert, T.P. (2005). Development of the motivational interviewing supervision and training scale. *Psychology of Addictive Behaviors*, 19, 303–310.

—, Loigon, A.C. & Lane, C. (2009). Training in motivational interviewing: A systematic review. *Journal of Substance Abuse Treatment, 36*(1), 101–109.

Martino, S., Ball, S. A., Ceperich, S., del Mar Garcia, M., Gallon, S., Hall, D. et al. (2006). *Motivational interviewing assessment: Supervisor tools for enhancing proficiency (MIA-STEP)*. Siehe: *www.ctndisseminationlibrary.org/display/146.htm.*

—, —, Nich, C., Frankforter, T. L. & Carroll, K. M. (2008). Community program therapist adherence and competence in motivational interviewing. *Drug and Alcohol Dependence, 96*, 37–48.

—, Haeseler, F., Belitsky, R., Pantalon, M. & Fortin, A. H. (2007). Teaching brief motivational interviewing to year three medical students. *Medical Education, 41*, 160–167.

Messer, S. B. & Wampald, B. E. (2002). Let's face facts: Common factors are more potent than specific therapy ingredients. *Clinical Psychology: Science and Practice, 9*(1), 21–25.

Miller, W. R. (1983). Motivational interviewing with problem drinkers. *Behavioural Psychotherapy, 11*, 147–172.

— (2005). Toward a theory of motivational interviewing. *MINT Bulletin, 12*, 13. Siehe: http://www.motivationalinterviewing.org/sites/default/files/MINT12.1.full_.pdf.

—, Benefield, R. G. & Tonigan, J. S. (1993). Enhancing motivation for change in problem drinking: A controlled comparison of two different styles. *Journal of Consulting and Clinical Psychology, 61*(3), 455–461.

—, C' de Baca, J. (2001). *Quantum change: When epiphanies and sudden insights transform lives*. New York: Guilford Press.

—, Heather, N. (Hrsg.). (1998). *Treating addictive behaviors* (2nd ed.). New York: Plenum Press.

—, Hendrickson, S. M., Venner, K., Bisono, M. S., Daugherty, M. & Yahne, C. E. (2008). Cross-cultural training in motivational interviewing. *Journal of Teaching in the Addictions, 7*(1), 4–15.

—, Mount, K. A. (2005). A small study of training in motivational interviewing: Does one workshop change clinician and client behavior? *Behavioural and Cognitive Psychotherapy, 29*, 457–471.

—, Moyers, T. (2006). Eight stages in learning motivational interviewing. *Journal of Teaching the Addictions, 5*, 3–17.

—, Moyers, T. B., Amrhein, P. & Rollnick, S. (2006). A consensus statement on defining change talk. *MINT Bulletin, 13*(2), 6–7. Siehe: http://www.motivationalinterviewing.org/sites/default/files/MINT13.2.pdf.

—, Rollnick, S. (1991). *Motivational interviewing: Preparing people to change addictive behavior*. New York: Guilford Press. (= MI1)

—, Rollnick, S. (2002). *Motivational interviewing: Preparing people for change* (2nd ed.). New York: Guilford Press (= MI2); dt. (2004). *Motivierende Gesprächsführung*. Freiburg: Lambertus.

—, Rollnick, S. (2009). Ten things that motivational interviewing is not. *Behavioral and Cognitive Psychotherapy, 37*, 129–140.

—, Sorensen, J. L., Selzer, J. A. & Brigham, G. S. (2006). Disseminating evidence-based practices in substance abuse treatment: A review with suggestions. *Journal of Substance Abuse Treatment, 31*, 25–39.

—, Sovereign, R. G. (1989). The check-up: A model for early intervention in addictive behaviors. In: T. Løberg, W. R. Miller, P. E. Nathan & G. A. Marlatt (Hrsg.), *Addictive behaviors: Prevention and early intervention* (pp. 219–231). Amsterdam: Swets & Zeitlinger.

—, Yahne, C. E., Moyers, T. B., Martinez, J. & Pirritano, M. (2004). A randomized trial of methods to help clinicians learn motivational interviewing. *Journal of Counseling and Clinical Psychology*, 72(6), 1050–1062.

—, —, Tonigan, J. S. (2003). Motivational interviewing in drug abuse services: A randomized trial. *Journal of Consulting and Clinical Psychology*, 72, 1052–1062.

—, Zweben, A., DiClemente, C. C. & Rychtarik, R. (1992). *Motivational enhancement therapy manual: A clinical research guide for therapists treating individuals with alcohol abuse and dependence (Project MATCH Monograph Series, Vol. 2)*. Rockville, MD: National Institute on Alcohol Abuse and Alcoholism.

Mounsey, A. L., Bovbjerg, V., White, L. & Gazewood, J. (2006). Do students develop better motivational interviewing skills through role-play with standardized patients or with student colleagues? *Medical Education*, 40(8), 775–780.

Moyers, T. B., Manuel, J. K., Wilson, P. G., Hendrickson, S. M. L., Talcot, W. & Durand, P. (2008). A randomized trial investigating training in motivational interviewing for behavioral health providers. *Behavioural and Cognitive Psychotherapy*, 36, 149–162.

—, Martin, T. (2006). A conceptual framework for transferring research into practice. *Journal of Substance Abuse Treatment*, 30, 245–251.

—, —, Christopher, P. J., Houck, J. M., Tonigan, J. S. & Amrhein, P. C. (2007). Client language as a mediator of motivational interviewing efficacy: Where is the evidence? *Alcoholism: Clinical and Experimental Research*, 31(S3), 40S–47S.

—, —, Manuel, J. K., Hendrickson, S. M. L. & Miller, W. R. (2005). Assessing competence in the use of motivational interviewing. *Journal of Substance Abuse Treatment*, 28, 19–26.

—, —, —, Miller, W. R. (2003). *The motivational interviewing treatment integrity code* (Version 2). Retrieved June 20, 2008. Siehe: http://casaa.unm.edu/download/miti.pdf.

—, Miller, W. R. & Hendrickson, S. M. L. (2005). How does motivational interviewing work?: Therapist interpersonal skill predicts client involvement within motivational interviewing sessions. *Journal of Consulting and Clinical Psychology*, 73, 590–598.

National Cancer Institute (2005). *Body and Soul*. DVD

Patterson, G. R. & Forgatch, M. S. (1985). Therapist behaviors as a determinant of client noncompliance: A paradox for the behavior modifier. *Journal of Consulting and Clinical Psychology*, 53, 846–851.

Poirier, M. K., Clark, M. M., Cerhan, J. H., Pruthi, S., Geda, Y. E. & Dale, L. C. (2004). Teaching motivational interviewing to first-year medical students to improve counseling skills in health behavior change. *Mayo Clinic Proceedings*, 79, 327–331.

Prochaska, J. O. & DiClemente, C. C. (1984). *The transtheoretical approach: Crossing the traditional boundaries of therapy*. Malabar: Kreiger.

—, — (1998). Comments, criteria, and creating better models. In: W. R. Miller & N. Heather (Hrsg.), *Treating addictive behaviors* (2nd ed., pp. 39–46). New York: Plenum Press.

—, —, Norcross, J. C. (1992). In search of how people change: Applications to addictive behaviors. *American Psychologist*, 47, 1102–1114.

—, Norcross, J. C. & DiClemente, C. C. (1994). *Changing for good: The revolutionary program that explains the six stages of change and teaches you how to free yourself from bad habits*. New York: William Morrow.

—, Velicer, W. F., Rossi, J. S., Goldstein, M. G., Marcus, B. H., Rakowski, W. et al. (1994). Stages of change and decisional balance for twelve problem behaviors. *Health Psychology*, 12(1), 39–46.

Project MATCH Research Group. (1997a). Matching alcoholism treatment to client heterogeneity: Project MATCH posttreatment drinking outcomes. *Journal of Studies on Alcohol*, 58, 7–29.

—. (1997b). Project MATCH secondary a priori hypotheses. *Addiction*, 92, 1671–1698.

—. (1998a). Matching alcoholism treatment to client heterogeneity: Project MATCH three-year drinking outcomes. *Alcoholism: Clinical and Experimental Research*, 23(60), 1300–1311.

—. (1998b). Matching alcoholism treatment to client heterogeneity: Treatment main effects and matching effects during treatment. *Journal of Studies on Alcohol*, 59, 631–639.

Rogers, C. (1980). *A way of being*. Boston: Houghton Mifflin; dt. (1981). *Der neue Mensch*. Stuttgart: Klett-Cotta.

Rokeach, M. (1973). *The nature of human values*. New York: Free Press.

— (Hrsg.). (1979). *Understanding human values*. New York: Macmillan.

Rollnick, S., Heather, N. & Bell, A. (1992). Negotiating behaviour change in medical settings: The development of brief motivational interviewing. *Journal of Mental Health*, 1, 25–39.

—, Kinnersley, P. & Butler, C. (2002). Context-bound communication skills training: Development of a new method. *Medical Education*, 36, 377–383.

—, Mason, P. & Butler, C. (1999). *Health behavior change: A guide for practitioners*. London: Churchill-Livingstone.

—, Miller, W. R. & Butler, C. (2008). *Motivational interviewing in health care: Helping patients change behavior*. New York: Guilford Press; dt. Ausgabe Herbst 2012 im G. P. Probst Verlag.

Rosengren, D. B., Baer, J. S., Hartzler, B., Dunn, C. W. & Wells, E. A. (2005). The Video Assessment of Simulated Encounters (VASE): Development and validation of a group-administered method for evaluating clinician skills in motivational interviewing. *Drug and Alcohol Dependence*, 79, 321–330.

—, Hartzler, B., Baer, J. S., Wells, E. A. & Dunn, C. W. (2008). The Video Assessment of Simulated Encounters –Revised (VASE-R): Reliability and validity of a revised measure of motivational interviewing skills. *Drug and Alcohol Dependence*, 97(1–2), 130–138.

—, et al. (2008). *Video Assessment of Simulated Encounters – Revised (VASE-R)*. DVD.
Kontakt: *jsbaer@u.washington.edu*

Ross, L. (1977). The intuitive psychologist and his shortcomings: Distortions in the attribution process. In: L. Berkowitz (Hrsg.), *Advances in experimental social psychology* (Vol. 10, pp. 173–220). New York: Academic Press.

Saitz, R., Sullivan, L. M. & Samet, J.H. (2000). Training community-based clinicians in screening and brief intervention for substance abuse problems: Translating evidence into practice. *Substance Abuse*, 21, 21–31.

Schoener, E. P., Madeja, C. L., Henderson, M. J., Ondersma, S. J. & Janisse, J. J. (2006). Effects of motivational interviewing training on mental health therapist behavior. *Drug and Alcohol Dependence*, 82, 269–275.

Shafer, M. S., Rhode, R. & Chong, J. (2004). Using distance education to promote transfer of motivational interviewing skills among health professionals. *Journal of Substance Abuse Treatment*, 26, 141–148.

Silver, H. F., Strong, R. W. & Perini, M. J. (2000). *So each may learn: Integrating learning styles and multiple intelligences.* Trenton, NJ: Silver Strong.

Simpson, D. D. (2002). A conceptual framework for transferring research into practice. *Journal of Substance Abuse Treatment*, 22, 171–182.

—, Joe, G. W. (1993). Motivation as a predictor of early dropout from drug abuse treatment. *Psychotherapy*, *30*, 357–368.

Smith, J. L., Amrhein, P. C., Brooks, A. C., Carpenter, K. M., Levin, D., Schreiber, E. A. et al. (2007). Providing live supervision via teleconferencing improves skill acquisition of motivational interviewing skills after workshop attendance. *American Journal of Drug and Alcohol Abuse*, *33*, 163–168.

Steele, C. M. (1988). The psychology of self-affirmation: Sustaining the integrity of the self. In: L. Berkowitz (Hrsg.), *Advances in experimental social psychology* (Vol. 21, pp. 261–302). San Diego: Academic Press.

Thijs, G. A. (2007). GP's consult and behavior change project: Developing a programme to train GPs in communication skills to achieve lifestyle improvements. *Patient Education and Counseling*, 67, 267–271.

Thomas, C. P., Wallack, S. S., Lee, S., McCarthy, D. & Swift, R. (2003). Research to practice: Adoption of naltrexone in alcoholism treatment. *Journal of Substance Abuse Treatment*, 24, 1–11.

Thrasher, A. D., Golin, C. E., Earp, J. A., Tien, H., Porter, C. & Howie, L. (2005). Training general Practitioners in behavior change counseling to improve asthma medication adherence. *Patient Education and Counseling*, 58, 279–287.

Tober, G., Godfrey, C., Parrott, S., Copello, A., Farrin, A., Hodgson, R. et al. (2005). Setting standards for training and competence: The UK alcohol treatment trial. *Alcohol and Alcoholism*, 40, 413–418.

Villaume, W. A., Berger, B. A. & Barker, B. N. (2006). Learning motivational interviewing: Scripting a virtual patient. *American Journal of Pharmacy Education*, 70(2), 1–9.

Voss, J. D. & Wolf, A. M. (2004). Teaching motivational interviewing in chronic care: A workshop approach. *Journal of General Internal Medicine*, 19, 213.

Walters, S. T., Matson, S. A., Baer, J. S. & Ziedonis, D. M. (2005). Effectiveness of workshop training of psychosocial addictions treatment: A systemic review. *Journal of Substance Abuse Treatment*, 29(4), 283–293.

Werch, C. E. & DiClemente, C. C. (1994). A multi-component stage model for matching drug prevention strategies and methods to youth stage of use. *Health Education Research: Theory and Practice*, 9(1), 37–46.

Stichwortverzeichnis

ABCD-Kommunikationsmuster von Gordon 68
Abhängigkeitsprobleme 323
Ablenkung 73
Adhärenz anzeigende Äußerungen 149
Affekt 65, 200, 232f
Affektspiegelung 234
Affirmation 28, 65, 86, 91f, 99, 130, 146, 262
Affirmationen finden – Übung 106, 113
Affirmationen, Komplimente im Rahmen von 92
Agoraphobie 187
Akzeptieren 26
Alkoholiker 44
Alkoholkonsum 127, 137, 192, 237, 318
alte Eltern 327, 330
Alternativhypothesen zu Klientenäußerungen entwickeln 66
Ambivalenz 22, 31, 64, 96f, 123, 143, 202, 264, 268, 337, 376
Ambivalenz auflösen 15, 258f, 334, 339
Ambivalenz, alltägliche – Übung 271, 284
Ambivalenz, Umgang mit 257f
Ambivalenz, Wiederauftauchen von 349
Anerkennen 73
Angst 235
Annehmen des Negativen 193ff, 197, 207, 212, 214
Antidepressiva 367
Anweisung 72
Anweisung, zu einschränkende 379
Argumente 72
Arzt 15
Attributionsfehler, fundamentale 189, 231
Ausbildung 9
Ausschau halten nach Hindernissen – Übung 72
Äußern einer Sorge 323
Äußerungen, die Wünsche, Fähigkeit, Gründe und Bedürfnisse spiegeln 129
Autonomie 30, 34, 38, 42, 49, 222
Autoritätsperson 304
Balance entscheidend verändern – Übung 271, 273
Bedürfnis nach Veränderung 130
Bedürfnisse 161
»Befähige deinen Klienten« 26
Befehlen 72
Befragen/Sondieren 73
Behandlung 9
Behandlungsbereitschaft 149
Behandlungsmodell, an Defiziten orientiertes 399
Behandlungsplan, Aushandeln eines 340, 367, 375
Beobachten, um zuzuhören 68, 74
Beratungskompetenzen 28
Bereitschaft, nicht-statische 22
Bereitschaftsgrad, Einschätzung des 23, 139
Beruhigen 73
Beschämen 73
Beschimpfen 73
Beschreibung anstelle von Beurteilung 92
Beschuldigen 72
Besorgnis, Ausdruck von 88
»Beste Freundin heiratet« 328, 330
Betreuer von Süchtigen 15
Bewährungshelfer 393
Bewährungsstrafe 229
Beziehung 261
Beziehung, kollaborativer Charakter der 35
Biete Ideen an – s. FOCUS 302
Bitte zuerst um Erlaubnis – s. FOCUS 302
Blick in die Zukunft 136
»Blumen finden und pflücken« – Übung 271, 277
»Blumen pflücken« 259f, 264
»Blumenstrauß binden« – Übung 271, 279
Brainstorming 375

Change-talk
14, 23, 35, 123, 132, 142, 197f, 205, 259f, 277, 336, 346, 351, 356, 393, 396, 400
Change-talk erkennen – *Übung* 147
Change-talk erkennen, hervorrufen und verstärken als eines der primären MI-Ziele
28, 96, 124, 133f, 139, 146, 150, 269, 289, 400
Change-talk trommeln, bei – *Übung* 147, 158
Change-talk verstärken – *Übung* 147, 159
Change-talk, Bedeutung des 95
Change-talk, Konzept 126f
Change-talk, Methoden zum Hervorrufen von – *Übung* 148, 163
Change-talk, Strategien für die Förderung von 178
Change-talk, theoretische Grundlagen von 128
Changs-talk, vier Formen vorbereitenden 133
Chunk-Check-Chunk-Technik 295, 322ff
Coaching 14, 261, 347, 393
College auswählen 325, 329

DARN (Desire, Ability, Reasons, Need) 129, 142, 181
Darstellung konträrer Positionen 99
»Das kann ich bauen!« – *Übung* 308, 325
»Das kann ich reparieren!« – *Übung* 308, 319
Defensivreaktionen 338
Defensivtendenz 108
Depression 125, 367
Deuten/Analysieren 73
Diabetesberater 15
Direktivität 31
Diskrepanzen 25, 263
Diskussion über Problem verliert an Heftigkeit 336, 351
Dissonanzen 197, 229
Distanzierung von einer absoluten Position 197
Drogenberatung 393
Drogenkonsum 226, 237, 246
Drogentherapie 92
Dynamik der Arbeit 99, 169
Dynamik innerhalb der Gruppe 406
Dysphorie 202

Echtzeit-Coaching 396
Einbetten 237, 243
Einwände 21
Elternpflichten/Disziplinierung 247
Empathie 37, 193
»Empathie-Muskel« 36
Empfehlen 72
Engagement der Klienten für Veränderung festigen 15
Engagement, Aufforderung zum 90
Entscheidungsfreiheit und Eigenverantwortlichkeit des Klienten, Fokussieren auf die 201
Entscheidungsfreiheit, persönliche
191, 193, 207, 212, 215, 222
Entscheidungswaage 259, 264
Entschlossenheit 94, 336, 351, 356
Entwicklung eines Plans 366, 370
E-P-E (Elicit-Provide-Elicit)
295, 311, 322, 324, 342, 370, 383
Erinnerung, bevorzugte 38, 50
Erkundungsfragen 243
Eßgewohnheiten 245
Evokation 30, 42, 46, 49, 222
evozierende Fragen 134, 159
Experimentieren 336, 351, 356
Expertenfalle 89
Expertenwissen 140, 142, 303, 305
Extreme 374
Extreme nutzen 135, 375

Fähigkeit, sich zu verändern 130
Falschwahrnehmungen korrigieren 304
Fasse dich kurz – s. *FOCUS* 302
Feedback 14, 142, 393, 396
Feedback über Einschätzungen 137
Feedback, personalisiertes 137
Feedback, Sinn und Zweck von 138
Fertigkeiten 219
Fertigkeiten üben 16, 395
Fertigkeiten, Erhaltung von 347
Fertigkeiten, Komplexität der 391
Fertigkeiten, Methoden zur Einschätzung des Erwerbs von 20
Festlegung eines Startsignals 365f
FOCUS (First ask permission, Offer ideas, Concise, Use a menu, Solicit what the client thinks) 302
FOCUS-Leitlinien 325
Fokussieren auf unproblematische statt auf problematische Bereiche 92
Fokussierung der Aufmerksamkeit 381
Fokusverlagerung 191f, 207, 212, 214, 222
Folgen (following) 60, 289f
Forschung 9
Frage, offene 28, 86f, 104
Fragen 89
Fragen formulieren, gute – *Übung* 106, 111
Fragen in offene umwandeln, geschlossene – *Übung* 105, 109

Fragen Sie Frau – *Übung* 308, 315
Fragen, geschlossene 90, 99, 200
Fragen, Nutzung evozierender 259
Fragensequenz entwickeln 243
Frage-und-Antwort-Falle 89
Führen 60
Furcht/Angst 25

Gefühlston 57
Geleiten (guiding) 289f
»gescheiterte Selbstveränderer« 27
Gesellschaftstanz, Bild des 195
Gesprächsleitfaden, Schreiben eines – *Übung* 148, 178

Haltung, nicht-urteilende 88
Handlungsbereitschaft 334
Handlungsbereitschaft signalisierende Formulierungen 132
Helferberufe 15
Hindernisse, Ausschau halten nach 67
Hoffnung verstärken 345
»Höre deinem Klienten zu« 26
Hypothesen testen 66, 68, 76

I CAN (Indicate, Change-talk, Ambivalence, Next step) 337, 340, 348f, 358
Imaginationsübungen 270
Information, Bedürfnis nach zusätzlicher 35
Informationen fördern 382
Informationen übermitteln 201, 287, 294, 299, 323
interpersonale Gewalt 154, 156, 171, 175
Interventionsentwicklung 9

Ju-jitsu 194

Klient konfrontieren 300
Klient verändert sich nicht – *Übung* 272, 285
Klient, Anerkennung der Autononie des 32, 35
Klient, arbeitsloser 187
Klient, Frustration des 285
Klient, Konsolidieren der Selbstverpflichtung des 401
Klient, Kontrolle des 191
Klient, Ressourcen und Bedürfnisse des 379
Klient, Veränderungswünsche des 39
Klient, Wahlfreiheit des 34
Klient, Wertschätzung des 91
Klient, Wertvorstellungen des 38, 224
Klient, Ziele, Werte und Wahrnehmungen des 137
Klienten fragen, was er denkt – *s. FOCUS* 302
Klientenäußerung, Bedeutung der 149
Klientenprobleme 256
Klischee 59
Kollaboration 30, 42, 46, 49, 105, 172, 222
kollaboratives Agieren 33
Kommandieren 72
Kommunikationshürden 54f, 72
Kommunikationsmodell von Thomas Gordon 56
Kommunikationsstil, direktiver 346
Kommunikationsstile 289, 339
Kommunikationswerkzeuge, primäre 289
Kompetenz 18
Kompetenz, Grad der 392
Kompetenzzuwachs 393
Konflikt 26
Konflikt zwischen Werten und Zielverhalten 286
Konfrontation 46
Konsonanz, Zustand der 229
Kontext im Blick behalten 310
Kontext, problematischer 322
kontext-angepaßtes Training (CTT) 397
Kontrollmöglichkeiten, Verbesserung der 157
Konzentrieren auf das Negative 70
Konzepte, grundlegende 291, 299
Kooperationsbereitschaft 232
körpersprachliche Signale 57
Körpertraining 245, 293
Korrekturreflex 24
Korrespondenzverzerrung 189
Kreativität 41, 47
kriminelle Aktivität 246
Kritisieren 72

Lenken (directing) 289, 303
Lenken und Geleiten, Kombination aus 347, 378
Lenkung, unzureichende 379
Lernaktivitäten 16
Lernprobleme 125
Lerntempo 391
Leugnen, Ausdrucksformen des 189
Loben 73
Lösungen beschreiben 72

Machtdynamik 195
Medikamenteneinnahme 368
»Mein Dilemma ist« – *Übung* 309, 332
MET (Motivational Enhancement Therapy) 371
Metapher 61, 194, 268
MI-Arbeit, gute 89

MI-Charakteristika 239
MI-Fertigkeiten, Aneignung von 10
MI-Fertigkeiten, Anwendung von 398
MI-Fertigkeiten, Bewertung der 14
MI-Forschung 90
MI-Forschungsprojekte 13
MI-Kodierungssystem 126
MI-Kompetenz 90
MI-Konzepte und -Fertigkeiten 9
Mikro-Fertigkeiten 29, 53, 87, 92f, 105, 219, 223, 340, 393, 404
MI-Lerngruppe 405
MI-Lerngruppe, Aufbau einer 19
MI-Methode, Acht-Stufen-Modell des Erlernens der 29
MINT (Motivational Interviewing Network of Trainers) 7, 399, 407
MI-Prinzipien 23f, 392
MI-Spirit 23, 29f, 37, 42, 239
MI-Spirit, Grundsatz des 131
Mißbilligung 54
Mißhandlungserlebnisse 301
Mitfühlen 73
MI-Theorie 13, 91
MI-Training, Aneignung von Fertigkeiten nach einem 391, 393
mobilisierende Äußerungen 132, 181
mobilisierende Sprache, zwei Komponenten 128
Moralisieren 72
Motivation 24f, 31, 34, 133, 337
Motivation, intrinsische und extrinsische 335
Motivation, verbindende Zusammenfassung zur Stärkung der 121
motivierende Diskrepanz 65

Nach-dem-Mund-Reden 73
Nachkarten – *Übung* 308, 311
Nachsorgebesprechung 365f
narrative Therapien 95
Neurahmung – *s. auch Reframing* 235

OARS (Open-ended questions, Affirmations, Reflective listening, Summaries)-Fertigkeiten 23, 28f, 52, 62, 87, 99, 105, 107, 133f, 139, 146, 191f, 227, 229f, 263f, 331, 370, 373, 401
OARS, Nutzung von 86
OARS-Fertigkeiten für die klientenzentrierte Beratung, Lehren der 400
Oberflächenreflexionen 59
Offensichtlichmachung des Offensichtlichen 191, 199
Optionen prüfen 370

Paraphrase 103
Partnerarbeit 36
persönliche Wahlfreiheit, Hervorheben der 197
Pflichten, Hinweis auf 72
Plan entwickeln – *Übung* 240
Plan entwickeln 224, 236, 238
Praxis im Leben – *Übung* 308, 331
Predigen 72
Project MATCH 339, 371, 394

Rapport 266
Rat geben 72, 287, 299
Rationalisierung 335
Real-Time- und Drive-Time-Zusammenfassungen – *Übung* 106, 123
Reflektieren, direktives 68, 79
reflektierendes Zuhören 18, 28, 31, 52ff, 58, 61, 68, 91, 132, 138, 140, 165
reflektierendes Zuhören, Sinn und Zweck des 58
Reflexion 161, 311
Reflexion, adäquate 198
Reflexion, affektive 82, 202
Reflexion, Arten von 74, 219
Reflexion, doppelseitige 18, 61, 82, 191, 200, 207, 214
Reflexion, einfache 59, 190, 197f, 207, 214
Reflexion, komplexe 60, 166
Reflexion, paraphrasierende 82
Reflexion, Über- und Untertreiben einer 60
Reflexion, verstärkte 62, 82, 191, 197f, 214
Reflexion, vertiefende 69, 82, 382
Reflexionen entwickeln 68, 76
Reflexionen in Reaktion auf Widerstand und Sustain-talk, einfache – *Übung* 203, 208
Reflexionen in Reaktion auf Widerstand, doppelseitige und verstärkte – *Übung* 203, 210
Reflexionen, Gebrauch von 202
Reflexionstiefe 59f
Reframing 193f, 207, 212, 214
Rekapitulieren 98, 335
Reorientierung 344
Resonanz, emotionale 382
Ressourcen 31, 118
Ressourcen, Nutzung der eigenen 304
Richtungsveränderung, subtile 233

Rückzug 73
RULE (Resist, Understand, Listen, Empower) 24

Sarkasmus 196
Schädigungen, Minimierung von 335
Schlüsselfrage
90f, 134, 333, 335, 337ff, 347, 364, 377, 390
Schlüsselfrage, Beantwortung einer 340
Schritte einleiten 128, 158, 161
Selbstachtung 27
Selbstbestätigungstheorie 108
Selbstfürsorge 237
Selbstfürsorge, Verbesserung der 188
Selbstoffenbarung 231
Selbstverpflichtung
35, 128f, 132f, 140, 142, 144, 181, 347f, 365f, 369
Selbstverpflichtung des Klienten stärken
338, 372, 374, 376, 384
Selbstverpflichtung, Anzeichen für 364
Selbstverpflichtung, Äußerungen über 158
Selbstvertrauen stärken 15
Selbstwahrnehmungstheorie 127f, 139, 197
Selbstwertgefühl, Stärkung des 108
Selbstwirksamkeit (self-efficacy) 27, 130
Selektivität 95
sexuelle Aktivität 246
Sicht des Klienten überprüfen 323
Skalierungsfragen 142
Small-talk 88
SOAR (Set goals, sort Options, Arrive at a plan, Reaffirm commitment) 369, 375, 390
Sondierungsfragen 140, 142
Sorge äußern – *Übung* 250
Sorge äußern 228f, 236ff, 287, 297, 299
Sorgen 229, 345
Sozialarbeiter im Strafvollzug 14
»Speisekarte« benutzen – *s.* FOCUS 302
»Speisekartenmethode« 193, 226, 236, 240
Stärken der Klienten – *Übung* 106, 118
Stärken identifizieren 51
Stärken und Ressourcen 91
Status quo, Akzeptieren des 186
Status quo, Aufrechterhaltung des 186, 279
Status quo, Probleme mit dem 279
Stigmatisierung 226
Substanzmißbrauch 132, 150, 152, 163, 169, 234f, 394
Substanzmißbrauch, Evaluation der Komplexität von Interventionen bei 391
Suchtproblematik 399
Suizidversuch 125
Supervision 7, 15, 347, 394
Sustain-talk 143, 153, 186, 190f, 193f, 197f, 205f, 220, 259, 340, 400

Tatsachenbeschreibung ohne Change-talk 161
Tatsachenkorrektur 153
Technik, konfrontative 223, 239
Thema zur Sprache bringen 221
Themenwechsel 73
Theorie der kognitiven Dissonanz 127
Therapeut, Skepsis des 231
transtheoretisches Modell 22
Trösten 73
Trunksucht 128
Typischer Tag – *Übung* 242
typischer Tag 236, 238

Überattributionseffekt 189
Übergang von Phase I zu Phase II 338f, 349, 351, 358
Überzeugen durch Logik 72
Überzeugungen 335
Überzeugungsfalle 229
Überzeugungsversuche 298
um Erlaubnis bitten 311, 322f
Umformulierung 199
Umformulierung, subtile 66
Umgang mit Wut 245
Umgebung, sichere und unterstützende 140, 197
Unsicherheit 25

VASE-R (Video Assessment of Simulated Encounters – Revised) 14, 404, 407
Veränderung trommeln, für – *Übung* 148, 181
Veränderung zum Positiven 118
Veränderung, Bedeutung einer 15, 358
Veränderung, Bedürfnis nach 131
Veränderung, berufliche 326, 329
Veränderung, Fragen über 336, 351, 356
Veränderung, Gründe für eine 128, 131
Veränderung, Marker für 335
Veränderung, Rolle der Ambivalenz bei der 95
Veränderung, Vorteile einer 95
Veränderungen erzwingen 26
Veränderungen, nicht-linearer Verlauf von 22
Veränderungsbereitschaft 22, 149, 223, 334
Veränderungsbereitschaft messen 176
Veränderungsbereitschaft, Anzeichen für 335f, 351
Veränderungselemente 279

Veränderungshindernisse 335, 389
Veränderungsintentionen 349
Veränderungsmöglichkeiten 339
Veränderungsmotivation 90
Veränderungsplan 338
Veränderungsplan aushandeln – *Übung* 378, 381
Veränderungsplan, Arbeitsblatt 389
Veränderungsplan, Aufschreiben eines 376
Veränderungsplan, Aushandeln eines 15, 193, 369, 378, 401
Veränderungsplan, Entwickeln eines Formulars für einen – *Übung* 378, 388
Veränderungswunsch, Wiederholung des 358
Verhalten des Therapeuten 128
Verhalten, Aufrechterhaltung des Status quo dienenden 206
Verhalten, negatives oder resistentes 94
Verhalten, beschreiben als normal 227, 232, 236ff
Verhalten als normal beschreiben – *Übung* 243, 248
Verhaltensstil 97
Verhaltensstrategie 149
Verhaltensveränderung 128
Verhaltensweisen, »heikle« 237
Verhaltensweisen, destruktive 39
Verhaltensweisen, spezifische 92
Verhältnis zwischen reflektierenden Antworten und Fragen 89
Verhöhnen 73
Vermittlung konkreter Techniken 14
Verpacken der Untersuchung in eine Folge von Fragen 237
Versatzstücke, Variieren formelhafter 59
Verurteilen 72
vorbereitende Äußerungen 129, 146
vorbereitende Äußerungen, vier Komponenten 128
Vorwärtsbewegung 72

Warnen/Drohen 72
Was passiert als nächstes – *Übung* 364
Wechseln zwischen MI und anderen Beratungsmethoden 401
Werte 263, 283
Werte erforschen 259, 262
Werte ordnen – *Übung* 271, 282
Wertekarten 271, 282
Wertekarten, Sortieren von 137, 262
Widersprechen 72
Widerstand 14, 26, 31, 34, 46, 72f, 90, 138, 164, 175, 198, 205f, 220, 230f, 258, 340, 350
Widerstand gegen Interventionen 186
Widerstand hervorrufen 298
Widerstand, aktive Form von 188
Widerstand, starker 190
Widerstand, Tanzen mit dem 401
Widerstand, Techniken der Reaktion auf 207
Widerstand, Umgang mit 184, 193
Widerstand, Verringerung von 222, 336, 351
Widerstand, Verstärkung des 344
Widerstands- und Sustain-talk-Äußerungen der Klienten – *Übung* 204, 216
Wirksamkeit von MI, empirische Belege für 13
Wunsch, sich zu verändern 130

Ziele 145, 348, 364
Ziele erforschen 136
Ziele setzen 369
Ziele, Klienten wählen problematische 375
Ziele, spezifische 366
Zielverhalten 163, 171, 263, 283, 358ff, 363
Zögern 376
Zuhören und Reflektieren 33
Zuhören, bewußtes 69f, 85
Zukunftsvorstellungen 336, 339, 351, 356
Zurück in die Zukunft – *Übung* 379, 390
Zusammenarbeit 222
Zusammenfassung 28, 59, 66, 86, 90, 94, 163, 167, 261, 338
Zusammenfassung der Ambivalenz des Klienten 358
Zusammenfassung der Problemsicht des Klienten 358
Zusammenfassung, sammelnde 95f, 145
Zusammenfassung, überleitende 95, 97f, 104, 144, 261, 335, 341, 362, 390
Zusammenfassung, verbindende 95, 97, 99
Zusammenfassung, Wert der Kürze einer 95
Zusammenfassungen entwickeln – *Übung* 106, 120
Zusammenfassungen, übertriebener Gebrauch von 96
Zusammenstellen von »Blumensträußen« 259, 261
Zustand der Stagnation 260
Zustandserhaltung 199
Zustimmung 73
Zustimmung mit dem Dreh 193ff, 207, 212, 214
Zuversicht stärken 334
Zuversichtsskala 144
Zweifel 102